STADLER

Das Nachbarrecht in Bayern

Das Nachbarrecht in Bayern

Begründet und bis zur 7. Auflage
bearbeitet von

Werner Stadler
Präsident des Landgerichts Memmingen a. D.
ehem. Mitglied des Bayerischen Verfassungsgerichtshofs

fortgeführt von
Dr. Dominikus Stadler
Kriminaldirektor

8., vollständig überarbeitete Auflage, 2016

BOORBERG

Bibliografische Information der Deutschen Nationalbibliothek | Die Deutsche Nationalbibliothek verzeichnet diese Publikation in der Deutschen Nationalbibliografie; detaillierte bibliografische Daten sind im Internet über www.dnb.de abrufbar.

8. Auflage, 2016
ISBN 978-3-415-04924-6

Satz: Dörr + Schiller GmbH, Curiestraße 4, 70563 Stuttgart | Druck und Bindung: Laupp & Göbel, Robert-Bosch-Straße 42, 72810 Gomaringen

Richard Boorberg Verlag GmbH & Co KG | Scharrstraße 2 | 70563 Stuttgart
Stuttgart | München | Hannover | Berlin | Weimar | Dresden
www.boorberg.de

Vorwort zur 8. Auflage

Vor über 40 Jahren erschien die 1. Auflage des Werkes „Das Nachbarrecht in Bayern“. Das ursprünglich dünne Büchlein ist im Laufe der Jahre auf mittlerweile fast 300 Seiten angewachsen und ist aufgrund seiner klaren und einfachen Darstellungsweise nicht nur für Juristen, sondern auch für interessierte Laien, wie Grundstückseigentümer oder Gartenbesitzer, zu einem beliebten Ratgeber in nachbarschaftsrechtlichen Fragen geworden. Es ist mir eine große Ehre, dieses Werk meines Vaters, Werner Stadler, in der jetzt 8. Auflage fortführen zu dürfen.

Die Neuauflage berücksichtigt insbesondere zwischenzeitlich erfolgte Gesetzesänderungen, wie die im AGBGB neu eingeführten Vorschriften (Überbau durch Wärmedämmung und Hammerschlags- und Leiterrecht) und das neue Mediationsgesetz, sowie zahlreiche, seit der letzten Auflage ergangene Gerichtsentscheidungen und die zu den einzelnen Themenfeldern erschienene Fachliteratur. Außerdem haben die Ausführungen zu den Grenzeinrichtungen eine grundlegende, auf die heute diskutierten Problemfelder zugeschnittene Neugliederung erfahren.

Ich bedanke mich bei meinem Vater, der mir bei der Überarbeitung stets mit Rat und Tat zur Seite stand, und für sein Vertrauen, dass ich das Buch in seinem Sinne weiterführe. Dank gilt auch dem Boorberg-Verlag sowie meiner lieben Familie.

Puchheim, im April 2016 Dr. Dominikus Stadler

Vorwort zur 1. Auflage

Im Gegensatz zu einigen anderen Bundesländern hat Bayern bisher kein umfassendes Nachbarrechtsgesetz erlassen. Geregelt sind durch Landesprivatrecht im Wesentlichen nur der Grenzabstand von Pflanzen, das Fensterrecht und teilweise das Recht der Kommunmauer. Das Landesrecht ergänzt insoweit die nachbarrechtlichen Vorschriften des Bürgerlichen Gesetzbuchs. Dem Nichtjuristen, insbesondere dem großen Kreis von interessierten Laien (Grundstückseigentümern, Gartenbesitzern, Landwirten, Mietern und Pächtern), soll diese Schrift Überblick und Einzelinformationen über das in zahlreichen Vorschriften zerstreute Nachbarrecht in Bayern verschaffen. Es soll aber auch ein Hilfsmittel sein für Bürgermeister und andere Personen, die in der öffentlichen Verwaltung des Öfteren mit nachbarrechtlichen Fragen konfrontiert werden. Auch dem Juristen, der sich einen ersten Überblick über das in Bayern geltende Nachbarrecht verschaffen will, wird die Schrift sicher eine nützliche Hilfe sein.

Soweit es zum Verständnis und zur Ergänzung notwendig erschien und der Umfang der Schrift es gestattet, wurde die Darstellung auch auf öffentlich-rechtliche Vorschriften erstreckt.

Es wäre eine besondere Genugtuung für mich, wenn die Schrift dazu beitragen könnte, nachbarrechtliche Streitigkeiten und Prozesse zu verhindern.

Neufahrn b. Freising, im Oktober 1974 — Der Verfasser

Inhaltsverzeichnis

Abkürzungen und Fundstellen der angeführten Gesetze . . . 11

Benutzungshinweise 16

KAPITEL 1 Einleitung 17

KAPITEL 2 Das Grundeigentum im Allgemeinen 23
A Inhalt und Wesen des Eigentums. 23
B Befugnisse des Eigentümers; Schikaneverbot. 27
C Begrenzung des Eigentums 30
D Privatrechtlicher Notstand 36

KAPITEL 3 Grenzverhältnisse 41
A Allgemeines. 41
B Abmarkung 42
C Grenzverwirrung 45

KAPITEL 4 Grenzeinrichtungen 49
A Gemeinschaftliche Grenzeinrichtungen 49
B Kommunmauer. 55
C Grenzwand 64
D Grenzbaum 65
E Einfriedungen. 67

KAPITEL 5 Überbau 71
A Allgemeines. 71
B Die gesetzlichen Regelungen im Einzelnen 73
C Überbau durch Wärmedämmung. 83

KAPITEL 6 Einwirkungen auf Grundstücke 87
A Allgemeines. 87
B Zuführung unwägbarer Stoffe (Immissionen). 87

C Gefahrdrohende Anlagen 155
D Gefahr des Gebäudeeinsturzes 158
E Vertiefung eines Grundstücks 160
F Einwirkungen durch Wasser und auf Gewässer 163

KAPITEL 7 Notweg 171

KAPITEL 8 Betreten und Nutzung von Nachbargrundstücken 181
A Anwenderecht 181
B Hammerschlags- und Leiterrecht 183

KAPITEL 9 Fenster- und Lichtrecht 191
A Fensterrecht 191
B Lichtrecht 199

KAPITEL 10 Bäume und Sträucher 201
A Überhängen von Zweigen und Eindringen von Wurzeln 201
B Überfall von Früchten 210
C Laubfall, Flug von Samen und Blütenteilen 211
D Grenzabstand von Pflanzen 214
E Schadensersatz bei Zerstörung und Beschädigung von Bäumen und Sträuchern 232
F Schäden durch Bäume 235

KAPITEL 11 Verjährung, Verzicht 241
A Verjährung nachbarrechtlicher Ansprüche 241
B Verzicht auf nachbarrechtliche Befugnisse 247

KAPITEL 12 Abwehransprüche des Nachbarn 249
A Abwehranspruch des Eigentümers 249
B Abwehranspruch des Besitzers 257

KAPITEL 13 Grunddienstbarkeiten 259
A Inhalt der Grunddienstbarkeit 259
B Ausübung der Grunddienstbarkeit 262

C Halten von Anlagen 262
D Verlegung der Grunddienstbarkeit 263
E Folgen der Grundstücksteilung. 263
F Erwerb der Grunddienstbarkeit. 264
G Erlöschen der Grunddienstbarkeit 264
H Beeinträchtigung der Grunddienstbarkeit. 265
I Beschränkte persönliche Dienstbarkeit 265
J Altrechtliche Grunddienstbarkeiten 265
K Coburger Recht 268
L Geh- und Fahrtrechte 269

KAPITEL 14 Außergerichtliche Streitschlichtung 273
A Bayerisches Schlichtungsgesetz 273
B Mediationsverfahren. 280

KAPITEL 15 Öffentlich-rechtlicher Nachbarschutz 283

Stichwortverzeichnis 297

Abkürzungen und Fundstellen der angeführten Gesetze

a. A.	anderer Auffassung
aaO	am angegebenen Ort
Abb.	Abbildung
AbmG	Gesetz über die Abmarkung der Grundstücke – Abmarkungsgesetz vom 06.08.1981, BayRS III, S. 690
Abs.	Absatz
AG	Amtsgericht
AGBGB	Ausführungsgesetz zum Bürgerlichen Gesetzbuch
AGBGB 1982	Gesetz zur Ausführung des Bürgerlichen Gesetzbuchs und anderer Gesetze vom 20.09.1982
AGBGB 1899	Ausführungsgesetz zum Bürgerlichen Gesetzbuch vom 09.06.1899
AGVwGO	Gesetz zur Ausführung der Verwaltungsgerichtsordnung
Amtl. Begr.	Amtliche Begründung zum AGBGB 1982, Landtagsdrucksache 9/10458 vom 15.12.1981
Anm.	Anmerkung
Art.	Artikel
Aufl.	Auflage
AUR	Agrar- und Umweltrecht (mit Jahrgang und Seite)
Az.	Aktenzeichen
BauGB	Baugesetzbuch
BauNVO	Verordnung über die bauliche Nutzung der Grundstücke
BauR	Baurecht – Zeitschrift für das gesamte öffentliche und zivile Baurecht (mit Jahrgang und Seite)
BayBO	Bayerische Bauordnung
BayBS	Bereinigte Sammlung des Bayerischen Landesrechts (römische Zahl = Band)
Bayer.	Bayerische

Bayer-Lindner-Grziwotz	Bayerisches Nachbarrecht, 2. Aufl. 1994
BayImSchG	Bayerisches Immissionsschutzgesetz
BayNatSchG	Bayerisches Naturschutzgesetz
BayObLGZ	Entscheidungssammlung des Bayer. Obersten Landesgerichts in Zivilsachen (mit Jahrgang und Seite)
BayRS	Bayerische Rechtssammlung (die Fundstelle der Vorschriften wird durch Gliederungsnummern angegeben)
BayStrWG	Bayerisches Straßen- und Wegegesetz i. d. F. vom 05. 10. 1981, BayRS 91-1-I
BayVBl.	Bayerische Verwaltungsblätter (mit Jahrgang und Seite)
BayVGH	Bayerischer Verwaltungsgerichtshof
BayWG	Bayerisches Wassergesetz
Berendes-Frenz-Müggenborg	Wasserhaushaltsgesetz, Kommentar, 2011
BGB	Bürgerliches Gesetzbuch
BGBl. I	Bundesgesetzblatt Teil I (mit Seitenangabe; Jahrgang ergibt sich aus dem Gesetzesdatum)
BGBl. III	Bundesgesetzblatt Teil III (mit Angabe der Ordnungsnummer)
BGH	Bundesgerichtshof
BGH LM	Nachschlagewerk des Bundesgerichtshofs, herausgegeben von Lindenmaier und Möhring (mit Gesetzesstelle und Entscheidungsnummer)
BGHZ	Entscheidungssammlung des Bundesgerichtshofs (mit Band und Seite)
BImSchG	Bundes-Immissionsschutzgesetz
BVerfG	Bundesverfassungsgericht
BVerwG	Bundesverwaltungsgericht
BVerwGE	Entscheidungssammlung des Bundesverwaltungsgerichts (mit Band und Seite)
Czychowski-Reinhardt	Wasserhaushaltsgesetz, Kommentar, 11. Aufl. 2014
Dehner	Nachbarrecht im Bundesgebiet (ohne Bayern), (Loseblattsammlung, Stand: Dezember 2015)

Drost	Das neue Wasserrecht in Bayern (Loseblattsammlung, Stand: Juni 2015)
DWW	Deutsche Wohnungswirtschaft (mit Jahrgang und Seite)
EGBGB	Einführungsgesetz zum Bürgerlichen Gesetzbuch
ErbbauVO	Verordnung über das Erbbaurecht
f., ff.	folgende
Fn.	Fußnote
FStrG	Bundesfernstraßengesetz
GBO	Grundbuchordnung
GewO	Gewerbeordnung
GG	Grundgesetz
ggf.	Gegebenenfalls
GMBl.	Gemeinsames Ministerialblatt (mit Seitenangabe; Jahrgang ergibt sich aus dem Verordnungsdatum)
Grziwotz-Lüke-Saller	Praxishandbuch Nachbarrecht, 2. Aufl. 2013
Grziwotz-Saller	Bayerisches Nachbarrecht, 2. Aufl. 2010
Grundeigentum	Das Grundeigentum – Zeitschrift für die gesamte Grundstücks-, Haus- und Wohnungswirtschaft (mit Jahrgang und Seite)
GVBl.	Bayerisches Gesetz- und Verordnungsblatt (mit Seitenangabe; Jahrgang ergibt sich aus dem Gesetzesdatum)
h. M.	herrschende Meinung
Horst	Rechtshandbuch Nachbarrecht, 2. Aufl. 2006
i. d. F.	in der Fassung
i. E.	im Einzelnen
i. S.	im Sinne
i. V. m.	in Verbindung mit
JuS	Juristische Schulung (mit Jahrgang und Seite)
JZ	Juristenzeitung (mit Jahrgang und Seite)
Kopp-Ramsauer	Verwaltungsverfahrensgesetz, Kommentar, 15. Auflage 2014
LG	Landgericht

LMBl.	Amtsblatt des Bayerischen Staatsministeriums für Ernährung, Landwirtschaft und Forsten (mit Seitenangabe; Jahrgang ergibt sich aus dem Datum der Vorschrift)
LStVG	Landesstraf- und Verordnungsgesetz
MABl.	Ministerialamtsblatt der bayerischen inneren Verwaltung (mit Seitenangabe; Jahrgang ergibt sich aus dem Datum der Vorschrift)
Meisner-Ring-Götz	Nachbarrecht in Bayern, 7. Aufl. 1986
MDR	Monatsschrift für Deutsches Recht (mit Jahrgang und Seite)
MünchKomm/*Bearbeiter*	Münchener Kommentar zum Bürgerlichen Gesetzbuch, 6. Aufl. 2013
m. w. N.	mit weiteren Nachweisen
NJW	Neue Juristische Wochenschrift (mit Jahrgang und Seite)
NJW-RR	NJW-Rechtsprechungs-Report Zivilrecht (mit Jahrgang und Seite)
NZM	Neue Zeitschrift für Miet- und Wohnungsrecht (mit Jahrgang und Seite)
OLG	Oberlandesgericht
OVG	Oberverwaltungsgericht
Palandt/*Bearbeiter*	Palandt, Kommentar zum Bürgerlichen Gesetzbuch, 72. Aufl. 2013
RdL	Recht der Landwirtschaft (mit Jahrgang und Seite)
Rn.	Randnummer
Reich	Bayerisches privates Nachbarrecht, Kommentar, 2011
RGBl. I	Reichsgesetzblatt Teil I (mit Seitenangabe; Jahrgang ergibt sich aus dem Gesetzesdatum)
S.	Seite; bei Zitaten von Gesetzesbestimmungen auch: Satz
s.	siehe
Schwarzmann-Walz	Das Bayerische Schlichtungsgesetz, Kommentar, 2000
Simon-Busse	Bayerische Bauordnung (Loseblattsammlung, Stand: Februar 2015
Sprau	Justizgesetze in Bayern, 1988

Staudinger/ *Bearbeiter*	Kommentar zum Bürgerlichen Gesetzbuch, 13. Aufl.
StGB	Strafgesetzbuch
str.	strittig
TA	Technische Anleitung
ÜG	Gesetz, Übergangsvorschriften zum Bürgerlichen Gesetzbuch betreffend, vom 09.06.1899, BayBS III S. 101
v.	vom
VBlBW	Verwaltungsblätter für Baden-Württemberg (mit Jahrgang und Seite)
VersR	Versicherungsrecht (mit Jahrgang und Seite)
VGH	Verwaltungsgerichtshof
vgl.	vergleiche
VO	Verordnung
VwGO	Verwaltungsgerichtsordnung
WEG	Wohnungseigentumsgesetz
WHG	Wasserhaushaltsgesetz
WM	Zeitschrift für Wirtschaft und Bankrecht – Wertpapiermitteilungen (mit Jahrgang und Seite)
WuM	Wohnungswirtschaft und Mietrecht (mit Jahrgang und Seite)
Zeitler	Bayerisches Straßen- und Wegegesetz (Loseblattsammlung, Stand: Oktober 2014)
ZMR	Zeitschrift für Miet- und Raumrecht (mit Jahrgang und Seite)
Zöller	Zivilprozessordnung, Kommentar, 30. Aufl. 2014
ZPO	Zivilprozessordnung
z.T.	zum Teil

Benutzungshinweise

Bei den Verweisungen auf jeweils andere Stellen des Buches bedeuten:

fette arabische Zahlen	=	Kapitel
Großbuchstaben und römische Zahlen	=	Untergliederungen der Kapitel
magere arabische Zahlen (ggf. mit Kleinbuchstaben)	=	Anmerkungen
Beispiel: ***10*** *D V 1 b*	=	*Kapitel 10, Abschnitt D V, Anmerkung 1 unter Buchstabe b*

Die Nummern der Kapitel und ihre Untergliederungen sind zum leichteren Auffinden an der oberen äußeren Ecke jeder Seite angeführt.

KAPITEL 1
Einleitung

1 Unter Nachbarrecht versteht man die Rechtssätze, die auf der Grundlage des nachbarlichen Gemeinschaftsverhältnisses einen gerechten Ausgleich der gegenseitigen nachbarlichen Interessen durch Beschränkungen des Eigentumsrechts an Grundstücken herbeiführen. In diesem Bereich zählt das Nachbarrecht zum **Privatrecht** (Zivilrecht). Seit geraumer Zeit wird das private Nachbarrecht zunehmend von öffentlich-rechtlichen Vorschriften überlagert. In besonderem Maße gilt dies für den Bereich der Immissionen (vgl. **6** B), lässt sich aber auch in anderen Bereichen feststellen, vgl. etwa die Auswirkungen von sog. Baumschutzverordnungen auf nachbarrechtliche Beseitigungsansprüche (vgl. **10** D II 9).

Das private Nachbarrecht ist teilweise im Bürgerlichen Gesetzbuch (BGB) als Bundesrecht, teilweise in landesgesetzlichen Regelungen enthalten. Das BGB enthält in §§ 905 ff. nachbarrechtliche Bestimmungen, die meist gesetzliche Eigentumsbeschränkungen (vgl. **2** A 1) enthalten. Im Einzelnen betreffen diese Vorschriften folgende Bereiche des Nachbarrechts:

- Zuführung von unwägbaren Stoffen (Immissionen), § 906 BGB (vgl. **6** B),
- Herstellung und Haltung gefahrdrohender Anlagen, § 907 BGB (vgl. **6** C),
- Gefahr des Gebäudeeinsturzes, § 908 BGB (vgl. **6** D),
- Bodenvertiefungen, § 909 BGB (vgl. **6** E),
- Eindringen von Wurzeln und Zweigen, Überfall von Früchten, §§ 910, 911 BGB (vgl. **10** A II, B),
- Überbau, §§ 912 bis 916 BGB (vgl. **5** B),
- Notweg, §§ 917, 918 BGB (vgl. **7**),
- Grenzstreitigkeiten und Grenzanlagen, §§ 919 bis 923 BGB (vgl. **3** B, C und **4** B, D).

Bereits diese Aufzählung zeigt, dass das BGB das Nachbarrecht nicht erschöpfend regelt. Das Bundesrecht überlässt in Art. 124 des

Einführungsgesetzes zum BGB (EGBGB) die Regelung der übrigen nachbarrechtlichen Gebiete dem Landesgesetzgeber.

2 In Bayern sind die privatrechtlichen Vorschriften des Nachbarrechts in **Art. 43 bis 54 des Gesetzes zur Ausführung des Bürgerlichen Gesetzbuchs und anderer Gesetze (AGBGB)** vom 20.09.1982 (GVBl. S. 803) enthalten. In diesem Gesetz, das seit 01.01.1983 in Kraft ist, wurden die noch bedeutsamen Vorschriften der Art. 62 bis 80 AGBGB 1899 und des ÜG vom 06.09.1899 zusammengefasst übernommen. Die nunmehr geltenden Vorschriften des bayer. Nachbarrechts stellen wie das bis 1983 geltende Recht keine umfassende Regelung des nachbarrechtlichen Gemeinschaftsverhältnisses dar, wie sie in den Nachbarrechtsgesetzen einiger Bundesländer (z.B. Hessen, Niedersachsen, Nordrhein-Westfalen) getroffen wurde. Für eine solche umfassende Regelung hat sich in Bayern kein Bedürfnis gezeigt. Die bisherigen Vorschriften enthielten bereits eine ausgewogene Regelung der wichtigsten nachbarrechtlichen Gebiete. Die Amtl. Begr. zum AGBGB 1982 (S. 21) weist zutreffend darauf hin, dass das Bedürfnis der anderen Bundesländer zum Erlass neuer Nachbarrechtsgesetze auch auf der dort früher vorhandenen Rechtszersplitterung beruhte, die in Bayern nicht besteht (zur Rechtslage in Coburg vgl. unten Anm. 3). Art. 43ff. AGBGB enthalten im Wesentlichen Vorschriften über

- das Fensterrecht, Art. 43 bis 45 AGBGB (vgl. **9** A),
- eine teilweise Regelung des Rechts der Kommunmauer, Art. 46 AGBGB (vgl. **4** C),
- das Hammerschlags- und Leiterrecht, Art. 46a AGBGB (vgl. **8** B),
- den Überbau durch Wärmedämmung, Art. 46b AGBGB (vgl. **5** C),
- den Grenzabstand von Pflanzen, Art. 47 bis 51 AGBGB (vgl. **10** D),
- das Anwenderecht, Art. 53 AGBGB (vgl. **8** A)
- sowie Vorschriften über die Verjährung nachbarlicher Ansprüche (Art. 52 AGBGB), die sich aus den Vorschriften des AGBGB ergeben (vgl. **11** A).

Auf Grund des Art. 125 EGBGB regelt Art. 54 AGBGB die Ausdehnung des § 14 BImSchG auf öffentliche Verkehrsunternehmungen (vgl. **6** B 8a).

Das AGBGB enthält dagegen **keine** Regelungen insbesondere über das Traufrecht (**6** F III).

3 Mit In-Kraft-Treten des AGBGB 1982 sind außerdem die **besonderen nachbarrechtlichen Regelungen für Coburg** (Art. 24 Coburg AGBGB) aufgehoben worden (Art. 80 Abs. 2 Nr. 14 a AGBGB 1982). Damit gilt ab 01.01.1983 erstmals in ganz Bayern ein einheitliches Nachbarrecht. Für das vormals Coburgische Gebiet bedeutet dies:

a) Neu eingeführt werden die Regelungen über das Fensterrecht (Art. 43 ff. AGBGB), die Kommunmauer (Art. 46 AGBGB), die Vorschriften über den Grenzabstand von Bäumen und Sträuchern gegenüber nicht landwirtschaftlich genutzten Grundstücken (Art. 47 AGBGB) sowie das Erlöschen von Anwenderechten (Art. 53 AGBGB).

b) Modifiziert wird die Regelung über den Grenzabstand von Bäumen und Sträuchern gegenüber landwirtschaftlich genutzten Grundstücken (Art. 48 AGBGB; bisher Art. 24 §§ 3, 5 Coburg AGBGB). Das Coburger Recht sah bisher z. T. größere Grenzabstände vor (z. B. Abstand von 3,5 m für Stein- und Kernobst; Abstand nach Art. 50 Abs. 2 i. V. m. Art. 47 Abs. 1 AGBGB: 2 m). Andererseits gilt der Grenzabstand von 4 m nach Art. 48 Abs. 1 AGBGB im Gegensatz zum bisherigen Art. 24 § 3 Nr. 2 Coburg AGBGB grundsätzlich für alle Baumarten (zum Übergangsrecht vgl. unten Anm. 4). Den §§ 4 bis 6 des Art. 24 Coburg AGBGB entsprechen im Wesentlichen die Art. 49, 48 Abs. 2, 50 Abs. 1 und 2 AGBGB.

c) Ersatzlos entfällt die Regelung über das Hammerschlags- und Leiterrecht nach Art. 24 § 1 Coburg AGBGB, es gilt insoweit die Regelung gemäß Art. 46 b AGBGB.
Ersatzlos gestrichen ist auch Art. 24 § 2 Coburg AGBGB. Die Beachtung der öffentlich-rechtlichen Abstandsvorschriften etc. (z. B. Art. 6 BayBO) kann der Nachbar im Verwaltungsrechtsweg geltend machen (vgl. **15**). Im Übrigen stehen dem Nachbarn Ansprüche nach §§ 906, 907, 1004 BGB sowie § 823 Abs. 2 BGB (vgl. **6** B, C und **12** A) zu, soweit es sich bei den öffentlich-rechtlichen Bestimmungen um Schutzvorschriften im Sinne dieser Vorschrift handelt. Kein Bedürfnis bestand für die Aufrechterhaltung des Art. 24 § 7 Coburg AGBGB.

Schließlich entfällt der Ausschluss der Verjährung nach Art. 24 § 8 Coburg AGBGB, der durch Art. 52 AGBGB ersetzt worden ist; zum Übergangsrecht vgl. unten Anm. 4.
Die §§ 9 bis 11 Abs. 2 des Art. 24 Coburg AGBGB waren schon bisher gegenstandslos (vgl. aber auch unten d).

d) Die ab 01.01.1983 im Coburger Bereich neu eingeführten Regelungen gelten nur für Anlagen und Gewächse, die ab dem 01.01.1983 errichtet oder gepflanzt werden. Für das Fensterrecht ergibt sich dies aus Art. 45 Abs. 2 AGBGB (vgl. **9** A III.), wobei das alte Recht auch dann maßgebend bleibt, wenn mit der Errichtung der Anlage vor dem 01.01.1983 begonnen wurde oder sie bereits baurechtlich genehmigt war. Für die Rechtslage im Übrigen ergibt sich die Anwendbarkeit des bisherigen Rechts aus der sog. Rechtswirkungsklausel des Art. 78 AGBGB (vgl. unten Anm. 4). Das bedeutet insbesondere, dass die am 01.01.1983 bereits vorhandenen Bäume, Sträucher und Hecken nach bisherigem Recht zu beurteilen sind (insoweit kann u.U. auch der Art. 24 § 11 Abs. 2 Coburg AGBGB von Bedeutung sein). Soweit der Nachbar einen Beseitigungsanspruch nach Art. 24 § 3 Coburg AGBGB vor dem 01.01.1983 erworben hat, unterliegt dieser Anspruch auch weiterhin nicht der Verjährung.[1] Auch Rechtspositionen, die nach Art. 24 § 7 Coburg AGBGB begründet worden sind, und ggf. heute noch bestehen, bleiben durch Art. 78 AGBGB aufrechterhalten.

e) Art. 51 AGBGB gilt nicht für das ehemalige Coburger Gebiet. Dies ergibt sich aus der Entstehungsgeschichte der Vorschrift, die nur Anpflanzungen im übrigen bayerischen Gebiet betreffen kann.

4 Übergangsrecht

Das Verhältnis des bisherigen, vor allem im AGBGB 1899 und im Coburg AGBGB enthaltenen Nachbarrechts zum neuen Recht wird durch die sog. **Rechtswirkungsklausel** des Art. 78 AGBGB dahingehend gelöst, dass die durch die früheren Rechtsvorschriften eingetretenen Rechtswirkungen unberührt bleiben. Damit werden die am 31.12.1982 vorhandenen Rechtspositionen auch künftig gewahrt.

1 Amtl. Begr. S. 47; Sprau, Rn. 5 zu Art. 47 AGBGB.

Dabei wird die jeweilige Rechtsposition mit dem Inhalt in das neue Recht übernommen, in dem sie sich in diesem Zeitpunkt befand. Das bedeutet z. B., dass ein Anspruch, der nach bisherigem Recht nicht verjähren konnte, diese Eigenschaft auch nach neuem Recht nicht verliert, auch wenn dieses die Verjährung für solche Ansprüche nunmehr vorsieht. Besondere Bedeutung hat die Rechtswirkungsklausel für das Coburgische Nachbarrecht (vgl. oben Anm. 3d).

5 Neben dem Privatrecht räumt auch das **öffentliche Recht**, insbesondere das Baurecht und das öffentlich-rechtliche Immissionsschutzrecht (vgl. **6** B 8, 9), dem Nachbarn in bestimmten Fällen hinsichtlich der Ausführung von Vorhaben oder die Vornahme von Handlungen in der Nachbarschaft, die ihn beeinträchtigen oder beeinträchtigen können, in gewissem Umfang geschützte Rechtspositionen ein. Diese kann er notfalls im Wege der Klage vor den Verwaltungsgerichten gegen die öffentliche Hand geltend machen. Eine kurze Darstellung dieses sog. „öffentlich-rechtlichen Nachbarrechts" findet sich unter **15**.

6 Über die gesetzlichen Vorschriften hinaus sind die Nachbarn auf Grund des sog. **nachbarlichen Gemeinschaftsverhältnisses**[2] zur gegenseitigen Rücksichtnahme verpflichtet (Grundsatz von Treu und Glauben).[3] Hierbei ist allerdings zu beachten, dass sich die Rechte und Pflichten der Nachbarn in den gesetzlich geregelten Bereichen grundsätzlich nur nach den einschlägigen Vorschriften bestimmen. Nur dann, wenn ein anderer, über die gesetzlichen Vorschriften hinausgehender Ausgleich der widerstreitenden Interessen dringend geboten erscheint, kann die Rechtsausübung aufgrund des nachbarlichen Rücksichtnahmegebots ganz oder teilweise unzulässig sein.[4]

2 Vgl. z. B. Dehner, A § 1 II.; Palandt/Bassenge, § 903 Rn. 13; Meisner-Ring-Götz, § 11 Rn. 13 ff. (dort auch kritische Betrachtung zum Begriff des nachbarlichen Gemeinschaftsverhältnisses); Sprau, Rn. 8 ff. vor Art. 43 AGBGB.

3 Zur Abgrenzung zum sog. baurechtlichen Rücksichtnahmegebot vgl. Grziwotz/Saller, 1. Teil B III Rn. 13 mit zahlreichen Nachweisen.

4 BGH NZM 2005, 318; z. B. BGH NJW-RR 2008, 610: Pflicht, bei erkannter Grenzverwirrung vor Inbesitznahme der streitigen Fläche neue Grenzziehung abzuwarten, vgl. auch **3** C 1.

Das nachbarliche Gemeinschaftsverhältnis ist kein gesetzliches Schuldverhältnis[5], sondern Maßstab für die Beurteilung der nachbarlichen Rechte und Pflichten bei gesetzlich nicht geregelten nachbarlichen Interessenkonflikten.[6] Im Übrigen kann der dem nachbarlichen Gemeinschaftsverhältnis innewohnende Grundsatz von Treu und Glauben bei der Inhaltsbestimmung nachbarlicher Befugnisse und Pflichten Bedeutung erlangen. In diesem Bereich begründet er deshalb in der Regel keine selbstständigen Ansprüche, sondern wirkt sich hauptsächlich als Schranke für die Rechtsausübung aus.[7]

5 H. M.: BGH NJW 2011, 3294; BGHZ 42, 374; z.B. OLG Hamm NJW-RR 2009, 1616: Mangels Schuldverhältnis kein Schadensersatzanspruch gemäß § 280 BGB bei Rissen in gemeinsamer Kommunmauer aufgrund Umbaus.

6 BGHZ 42, 374; 88, 344.

7 BGHZ 28, 110/114; BGH MDR 1977, 568; OLG Köln MDR 1977, 1008; BGHZ 88, 344/351; 113, 184; BGH NJW 1990, 2555f.; BGH NJW 1995, 2633; BGH NJW-RR 2001, 1208; BGH NJW 2004, 1037f.; BayObLG BayVBl. 1992, 412; OLG Düsseldorf NJW-RR 2002, 306. Nach BGH NJW-RR 2013, 650 soll ein Grundstückseigentümer ausnahmsweise zu einem positiven Tun verpflichtet sein, wenn dies für einen billigen Ausgleich der widerstreitenden Interessen zwingend geboten erscheint.

KAPITEL 2
Das Grundeigentum im Allgemeinen

A Inhalt und Wesen des Eigentums

1 **Das Eigentum** ist das umfassendste Herrschaftsrecht einer Person über eine Sache. Der Eigentümer kann grundsätzlich mit seiner Sache nach Belieben verfahren und andere von jeder Einwirkung auf sie ausschließen, soweit nicht Gesetz oder Rechte Dritter entgegenstehen (§ 903 BGB). Solche Einschränkungen des Eigentumsrechtes enthält insbesondere das Nachbarrecht. Die Einengung der Befugnisse des Eigentümers ist Ausfluss der **Sozialgebundenheit** des Eigentums, die insbesondere für das Eigentum an Grund und Boden gerade im modernen demokratischen Sozialstaat hervorragende Bedeutung erlangt. Auf Grund dieser Pflichtgebundenheit des Eigentums wird besonders durch öffentlich-rechtliche Vorschriften zunehmend die Herrschaftsgewalt des Eigentümers an Grund und Boden eingeschränkt. Angelpunkt für den Bestand des Eigentums ist **Art. 14 Grundgesetz** (GG):

(1) Das Eigentum und das Erbrecht werden gewährleistet. Inhalt und Schranken werden durch die Gesetze bestimmt.

(2) Eigentum verpflichtet. Sein Gebrauch soll zugleich dem Wohle der Allgemeinheit dienen.

(3) Eine Enteignung ist nur zum Wohle der Allgemeinheit zulässig. Sie darf nur durch Gesetz oder auf Grund eines Gesetzes erfolgen, das Art und Ausmaß der Entschädigung regelt. Die Entschädigung ist unter gerechter Abwägung der Interessen der Allgemeinheit und der Beteiligten zu bestimmen. Wegen der Höhe der Entschädigung steht im Streitfall der Rechtsweg vor den ordentlichen Gerichten offen.

sowie die entsprechenden Vorschriften der **Bayer. Verfassung**, insbes. **Art. 158**:

Eigentum verpflichtet gegenüber der Gesamtheit. Offenbarer Missbrauch des Eigentums- oder Besitzrechts genießt keinen Rechtsschutz.)

Nach Art. 14 Abs. 1 Satz 2 GG können Inhalt und Schranken des Eigentums durch Gesetz geregelt werden; Maßstab für den Gesetzgeber ist hierbei die Sozialgebundenheit des Eigentums (Absatz 2). Die (entschädigungslos hinzunehmenden) Einschränkungen des Eigentums im Rahmen seiner Pflichtgebundenheit können freilich nicht dazu führen, dass das Eigentumsrecht beseitigt oder völlig ausgehöhlt würde. Jeder Eingriff in das Eigentumsrecht, der über eine bloße Inhalts- und Schrankenbestimmung nach Art. 14 Abs. 1 Satz 2, Abs. 2 GG hinausgeht, stellt eine Enteignung dar. Ihre Zulässigkeit ist an die besonderen Voraussetzungen des Art. 14 Abs. 3 GG gebunden. Bundes- und landesrechtliche Vorschriften, die für bestimmte Zwecke eine Enteignung zulassen, finden sich in zahlreichen Gesetzen, insbesondere im Bereich des Bauplanungs-, Wasser- und des Straßen- und Wegerechts. In Bayern sind die Voraussetzungen für eine Enteignung und das Enteignungsverfahren im Wesentlichen im Gesetz über die entschädigungspflichtige Enteignung (BayEG)[1] geregelt.

Auch wenn das Gesetz eine Enteignung an sich nicht vorsieht, können durch rechtmäßiges hoheitliches Handeln als Nebenfolge solche Auswirkungen auf das Eigentum auftreten, die die Schwelle des eigentumsrechtlich Zumutbaren übersteigen. In diesen Fällen gewährt die Rechtsprechung eine Entschädigung wegen eines „enteignenden Eingriffs“. Von „enteignungsgleichem Eingriff“ spricht man dagegen, wenn rechtswidrig durch ein hoheitliches Handeln dem Berechtigten zugunsten der Allgemeinheit ein Sonderopfer auferlegt wird.[2]

2 **Arten** des Eigentums:

a) **Alleineigentum:** Das Eigentum steht nur einer (natürlichen oder juristischen) Person zu.

b) **Miteigentum** nach Bruchteilen (§§ 1008 ff. BGB): Jedem Miteigentümer steht ein ideeller (nicht realer!) Anteil z. B. an einem Grundstück zu. Er kann diesen gedachten Anteil veräußern oder belasten. Zum Wohnungseigentum vgl. unten Anm. 3.

1 I. d. F. v. 25.07.1978 (BayRS 2141-1-I).
2 BGHZ 117, 240/252 f.

c) **Gesamthandseigentum:** Es besteht an Gegenständen, die zum Vermögen einer sog. Gesamthandsgemeinschaft gehören (z. B. Gesellschaft des BGB, OHG, KG, nichtrechtsfähiger Verein, Gesamtgut der Gütergemeinschaft, Erbengemeinschaft). Dem Teilnehmer an der Gesamthand steht nur ein Anteil am gesamten Vermögen, nicht aber am einzelnen Vermögensgegenstand zu; Gesamthandseigentum ist nur in den gesetzlich geregelten Fällen möglich. Darüber hinaus kann es durch Vereinbarung nicht begründet werden.

3 **Das Wohnungseigentum:** Beim Wohnungseigentum (bei nicht zu Wohnzwecken dienenden Räumen spricht man von Teileigentum) besteht Miteigentum der Wohnungseigentümer am Grundstück und den gemeinschaftlichen Gebäudeteilen, das mit dem **Sondereigentum** an einer Wohnung (oder an sonstig genutzten Räumen) verbunden ist. Die Zulassung von Sondereigentum an bestimmten Räumen ist eine Ausnahme von dem Grundsatz, dass Eigentum an realen Teilen eines Gebäudes nach dem BGB (§§ 93, 94 BGB) nicht möglich ist. Miteigentumsanteil und Sondereigentum sind untrennbar miteinander verbunden. Das Wohnungseigentum ist im Gesetz über das Wohnungseigentum und das Dauerwohnrecht (Wohnungseigentumsgesetz – WEG) geregelt. Es kennt ferner das als Grundstücksbelastung ausgestattete Dauerwohnrecht (bei nicht zur Wohnzwecken dienenden Räumen Dauernutzungsrecht genannt).[3]

Das vor dem 01. 01. 1900 begründete sog. „Stockwerkseigentum" ist durch Art. 182 EGBGB aufrechterhalten worden. In Bayern ist jedoch durch Art. 42 des am 01. 01. 1983 außer Kraft getretenen Gesetzes, Übergangsvorschriften zum BGB betreffend, vom 09. 06. 1899[4] das bestehende Stockwerkseigentum in Miteigentum am Grundstück umgewandelt worden (sog. uneigentliches Stockwerkseigentum);[5]

---

3 Vgl. hierzu die einschlägigen Erläuterungswerke, z. B. Bärmann-Pick-Merle, 9. Aufl. 2003; Bärmann-Pick, 15. Aufl. 2001; Weitnauer, 8. Aufl. 1995 und die Darstellungen in den BGB-Kommentaren, z. B. MünchKomm. Bd. 6 und Palandt.

4 BayBS III. S. 101.

5 Vgl. Henle-Schneider, Ausführungsgesetze zum BGB, 3. Aufl., Vorb. zu Art. 42 ÜGBGB.

diese Vorschrift wurde als Art. 62 in das AGBGB 1982 übernommen. Er lautet:

Art. 62 Stockwerkseigentum[6]

Das zur Zeit des In-Kraft-Tretens des Bürgerlichen Gesetzbuchs bestehende Stockwerkseigentum gilt als Miteigentum an dem Grundstück mit der Maßgabe, dass jedem Miteigentümer die ausschließliche und dauernde Benutzung der Teile des Gebäudes zusteht, die ihm oder seinem Rechtsvorgänger zum Zeitpunkt des In-Kraft-Tretens des Bürgerlichen Gesetzbuchs gehörten, und dass er die Kosten für ihre Unterhaltung zu tragen hat. Der Anspruch auf Aufhebung der Gemeinschaft ist ausgeschlossen. Für die Benutzungsrechte der Miteigentümer gilt § 1010 Abs. 1 des Bürgerlichen Gesetzbuchs entsprechend.

Stockwerkseigentum kann nicht mehr neu begründet werden.

4 **Das Erbbaurecht:** Es ist das veräußerliche und vererbliche Recht auf oder unter der Oberfläche eines fremden Grundstücks, ein Bauwerk zu haben. Der Erbbauberechtigte ist also Eigentümer des Bauwerks, ohne dass er gleichzeitig auch Eigentümer des Grundstücks sein muss. Das Erbbaurecht ist geregelt in der Verordnung über das Erbbaurecht (ErbbauVO).[7]

5 Das Eigentum am Grundstück erstreckt sich auch auf seine wesentlichen **Bestandteile**. Das sind solche, die voneinander nicht getrennt werden können, ohne dass dabei der eine oder andere zerstört oder in seinem Wesen verändert wird (§ 93 BGB). Hierzu gehören die mit dem Grund und Boden fest verbundenen Sachen, insbesondere Gebäude (sowie die zu ihrer Herstellung eingefügten Sachen) und Grundstückserzeugnisse, solange sie mit dem Boden zusammenhängen; eine Pflanze wird mit dem Einpflanzen wesentlicher Bestandteil des Grundstücks (§ 94 BGB). Eine Ausnahme gilt aber für solche Sachen (z. B. Gebäude, sonstige Anlagen), die nur zu einem vorübergehenden Zweck errichtet oder in Ausübung eines dinglichen Rechts (z. B. Grunddienstbarkeit, Nießbrauch, Erbbau-

---

6 Dazu ausführlich Meisner-Ring-Götz, § 3; Sprau, Erläuterungen zu Art. 62 AGBGB.

7 Vgl. hierzu die Darstellungen insbes. in den Kommentaren zum BGB, z. B. MünchKomm. Bd. 6 und Palandt.

recht) vom Berechtigten mit dem Grundstück verbunden worden sind (§ 95 BGB).

6 Während das Eigentum eine Sache der Herrschaftsgewalt einer Person rechtlich zuordnet, versteht man unter **Besitz** (§§ 854 ff. BGB) die tatsächliche Herrschaft einer Person über eine Sache.

Auch der Besitz gewährt dem Besitzer eine bedeutsame Rechtstellung. Der Besitzer (z. B. der Mieter oder Pächter eines Grundstücks) genießt weitgehenden Schutz gegen unrechtmäßige Störung oder Entziehung des Besitzes (§§ 858 ff. BGB; zu den Abwehransprüchen vgl. auch **12** B). Die schuldhafte und widerrechtliche Verletzung des Besitzes löst einen Schadensersatzanspruch aus unerlaubter Handlung (§ 823 BGB) aus. Der Besitzer braucht die Sache an den Eigentümer nicht herauszugeben, wenn er ein Recht zum Besitz (z. B. auf Grund eines Mietvertrags) hat (§ 986 BGB). Schließlich wird durch den Besitz dem Eigentümer der Nachweis seines Eigentums erleichtert (§ 1006 BGB).

Man unterscheidet unmittelbaren und mittelbaren Besitz:

a) **Unmittelbarer Besitz:** Der Besitzer übt die tatsächliche Sachherrschaft selbst unmittelbar aus (z. B. der Mieter einer Wohnung, der Pächter einer Sache, der Eigentümer, der sein Haus selbst bewohnt).
b) **Mittelbarer Besitz** (§ 868 BGB): Hat jemand einem anderen den Besitz auf Grund eines besonderen Rechtsverhältnisses (sog. Besitzmittlungsverhältnis) auf Zeit überlassen, so ist er mittelbarer Besitzer. Beispiel: Der Mieter einer Wohnung ist unmittelbarer, der Vermieter mittelbarer Besitzer.

B Befugnisse des Eigentümers; Schikaneverbot

I Befugnisse des Eigentümers

§ 903 BGB

Der Eigentümer einer Sache kann, soweit nicht das Gesetz oder Rechte Dritter entgegenstehen, mit der Sache nach Belieben verfahren und andere von jeder Einwirkung ausschließen. Der Eigentü-

mer eines Tieres hat bei der Ausübung seiner Befugnisse die besonderen Vorschriften zum Schutz der Tiere zu beachten.

1 Das Eigentum hat nach § 903 BGB im Wesentlichen folgende Wirkungen:

a) **Positive Wirkung:** Der Eigentümer kann mit der Sache nach Belieben verfahren, und zwar rechtlich durch Verfügung über die Sache (Veräußerung, Belastung, Verzicht auf das Eigentum) sowie tatsächlich durch Ausübung des Besitzes, durch Nutzung oder Veränderung der Sache.

b) **Negative Wirkung:** Der Eigentümer kann jeden anderen von der Einwirkung auf die Sache ausschließen, soweit dieser nicht auf Grund Gesetzes oder Vereinbarung mit dem Eigentümer zur Einwirkung berechtigt ist (zur Geltendmachung des Anspruchs vgl. **12** A).

2 Das Herrschaftsrecht des Eigentümers ist durch Vorschriften des privaten und des öffentlichen Rechts mannigfaltig eingeschränkt (vgl. oben A 1). Auf dem Gebiet des Privatrechts sind hier insbesondere die nachbarrechtlichen Beschränkungen des BGB und des bayer. Landesrechts (vgl. **1** l) von Bedeutung. Zahlreicher sind die öffentlich-rechtlichen Vorschriften, die dem Eigentümer von Grundstücken Unterlassungs-, Duldungs- oder Handlungspflichten auferlegen. Als Beispiele seien hier nur genannt: Bauverbote, Baugebote, Modernisierungsgebote, Verbot bestimmter Nutzungen in Natur- und Landschaftsschutzgebieten; gemeindlicher Anschlusszwang an Wasserleitungsnetz, Kanalisation, Müllabfuhr u. Ä. Äußerste Grenze für die Ausübung des Eigentumsrechts ist das sog. Schikaneverbot des § 226 BGB (s. unten II).

3 Die schuldhafte und rechtswidrige Verletzung des Eigentums begründet einen Schadensersatzanspruch nach §§ 823, 249 BGB. Auch bei Eingriffen in das Eigentum durch rechtmäßiges Handeln bestehen in verschiedenen Fällen Ausgleichsansprüche des Eigentümers (vgl. § 904 BGB – **2** D II oder § 906 BGB – **6** B und die sonstigen Fälle des sog. bürgerlich-rechtlichen Aufopferungsanspruchs[8] – **6** B 9 c).

---

8 Vgl. BGHZ 48, 98; 90, 255; 122, 283; NJW 1995, 714.

II Schikaneverbot

§ 226 BGB

Die Ausübung eines Rechtes ist unzulässig, wenn sie nur den Zweck haben kann, einem anderen Schaden zuzufügen.

1 § 226 BGB legt allgemein die Grenzen jeder Rechtsausübung fest. Er gilt für alle Bereiche der Rechtsordnung, ist also auch äußerste Grenze für die Ausübung des Eigentumsrechts nach § 903 BGB einschließlich der nachbarlichen Befugnisse.

2 Die Voraussetzungen für die Anwendung des § 226 BGB sind sehr eng. Schikane liegt nur dann vor, wenn bei Würdigung der gesamten Umstände ein anderer Handlungszweck als der der Schadenszufügung ausgeschlossen ist.[9] Sie entfällt bereits dann, wenn ein berechtigtes Interesse des Handelnden auch nur mitbestimmend sein kann, selbst wenn es als kleinlich angesehen werden kann. Zutreffend formulieren Meisner-Ring-Götz: „§ 226 BGB schützt nicht gegen kleinkariertes Denken."[10]

3 Die Beweislast für das Vorliegen schikanöser Rechtsausübung trägt derjenige, der sich darauf beruft (im Streitfall schwierig!).

---

9 Palandt/Ellenberger, § 226 Rn. 2; OVG Lüneburg RdL 2010, 98 (verneinend bei Erstellung einer Lagerhalle neben Wohngrundstück); zur Frage, ob die Pflanzung einer Nordmanntannenhecke im Abstand von 4 bis 6 m von der Grundstücksgrenze schikanös sein kann, s. LG Gießen NJW-RR 2000, 1255; nach AG Husum (Urt. v. 16.06.2009 – 2 C 243/09) Klage auf Rückschnitt von altem Pflanzenbestand auf ohnehin eingeschränkt nutzbarem Grundstücksteil wegen Rechtsmissbrauchs bereits unzulässig, wenn nachweislich alleiniger Klagegrund ist, dass eine Anzeige des Nachbarn wegen einer Trunkenheitsfahrt zum Führerscheinentzug geführt hat. OLG Saarbrücken v. 07.02.2013 – 4 U 421/11: Auch aufgrund nachbarlichem Konfliktpotential provozierte schwer nachvollziehbare und unvernünftige Verhaltensweisen rechtfertigen nicht ohne weiteres den Schikanevorwurf; nach AG Bremen (Urt. v. 18.06.2015 – 10 C 67/15) schikanös, wenn Eigentümer das Überfahren seines Grundstücks durch die Allgemeinheit duldet und nur einen Nachbarn ausschließt.

10 § 11 Rn. 10.

C Begrenzung des Eigentums

§ 905 BGB

[1]Das Recht des Eigentümers eines Grundstücks erstreckt sich auf den Raum über der Oberfläche und auf den Erdkörper unter der Oberfläche. [2]Der Eigentümer kann jedoch Einwirkungen nicht verbieten, die in solcher Höhe oder Tiefe vorgenommen werden, dass er an der Ausschließung kein Interesse hat.

1 **Begriff des Grundstücks:** Grundstück im Rechtssinne ist ein räumlich abgegrenzter Teil der Erdoberfläche, der im Grundbuch auf einem eigenen Blatt (§ 3 GBO) oder bei gemeinschaftlicher Buchung (sog. Personalfolium, § 4 GBO) unter einer besonderen Nummer des Bestandsverzeichnisses als selbstständiges Grundstück gebucht ist. Zu berücksichtigen ist allerdings, dass nicht alle Grundstücke im Grundbuch gebucht sind. Nicht dem Buchungszwang unterliegen etwa öffentliche Straßen und Wasserläufe sowie Grundstücke öffentlich-rechtlicher Körperschaften. Sämtliche Grundstücke werden außerdem in einem amtlichen Verzeichnis, dem sog. Liegenschaftskataster[11], geführt (Vorgänger: Grundsteuerkataster). Als amtliches Grundstücksverzeichnis dient ferner im Flurbereinigungsverfahren bis zur Berichtigung des Liegenschaftskatasters der Flurbereinigungsplan, im Umlegungs- und Grenzregelungsverfahren nach dem Baugesetzbuch der Umlegungsplan bzw. der Grenzregelungsbeschluss (§§ 45 ff., 80 ff. BauGB). Buchungseinheit des Liegenschaftskatasters ist das Flurstück. Ein Grundstück im Rechtssinne kann aus einem oder mehreren Flurstücken bestehen.

2 Das Recht des Grundstückseigentümers erstreckt sich nicht nur auf die Bodenfläche, sondern auch auf den Raum über der Erdoberfläche und den Erdkörper, nicht aber auf das Grundwasser.[12] Der Eigentümer kann also – vorbehaltlich besonderer gesetzlicher Regelungen – den Erdkörper (z. B. durch den Bau unterirdischer Anlagen, Entnahme von Bodenbestandteilen) und den Luftraum (z. B. durch Hochbau, Nutzung von Wind usw.) ausnutzen. Er kann inso-

---

11 Vgl. hierzu Gesetz über die Landesvermessung und das Liegenschaftskataster (Vermessungs- und Katastergesetz) vom 31.07.1970 (BayRS 219-1-F).

12 BVerfG NJW 1982, 745/749.

weit auch Einwirkungen anderer verbieten (vgl. § 903 BGB), z.B. unter der Erde einen Schacht auf sein Grundstück zu führen oder ein Gebäude in den Luftraum über dem Grundstück hineinzubauen.[13] Das Grundeigentum gewährt aber nicht das Recht, auch auf das Grundwasser einzuwirken; insoweit sind allein die öffentlich-rechtlichen Vorschriften maßgebend (vgl. insbes. §§ 33ff. WHG und Art. 33, 34 BayWG sowie **6** F IV 1b).[14] Ist die Grundwassernutzung nach diesen Bestimmungen zulässig, kann sich der Nachbar nicht darauf berufen, dass dadurch seinem Grundstück Wasser entzogen wird; eine Grenze für die Grundwasserbenutzung ergibt sich jedoch aus dem nachbarlichen Gemeinschaftsverhältnis (vgl. **1** 6) und § 226 BGB (**2** B II).

3 Dieses Herrschaftsrecht des Eigentümers ist jedoch zahlreichen Beschränkungen unterworfen:

a) **Zivilrechtliche** Einschränkungen:
   - § 905 Satz 2 BGB: Das Verbietungsrecht des Eigentümers besteht nicht, wenn die Einwirkung in solcher Höhe oder Tiefe vorgenommen wird, dass er an der Ausschließung kein Interesse hat. Ob ein Interesse, das nicht nur vermögensrechtlicher Art zu sein braucht, schutzwürdig ist, bestimmt sich nach der Art der Grundstücksbenutzung, den örtlichen Verhältnissen und nach der Verkehrsauffassung. Beispielsweise besteht im Rahmen eines großstädtischen Bauvorhabens regelmäßig kein schutzwürdiges Ausschließungsinteresse am Überschwenken eines Baukranarms, sofern keine Lasten über das Nachbargrundstück geschwenkt werden oder der Nachbar den Luftraum anderweitig nutzen will, da ein wirtschaftlich sinnvolles Bauen ohne Überschwenken von Kranarmen über Nachbargrundstücke oftmals nicht mehr möglich ist.[15] Gleichfalls muss etwa die Verlegung eines Fernheizungsrohres in einer Tiefe von 1,79 m oder eines Stromkabels

13 Zum Eindringen des Schwenkarms eines Baukrans in den Luftraum eines Nachbargrundstücks vgl. OLG Karlsruhe NJW-RR 1993, 91.

14 MünchKomm/Säcker, § 905 Rn. 5.

15 OLG Düsseldorf NZM 2007, 582; LG Duisburg v. 09.10.2008 – 3 O 449/06.

in 4 m Tiefe hingenommen werden.[16] Dabei sind auch mögliche künftige Nutzungen zu berücksichtigen, z. B. die Möglichkeit der Errichtung eines Gebäudes auf einem nicht oder nur teilweise bebauten Grundstück. Es kann sich auch um ein nur ästhetisches Interesse handeln.[17] Das Fehlen des Interesses, das derjenige zu beweisen hat, der auf den Erdkörper oder den Luftraum einwirken will, muss immer gerade durch die Höhe oder Tiefe, in der die Einwirkung erfolgt, begründet sein.[18]

Umstritten ist, ob dem Eigentümer, der eine Einwirkung nach § 905 Satz 2 BGB zu dulden hat, ein Entschädigungsanspruch in Geld zusteht.[19]

– Führung von Leitungen (vgl. auch 7 I 7 und unten b): Durch vertragliche Vereinbarung kann sich der Grundstückseigentümer verpflichten, Einwirkungen auf den Erdkörper oder den Luftraum zu dulden.

  Für den Bereich der **Elektrizitätsversorgung** wird insoweit der Vertragsinhalt näher geregelt durch die sog. Verordnung über Allgemeine Bedingungen für den Netzanschluss und dessen Nutzung für die Elektrizitätsversorgung in Niederspannung vom 01. 11. 2006[20]. Danach ist der Anschlussnehmer verpflichtet, das Anbringen und Verlegen von Leitungen sowie Verteilungsanlagen und Schutzmaßnahmen für Zwecke der örtlichen Stromversorgung unentgeltlich zu dulden. Von der Duldungspflicht werden allerdings nur solche Grundstücke der Abnehmer erfasst, die an die Stromversorgung angeschlossen sind oder die vom Eigentümer in wirtschaftlichem Zusammenhang mit der Versorgung eines ange-

16 OLG Bremen OLGZ 1971, 147; LG Köln v. 06. 08. 2013 – 5 O 221/13.

17 BGH WM 1981, 130.

18 Beispiel aus der Rechtsprechung: Keine Duldungspflicht des Grundstückseigentümers, dass ein auf dem Nachbargrundstück errichteter Turmdrehkran teilweise über sein Grundstück geschwenkt wird, OLG Düsseldorf NJW-RR 1989, 1421; OLG Karlsruhe NJW-RR 1993, 91.

19 Vgl. dazu z. B. Palandt/Bassenge, § 905 Rn. 2; Staudinger/Roth, § 905 Rn. 41; Meisner-Ring-Götz, § 1 Rn. 29; Bayer-Lindner-Grziwotz 1 C 2c) aa).

20 NAV, BGBl. I 2006, 2477.

schlossenen Grundstücks genutzt werden oder für die die Möglichkeit der Stromversorgung sonst wirtschaftlich vorteilhaft ist. Die Duldungspflicht entfällt, wenn die Inanspruchnahme des Grundstücks den Eigentümer unzumutbar belasten würde (vgl. § 12 NAV). Der Eigentümer kann nach § 10 Abs. 3 NAV auch die Verlegung von Einrichtungen verlangen, wenn sie an der bisherigen Stelle für ihn nicht mehr zumutbar sind. Gegen den durch die Leitungen versorgten Anschlussnehmer (z. B. Nachbar und Anschlussnehmer des durch die Leitung beeinträchtigten Grundstückseigentümers) bestehen hingegen regelmäßig keine Beseitigungs- oder Unterlassungsansprüche, da dieser nicht Störer ist; denn das Leitungsnetz beherrscht ausschließlich der Versorgungsträger.[21] Entsprechende Regelungen existieren in Bezug auf die Versorgung mit **Wasser**[22], **Fernwärme**[23] und **Gas**[24].

Die Inanspruchnahme des Grundstücks eines Nichtanschlussnehmers ist nur dann zulässig, wenn der Eigentümer dies gestattet oder die Duldungspflicht im Wege der Enteignung nach § 45 Energiewirtschaftsgesetz (EnWG)[25] herbeigeführt wird; allerdings ist dann dem Betroffenen Entschädigung zu gewähren.[26] Der Entschädigungsanspruch besteht auch dann, wenn der Voreigentümer schon entschädigt wurde, es sei denn, dass z. B. die Entschädigung durch einen geringeren Kaufpreis an den Erwerber „weitergegeben" wurde (Entschädigungsverlangen wäre dann rechtsmissbräuchlich).[27] Anders ist dies nur, wenn das Leitungsrecht durch eine Dienstbarkeit im Grundbuch gesichert ist. Dann wirkt es ohne Weiteres auch gegenüber späteren Grundstückserwer-

21 BGH EBE/BGH 2012, 87 und Urt. v. 03.02.2012 – V ZR 173/11.

22 AVBWasserV v. 20.06.1980 (BGBl. I S. 750).

23 AVBFernwärmeV vom 20.06.1980 (BGBl. I S. 742).

24 NDAV vom 01.11.2006 (BGBl. I S. 2458).

25 Vom 07.07.2005 (BGBl. I S. 1970).

26 BGHZ 60, 119; OLG Köln NJW-RR 1991, 99; vgl. zur Gesamtproblematik: Wichert, NVwZ 2009, 876.

27 OLG Köln aaO.

bern. Möglich ist natürlich auch, dass die Auslegung der vertraglichen Vereinbarungen mit dem Voreigentümer ergibt, dass der neue Eigentümer die Duldungspflicht im bestehenden Umfang übernehmen will. Eine solche Abmachung würde als Vertrag zugunsten Dritter auch zugunsten des Versorgungsunternehmens wirken.

Die Beweislast, dass die Einwirkung auf das fremde Grundstück zulässig ist, hat das Versorgungsunternehmen, nicht der Eigentümer, der sich auf ihre Unzulässigkeit beruft.[28]

b) **Öffentlich-rechtliche** Einschränkungen sind beispielsweise:
- Das Luftverkehrsgesetz (LuftVG)[29] sieht vor, dass die Benutzung des Luftraumes für Luftfahrzeuge frei ist, soweit nicht durch Gesetz oder Durchführungsvorschriften etwas anderes bestimmt ist. Es besteht jedoch eine Schadensersatzpflicht (Gefährdungshaftung – Verschulden ist nicht erforderlich) des Fahrzeughalters für Schäden, die durch den Betrieb eines Luftfahrzeugs verursacht werden, § 33 Abs. 1 LuftVG.
- Nach dem Telekommunikationsgesetz (TKG)[30] hat der Eigentümer eines Grundstücks die Errichtung, den Betrieb und die Erneuerung von Telekommunikationslinien (das sind unter- und oberirdische Kabelanlagen, Schalt- und Verzweigungseinrichtungen, Masten, Kabelschächte und -kanalrohre) zu dulden[31], sofern auf dem Grundstück eine durch ein Recht gesicherte Leitung oder Anlage genutzt und hierdurch die Grundstücksnutzung nicht dauerhaft zusätzlich eingeschränkt, oder das Grundstück nicht oder nur unwesentlich beeinträchtigt wird (§ 76 Abs. 1 TKG). Die Nutzbarkeit des Grundstücks darf aber nicht dauerhaft über das vor der Inanspruchnahme bestehende Maß eingeschränkt werden; so ist z. B. die Errichtung oberirdischer, weithin sichtbarer und auf Dauer erstellter Anlagen nicht hinzunehmen.[32] Besteht eine

28 MünchKomm/Säcker, § 905 Rn. 12.
29 I. d. F. vom 10.05.2007 (BGBl. I S. 698).
30 Vom 22.06.2004 (BGBl. I S. 1190).
31 Zu Kabelanlagen, die allein der Versorgung der Bewohner eines Gebäudes mit Programmangeboten dienen, s. BGH NJW-RR 2004, 231.
32 BVerfG NJW 2000, 798.

Duldungspflicht und wird durch eine Maßnahme (insbesondere Errichtung, Erneuerung, Wartungs- und Reparaturarbeiten) die Benutzung des Grundstücks oder dessen Eintrag über das zumutbare Maß beeinträchtigt, so kann der Eigentümer oder Besitzer[33] des Grundstücks vom Betreiber der Telekommunikationslinie einen angemessenen Ausgleich in Geld verlangen; dessen Höhe richtet sich in erster Linie nach dem Entgelt, das nach den Marktverhältnissen für die Einräumung eines Leitungsrechts zu allgemeinen Telekommunikationszwecken gezahlt wird[34]. Bei einer erweiterten Nutzung kann zusätzlich ein einmaliger Ausgleichsbetrag verlangt werden, sofern bisher keine Leitungswege vorhanden waren (§ 76 Abs. 2 Satz 1 und 2 TKG). Wird das Grundstück oder sein Zubehör beschädigt, ist der Betreiber oder der Eigentümer der Telekommunikationslinie verpflichtet, den Schaden auf seine Kosten zu beseitigen (§ 76 Abs. 2 Satz 3 TKG).

Baumpflanzungen an Verkehrswegen, die für Telekommunikationslinien benutzt werden, sind zu schonen, insbesondere ist auf das Wachstum Rücksicht zu nehmen. Ausästungen sind auf das unbedingt notwendige Maß zu beschränken. Für die Ausästung kann dem Besitzer der Bäume eine Frist gesetzt werden; nach deren fruchtlosem Ablauf kann der Nutzungsberechtigte die Ausästung selbst vornehmen. Diese Befugnis hat er auch, wenn die Ausästung zur dringlichen Verhütung oder Beseitigung einer Störung erforderlich ist. Der Nutzungsberechtigte haftet für an den Bäumen entstandenen Schaden; er hat die Kosten der Ausästung zu tragen § 73 TKG).

Die angeführten Ersatzansprüche verjähren nach § 77 TKG in drei Jahren. Die Verjährung beginnt mit dem Schluss des Jahres, in dem der Anspruch entstanden ist.

Zur Errichtung und zum Betrieb der Telekommunikationslinie gehört auch das notwendige Betreten eines Grundstücks durch den Betreiber bzw. seine Beauftragten.

33 BGH NJW-RR 2002, 1576.

34 BGH NJW 2000, 3206.

- Das Bundesberggesetz (BBergG)[35] unterscheidet zwischen grundeigenen Bodenschätzen, die im Eigentum des Grundeigentümers stehen, und bergfreien Bodenschätzen, auf die sich das Eigentum am Grundstück nicht bezieht. Wer bergfreie Bodenschätze aufsuchen will, bedarf einer öffentlich-rechtlichen Erlaubnis, wer solche Bodenschätze gewinnen will, der Bewilligung oder des Bergwerkseigentums, das ein „vom Eigentum abgespaltenes Nutzungsrecht" darstellt.[36] Zum Aufsuchen bedarf der Berechtigte grundsätzlich der Zustimmung des Grundeigentümers. Der Inhaber einer Bewilligung oder der Bergwerkseigentümer kann unter bestimmten Voraussetzungen vom Grundeigentümer gegen Entschädigung die Grundabtretung verlangen. Wegen der näheren Einzelheiten wird auf das BBergG verwiesen.

D Privatrechtlicher Notstand

In bestimmten Fällen ist die Beschädigung oder Zerstörung einer Sache oder die Einwirkung auf sie gestattet, wenn entweder von ihr eine Gefahr ausgeht (sog. Verteidigungsnotstand, § 228 BGB) oder wenn die Einwirkung auf die Sache zur Abwendung eines unverhältnismäßig großen Schadens erforderlich ist (sog. Angriffsnotstand, § 904 BGB). Beide Fälle des privatrechtlichen Notstandes beruhen letztlich auf dem Gedanken, dass im Konfliktsfall das weniger schutzwürdige Rechtsgut dem höherrangigen zu weichen hat. Der Eigentümer oder Besitzer hat die auf der Notstandshandlung beruhende Einwirkung auf die Sache hinzunehmen; er hat aber in bestimmten Fällen einen Ersatzanspruch. §§ 228, 904 BGB (vgl. auch den strafrechtlichen rechtfertigenden Notstand des § 34 StGB) schließen die Rechtswidrigkeit des Handelns aus (anders der strafrechtliche entschuldigende Notstand nach § 35 StGB, der die Rechtswidrigkeit der Handlung unberührt lässt und nur die Schuld des Handelnden beseitigt).

---

35 Vom 13.08.1980 (BGBl. I S. 1310).

36 BGHZ 57, 375/388.

I Verteidigungsnotstand

§ 228 BGB

[1]Wer eine fremde Sache beschädigt oder zerstört, um eine durch sie drohende Gefahr von sich oder einem anderen abzuwenden, handelt nicht widerrechtlich, wenn die Beschädigung oder die Zerstörung zur Abwendung der Gefahr erforderlich ist und der Schaden nicht außer Verhältnis zu der Gefahr steht. [2]Hat der Handelnde die Gefahr verschuldet, so ist er zum Schadensersatz verpflichtet.

1 § 228 BGB verlangt, dass **von der Sache**, die beschädigt oder zerstört wird, eine **Gefahr** ausgeht. Entsprechendes gilt, wenn die Gefahr von einem Tier ausgeht (vgl. § 90a Satz 3 BGB; nach Satz 1 dieser Vorschrift sind Tiere keine Sachen). Beispiele: Ein von einem Hund Angegriffener erschießt das Tier; der Nachbar fällt einen fremden Baum, der vor seine Haustüre zu stürzen droht.
Geht die Gefahr nicht von der Sache oder dem Tier aus, auf die eingewirkt wird, greift § 904 BGB ein (s. unten II).

2 Die Gefahr kann für jedes Rechtsgut bestehen (z. B. Leben, Gesundheit, Eigentum, Besitz, auch ideelle Rechtsgüter).

3 Die Rechtswidrigkeit wird nur ausgeschlossen, wenn die Beschädigung oder Zerstörung erforderlich war. Was erforderlich ist, beurteilt sich nach den Umständen des Einzelfalles; auf die Vorstellung des Handelnden kommt es dabei nicht an.

4 Der durch die Beschädigung oder Zerstörung der Sache oder des Tieres verursachte Schaden darf nicht außer Verhältnis zur Gefahr stehen. Beispiel: Unverhältnismäßig wäre die Tötung eines wertvollen Hundes, der im Garten des Nachbarn in einem Blumenbeet scharrt.

5 Der Handelnde ist schadensersatzpflichtig, wenn er die von der Sache oder dem Tier ausgehende Gefahr verschuldet hat, d. h. wenn er sich vorsätzlich oder fahrlässig in die Gefahrsituation begeben hat. Beispiel: Der Angegriffene hat den von ihm getöteten Hund zuvor gereizt.

6 Nimmt jemand irrtümlich die Voraussetzungen des Notstandes für gegeben an (sog. Putativnotstand), so kann er sich nur auf § 228

BGB berufen, wenn der Irrtum entschuldigt ist.[37] Er macht sich schadensersatzpflichtig.

7 Der Notstand des § 228 BGB ist nicht zu verwechseln mit Notwehr (§ 227 BGB; für das Strafrecht § 32 StGB), die einen von einem Menschen ausgehenden Angriff voraussetzt.

§ 227 BGB lautet:

(1) Eine durch Notwehr gebotene Handlung ist nicht widerrechtlich.

(2) Notwehr ist diejenige Verteidigung, welche erforderlich ist, um einen gegenwärtigen rechtswidrigen Angriff von sich oder einem anderen abzuwenden.

II Angriffsnotstand

§ 904 BGB

[1]Der Eigentümer einer Sache ist nicht berechtigt, die Einwirkung eines anderen auf die Sache zu verbieten, wenn die Einwirkung zur Abwendung einer gegenwärtigen Gefahr notwendig und der drohende Schaden gegenüber dem aus der Einwirkung dem Eigentümer entstehenden Schaden unverhältnismäßig groß ist. [2]Der Eigentümer kann Ersatz des ihm entstehenden Schadens verlangen.

1 Im Gegensatz zu § 228 BGB geschieht in den Fällen des § 904 BGB die Einwirkung auf die fremde Sache oder das fremde Tier (§ 90a Satz 3 BGB)[38] zur Abwendung einer von ihr nicht ausgehenden Gefahr. Beispiel: Der von einem bissigen Hund Angegriffene reißt von einem fremden Zaun eine Latte ab, um sich zu verteidigen.

2 Die Einwirkung auf die fremde Sache oder das Tier muss zur Abwehr einer gegenwärtigen Gefahr notwendig sein. Es muss also sofort Abhilfe durch die Einwirkung geboten sein. Geschützt ist auch hier jedes Rechtsgut (vgl. **2** D I 2). Gleichgültig ist, ob die Gefahr

---

37 Palandt/Ellenberger, § 228 Rn. 10 und § 227 Rn. 12.

38 Vgl. oben 2 D I 1.

schuldhaft herbeigeführt ist und ob die Einwirkende im eigenen Interesse handelt oder zugunsten eines Dritten (Nothilfe).

3 § 904 BGB beseitigt die Rechtswidrigkeit nur, wenn der drohende Schaden gegenüber dem durch die Einwirkung entstehenden Schaden unverhältnismäßig groß ist. Bei dieser hier zu treffenden Güterabwägung ist grundsätzlich davon auszugehen, dass eine Gefahr für Leib und Leben schwerer wiegt als ein Sachschaden oder ein Schaden an einem Tier. Bei Vermögensschäden ist die Abwägung nach deren Höhe in Geld vorzunehmen.

4 Anders als bei § 228 BGB (vgl. **2** D I 5) kann der Eigentümer der Sache oder des Tieres nach Satz 2 stets Ersatz des ihm entstandenen Schadens verlangen; diese Regelung schließt einen Anspruch nach § 906 Abs. 2 Satz 2 BGB aus (s. **6** B 7b).[39] Umstritten ist, wen die Ersatzpflicht trifft, wenn der Einwirkende zugunsten eines Dritten handelt. Nach h. M. haftet grundsätzlich der Einwirkende, der dann einen Rückgriffsanspruch gegen den Begünstigten hat.[40]

---

39 OLG Nürnberg BayVBl. 2000, 93.

40 Zum Meinungsstand vgl. Staudinger/Seiler, § 904 Rn. 34 ff.; MünchKomm/Säcker § 904 Rn. 16 ff.; Meisner-Ring-Götz, § 12 Rn. 10.

KAPITEL 3
Grenzverhältnisse

A Allgemeines

1 Zum Begriff des Grundstücks im Rechtssinne vgl. **2** C 1.

2 Die Grundstücksgrenzen werden in der Natur durch Grenzzeichen gesichert und kenntlich gemacht. Die Sicherung von zwischen den Nachbarn umstrittenen Grenzen durch das Setzen von amtlichen Grenzzeichen ist die sog. **Abmarkung**. Zuständigkeit und Verfahren hierzu ist in Bayern geregelt durch das Gesetz über die Abmarkung der Grundstücke (Abmarkungsgesetz – AbmG) vom 01.01.1983[1].

3 Der **zivilrechtlichen**, in § 919 BGB festgelegten Abmarkungspflicht, die im Verhältnis zwischen den Nachbarn aneinander stoßender Grundstücke besteht, steht die **öffentlich-rechtliche** Verpflichtung der Grundstückseigentümer gegenüber, die erforderlichen Abmarkungen von unbestritten feststehenden Grundstücksgrenzen vornehmen zu lassen (Art. 5 AbmG).

4 Während § 919 BGB Rechte und Pflichten der Nachbarn bei der Sicherung des unbestrittenen Grenzverlaufs festlegt, regelt § 920 BGB den Fall, dass der **Grenzverlauf** zwischen den Nachbarn **strittig** ist (sog. Grenzverwirrung).[2]

5 **Strafrechtlicher Schutz** von Grenzzeichen: Nach § 274 Abs. 1 Nr. 3 StGB wird mit Freiheitsstrafe bis zu 5 Jahren oder mit Geldstrafe bestraft, wer einen Grenzstein oder ein anderes zur Bezeichnung einer Grenze bestimmtes Merkmal in der Absicht, einem anderen Nachteil zuzufügen, wegnimmt, vernichtet, unkenntlich macht, verrückt oder fälschlich setzt. Soweit die Strafvorschrift

---

1 BayRS III, 690 = 219-2-F. Vgl. dazu Simmerding-Püschel, Bayerisches Abmarkungsrecht, 3. Aufl. 2010 und Häde, BayVBl. 1994, 417 ff.

2 Dazu Simmerding, aaO, Art. 5; Meisner-Ring-Götz, § 5 Rn. 16 ff.

nicht eingreift, kann die Tat auch eine Ordnungswidrigkeit darstellen, die mit Geldbuße zwischen 5 und 1000 Euro belegt werden kann (Art. 22 AbmG, § 17 Abs. 1 OWiG).

B Abmarkung

§ 919 BGB

(1) Der Eigentümer eines Grundstücks kann von dem Eigentümer eines Nachbargrundstücks verlangen, dass dieser zur Errichtung fester Grenzzeichen und, wenn ein Grenzzeichen verrückt oder unkenntlich geworden ist, zur Wiederherstellung mitwirkt.

(2) Die Art der Abmarkung und das Verfahren bestimmen sich nach den Landesgesetzen; enthalten diese keine Vorschriften, so entscheidet die Ortsüblichkeit.

(3) Die Kosten der Abmarkung sind von den Beteiligten zu gleichen Teilen zu tragen, sofern nicht aus einem zwischen ihnen bestehenden Rechtsverhältnisse sich ein anderes ergibt.

1 Gegenstand des Abmarkungsverfahrens ist nicht die Ermittlung einer zwischen den Nachbarn strittigen Grenze (vgl. hierzu § 920 BGB), sondern die **Sicherung** der Grenze, über deren Verlauf sie einig sind. Die Sicherung geschieht durch die Errichtung fester Grenzzeichen oder, wenn diese unkenntlich geworden oder verrückt worden sind, durch ihre Wiederherstellung.

2 Anspruchsberechtigt und -verpflichtet sind die Eigentümer der benachbarten Grundstücke sowie die Erbbauberechtigten, nicht aber sonstige dingliche Berechtigte (z.B. Nießbraucher, Inhaber einer Dienstbarkeit).[3] Der einzelne Miteigentümer kann allein den Anspruch geltend machen (§ 1011 BGB), mehrere Miteigentümer können aber nur gemeinsam in Anspruch genommen werden. Anspruchsberechtigt ist auch der, der ein Grenzzeichen in strafbarer Weise (vgl. oben A 5) verrückt hat. Anspruchsberechtigt ist in entsprechender Anwendung des § 919 BGB auch der noch nicht im Grundbuch eingetragene Käufer eines Grundstücks, auf den Besitz,

---

3 MünchKomm/Säcker, § 919 Rn. 4.

Nutzen und Lasten bereits übergegangen sind und zu dessen Gunsten eine Auflassungsvormerkung eingetragen ist.[4]

3 Weigert sich der Nachbar, bei der Abmarkung mitzuwirken, muss der Anspruch im Klageweg durchgesetzt werden. Das Gericht stellt anders als im Fall des § 920 BGB (vgl. unten C) – lediglich die Verpflichtung zur Mitwirkung bei der Abmarkung, nicht etwa die Grenze fest. Zuständig sind die **ordentlichen** Gerichte, also je nach der Höhe des Streitwerts die Amts- oder Landgerichte (vgl. auch Art. 21 Abs. 2 Satz 2 AbmG). Örtlich zuständig ist das Gericht, in dessen Bezirk die Grundstücke liegen (§ 24 ZPO).
Für die Streitigkeiten insbes. über die **öffentlich-rechtliche** Abmarkungspflicht, über die Art und Gültigkeit der Abmarkung (also über Rechte und Pflichten im Verhältnis Behörde – Staatsbürger) sind dagegen die Verwaltungsgerichte zuständig (Art. 21 Abs. 1 AbmG; vgl. auch oben A 3).

4 Das Abmarkungsverfahren selbst richtet sich gemäß § 919 Abs. 2 BGB, Art. 23 AbmG nach den Vorschriften des Bayer. Abmarkungsgesetzes.

5 Die **Kosten der Abmarkung** haben die Nachbarn zu gleichen Teilen zu tragen, soweit sich aus dem zwischen ihnen bestehenden Rechtsverhältnis nichts anderes ergibt. Dies kann der Fall sein, wenn die Nachbarn über die Kostenverteilung etwas anderes vereinbart haben. Hat ein Nachbar Grenzzeichen schuldhaft verrückt oder zerstört, so ist er allein zur Kostentragung verpflichtet (§ 823 BGB). Davon zu unterscheiden ist die öffentlich-rechtliche Verpflichtung zur Tragung der Kosten des Abmarkungsverfahrens gegenüber der Vermessungsbehörde nach Art. 18 bis 20 AbmG. Wer als Kostenschuldner (Art. 18 AbmG) herangezogen wurde, hat – von den erwähnten Ausnahmen abgesehen – gemäß § 919 Abs. 3 BGB einen privatrechtlichen Rückgriffsanspruch gegen den Nachbarn in Höhe

---

4 Meisner-Ring-Götz, § 5 RdNr. 8; Bayer-Lindner-Grziwotz, 2 A I 2: Beim Erwerb einer Teilfläche soll sich der Anspruch nur gegen den Veräußerer richten. Das ist nur insoweit richtig als es sich um die Grenze zum Restgrundstück handelt und der Veräußerer nach grundbuchrechtlich vollzogener Teilung noch Eigentümer des Restgrundstückes ist. Hinsichtlich der Grenzen zu anderen Nachbargrundstücken richtet sich der Anspruch selbstverständlich gegen die Nachbarn.

der Hälfte der entrichteten Kosten. Zu den Abmarkungskosten gehören neben den in Art. 18 bis 20 AbmG angeführten Kosten auch die der Protokollierung und Aufmessung der Grenzzeichen.[5] Umstritten ist, ob § 919 Abs. 3 BGB auch auf die Kosten der Vermessung anzuwenden ist, die der Abmarkung vorausgeht. Hier ist zu unterscheiden: Ist der Grenzverlauf zwischen den Nachbarn streitig, so kann § 919 Abs. 3 BGB keine Anwendung finden, da diese Vorschrift nur die Abmarkung bei unbestrittenem Grenzverlauf betrifft.[6] Ist dagegen der Grenzverlauf unstreitig, fallen die für die Anbringung der Grenzzeichen notwendigen Vermessungskosten grundsätzlich unter die Ausgleichspflicht nach § 919 Abs. 3 BGB. Das Setzen eines Grenzsteins bei nicht vorhandenen Grenzzeichen erfordert nämlich notwendigerweise, dass die jeweilige Stelle für das neue Grenzzeichen in der Natur durch Vermessung ermittelt wird. Damit sind die Vermessungskosten in diesen Fällen notwendige Kosten der Abmarkung und damit von den Nachbarn anteilig zu tragen.[7]
Die Pflicht zur Tragung der **Kosten eines gerichtlichen Verfahrens**, in dem der Abmarkungsanspruch gegen den Nachbarn geltend gemacht wurde, richtet sich allein nach der vom Gericht getroffenen Entscheidung.[8]

6 **Wirkung der Abmarkung:** Die durchgeführte Abmarkung schafft zwar ein erhebliches Beweismittel für den Grenzverlauf, bewirkt aber, wenn die festgelegte Grenze nicht mit den wirklichen Eigentumsverhältnissen übereinstimmt, keine Änderung des Umfanges des Eigentums.[9] Wer sich aber auf ihre Unrichtigkeit beruft, muss sein Eigentum an dem von ihm beanspruchten Grenzstreifen beweisen.

7 Der Anspruch nach § 919 BGB unterliegt nicht der Verjährung (§ 924 BGB).

---

5 Dehner, B § 5 III 5; Meisner-Ring-Götz, § 5 Rn. 15.
6 Meisner-Ring-Götz wie Fn. 5.
7 Im Ergebnis wie hier LG Memmingen vom 23. 12. 1989 – 1 S. 1300/87; Simmerding, aaO, Rn. 33 zu Art. 21 will in diesen Fällen auf das jeweilige Interesse der Beteiligten abstellen; darauf kommt es im Rahmen des § 919 Abs. 3 BGB aber nicht an.
8 Palandt/Bassenge, § 919 Rn. 2.
9 OLG Brandenburg NJW-RR 2009, 1097.

C Grenzverwirrung

§ 920 BGB

(1) [1]Lässt sich im Falle einer Grenzverwirrung die richtige Grenze nicht ermitteln, so ist für die Abgrenzung der Besitzstand maßgebend. [2]Kann der Besitzstand nicht festgestellt werden, so ist jedem der Grundstücke ein gleich großes Stück der streitigen Fläche zuzuteilen.

(2) Soweit eine diesen Vorschriften entsprechende Bestimmung der Grenze zu einem Ergebnis führt, das mit den ermittelten Umständen, insbesondere mit der feststehenden Größe der Grundstücke, nicht übereinstimmt, ist die Grenze so zu ziehen, wie es unter Berücksichtigung dieser Umstände der Billigkeit entspricht.

1 Ist der Grenzverlauf zwischen den Nachbarn streitig, so bestehen folgende Möglichkeiten:

a) Die Nachbarn können sich in erster Linie gütlich einigen, indem sie z.B. die von der Vermessungsverwaltung festgelegte Flurstücksgrenze anerkennen. Die Vereinbarung (sog. Grenzfeststellungsvertrag) bedarf nicht der notariellen Beurkundung nach § 311b Abs. 1 BGB, soweit nicht Grundstücksteile abgetreten oder ausgetauscht werden (wenn also keine **neue** Grenze festgelegt werden soll). Ein solcher Grenzfeststellungsvertrag kann auch in den Erklärungen der Beteiligten in einem Abmarkungsprotokoll der Vermessungsbehörden nach Art. 17 AbmG enthalten sein.[10]
   Liegen einem Grenzfeststellungsvertrag wesentliche Vermessungsfehler zugrunde, sind die Parteien an ihn wegen Fehlens der Geschäftsgrundlage nicht gebunden.[11]
b) Jeder Nachbar kann auf Feststellung der Grenze, Herausgabe des von ihm beanspruchten Grundstücksteils oder Beseitigung bzw. Unterlassung der Benutzung des vom anderen Nachbarn in An-

---

10 OLG Brandenburg NJW-RR 2009, 1097; Dehner, B § 5 V.; Simmerding, aaO, Art. 17 Anm. 7 und 8.

11 BGH MDR 1979, 743.

spruch genommenen Grundstücksteils klagen. Er muss dann den von ihm behaupteten Grenzverlauf beweisen.

c) Kann keiner der Nachbarn den Nachweis führen, so bleibt nur die Grenzscheidungsklage nach § 920 BGB. In dieser Situation ist es den betroffenen Eigentümern aufgrund des nachbarlichen Rücksichtnahmegebots jedoch verwehrt, den streitigen Grundstücksbereich einseitig und gegen den Willen des anderen in Besitz zu nehmen. Andernfalls würde es im Rahmen der Auflösung der Grenzverwirrung zu einem Wettlauf um die Sicherung des Besitzstands im Sinne des § 920 BGB kommen.[12]

2 Voraussetzung für die Klage nach § 920 BGB ist, dass die richtige Grenze nicht festzustellen ist. Dann ist für die Abgrenzung der Besitzstand maßgebend, sofern keine Erlangung des Besitzes durch verbotene Eigenmacht erfolgt ist.[13] Das wird in der Regel nicht zutreffen, wenn ordnungsgemäß abgemarkt ist. Die im Liegenschaftskataster eingetragenen Grundstücksgrenzen (vgl. **2** C l) nehmen an der Richtigkeitsvermutung des Grundbuchs teil (vgl. § 891 BGB)[14]; der Gegenbeweis ist zulässig. Hat der Eigentümer das Grundstück durch Rechtsgeschäft erworben und war er hinsichtlich des Grenzverlaufs, der sich aus dem Grundbuch im Zusammenhang mit dem Liegenschaftskataster ergibt, gutgläubig, so kann er das Grundstück mit diesem Grenzverlauf selbst dann beanspruchen, wenn die Grenzen objektiv unrichtig sind. Eine Grenzfestlegung nach § 920 BGB kommt dann nicht mehr in Betracht.[15]

3 **Anspruchsberechtigt und -verpflichtet** sind nur die Eigentümer der Nachbargrundstücke.
Für Miteigentümer gilt das oben zu B 2 Ausgeführte.

4 **Zuständig** zur Entscheidung sind die Zivilgerichte. Örtlich zuständig ist – je nach Streitwert – das Amts- oder Landgericht, in dessen Bezirk die Grundstücke liegen (§ 24 ZPO).

---

12 BGH NJW-RR 2008, 610; OLGR Rostock 2007, 68; vgl. auch **1** 6.
13 OLG Brandenburg, Urt. v. 07.08.2008 – 5 U 89/07.
14 Allg. Meinung: BGH NJW-RR 2006, 662 m.w.N.; OLG Hamm MDR 2014, 1251.
15 Vgl. im Einzelnen Dehner, B § 5 IV.

5 Die Entscheidung des Gerichts erfolgt durch Urteil nach den Grundsätzen des § 920 BGB.[16] Die Festlegung der Grenze durch das Gericht hat bindende Wirkung für Dritte (z. B. Nießbraucher, Pächter usw.). Auf Grund des Urteils kann die Abmarkung nach § 919 BGB verlangt und ggf. eine Grundbuchberichtigung herbeigeführt werden.

6 Der Anspruch aus § 920 BGB unterliegt nicht der Verjährung (§ 924 BGB).

16 Vgl. dazu im Einzelnen Meisner-Ring-Götz, § 6, Rn. 23.

KAPITEL 4
Grenzeinrichtungen

A Gemeinschaftliche Grenzeinrichtungen

§ 921 BGB

Werden zwei Grundstücke durch einen Zwischenraum, Rain, Winkel, einen Graben, eine Mauer, Hecke, Planke oder eine andere Einrichtung, die zum Vorteile beider Grundstücke dient, voneinander geschieden, so wird vermutet, dass die Eigentümer der Grundstücke zur Benutzung der Einrichtung gemeinschaftlich berechtigt seien, sofern nicht äußere Merkmale darauf hinweisen, dass die Einrichtung einem der Nachbarn allein gehört.

§ 922 BGB

[1]Sind die Nachbarn zur Benutzung einer der im § 921 bezeichneten Einrichtungen gemeinschaftlich berechtigt, so kann jeder sie zu dem Zwecke, der sich aus ihrer Beschaffenheit ergibt, insoweit nutzen, als nicht die Mitbenutzung des anderen beeinträchtigt wird. [2]Die Unterhaltskosten sind von den Nachbarn zu gleichen Teilen zu tragen. [3]Solange einer der Nachbarn an dem Fortbestande der Einrichtung ein Interesse hat, darf sie nicht ohne seine Zustimmung beseitigt oder geändert werden. [4]Im Übrigen bestimmt sich das Rechtsverhältnis zwischen den Nachbarn nach den Vorschriften über die Gemeinschaft.

I Voraussetzungen

1 Die §§ 921, 922 BGB regeln die Benutzung und Unterhaltung von **gemeinschaftlichen Grenzeinrichtungen**. Dies können gemäß § 921 BGB Zwischenräume, Raine, Winkel, Graben, Mauern, Hecken, Planken oder andere Einrichtungen sein. Gemeinschaftliche Grenzeinrichtung stellt insbesondere die halbscheidige Giebelmauer (auch Kommunmauer genannt, vgl. 4 B) dar. Eine Durchfahrt kann als „Zwischenraum" gemeinschaftliche Grenzeinrichtung sein.[1] Sog. enge Reihen oder Winkel, die sich im Altbaubestand noch finden (schmale Zwischenräume zwischen benachbarten Gebäuden), können Grenzeinrichtungen i. S. des § 921 BGB sein. Auch der bei Reihen- oder Doppelhäusern zwischen den Grenzwänden vorhandene, durch die Trennfuge verschlossene Zwischenraum stellt eine gemeinschaftliche Grenzeinrichtung dar.[2] Voraussetzungen für das Vorliegen einer gemeinschaftlichen Grenzeinrichtung sind weiter folgende:

2 Die Anlage muss **von der Grenzlinie durchschnitten** werden (nicht notwendig in der Mitte!) und damit auf beiden Grundstücken stehen bzw. liegen.[3] Bei einer Hecke[4] ist erforderlich, dass die Grenzlinie zumindest einige Stämme dort, wo sie aus dem Boden wachsen, durchschneidet. Dabei kommt es auf den gegenwärtigen Zustand, nicht auf den bei der Pflanzung an.[5] Anlagen hingegen, die vollständig auf dem Grundstück eines Nachbarn liegen, insbesondere die sog. Grenzmauer oder Grenzwand (vgl. 4 C VI), oder im Eigentum beider Nachbarn stehende selbständige Zwischengrundstücke, wie z. B. eine gemeinschaftliche Einfahrt, stellen keine gemeinschaftlichen Grenzeinrichtungen dar.[6]

3 Ferner muss die Grenzeinrichtung dem **Vorteil beider Grundstücke** dienen, beispielsweise zur gemeinschaftlichen Zufahrt oder zum Sichtschutz.[7] Ein Vorteil für beide Grundstücke kann auch darin liegen, dass die Grenzeinrichtung (etwa eine Mauer) es erlaubt, ein Grundstück aufzuschütten und sichern zu können.[8] Wird die Anlage, z. B. eine Grundstückszufahrt, tatsächlich nur von einem Nachbarn genutzt, liegt keine gemeinschaftliche Grenzeinrichtung

1 BGH NJW 1990, 2555.
2 OLG Köln MDR 2015, 1127.
3 BGH NZM 2001, 817; Palandt/Bassenge, § 921 Rn. 1.
4 BGHZ 143, 1; LG Frankfurt NJW-RR 1992, 88; zum allmählichen Wachsen der Hecke auf die Grenze durch Verbreiterung der Stämme vgl. AG Hannover NdsRpfl. 2010, 125.
5 BGHZ 143, 1.
6 BGH NZM 2001, 817; Palandt/Bassenge, § 921 Rn. 1.
7 BGH NZM 2000, 106.
8 OLGR Karlsruhe 2008, 510.

vor.[9] Eine Grenzscheidungsfunktion ist entgegen dem insoweit missverständlichen Wortlaut des § 921 BGB nicht zwingend erforderlich, kann aber den beiderseitigen Vorteil begründen.[10]

4 Zuletzt ist die **Zustimmung** beider Eigentümer zur Anlagenerrichtung als gemeinschaftliche Grenzeinrichtung erforderlich. Dies kann auch stillschweigend erfolgen; insbesondere kann die Zustimmung in der stillschweigenden Mitbenutzung liegen[11] oder in der jahrelangen Duldung und Unterlassen eines Widerspruchs gegen eine Anlage, die ohne Weiteres erkennbar auf der Grenze errichtet wurde.[12] Die Vereinbarung bindet auch den Sonderrechtsnachfolger des Eigentümers (also etwa den späteren Erwerber). Errichtet der Nachbar ohne Zustimmung des anderen eine auf dessen Grundstück übergreifende Grenzeinrichtung, liegt keine gemeinschaftliche Grenzeinrichtung, sondern regelmäßig ein unrechtmäßiger Überbau vor.[13] Es besteht insoweit ein Anspruch auf Beseitigung der Anlage bzw. Unterlassung ihrer Errichtung (§§ 1004, 862 BGB; vgl. **12** A, B). Eine gemeinsame Grenzeinrichtung kann auch nicht dadurch entstehen, dass der Nachbar durch eine einseitige Maßnahme eine nur auf dem angrenzenden Grundstück geschaffene Einrichtung (z. B. eine sog. Grenzmauer, vgl. **4** D VI) für einen Anbau nutzt.[14]

II Berechtigung zur gemeinschaftlichen Benutzung

1 § 921 BGB stellt die **gesetzliche Vermutung** auf, dass die Eigentümer der angrenzenden Grundstücke zur **gemeinschaftlichen Benutzung** der Grenzeinrichtungen berechtigt sind. Diese Vermutung kann durch den Nachweis entkräftet werden, dass eine Grenzein-

9 OLG Saarbrücken MDR 2006, 1166.

10 BGH NJW 2003, 1731 mit ausführlicher Darstellung der Entwicklung des Meinungsstands; Staudinger/Roth, § 921 Rn. 8; Grziwotz-Lüke-Saller, 2. Teil B I 2 Rn. 61.

11 BGH NJW-RR 2014, 973.

12 BGHZ 143, 1.

13 Staudinger/Roth, § 921 Rn. 9; Grziwotz-Lüke-Saller, 2. Teil B 2 Rn. 62.

14 BGH NJW-RR 2001, 1528.

richtung nicht vorliege oder eine andere Art der Benutzung vereinbart sei. Die Vermutung besteht nicht, wenn äußere Merkmale auf das Alleineigentum des Nachbarn hinweisen. Dies ist jeweils nach den Umständen des Einzelfalles zu entscheiden. Ist der Grenzverlauf unklar, so gilt die Vermutung auch dafür, dass die Einrichtung von der Grenze geschnitten wird.[15]

2 § 921 BGB regelt dagegen **nicht die Eigentumsfrage**. Jedem Nachbarn gehört der auf seinem Grundstück befindliche Teil der Grenzeinrichtung, §§ 94, 946 BGB[16] (anders für den Überbau (vgl. **5** B I 4) und für sog. Scheinbestandteile nach § 95 Abs. 1 BGB). Betreffend die Eigentumsfrage an einer Kommunmauer im Einzelnen **4** B.

III Art der Benutzung und Unterhaltung

1 Die **Benutzung** der Grenzeinrichtung regelt **§ 922 Satz 1 BGB**. Art und Umfang der Benutzung müssen sich stets innerhalb der Zweckbestimmung der Anlage halten. Die Art und Weise der Benutzung kann von den Nachbarn durch Vereinbarung auch besonders geregelt werden. Eine solche Vereinbarung wirkt auch ohne dingliche Sicherung (z. B. als Dienstbarkeit) gegen den Sondernachfolger (vgl. hierzu unten 4 b).

2 Nach **§ 922 Satz 2 BGB** sind die **Unterhaltungskosten** von beiden Nachbarn zu gleichen Teilen zu tragen. Soweit jedoch z. B. Ausbesserungsmaßnahmen durch schuldhafte Beschädigung durch einen der Nachbarn herbeigeführt wurden, ist er dem anderen zum Schadensersatz verpflichtet (§§ 823 ff. BGB), so dass er im Ergebnis allein zur Tragung der Wiederherstellungskosten verpflichtet ist.[17] Jedoch können sich die Nachbarn auch über eine andere Verteilung der Unterhaltungslast einigen.[18]

---

15 Staudinger/Roth, § 921 Rn. 2; Grziwotz-Lüke-Saller, 2. Teil B I 4 a Rn. 79.

16 H.M.: BGH NJW 2015, 2489; Staudinger/Roth, § 921 Rn. 17; MünchKomm/Säcker, § 921 Rn. 5.

17 BGHZ 78, 397/399.

18 MünchKomm/Säcker, § 922 Rn. 6.

Die Verteilung der Kosten für die erstmalige Errichtung der gemeinsamen Grenzeinrichtung richtet sich nach der Vereinbarung zwischen den Nachbarn.

3 Nach dem Grundsatz des **§ 922 Satz 3 BGB** kann jeder Nachbar verlangen, dass sein Recht auf ungehinderte Benutzung der Grenzeinrichtung unangetastet bleibt. Eine Beseitigung oder Änderung der Anlage ist, solange ein Nachbar an ihrem unveränderten Fortbestand ein Interesse hat, ohne dessen Zustimmung nicht zulässig.[19] Er kann Klage auf Unterlassung bzw. Wiederherstellung des früheren Zustands erheben (§§ 1004, 862 BGB[20]; vgl. **12** A, B) bzw. Schadensersatz, insbesondere nach § 823 Abs. 1 BGB, verlangen. Bei fehlendem Verschulden kommt auch der sog. nachbarrechtliche Ausgleichsanspruch analog § 906 Abs. 2 Satz 2 BGB (**6** B 7a) in Betracht.[21] Wenn sich die Nachbarn – ausdrücklich oder stillschweigend – für eine bestimmte optische Gestaltung der Grenzeinrichtung entschieden haben, so kann jeder Nachbar die Erhaltung der Grenzanlage auch in ihrer äußeren Beschaffenheit und in ihrem Erscheinungsbild verlangen.[22] Haben die Nachbarn z.B. eine möglichst niedrige Einfriedung gewählt, darf keiner von ihnen auf seinem Grundstück einen weiteren, wesentlich höheren Zaun aufstellen und so den Charakter der Grenzeinrichtung stören. Gleiches gilt für die Anbringung einer Sichtschutzwand zur Verdeckung eines gemeinsamen Maschendrahtzaunes; der andere Nachbar hat dann einen Beseitigungsanspruch nach §§ 922 Satz 3, 1004 BGB.[23]

Zur Erhöhung einer Grenzmauer, vgl. **4** B V.

4 Im Übrigen verweist **§ 922 Satz 4 BGB** für das Verhältnis zwischen den Nachbarn auf § 741 ff. BGB. Das bedeutet:

---

19 BGHZ 78, 397/398 f.; zur Rechtslage bei teilweiser Entfernung einer in „Zickzackform" gepflanzten Grenzhecke vgl. LG Gießen NJW-RR 1995, 77.

20 BGHZ 143, 1/5.

21 OLG Brandenburg BauR 2011, 1382.

22 BGH NJW 1985, 1458; OLG Hamm BauR 2012, 999; Staudinger/Roth, § 921 Rn. 8.

23 BGHZ 73, 272; BGH MDR 1985, 658; AG Bremen, Urt. v. 04.02.2011 – 7 C 268/2010; AG Herne, Urt. v. 23.02.2005 – 20 C 507/04.

a) Soweit das **Ziehen von Nutzungen und Früchten** in Betracht kommt, gelten §§ 742, 743 Abs. 1 BGB:

§ 742. Im Zweifel ist anzunehmen, dass den Teilhabern gleiche Anteile zustehen.

§ 743 Abs. 1. Jedem Teilhaber gebührt ein seinem Anteil entsprechender Bruchteil der Früchte.

b) Die gemeinschaftliche **Verwaltung**[24] richtet sich nach §§ 744 bis 746 BGB:

§ 744. (1) Die Verwaltung des gemeinschaftlichen Gegenstandes steht den Teilhabern gemeinschaftlich zu.

(2) Jeder Teilhaber ist berechtigt, die zur Erhaltung des Gegenstandes notwendigen Maßregeln ohne Zustimmung der anderen Teilhaber zu treffen; er kann verlangen, dass diese ihre Einwilligung zu einer solchen Maßregel im Voraus erteilen.

§ 745. (1) Durch Stimmenmehrheit kann eine der Beschaffenheit des gemeinschaftlichen Gegenstandes entsprechende ordnungsmäßige Verwaltung und Benutzung beschlossen werden. Die Stimmenmehrheit ist nach der Größe der Anteile zu berechnen.

(2) Jeder Teilhaber kann, sofern nicht die Verwaltung und Benutzung durch Vereinbarung oder durch Mehrheitsbeschluss geregelt ist, eine dem Interesse aller Teilhaber nach billigem Ermessen entsprechende Verwaltung und Benutzung verlangen.

(3) Eine wesentliche Veränderung des Gegenstandes kann nicht beschlossen oder verlangt werden. Das Recht des einzelnen Teilhabers auf einen seinem Anteil entsprechenden Bruchteil der Nutzungen kann nicht ohne seine Zustimmung beeinträchtigt werden.

§ 746. Haben die Teilhaber die Verwaltung und Benutzung des gemeinschaftlichen Gegenstandes geregelt, so wirkt die getroffene Bestimmung auch für und gegen die Sondernachfolger.

Sondernachfolger ist z. B. der Erwerber eines Grundstücks. Den Gesamtrechtsnachfolger eines Nachbarn (z. B. den Erben) bindet die Vereinbarung ohnehin.

24 Zur Frage des Betretens des Nachbargrundstücks vgl. **8** B 4.

c) Zum Umfang der Kosten, die die Nachbarn nach § 922 Satz 2 BGB zu tragen haben, vgl. § 748 BGB:

Jeder Teilhaber ist den anderen Teilhabern gegenüber verpflichtet, die Lasten des gemeinschaftlichen Gegenstandes sowie die Kosten der Erhaltung, der Verwaltung und einer gemeinschaftlichen Benutzung nach dem Verhältnis seines Anteils zu tragen.

B Kommunmauer

Teilweise, insbesondere z. B. in München und Nürnberg, ist es üblich, beim Bau eines Hauses an der Grenze die Giebelmauer auf die Grenze zu setzen und schon so massiv zu bauen, dass sie der Nachbar beim späteren Bau in sein Bauwerk einbeziehen kann (Kommunmauer, halbscheidige Giebelmauer, Nachbarwand). Im modernen Siedlungsbau (Reihen- und Doppelhäuser) hat die Kommunmauer erneut weit verbreitet an Bedeutung gewonnen.[25] Spezielle Regelungen zur Kommunmauer finden sich im BGB nicht. Im Bayerischen Nachbarrecht ist in Art. 46 AGBGB lediglich die Erhöhung der Kommunmauer gesetzlich normiert.

Die Kommunmauer ist eine (auch) auf der Grundstücksgrenze stehende Mauer, d. h., sie muss von der Grenze – nicht notwendig in der Mitte – durchschnitten sein. Eine Mauer ist mithin nicht Kommunmauer, wenn sie direkt an der Grenze errichtet ist (sog. Grenzwand, 4 C). Soweit im Einzelnen die Voraussetzungen vorliegen, kann eine gemeinschaftliche Grenzeinrichtung i. S. des § 921 BGB vorliegen (vgl. hierzu oben A I und unten II und III).

I Rechtsverhältnisse vor dem Anbau

1 Stimmt der Nachbar der Errichtung der Kommunmauer zu (**rechtmäßiger Überbau**, **5** A 2) oder liegt ein **entschuldigter Überbau** nach § 912 BGB (5 A 2) vor, wird der Errichter der Kommunmauer Alleineigentümer der gesamten Mauer, also auch am über-

25 Zum heute nicht mehr geltenden sog. Kommunmauerzwang und entsprechendem Übergangsrecht vgl. noch 7. Auflage 2004.

bauten Teil.[26] Im Fall des entschuldigten Überbaus kommen die §§ 912 ff. BGB (insbesondere § 912 Abs. 2 BGB: Rente; § 915 BGB: Abkaufrecht) zur Anwendung, beim rechtmäßigen Überbau sind diese Rechte regelmäßig abbedungen.

Vor dem Anbau liegt keine gemeinschaftliche Grenzeinrichtung i. S. des § 921 BGB vor, da der überbauende Mauereigentümer bis zum Anbau durch den Nachbarn die Mauer jederzeit wieder beseitigen kann; andernfalls würde § 922 Satz 3 BGB entgegenstehen. Die bloße Möglichkeit des Anbaus ist für den erforderlichen beiderseitigen Vorteil i. S. des § 921 BGB nicht ausreichend.[27]

Das Recht des Nachbarn zum Anbau ergibt sich aus der Vereinbarung der Parteien, ggf. kann sich ein Anbaurecht auch aus dem nachbarlichen Gemeinschaftsverhältnis ableiten.[28]

2 Handelt es sich um einen entschuldigten Überbau (5 A 2), so wird jeder Nachbar Eigentümer des auf seinem Grundstück stehenden Teils der Kommunmauer.[29] Der Eigentümer des überbauten Grundstücks kann die Beseitigung des überbauten Teils der Mauer verlangen (§ 1004 BGB), hat aber auch auf Grund seines Eigentums das Recht zum Anbau.[30] Mangels Zustimmung liegt keine gemeinschaftliche Grenzeinrichtung vor.

II Rechtsverhältnisse nach dem Anbau

1 Baut der Nachbar an die Kommunmauer an, entsteht (mit Vollendung des Rohbaus)[31] **Miteigentum** an der Mauer, gleichgültig, ob

---

26 Staudinger/Roth, § 921 Rn. 21 ff.; MünchKomm/Säcker, § 921 Rn. 12; Dehner, B § 8 II).

27 Str. Staudinger/Roth, § 921 Rn. 22; Palandt/Bassenge, § 921 Rn. 7; Dehner, B § 8 II; Grziwotz-Lüke-Saller, 2. Teil II 1 d aa Rn. 106; a. A. BGH LM § 912 Nr. 8; MünchKomm/Säcker, § 921 Rn. 13.

28 Staudinger/Roth, § 921 Rn. 30; bei Bejahung einer gemeinschaftlichen Grenzeinrichtung aus § 922 Satz 1 BGB: MünchKomm/Säcker, § 921 Rn. 15.

29 BGHZ 27, 197; 43, 127.

30 Staudinger/Roth, § 921 Rn. 27.

31 BGH NJW 1958, 1180.

es sich um einen rechtmäßigen oder unrechtmäßigen (entschuldigten oder unentschuldigten) Überbau handelt.[32] Voraussetzung ist allerdings, dass die Kommunmauer in die Bausubstanz des Anbaus einbezogen wird. Mit dem Anbau und der Begründung von Miteigentum ist gleichzeitig der Verlust des Alleineigentums verbunden (zum Ablösungsanspruch siehe unten IV).

Ferner wird mit dem Anbau durch den Nachbarn die Kommunmauer gemeinschaftliche Grenzeinrichtung i. S. des § 921 BGB mit der Folge des Mitbenutzungsrechts (III), der Tragung der Unterhaltskosten (IV) sowie des Beseitigungs- und Veränderungsverbots (§ 922 BGB).[33] Dagegen entsteht weder Miteigentum noch eine gemeinschaftliche Grenzeinrichtung bzw. Kommunmauer, wenn ein Nachbar an eine vollständig auf dem Grundstück des anderen Nachbarn stehende Wand (sog. Grenzwand, **4** C) anbaut.[34]

Miteigentum entsteht auch bei gleichzeitiger Errichtung der Gebäude. Im modernen Siedlungsbau werden häufig Reihen- oder Doppelhäuser zunächst auf dem Grund und Boden eines Eigentümers (meist des Bauträgers) errichtet; erst anschließend wird das Grundstück parzelliert, geteilt und an verschiedene Erwerber veräußert. Mit der Eintragung eines neuen Eigentümers im Grundbuch entsteht Miteigentum an der Kommunmauer. Im Übrigen gelten keine Besonderheiten.

Wird an die Giebelwand voll angebaut, so wird jeder Nachbar Miteigentümer zu $^1/_2$; erfolgt der Anbau in der Weise, dass der Neubau nur einen Teil der Mauer bedeckt, so wird der Anbauende zu jenem Bruchteil Miteigentümer, der dem Verhältnis der halben von ihm zugebauten Fläche zur Gesamtfläche der Mauer entspricht.[35]

32 Staudinger/Roth, § 921 Rn. 36; MünchKomm/Säcker, § 921 Rn. 17; BGHZ 43, 127; 57, 245; 78, 397.

33 Staudinger/Roth, § 921 Rn. 33; BGH NJW 2008, 2032.

34 BGH NJW-RR 2001, 1528.

35 BGHZ 36, 46/55.

Beispiel:
Nachbar A hat die halbscheidige Giebelwand errichtet. Nachbar B bedeckt mit seinem Neubau $^1/_2$ ($^4/_5$) der Mauerfläche. Nachbar A ist zu $^1/_4$ ($^2/_5$), Nachbar B zu $^3/_4$ ($^3/_5$) Miteigentümer der Mauer.

2 Wird eines der beiden Häuser **zerstört** (z.B. durch Kriegseinwirkung) oder vom Eigentümer **abgebrochen** (um das Haus neu zu errichten), so bleibt das Miteigentum erhalten. Das Gleiche gilt, wenn beide Häuser zerstört werden und nur die Giebelmauer erhalten bleibt. Voraussetzung ist jedenfalls, dass ein neuer Anbau an die Giebelmauer beabsichtigt ist oder sich die Mauer in anderer Weise weiter nutzen lässt (z.B. durch Vermietung zu Reklamezwecken).[36] Muss auch die Giebelmauer wiederaufgebaut werden, so erwirbt der zuerst Bauende Alleineigentum; durch Anbau entsteht wieder Miteigentum.[37]

Der Nachbar ist aufgrund der Gemeinschaftlichkeit der Kommunmauer nicht daran gehindert, die Bebauung auf seinem Grundstück abzureißen. Reißt einer der Nachbarn sein Haus ab, hat er allerdings Vorkehrungen zu treffen, dass die freigelegte Kommunmauer vor Schäden, insbes. durch Feuchtigkeit, geschützt wird (z.B. durch Anbringung einer Fassadenverkleidung oder Wärmedämmungsmaßnahmen).[38] Gleiches gilt, wenn das verbleibende Haus durch den Abriss seine Stütze verliert.[39] Auf Vornahme entsprechender Maßnahmen hat der beeinträchtigte Nachbar einen Anspruch nach § 1004 i.V. mit § 922 Satz 3 BGB. Die Kosten hierfür hat allein der Nachbar zu tragen, der sein Haus abgerissen hat, da es sich nicht um Unterhaltungskosten nach § 922 Satz 2 BGB handelt (s.o. B 5).[40] Einen Zahlungsanspruch hat der beeinträchtigte Nachbar nach §§ 812, 1004 BGB nur, wenn er die nötigen Maßnahmen auf seine Kosten selbst durchgeführt hat (Kostenersatzanspruch).

36 BGHZ 27, 197; 43, 127; 57, 245; 78, 397/398.

37 OLG Köln NJW-RR 1993, 87.

38 BGH Grundeigentum 2012, 1309; BGH NJW 2010, 1808; OLG Dresden NJW-RR 2008, 613.

39 OLG Frankfurt MDR 2005, 268.

40 Vgl. z.B. BGHZ 43, 127; 78, 397/398; BGH NJW 1989, 2541; OLG Köln NJW-RR 1996, 1104.

Reißt der Nachbar hingegen eigenmächtig die gesamte Kommunmauer oder im Eigentum des Anderen stehende Teile ab, besteht ein Schadensersatz- (§ 823 Abs. 1 BGB) bzw. Wiederherstellungsanspruch (§ 1004 Abs. 1 BGB).[41]

III Die Mitbenützung

Die Mitbenützung richtet sich mangels besonderer Vereinbarungen nach § 743 Abs. 2 BGB:

> Jeder Teilhaber ist zum Gebrauch des gemeinschaftlichen Gegenstandes insoweit befugt, als nicht der Mitgebrauch der übrigen Teilhaber beeinträchtigt wird.

bzw., wenn man das Vorliegen einer Grenzeinrichtung bejaht, nach § 922 BGB (vgl. oben B). Nach der regelmäßig verfolgten Zweckbestimmung ist jeder Miteigentümer befugt, die seinem Grundstück zugewandte Seite der Kommunmauer allein zu nutzen.[42] Durch die Nutzung erzielte Erträge (z. B. bei Vermietung als Werbefläche) gebühren ihm allein.[43] Regelungen über die Art und Weise der Benützung binden auch Sondernachfolger, § 746 BGB (vgl. oben B 5 und 8 b).

Für Schäden, die von dem benachbarten Teil der Kommunmauer ausgehen, haftet der jeweilige Eigentümer bei Verschulden nach § 823 BGB. Auch ohne Verschulden kann sich eine Haftung in entsprechender Anwendung des § 906 Abs 2 Satz 2 BGB (nachbarrechtlicher Ausgleichsanspruch, s. dazu **6** B 7 a) ergeben (z. B. Schaden durch Wasserrohrbruch).[44]

---

41 OLG Hamm BauR 2012, 999: Wird der Schaden durch einen Neubau voll kompensiert, ist das Beseitigungsverlangen betreffend den Neubau widersprüchlich.

42 OLGR Köln 2006, 785.

43 BGHZ 78, 397/399 f.; a. A. OLG Hamm MDR 1979, 757 f.

44 OLG Düsseldorf NJW-RR 1990, 1040.

IV Errichtungs- und Unterhaltungskosten

Die Kostenverteilung richtet sich in erster Linie nach den zwischen den Nachbarn getroffenen Vereinbarungen. Das Benützungsrecht und die Regelung des Ablösungsanspruches können durch Grunddienstbarkeit (vgl. 13) gesichert werden. Die Vereinbarung wirkt dann dinglich, d. h. auch gegenüber künftigen Grundstückserwerbern (Sonderrechtsnachfolgern). Bloße schuldrechtliche Vereinbarungen über die Zahlung der Ablösungssumme wirken dagegen nicht gegen Sonderrechtsnachfolger (str.).[45]

Bei Veräußerung eines Grundstücks durch den Eigentümer, der Gläubiger des Ablösungsanspruchs ist, kann der Anspruch ausdrücklich oder stillschweigend abgetreten sein; es entscheiden jeweils die Umstände des Einzelfalls.

Ist zwischen den Nachbarn **nichts vereinbart**, so gilt Folgendes: Der zuerst Bauende trägt die Errichtungs- und Unterhaltungskosten zunächst allein. Ist durch den Anbau Miteigentum eingetreten (oben II), so hat der Erstbauer gegen den Anbauenden Anspruch auf Ersatz des Teils des Werts der Mauer, der dem Miteigentumsanteil des anbauenden Nachbarn entspricht – **Ablösungsanspruch**. Die Höhe des Ablösungsanspruchs richtet sich nach dem Wert der Mauer im Zeitpunkt der Begründung des Miteigentums (Fertigstellung des Rohbaus). Dies ergibt sich aus §§ 812, 818 BGB. Es kann auch der Anbauende einen Anspruch auf Wertausgleich haben (§ 951, 812 BGB), wenn er die Grenzmauer durch Einfügung wesentlicher Bestandteile auch zum Vorteil des anderen Nachbarn verbessert hat (z. B. Einbau von Schallschutzvorrichtungen). Auch im Fall des unentschuldigten Überbaus, durch den der andere Nachbar bereits Eigentümer des auf seinem Grundstück stehenden Mauerteils wird (vgl. **4** C I.), wird der Ablösungsanspruch in der Regel erst mit dem Anbau entstehen.

Gläubiger bzw. Schuldner des Ablösungsanspruchs sind diejenigen, die im Zeitpunkt der Vollendung des Anbaus Eigentümer der aneinander grenzenden Grundstücke sind.

---

45 Vgl. dazu Dehner, B. § 8 IV 2, und Meisner-Ring-Götz, § 8 Rn. 35.

V Erhöhung der Kommunmauer

Das Recht zur Erhöhung der Kommunmauer wird durch Art. 46 AGBGB geregelt.

Art. 46 AGBGB Erhöhung einer Kommunmauer

(1) Werden zwei Grundstücke durch eine Mauer geschieden, zu deren Benutzung die Eigentümer der Gründstücke gemeinschaftlich berechtigt sind, so kann der Eigentümer des einen Grundstücks dem Eigentümer des anderen Grundstücks nicht verbieten, die Mauer ihrer ganzen Dicke nach zu erhöhen, wenn ihm nachgewiesen wird, dass durch die Erhöhung die Mauer nicht gefährdet wird.

(2) [1]Der Eigentümer des Grundstücks, von dem aus die Erhöhung erfolgt ist, kann dem Eigentümer des anderen Grundstücks die Benutzung des Aufbaus verbieten, bis ihm für die Hälfte oder, wenn nur ein Teil des Aufbaus benutzt werden soll, für den entsprechenden Teil der Baukosten Ersatz geleistet wird. [2]Ist der Bauwert geringer als der Betrag der Baukosten, so bestimmt sich der zu ersetzende Betrag nach dem Bauwert. [3]Die Ersatzleistung kann auch durch Hinterlegung oder durch Aufrechnung erfolgen. [4]Solange die Befugnis nach Satz 1 besteht, hat der Berechtigte den Mehraufwand zu tragen, den die Unterhaltung der Mauer infolge der Erhöhung verursacht.

(3) [1]Wird die Mauer zum Zweck der Erhöhung verstärkt, so ist die Verstärkung auf dem Grundstück anzubringen, dessen Eigentümer die Erhöhung unternimmt. [2]Der nach Absatz 2 von dem Eigentümer des anderen Grundstücks zu ersetzende Betrag erhöht sich um den entsprechenden Teil des Wertes der zu der Verstärkung verwendeten Grundfläche. [3]Verlangt der Eigentümer des Grundstücks, auf dem die Verstärkung angebracht ist, die Ersatzleistung, so ist er verpflichtet, dem Eigentümer des anderen Grundstücks das Eigentum an der zu der Mauer verwendeten Grundfläche seines Grundstücks so weit zu übertragen, dass die neue Grenzlinie durch die Mitte der verstärkten Mauer geht; die Vorschriften über den Kauf sind anzuwenden.

(4) [1]Die Befugnis nach Absatz 2 Satz 1 erlischt durch Verzicht des Berechtigten. [2]Der Verzicht ist gegenüber dem Eigentümer des Nachbargrundstücks zu erklären. [3]Ist das Grundstück des Berechtigten mit dem Recht eines Dritten belastet, so gilt § 876 des Bürgerlichen Gesetzbuchs entsprechend. [4]Im Fall der Belastung mit einer Reallast, einer Hypothek, einer Grundschuld oder einer Rentenschuld ist der Verzicht dem Dritten gegenüber wirksam, wenn er erklärt wurde, bevor das Grundstück zugunsten des Dritten in Beschlag genommen worden ist.

1 Art. 46 AGBGB betrifft nur Mauern, die von der Grenze durchschnitten werden. Es fallen darunter also Mauern, die eine gemeinsame Grenzeinrichtung nach §§ 921, 922 BGB darstellen (vgl. **4** A und B) und insbesondere auch die sog. halbscheidigen Giebelmauern.

2 Nach **Absatz 1** darf der Eigentümer eines Grundstücks eine Kommunmauer ohne Zustimmung des Nachbarn nur erhöhen, wenn er nachweist, dass die Mauer durch die Erhöhung nicht **gefährdet** wird (auf Entziehung von Luft oder Licht kommt es grundsätzlich nicht an). Der Nachweis, der in der Regel durch Sachverständigengutachten zu führen sein wird, muss vernünftige Zweifel ausschließen.

Ist der Nachweis erbracht (was ggf. im Prozess festzustellen ist), muss der Nachbar die Erhöhung der Mauer auf ihrer gesamten Dicke dulden. Es darf dann jedoch **nur** die Mauer erhöht werden. Andere Einrichtungen dürfen nicht verändert werden. Eine Erhöhung der Mauer kommt deshalb ohne Zustimmung des Nachbarn nicht in Betracht, wenn sie von einem Dach überdeckt wird (z.B. halbscheidige Giebelmauer bei Reihen- oder Doppelhäusern).[46] Der bauende Nachbar darf die alte Mauer auch nicht abreißen und eine neue aufführen.

Ist die Standfestigkeit der Mauer zu gering, um die Erhöhung zu tragen, so kann der Bauende die Mauer verstärken, muss die Verstärkung aber auf seinem Grundstück anbringen **(Absatz 3 Satz 1)**.

---

46 Sprau, Rn. 14 zu Art. 46 AGBGB; Meisner-Ring-Götz, § 9 Rn. 3; Bayer-Lindner-Grziwotz, 2 E IV 2; Just, BayVBl. 1985, 291.

3 Die **Kosten der Erhöhung** muss der bauende Nachbar selbst tragen; ihm fällt auch der Mehraufwand bei der Unterhaltung der Mauer zur Last, der durch die Erhöhung bedingt ist. Dafür kann er dem anderen Nachbarn die Benutzung der Erhöhung verbieten. Diese Befugnis entfällt aber, wenn der Nachbar dem anderen, der die Mauer erhöht hat, die Hälfte der Baukosten oder – sofern dieser geringer ist – des Bauwerts ersetzt **(Absatz 2 Sätze 1 und 2)**. Gläubiger des Anspruchs ist der derzeitige Grundstückseigentümer, auch wenn sein Vorgänger den Aufbau durchgeführt hat. Ist eine Mauerverstärkung durchgeführt worden, so erhöht sich der Ersatzbetrag um die Hälfte des Werts der für die Verstärkung verwendeten Grundfläche **(Absatz 3 Satz 2)**. Dies gilt aber nur, wenn die Verstärkung zur Mauererhöhung erforderlich war. Die Ersatzleistung kann der Nachbar auch im Wege der Aufrechnung oder Hinterlegung (§§ 372 ff. BGB) erbringen.

Die frühere Regelung des Art. 69 AGBGB 1899 über die Kostenerstattung für Kommunmauererhöhungen bzw. -verdickungen aus der Zeit vor dem 01.01.1900 wurden nicht mehr in das AGBGB 1982 übernommen, da die Vorschrift durch Zeitablauf gegenstandslos geworden ist. Sollten entsprechende Ansprüche gleichwohl vor In-Kraft-Treten des AGBGB 1982 (01.01.1983) bestanden haben, bleiben sie durch die Rechtswirkungsklausel des Art. 78 AGBGB (vgl. **1** 4) unberührt. Entsprechendes gilt für Ansprüche nach dem bisherigen Art. 70 Abs. 2 AGBGB 1899 (vgl. oben C und **11** A II 1).

4 Wegen des Rechts des Nachbarn, bei Verstärkung der Mauer eine entsprechende Grundabtretung vom Bauenden zu verlangen, vgl. **Absatz 3 Satz 3**.

5 Die Befugnis nach Absatz 2 Satz 1, die Erhöhung der Mauer zu verbieten, erlischt nach **Absatz 4** durch Verzicht. Die Verjährung der Erstattungsansprüche nach Absatz 2 und 3 richtet sich nach den allgemeinen BGB-Vorschriften § 194 ff. (vgl. **11** A II 1).

C Grenzwand

Eine Mauer, die ein Nachbar entlang seiner Grundstücksgrenze (d. h. ausschließlich **auf seinem** Grundstück) errichtet hat, ist weder eine Kommunmauer in dem dargestellten Sinn noch eine Grenzeinrichtung i. S. der §§ 921, 922 BGB (vgl. **4** A); in den in anderen Bundesländern erlassenen Gesetzen wird eine solche Mauer als **Grenzwand** bezeichnet; man spricht in diesen Fällen auch von **Grenzmauer**. Eine solche Grenzwand kann u. U. auch im heutigen Reihenhausbau vorliegen, wenn die Zwischenmauer nicht auf der Grundstücksgrenze errichtet wird, sondern zwei Grenzwände mit einer Trennfuge nebeneinander aufgezogen und nicht zu einer gemeinsamen Bausubstanz verbunden werden.

Die Grenzwand steht im Alleineigentum des jeweiligen Grundstückseigentümers; daran ändert sich auch dann nichts, wenn die Mauer durch Erdbewegungen auf das Nachbargrundstück verschoben wird.[47] Durch einen Anbau des Nachbarn entsteht kein Miteigentum wie bei der Kommunmauer.[48] Ferner sind auch die Bestimmungen des § 922 BGB (z. B. gemeinsame Tragung der Unterhaltungskosten, siehe oben B) nicht, auch nicht entsprechend anwendbar.[49]

Ohne Zustimmung des Eigentümers darf der Nachbar an die Wand nicht anbauen. Ggf. kann eine stillschweigende Zustimmung vorliegen, wenn der Eigentümer den Anbau widerspruchslos duldet. Liegt eine Zustimmung nicht vor, kann der Eigentümer die Beseitigung des Anbaus nach § 1004 BGB (vgl. **12** A) verlangen und hat u. U. auch einen Schadensersatzanspruch nach §§ 823 ff. BGB. In besonderen Ausnahmefällen kann der Eigentümer auf Grund des nachbarschaftlichen Gemeinschaftsverhältnisses (vgl. **1** 6) verpflichtet sein, einen Anbau an seine Grenzwand zu dulden; er hat dann aber einen

47 OLG Frankfurt NJW-RR 1992, 464.

48 BGH, Urt. v. 18. 12. 2015 – V ZR 55/15; BGH NJW-RR 2001, 1528; a. A. (Miteigentum) Meisner-Ring-Götz, § 8 Rn. 54.

49 OLG Sachsen-Anhalt BauR 2011, 1062.

Ausgleichsanspruch in Geld, dessen Höhe nach § 912 BGB zu bemessen ist (vgl. **5** B I 5).[50]

Sofern die Grenzwand, eine andere Mauer oder das Dach aufgrund Schadhaftigkeit (Risse, Löcher etc.) zu Feuchtigkeitsschäden oder Schädlingseintritt an dem Nachbargebäude führt (z. B. bei Doppelhaushälften oder Reihenhäusern), kann der Gebäudeeigentümer aufgrund der Verletzung der für sein Gebäude bestehenden Verkehrssicherungspflicht zum Schadensersatz nach § 823 Abs. 1 BGB verpflichtet sein.[51] Umgekehrt kann auch eine Schadensersatzpflicht nach § 823 Abs. 1 BGB des an die Grenzwand anbauenden Nachbarn, der durch einen Abriss seines Anbaus Schäden an der Grenzmauer verursacht, gegenüber dem Eigentümer entstehen. Insoweit kann der Eigentümer verlangen, dass die Grenzwand als funktionsfähige Außenwand wiederhergestellt wird.[52]

Anders als im Fall der Kommunmauer (oben B II) kann der Nachbar beim Abriss der Grenzwand jedoch vom Abreißenden nicht verlangen, dass Vorkehrungen zum Schutz der durch den Abriss freigelegten (und ehemals angebauten) Wand getroffen werden.[53]

D Grenzbaum

§ 923 BGB

(1) Steht auf der Grenze ein Baum, so gebühren die Früchte und, wenn der Baum gefällt wird, auch der Baum den Nachbarn zu gleichen Teilen.

(2) [1]Jeder der Nachbarn kann die Beseitigung des Baumes verlangen. [2]Die Kosten der Beseitigung fallen den Nachbarn zu gleichen Teilen zur Last. [3]Der Nachbar, der die Beseitigung verlangt, hat jedoch die Kosten allein zu tragen, wenn der andere auf sein Recht an dem Baum verzichtet; er erwirbt in diesem Falle mit der Trennung

50 BGHZ 60, 119/122; 66, 37/39; 68, 350/352 ff.
51 OLG Brandenburg, Urt. v. 09. 11. 2011 – 4 U 137/10.
52 BGH, Urt. v. 18. 12. 2015 – V ZR 55/15.
53 BGH NJW 2010, 1808; NJW-RR 2001, 1528.

das Alleineigentum. [4]Der Anspruch auf Beseitigung ist ausgeschlossen, wenn der Baum als Grenzzeichen dient und den Umständen nach nicht durch ein anderes zweckmäßiges Grenzzeichen ersetzt werden kann.

(3) Diese Vorschriften gelten auch für einen auf der Grenze stehenden Strauch.

1 Ein Grenzbaum oder Grenzstrauch (Absatz 3) im Sinne dieser Vorschrift liegt nur vor, wenn die Grundstücksgrenze den Baum an der Stelle, an der der Stamm aus der Erde tritt – nicht notwendig in der Mitte – durchschneidet; dabei ist unerheblich, auf welchem Grundstück sich das Wurzelwerk befindet.[54]

2 Die Früchte eines Grenzbaumes und der Baum, wenn er gefällt wird, gebühren nach **Absatz 1** den Nachbarn zu gleichen Teilen. Insoweit stehen nach Fällung Früchte und Baum im Miteigentum. Vor Fällung besteht dagegen sog. vertikal geteiltes Eigentum, wobei jedem Nachbar der auf seinem Grundstück befindliche Baumteil gehört.[55]

Jeder Nachbar ist für seinen Teil des Baumes selbständig verkehrssicherungspflichtig (z. B. regelmäßig Überprüfung der Standfestigkeit) und damit für durch den Baum verursachte Schäden ersatzpflichtig (vgl. auch **10** F 3).[56]

3 Jeder Nachbar kann die Beseitigung des Baumes verlangen; die Kosten hierfür sind von den Nachbarn gemeinsam zu tragen **(Absatz 2 Sätze 1 und 2)**. Verzichtet der eine jedoch auf sein Recht am Baum, so hat der andere Nachbar, der die Beseitigung verlangt, die Kosten hierfür allein zu tragen, wird dann aber auch Alleineigentümer des Baumes mit der Trennung **(Absatz 2 Satz 2)**.

4 Der Beseitigungsanspruch ist nach **Absatz 2 Satz 4** ausgeschlossen, wenn der Baum die Funktion eines Grenzzeichens hat (vgl. 3 A 2) und sich nicht durch ein anderes zweckmäßiges Grenzzeichen er-

---

54 BGH NJW 2004, 3328; OLG München NJW-RR 1992, 1369 und AG Nordenham NJW-RR 1992, 1368.

55 BGH NJW 2004, 3328; Palandt/Bassenge, § 923 Rn. 1.

56 BGH NJW 2004, 3328: Bei Schädigung eines der Grenzbaumeigentümer ist dessen Mitverschulden nach § 254 BGB zu prüfen.

setzen lässt (z. B. wenn in Überschwemmungsgebieten andere Grenzzeichen weggespült würden).

Der Anspruch ist auch dann ausgeschlossen, wenn der Beseitigung öffentlich-rechtliche Vorschriften entgegenstehen[57], insbesondere eine Baumschutzverordnung oder Einzelanordnungen nach dem NaturschutzG (vgl. **10** A II 12 und **10** D II 9).

5 Der Beseitigungsanspruch nach **Absatz 2** unterliegt nicht der Verjährung (§ 924 BGB).

6 Besondere landesrechtliche Vorschriften für Obstbäume und Waldgrundstücke im Sinne des Art. 122, 183 EGBGB bestehen in Bayern nicht.

E Einfriedungen

1 Unter **Einfriedungen** versteht man Einrichtungen, die dazu dienen, Grundstücke ganz oder teilweise gegen unbefugtes Betreten, Einsicht oder Witterungs- oder Immissionseinflüsse zu schützen, z. B. Zäune, Mauern, Hecken oder sonstige Anpflanzungen.[58] Dabei muss die Einfriedung nicht das gesamte Grundstück umfassen, sondern kann sich auch auf einzelne Grenzteile beschränken. Allerdings muss die Einfriedung mit Grund und Boden verbunden sein, weshalb ein beweglicher Sichtschutz grundsätzlich keine Einfriedung darstellt, sofern sie nicht mit einer feststehenden Anlage verbunden ist (etwa eine Sichtschutzmatte an einem Zaun).[59] Befindet sich die Einfriedung auf der Grundstücksgrenze, kann – bei Vorliegen der übrigen Voraussetzungen – eine gemeinschaftliche Grenzeinrichtung nach §§ 920, 921 BGB (**4**) oder ein Überbau (**5**) vorliegen.

Von Einfriedungen sind sog. **Abgrenzungen** zu unterscheiden, die der Kenntlichmachung des Grenzverlaufs und nicht dem Schutz vor Einflüssen von außen dienen, wie z. B. Trennpfosten, Randsteine etc.

---

57 OLG München NJW-RR 1992, 1369.

58 Simon-Busse, Art. 57 Rn. 217.

59 Grziwotz-Saller, 2. Teil C II 2 Rn. 65.

2 Das grundsätzliche Recht des Eigentümers, sein Grundstück ganz, teilweise oder auch nicht einzufrieden, ergibt sich aus § 903 BGB (**2** B I). Einschränkungen des Einfriedungsrechts bzw. eine Einfriedungspflicht können sich jedoch aus öffentlich-rechtlichen, insbesondere baurechtlichen Vorschriften, aber auch aus nachbarrechtlichen Vorschriften ergeben.

a) Soweit Einfriedungen bauliche Anlagen darstellen, sind die entsprechenden **baurechtlichen Vorschriften** einzuhalten, vgl. insbesondere Art. 2 Abs. 1, Art. 6 Abs. 9 Satz 1 Nr. 3, 8 Satz 1 und 2 BayBO. Allerdings sind nach Art. 57 Abs. 1 Nr. 7 BayBO verfahrensfrei: Mauern und Einfriedungen mit einer Höhe bis zu 2 Meter (außer im Außenbereich), Sichtschutzzäune und Terrassentrennwände zwischen Doppelhäusern und den Gebäuden von Hausgruppen (z. B. Reihenhäuser) mit einer Höhe bis zu 2 Meter und einer Tiefe bis zu 4 Meter sowie im Außenbereich offene sockellose Einfriedungen, soweit sie bestimmten landwirtschaftlichen Zwecken dienen.[60]

b) Die Gemeinden können aus Gründen der Baugestaltung, zum Schutz des Straßen-, Orts- oder Landschaftsbildes sowie zum Schutz der öffentlichen Sicherheit oder Ordnung (v. a. Sicherheit und Leichtigkeit des Verkehrs) nach Art. 81 Abs. 1 Nr. 5, Abs. 2 BayBO in **Ortsatzungen oder Bebauungsplänen** Regelungen über Notwendigkeit, Art, Gestaltung und Höhe von Einfriedungen treffen.[61] Beispiele für derartige Regelungen sind etwa: Nur Mauerwerk, nur Holzzäune, nur lebende Hecken, keine geschlossenen Bretterzäune, keine Kunststoffzäune, keine grellen Farben, keine Sichtschutzmatten, kein Drahtgeflecht, Höhenbegrenzungen oder Mindesthöhen von Einfriedung oder Sockel.[62] Solche Regelungen gelten gemäß Art. 55 Abs. 2 BayBO auch für oben genannte genehmigungsfreie Einfriedungen gemäß Art. 57 Abs. 1 Nr. 7 BayBO.

---

60 Wegen der Einzelheiten vgl. Simon-Busse, Art. 57 Rn. 214 ff.

61 Simon-Busse, Art. 81 Rn. 192 f., insb. Rn. 194: keine Ermächtigung zu generellem Einfriedungsverbot; zur Verfassungsmäßigkeit von ortsrechtlichen Verboten auch an straßenabgewandten Grundstücksgrenzen vgl. BayVGH, Urt. v. 22.02.2000 – 2 B 94.2587.

62 Simon-Busse, Art. 81 Rn. 195 ff. mit weiteren Beispielen.

Diese örtlichen Bauvorschriften haben allerdings keine nachbarschützende Wirkung, so dass der Nachbar hieraus keine Rechte herleiten kann.[63]

c) Weitere Beschränkungen des Einfriedungsrechts sind beispielsweise:
   - **Naturschutzrecht**: Nach Art. 29 Abs. 1 Nr. 2 BayNatSchG sind Einschränkungen des allgemeinen Betretungsrechts bei Wohngrundstücken nur für den Wohnbereich zulässig.[64]
   - **Straßenrecht**: Verbot von Einfriedungen, die bauliche Anlagen sind, in einer bestimmten Entfernung von Bundesautobahnen, Bundes-, Staats- und Kreisstraßen, soweit keine Ausnahmen gestattet sind (§ 9 FStrG, Art. 23 BayStrWG). Zäune und Anpflanzungen (z. B. Bäume, Sträucher) dürfen nicht die Verkehrssicherheit beeinträchtigen (§ 11 Abs. 2 FStrG, Art. 29 Abs. 2 BayStrWG), vgl. auch **10** D V.
   - **Nachbarrecht**: Bei Hecken bzw. sonstigen Anpflanzungen sind die nachbarrechtlichen Vorschriften der Art. 47 ff. AGBGB zu beachten (**10** D).

63 Grziwotz-Saller, 2. Teil C II 5 Rn. 71.
64 Vgl. hierzu auch BayVGH NuR 1989, 136.

KAPITEL 5
Überbau

A Allgemeines

1 Überschreitet der Eigentümer beim Bau eines Gebäudes seine Grundstücksgrenze, so stehen sich die Interessen des Eigentümers des beeinträchtigten Grundstücks und die Interessen des Bauenden gegenüber, der in vielen Fällen den Überbau nur mit unverhältnismäßigen Kosten und erheblichem Schaden beseitigen könnte. Für bestimmte Fälle des Überbaus ist deshalb eine Duldungspflicht für den Eigentümer des beeinträchtigten Grundstücks vorgesehen, der dann durch Zahlung einer Ausgleichsrente zu entschädigen ist.

2 Beim Überbau (Überschreiten der Grundstücksgrenze bei der Errichtung eines Bauwerks vgl. unten B I 1) sind folgende Fälle zu unterscheiden:

a) Der **rechtmäßige** Überbau, der dem Nachbarn auf Grund einer Vereinbarung mit dem anderen Grundstückseigentümer gestattet ist. Soll diese Erlaubnis nicht nur zwischen den Parteien, sondern auch gegen Dritte (die jeweiligen Eigentümer des überbauten Grundstücks) wirken, so ist die Eintragung eines entsprechenden Rechts im Grundbuch (s.u.) erforderlich. Die Duldungspflicht des Nachbarn, auf dessen Grundstück übergebaut wurde, und die Art und Höhe der Entschädigung sowie das Recht, die Abnahme der überbauten Fläche zu verlangen, richten sich in erster Linie nach den Vereinbarungen der Parteien. Dagegen richten sich die Eigentumsverhältnisse am Überbau auch hier nach den für §§ 912 ff. BGB geltenden Grundsätzen (s. unten B I 4). Eine zeitliche Begrenzung der Vereinbarung führt nach deren Ablauf nicht dazu, dass der Überbauende sein Eigentum am Überbau verliert; er ist jedoch verpflichtet, dieses an den Eigentümer des überbauten Grundstücks zu übertragen.[1] Ist über

---

1 BGH NJW 2004, 1237; dort auch zu der Frage, wie die Eigentumsübertragung am Überbau erfolgen kann.

die Vereinbarung hinaus übergebaut worden oder ist die Vereinbarung nichtig, richtet sich die Duldungspflicht für den Überbau und die Zahlung einer Überbaurente nach §§ 912 ff. BGB.[2]
An die Vereinbarung zwischen den Nachbarn ist der Sonderrechtsnachfolger (z. B. Käufer) nicht gebunden, wohl aber der Gesamtrechtsnachfolger (z. B. Erbe); die Rechtsbeziehungen zwischen den Nachbarn beurteilen sich bei Sonderrechtsnachfolge dann wieder nach §§ 912 ff. BGB. Die Vereinbarung wirkt aber dann gegen den Sonderrechtsnachfolger, wenn die entsprechenden Rechte dinglich im Grundbuch gesichert sind (insbes. durch Eintragung einer Grunddienstbarkeit – vgl. **13** –, einer beschränkt persönlichen Dienstbarkeit oder eines Nießbrauchs).[3]

b) Der **unrechtmäßige** Überbau. Hier ist wieder zu trennen:
   aa) Der sog. **entschuldigte** Überbau; Voraussetzung ist, dass dem Überbauenden nur leichte Fahrlässigkeit zur Last fällt und der Nachbar nicht sofort widerspricht. Der entschuldigte Überbau wird in den §§ 912 ff. BGB geregelt (vgl. die nachfolgenden Erläuterungen).
   bb) Der sog. **unentschuldigte** Überbau, bei dem dem Überbauenden grobe Fahrlässigkeit oder Vorsatz zur Last fällt, oder dem bei nur leichter Fahrlässigkeit – der Nachbar sofort widerspricht. Hier kann der Nachbar die Beseitigung des Überbaus auf Kosten des Überbauenden verlangen, § 1004 BGB (vgl. **12**). Diesem Beseitigungsanspruch kann in aller Regel nicht entgegengehalten werden, dass der Abbruch unverhältnismäßigen Aufwand erfordern würde (§ 275 Abs. 2 BGB). Denn bei einer grob fahrlässigen oder gar vorsätzlichen Überbauung darf eine Duldung mit dem rechtswidrigen Eingriff in das fremde Nachbareigentum nicht gleichsam erzwungen werden.[4]

---

2 BGH NJW 1971, 427.

3 BGH NJW 1983, 1112; Meisner-Ring-Götz, § 21 Rn. 10.

4 BGH NJW-RR 2010, 315; OLG Brandenburg BauR 2011, 705; ausnahmsweise kann die Einrede nach § 275 Abs. 2 BGB gegeben sein, wenn der Nachbar mit dem Beseitigungsverlangen zu lange zuwartet und damit die Beseitigungskosten wesentlich erhöht (BGH NJW 2008, 3123).

Das Verlangen der Beseitigung kann aber nach Treu und Glauben ausgeschlossen sein, wenn diese nur unter unverhältnismäßig, vernünftigerweise nicht zumutbaren Aufwendungen möglich wäre.[5] Ein Beseitigungsanspruch steht dem Eigentümer natürlich auch dann zu, wenn ein Gebäude unrechtmäßig ganz auf seinem Grundstück errichtet wird.

3 Zu den Eigentumsverhältnissen beim Überbau vgl. unten B I 4.

4 Nach Artikel 181 Abs. 1 EGBGB gelten die §§ 912 ff. BGB auch dann, wenn der Überbau vor dem In-Kraft-Treten des BGB (01.01.1900) vorgenommen wurde.

B Die gesetzlichen Regelungen im Einzelnen

I Überbau

§ 912 BGB

(1) Hat der Eigentümer eines Grundstücks bei der Errichtung eines Gebäudes über die Grenze gebaut, ohne dass ihm Vorsatz oder grobe Fahrlässigkeit zur Last fällt, so hat der Nachbar den Überbau zu dulden, es sei denn, dass er vor oder sofort nach der Grenzüberschreitung Widerspruch erhoben hat.

(2) Der Nachbar ist durch eine Geldrente zu entschädigen. Für die Höhe der Rente ist die Zeit der Grenzüberschreitung maßgebend.

1 Die Vorschrift behandelt den rechtswidrigen, aber **entschuldigten** Überbau im Gegensatz zum rechtmäßigen und zum rechtswidrigen unentschuldigten Überbau (vgl. **5** A 2). Dem Eigentümer des beeinträchtigten Grundstücks wird eine **Duldungspflicht** für den Überbau unter folgenden **Voraussetzungen** auferlegt:

a) Der Überbau muss durch den **Eigentümer** oder den **Erbbauberechtigten des Nachbargrundstücks** vorgenommen worden sein. Wird er durch Dritte (z. B. Pächter, Nießbraucher) bewirkt, finden die §§ 912 ff. BGB nur Anwendung, wenn die Errichtung mit

5 BGHZ 62, 388; BGH WM 1979, 647.

Zustimmung des Grundstückseigentümers erfolgt.[6] Wer im Einzelfall der Überbauende ist, entscheidet sich danach, in wessen Namen und wirtschaftlichem Interesse der Überbau ausgeführt wurde, wer also „Geschäftsherr" des Überbaus ist. Dabei kommt es auf die Absichten und wirtschaftlichen Interessen des Erbauers an, nicht aber z. B. auf Bauablauf, Größe oder Wichtigkeit der auf den beteiligten Grundstücken stehenden Gebäudeteile;[7]

b) Es muss ein **Gebäude** errichtet worden sein. Hierunter fallen in der Regel nur Bauwerke, die räumlich umfriedet sind und die Menschen, Tieren oder Sachen Schutz gegen äußere Einflüsse bieten. Notwendig ist, dass ein Umfang erreicht wird, der das Betreten durch Menschen ermöglicht, dass das Bauwerk für eine gewisse Dauer errichtet und mit dem Erdboden fest verbunden ist.[8]

   Nicht hierunter fallen z. B. Zäune, Wegpflaster[9], frei stehende Mauern, Taubenschläge, an den Seiten offener Carport[10]; im Fall der Errichtung solcher Bebauungen auf einem fremden Grundstück steht dem Eigentümer ein Beseitigungsanspruch nach § 1004 Abs. 1 BGB (vgl. **12**) zu.[11]

c) durch den Bau muss die **Grenze** zum Nachbargrundstück **überschritten** sein. Es ist gleichgültig, ob das Bauwerk unter (mit seinem Fundament) oder über der Erde (z. B. mit Balkon, Dachvor-

---

6 BGHZ 15, 215 f.; a. A. für Besitzer z. B. MünchKomm/Säcker, § 912 Rn. 10 f.

7 BGH NJW 1983, 2022; BGHZ 110, 298/302.

8 Vgl. Grziwotz-Lüke-Saller, 2. Teil B IV 2 b Rn. 236. Ein separat in das Erdreich eingebrachter Öltank kann zwar wesentlicher Bestandteil des Gebäudes i. S. des § 94 BGB sein, nach BGH (MDR 2013, 329) findet § 912 BGB jedoch keine Anwendung, da Normzweck, nämlich die Verhinderung der Zerschlagung wirtschaftlicher Werte, wegen Versetzungsmöglichkeit eines solchen Tanks nicht erfüllt ist.

9 BGH NJW-RR 2010, 315.

10 OLG Karlsruhe NJW-RR 1993, 665.

11 Ein Beseitigungsanspruch kann wegen § 926 Abs. 1 Satz 2 BGB auch gegen den Rechtsnachfolger gegeben sein, wenn die Bebauung Zubehör des Grundstücks des Verpflichteten (§ 97 BGB) ist und nicht wesentlicher Bestandteil des beeinträchtigten Grundstücks (§ 94 BGB) geworden ist (vgl. hierzu ausführlich AG Hamburg, Urt. v. 14.08.2006 – 644 C 689/04).

sprung) in das fremde Grundstück hineinragt.[12] Neigt sich die Grenzwand eines Gebäudes nach seiner Errichtung über die Grenze oder entsteht der Überbau durch einen gebäudeähnlichen Anbau oder die Erweiterung eines ursprünglich nicht überbauten Gebäudes[13], so sind die §§ 912 ff. BGB entsprechend anzuwenden.[14] Für einen Überbau, der durch die nachträgliche Anbringung einer Wärmedämmung entsteht, gilt Art. 46a AGBGB (vgl. unten 5 C).[15] Eine entsprechende Anwendung des § 912 BGB kommt jedoch nicht in Betracht, wenn der Anbau bzw. die Erweiterung ohne wertmindernde Beeinträchtigung des Gebäudes entfernt werden kann (z. B. Markisen, Fensterläden).[16] Für die Geltung der §§ 912 ff. BGB ist ohne Bedeutung, wie weit der Überbau in das Nachbargrundstück hineinragt und wie das Verhältnis der Größe des Überbaus zum übrigen Gebäude ist; § 912 BGB gilt jedoch nicht, wenn das Gebäude ganz auf fremdem Boden errichtet ist (vgl. **5** A 2).

d) hinsichtlich der Grenzüberschreitung darf dem Überbauenden **weder Vorsatz** (der Überbauende weiß, dass er die Grenze überschreitet) **noch grobe Fahrlässigkeit** (der Überbauende hätte wissen müssen, dass er die Grenze überschreitet; seine Unkenntnis beruht auf einer erheblichen Sorgfaltsverletzung) zur Last fallen (z. B. entschuldbarer Irrtum über die Zustimmung des Nachbarn;[17] im Ergebnis falsche, aber doch sorgfältige Prüfung des Grenzverlaufs). Bei bewusstem Bau im Grenzbereich muss grundsätzlich vor und während der Bauausführung, ggf. unter Zuhilfenahme eines Vermessungsingenieurs, eine etwaige

---

12 BGHZ 97, 292 (294); Zur Grenzüberschreitung durch Rotorenblätter von Windenergieanlagen vgl. BGH NJW-RR 2005, 1610. OLG Saarbrücken v. 07. 02. 2013 – 4 U 421/11: Überbau liegt auch vor, wenn bauordnungsrechtliche Abstandsflächen eingehalten wurden und lediglich untergeordnete Bauteile, wie Gesimse und Dachvorsprünge das Grundstück überragen.

13 OLG Brandenburg, Urt. v. 22. 05. 2008 – 5 U 58/07; Palandt/Bassenge, § 912 Rn. 8.

14 BGH MDR 1986, 835.

15 BGH NJW-RR 2009, 24; OLG Karlsruhe NJW 2010, 620; Horst, NJW 2010, 122.

16 BGH NJW-RR 2009, 24; Toussaint, jurisPR-BGHZivilR 25/2008 Anm. 2; OLG Hamburg, Urt. v. 28. 09. 2012 – 11 U 76/12.

17 Vgl. BGH WM 1979, 645.

Grenzüberschreitung überprüft werden.[18] Das Verschulden des Architekten muss sich der Überbauende zurechnen lassen, nicht aber ein Verschulden des Bauunternehmers.[19]

Maßgebender Zeitpunkt für das Vorliegen des Verschuldens ist der Zeitpunkt der Grenzüberschreitung (Baubeginn). Unschädlich ist also, wenn der Überbauende die Grenzüberschreitung später, z. B. während des Baus, bemerkt. In diesem Fall bleibt der Überbau entschuldigt und darf fertiggestellt werden;[20]

e) der Nachbar darf **nicht rechtzeitig**, d. h. vor oder sofort nach der Grenzüberschreitung **widersprochen** haben. Der Widerspruch muss so rechtzeitig sein, dass die Beseitigung des Überbaus ohne erhebliche Zerstörung möglich ist.[21] Bei mehreren Miteigentümern genügt der Widerspruch nur eines Berechtigten.

Unerheblich ist, ob der Nachbar den Widerspruch ohne Verschulden unterlassen hatte (weil er z. B. den wahren Grenzverlauf nicht kannte); es kommt nur auf die Rechtzeitigkeit an.[22]

f) Der BGH lehnt eine Duldungspflicht zudem ab, wenn der Überbau nicht den Regeln der Baukunst entspricht (z. B. Verstoß gegen Vorschriften des Brandschutzes) und deshalb eine über die reine Grenzverletzung hinausgehende Beeinträchtigung vorliegt. Denn in diesem Fall greift der Schutzgedanke (Nichtzerschlagung wirtschaftlicher Werte) nicht, da der gegenwärtige Zustand ohnehin nicht aufrechterhalten werden kann.[23]

---

18 BGH NJW 2003, 3621; nach LG Freiburg (NJW-RR 2007, 812) keine grobe Fahrlässigkeit bei Aufstockung eines bereits vorhandenen, aber überbauten Gebäudes auf gleicher Linie; OLG Brandenburg (BauR 2011, 705 und 1218): Keine grobe Fahrlässigkeit bei erneutem Überbau ohne Hinzuziehung Vermessungsingenieur, wenn beide Nachbarn in der Vergangenheit von unrichtigem Grenzverlauf ausgegangen sind und im Laufe der Zeit mehrere Gebäude an vermeintliche Grundstücksgrenze gesetzt haben.

19 BGH WM 1977, 342; 1979, 645; Einzelheiten str., vgl. z. B. MünchKomm/Säcker, § 912 Rn. 18 ff.

20 BGH WM 1979, 646.

21 BGHZ 59, 191/196; 97, 292.

22 BGH NJW 1989, 221; jedenfalls dann, wenn die Entfernung im Rahmen eines einheitlichen Bauvorhabens zur Veränderung des Stammgrundstückes erfolgt.

23 BGH NJW-RR 2009, 24.

2 Sind diese Voraussetzungen gegeben, so ist der jeweilige Eigentümer (auch jeder Miteigentümer) zur Duldung des Überbaus verpflichtet. Insoweit schließt die Duldungspflicht den Anspruch des Nachbarn auf Beseitigung der Besitzstörung durch das fremde Bauwerk (§ 1004 Abs. 1 BGB) sowie den Herausgabeanspruch nach § 985 BGB aus, da ein Recht zum Besitz nach § 986 BGB begründet wird.[24] Es ist streitig, ob sich diese Duldungspflicht auch auf sog. Funktionsflächen erstreckt, also diejenigen Flächen, die von der Überbauung nicht umfasst sind, ohne die der Überbau mangels Zugang funktions- bzw. wertlos würde (z. B. Garagenzufahrt).[25] Dem BGH ist darin zu folgen, dass sich die Duldungspflicht nach § 912 BGB auf den überbauten Grundstücksteil beschränkt. Eine darüber hinausgehende Nutzung des Nachbargrundstücks bedarf z. B. dem Vorliegen eines Notwegrechts nach § 917 BGB.[26] Bei Beeinträchtigung eines Erbbaurechts oder einer Dienstbarkeit gilt dies auch für die jeweils Berechtigten (s. § 916 BGB). Diese Duldungspflicht ergibt sich unmittelbar aus dem Gesetz; sie braucht und kann nicht in das Grundbuch eingetragen werden. Die Beteiligten können aber den Inhalt der Duldungspflicht abweichend regeln und etwaige Ansprüche durch eine Grunddienstbarkeit (vgl. **13**) sichern. Das Recht auf Duldung des Überbaus unterliegt nicht der Verjährung. Der Duldungspflichtige hat grundsätzlich keinen Anspruch darauf, dass der Überbau erhalten bleibt; der Überbauende kann ihn also jederzeit wieder entfernen.[27]

3 **Beweislast:** Der Überbauende trägt die Beweislast, dass ihm weder Vorsatz noch grobe Fahrlässigkeit zur Last fällt, der Eigentümer des Nachbargrundstücks, dass er rechtzeitig Widerspruch erhoben hat.

4 **Eigentumsverhältnisse:**
Die Einzelheiten sind hier in der juristischen Literatur äußerst umstritten.[28] Nach der Rechtsprechung des Bundesgerichtshofs ergibt sich Folgendes:

---

24 BGH NJW 2014, 311.

25 OLG Brandenburg v. 19. 01. 2005; MünchKomm-BGB/Säcker, § 912 Rn. 7.

26 BGH NJW 2014. 311; Geisler jurisPR-BGHZivilR 6/2014 Anm. 3.

27 BGHZ 42, 63/68.

28 Vgl. z. B. die Darstellung in MünchKomm/Säcker, § 912 Rn. 33 ff.

a) Beim **rechtmäßigen** sowie beim unrechtmäßigen, aber **entschuldigten** Überbau (**5** A 2) gehört das Gebäude ganz dem überbauenden Eigentümer (vgl. oben 1a), der Nachbar bleibt Eigentümer des überbauten Grundstücks bzw. Grundstücksteils.[29]
b) Beim **unentschuldigten** Überbau gehört jedem Grundstückseigentümer der auf seinem Grundstück stehende Gebäudeteil (vertikale Teilung entlang der Grundstücksgrenze).[30]

5 Nach **Absatz 2** ist als Entschädigung für die Duldungspflicht eine **Rente** zu entrichten. Die Höhe orientiert sich am Verkehrswert der überbauten Bodenfläche zum Zeitpunkt der Grenzüberschreitung.[31] Der Verkehrswert ist angemessen zu verzinsen; auch hierfür sind die Verhältnisse zum Zeitpunkt der Grenzüberschreitung maßgebend.[32] Kommt eine Vereinbarung der Beteiligten über die Höhe der Rente nicht zustande, so wird diese auf Klage durch Urteil festgestellt.

Daneben können ggf. Schadensersatzansprüche (§§ 823 ff. BGB) gegen Dritte (z. B. Architekt, Bauunternehmer) oder den Überbauenden (soweit der Eigentümer noch in anderer Weise als durch den Überbau geschädigt ist) bestehen.[33]

Zur Rente vgl. unten §§ 913, 914 BGB.

6 § 912 BGB findet entsprechende Anwendung, wenn der Bauherr zwar auf eigenem Grund baut, das Gebäude aber auf einen mit einer Dienstbarkeit (z. B. Wegerecht) belasteten Grundstücksteil hineinragt.[34] Die Überbauregeln der §§ 912 ff. BGB gelten entsprechend auch für den sog. **Eigengrenzüberbau**, also wenn der Eigentümer zweier benachbarter Grundstücke mit einem Bau die Grenze überschreitet und die Grundstücke in der Folgezeit in das Eigentum verschiedener Personen gelangen (Fall a). Der Eigengrenzüberbau kann auch dadurch entstehen, dass nach Errichtung eines Bauwerks das Grundstück so geteilt wird, dass die neue Grenzlinie das Bauwerk

---

29 BGH NJW 2004, 1237.

30 BGHZ 57, 245/248; 62, 141/143 ff.; 110, 298.

31 BGHZ 57, 304/305 ff.; BGH NJW 1986, 2639; vgl. insgesamt zur Höhe der Geldrente: Vogel, Grundeigentum 2007, 492.

32 BGH NZM 2007, 300; OLG Stuttgart MDR 1976, 400.

33 BGHZ 57, 304/308 f.

34 BGH NJW 2008, 3123; BGHZ 39, 5.

durchschneidet und das Eigentum an zumindest einem der Grundstücke auf eine andere Person übergeht (Fall b). In beiden Fällen kann fraglich sein, welcher Grundstückseigentümer Eigentümer des Bauwerks ist. Im Fall b) stellt die Rechtsprechung darauf ab, dass Stammgrundstück dasjenige ist, auf dem sich nach Umfang, Lage und wirtschaftlicher Bedeutung der eindeutig maßgebende Gebäudeteil befindet.[35] Im Fall a) sind bei der Bestimmung des Stammgrundstücks zunächst auf die Absichten und wirtschaftlichen Interessen des den Überbau vornehmenden Eigentümers abzustellen; sind diese nicht mehr feststellbar, ist auf die objektiven Gegebenheiten, wie insbesondere die wirtschaftliche Interessenlage, Erschließung durch Versorgungsleitungen, Zugang etc., abzustellen.[36] Die Pflicht des Nachbarn auf Duldung des Überbaus kann nach einem Eigengrenzüberbau Inhalt einer Grunddienstbarkeit nach § 1018 BGB sein, um künftige Streitigkeiten über Eigentumsverhältnisse und Duldungspflicht auszuschließen.[37] Hinsichtlich der Höhe der Überbaurente kommt es abweichend von § 912 Abs. 2 S. 2 BGB nicht auf die Grundstückswertverhältnisse im Zeitpunkt der Grenzüberschreitung, sondern auf die bei der Grundstücksteilung an.[38]

7 Eine entsprechende Anwendung des § 912 BGB wird auch bejaht, wenn der Nachbar auf seinem Grundstück in Richtung der Nachbargrenze über die Grenzabstände hinausbaut, die in den nachbarschützenden Normen des öffentlichen Baurechts (**15** III 5) festgelegt sind.[39]

---

35 BGHZ 64, 333/337 f. 110, 298/302; zu dem Sonderfall, dass bei einem mehrgeschossigen Gebäude ein übergebauter Teil dem Grundstück zuzuordnen ist, von dem aus (vor der Teilung des früher einheitlichen Grundstücks) übergebaut wurde, vgl. BGH NJW 2002, 54.

36 BGHZ 110, 298/303; OLGR Frankfurt 2006, 860.

37 BGH NJW 2014, 311.

38 BGH MDR 2014, 269.

39 Palandt/Bassenge, § 912 Rn. 1; OLG Karlsruhe NJW-RR 1993, 665; OLG Koblenz NJW-RR 1999, 1934; OLG Köln NJW-RR 2003, 376; OLG Bamberg Urt. v. 04.12.2012, 5 U 29/12.

II Überbaurente

§ 913 BGB

(1) Die Rente für den Überbau ist dem jeweiligen Eigentümer des Nachbargrundstücks von dem jeweiligen Eigentümer des anderen Grundstücks zu entrichten.

(2) Die Rente ist jährlich im Voraus zu entrichten.

§ 914 BGB

(1) [1]Das Recht auf die Rente geht allen Rechten an dem belasteten Grundstück, auch den älteren, vor. [2]Es erlischt mit der Beseitigung des Überbaus.

(2) [1]Das Recht wird nicht in das Grundbuch eingetragen. [2]Zum Verzicht auf das Recht sowie zur Feststellung der Höhe der Rente durch Vertrag ist die Eintragung erforderlich.

(3) Im Übrigen finden die Vorschriften Anwendung, die für eine zugunsten des jeweiligen Eigentümers eines Grundstücks bestehende Reallast gelten.

1 Wegen der Rentenpflicht allgemein, vgl. **5** B I 5.

2 § 913 BGB Absatz 1 BGB bestimmt, wer Gläubiger und Schuldner der jährlich voraus zu entrichtenden (§ 913 Abs. 2 BGB) Rente ist.

3 Für die Rente haftet der jeweilige Eigentümer des Grundstücks persönlich (§ 914 Abs. 3, § 1108 BGB) als auch dinglich mit dem Grundstück. Im Rang geht die Rente allen anderen – auch älteren Grundstücksbelastungen vor (§ 914 Abs. 1 BGB). Bestehen mehrere Überbau- oder Notwegrenten (vgl. § 917 Abs. 2 BGB), so richtet sich der Rang untereinander nach den Entstehungszeitpunkten.

4 Auch das Rentenrecht kann nicht in das Grundbuch eingetragen werden. Wird Höhe und Inhalt der Rente abweichend vom Gesetz festgelegt, so ist Eintragung erforderlich, wenn die Vereinbarung gegen Dritte (z. B. den Grundstückserwerber) wirken soll (§ 914 Abs. 2 Satz 2 BGB).

5 Wird der Überbau beseitigt, erlischt das Rentenrecht; ebenso durch Verzicht, der gegen Dritte nur durch Eintragung im Grundbuch wirkt (§ 914 Abs. 1 Satz 2, Abs. 2 Satz 2 BGB).

6 Das Rentenrecht selbst unterliegt nicht der Verjährung; wohl aber der Anspruch auf rückständige Zahlung (Frist: 3 Jahre, §§ 195, 199 Abs. 2 BGB; vor dem 01.01.2002: 4 Jahre, vgl. §§ 197, 201 BGB a.F. und **11** A).

7 Nach § 914 Abs. 3 BGB gelten für das Rentenrecht die §§ 1107, 1108, 1109 Abs. 3, § 1110 (nicht §§ 1111 und 1112) BGB.

III Abkauf

§ 915 BGB

(1) [1]Der Rentenberechtigte kann jederzeit verlangen, dass der Rentenpflichtige ihm gegen Übertragung des Eigentums an dem überbauten Teil des Grundstücks den Wert ersetzt, den dieser Teil zur Zeit der Grenzüberschreitung gehabt hat. [2]Macht er von dieser Befugnis Gebrauch, so bestimmen sich die Rechte und Verpflichtungen beider Teile nach den Vorschriften über den Kauf.

(2) Für die Zeit bis zur Übertragung des Eigentums ist die Rente fortzuentrichten.

1 Der Rentenberechtigte (also der Eigentümer des durch den Überbau beeinträchtigten Grundstücks) kann vom Rentenpflichtigen (dem Überbauer) jederzeit verlangen, dass dieser den überbauten Grundstücksteil erwirbt. Mehreren rentenberechtigten Miteigentümern steht dieses Recht nur gemeinsam zu.[40]

2 Die Abwicklung des Rechtsverhältnisses zwischen Berechtigten und Verpflichteten, das durch das einseitige, formlos gültige Abkaufverlangen begründet wird, richtet sich nach den Vorschriften über den Kauf (§§ 433 ff. BGB). Die Formvorschrift des § 311b Abs. 1 BGB für Grundstücksveräußerungs- und -erwerbsverpflichtungen gilt nicht. Für die Übertragung des Grundstücksteils ist Einigung

40 Palandt/Bassenge, § 915 Rn. 1; MünchKomm/Säcker, § 915 Rn. 2; a.A. Dehner, B § 24 III 2.

(Auflassung) und Eintragung in das Grundbuch erforderlich. Bis zu diesem Zeitpunkt ist vorbehaltlich abweichender Vereinbarungen die Rente zu bezahlen (§ 915 Abs. 2 BGB).

3 Ob § 915 BGB auch für sogenannte Zeitbauten (das sind solche, die nur zu einem vorübergehenden Zweck mit dem Grund und Boden verbunden sind) gilt, ist strittig.[41]

4 Das Recht, den Abkauf zu verlangen, unterliegt nicht der Verjährung (§ 924 BGB). Ist das Verlangen jedoch gestellt, so richtet sich die Verjährung der Ansprüche nach Kaufrecht.

IV Beeinträchtigung von Erbbaurecht oder Dienstbarkeit

§ 916 BGB

Wird durch den Überbau ein Erbbaurecht oder eine Dienstbarkeit an dem Nachbargrundstück beeinträchtigt, so finden zugunsten des Berechtigten die Vorschriften der §§ 912 bis 914 entsprechende Anwendung.

1 Wird durch den Überbau ein Erbbaurecht oder eine Dienstbarkeit (Grunddienstbarkeit §§ 1018 ff.; Nießbrauch §§ 1030 ff. BGB; beschränkt-persönliche Dienstbarkeit §§ 1090 ff. BGB) beeinträchtigt, so steht auch den Dienstbarkeitsberechtigten eine Rente zu. Werden mehrere Rechte beeinträchtigt, so hat jeder Beeinträchtigte ein selbstständiges Rentenrecht.

Die Vorschrift gilt entsprechend für Dauerwohnberechtigte nach §§ 31 ff. WEG. Wohnungseigentümer fallen als Miteigentümer unmittelbar unter § 912 BGB.

2 Vgl. ferner Anm. 2 und 6 zu § 912 BGB.

41 Palandt/Bassenge, § 915 Rn. 1.

C Überbau durch Wärmedämmung

Art. 46a AGBGB

(1) Der Eigentümer und der Nutzungsberechtigte eines Grundstücks haben zu dulden, dass die auf einer vorhandenen Grenzmauer oder Kommunmauer nachträglich aufgebrachte Wärmedämmung und sonstige mit ihr in Zusammenhang stehende untergeordnete Bauteile auf das Grundstück übergreifen, soweit und solange

1. diese die Benutzung des Grundstücks nicht oder nur geringfügig beeinträchtigen und eine zulässige beabsichtigte Nutzung des Grundstücks nicht behindern,

2. die übergreifenden Bauteile öffentlich-rechtlichen Vorschriften nicht widersprechen und

3. eine vergleichbare Wärmedämmung auf andere Weise als durch eine Außendämmung mit vertretbarem Aufwand nicht vorgenommen werden kann.

§ 912 Abs. 2 und §§ 913, 914 des Bürgerlichen Gesetzbuchs gelten entsprechend.

(2) Der Eigentümer und jeder Nutzungsberechtigte des überbauten Grundstücks können verlangen, dass der Eigentümer des durch den Wärmeschutzüberbau begünstigten Grundstücks die Wärmedämmung in einem ordnungsgemäßen Zustand erhält.

(3) Schaden, der dem Eigentümer oder Nutzungsberechtigten des Grundstücks durch einen Überbau nach Abs. 1 entsteht, ist von dem Veranlasser des Überbaus ohne Rücksicht auf Verschulden zu ersetzen.

1 Mit Wirkung zum 01.12.2012 hat der bayerische Gesetzgeber eine Duldungspflicht für Überbauten durch nachträgliche Wärmedämmungsmaßnahmen geschaffen.[42] Grund für die Regelung ist die unter Klimaschutzgesichtspunkten wünschenswerte Senkung des Energieverbrauchs durch Verbesserung der Wärmedämmung von Altbauten. Bei Wänden an oder auf der Grundstücksgrenze sind ent-

42 Zu Zweifeln an der Verfassungsmäßigkeit aufgrund fehlender Gesetzgebungskompetenz des Landes vgl. Bruns VBlBW 2014, 4 (5).

sprechende Dämmungsmaßnahmen jedoch zwangsläufig mit einem Hineinragen auf das fremde Nachbargrundstück verbunden. Da es sich bei solchen Wärmedämmungsmaßnahmen jedoch um bewusste Überschreitungen der Grundstücksgrenze handelt, sind die Regelungen der §§ 912 ff. BGB für den Überbau nicht anwendbar, so dass eine entsprechende Regelungslücke bestand.[43]

Art. 46 a AGBGB regelt nur die Rechtmäßigkeit des Überbaus durch Wärmeschutzmaßnahmen. Das Recht zum Betreten des Nachbargrundstücks zum Zwecke der Anbringung der Wärmedämmung bestimmt sich hingegen nach dem ebenfalls in diesem Rahmen neu normierten Hammerschlags- und Leiterrecht nach Art. 46 b AGBGB (vgl. **8** B).

2 Voraussetzungen für den Überbau durch Wärmeschutzmaßnahmen sind folgende:

Zunächst muss es sich bei der zu dämmenden Mauer um eine **Grenz- oder Kommunmauer** handeln, also einer Mauer, die direkt entlang der Grenze verläuft oder von dieser geschnitten wird (vgl. 4 B und 4 C). Damit gilt die Vorschrift (auch nicht analog) für Wärmedämmungsmaßnahmen an Mauern, die nicht direkt an der Grenze verlaufen (mithin keine Grenzmauern sind), durch welche aber die einzuhaltenden Abstandsflächen unterschritten werden.[44]

Die Grenz- oder Kommunmauer muss ferner **bereits vorhanden** sein bzw. die Wärmedämmung erst **nachträglich angebracht** werden. Bei neu errichteten Mauern bzw. Gebäuden ergibt sich aus dieser Norm kein Überbaurecht, die Wärmedämmung hat ausschließlich auf dem eigenen Grundstück zu liegen.

Die Duldungspflicht besteht nur und solange die Benutzung des Nachbargrundstücks **nicht oder nur geringfügig beeinträchtigt** ist und eine zulässige beabsichtigte **Nutzung nicht behindert** wird

43 LT Drucks. 16/9583 S. 4.

44 Eine analoge Anwendung verbietet sich bereits wegen Abs. 1 Nr. 2 der Vorschrift. So auch Grziwotz/Saller, 2. Teil C II 3 u. 4; für eine analoge Anwendung bei Nichteinhaltung der Abstandsflächen dagegen: Bruns, VBlBW 2014, 4 (5) für § 7 c NRG BW (Entwurf) mit allerdings weiterem Wortlaut („an der Grundstücksgrenze stehenden Gebäudes").

(Abs. 1 Nr. 1). Hinsichtlich der Frage der hinzunehmenden Beeinträchtigung ist – wie bei § 906 BGB – auf die Sicht eines verständigen Durchschnittsmenschen abzustellen (vgl. **6** B 4). Im Regelfall werden die derzeit üblichen Breiten der den Mindestwärmeschutz einhaltenden Dämmungsmaterialien von 10 bis 30 cm zu keiner wesentlichen Beeinträchtigung des überbauten Grundstücks führen.[45] Der Überbau braucht nicht geduldet werden, wenn der Nachbar ernsthaft beabsichtigt, die Nutzung des Grundstücks zu verändern, z. B. gesetzlich zulässiger Anbau an die Grenz- oder Kommunmauer oder Benötigen der Fläche zur Durchfahrt zu neu errichteter Garage oder Parkfläche.

Wie sich aus dem Gesetzeswortlaut „soweit und solange" ergibt, **endet die Duldungspflicht**, wenn sich nachträglich aufgrund des Überbaus eine nicht mehr geringfügige Beeinträchtigung ergibt oder die Nutzungsmöglichkeit des überbauten Grundstücks behindert wird. In diesem Fall kann der beeinträchtigte Nachbar die Beseitigung der Wärmedämmung nach § 1004 BGB verlangen. Insoweit wird auch von einem „Überbaurecht auf Zeit" gesprochen.[46]

Darüber hinaus darf der Überbau öffentlich-rechtlichen Vorschriften nicht widersprechen (Abs. 1 Nr. 2), insbesondere den baurechtlichen Vorschriften. Schließlich muss eine vergleichbare Wärmedämmung **auf andere Weise mit vertretbarem Aufwand nicht vorgenommen** werden können (Abs. 1 Nr. 3). Aus Gründen der Verhältnismäßigkeit muss eine Dämmung damit vorrangig auf dem eigenen Grundstück vorgenommen werden. Nach der Gesetzesbegründung wird allerdings regelmäßig eine Außendämmung erforderlich sein, da mit einer Innendämmung aus bauphysikalischen Gründen (Wärmebrückeneffekte, Taupunktproblematik etc.) mit vertretbarem Aufwand keine vergleichbare Dämmwirkung zu erzielen ist.[47]

3 Als Ausgleich für den Überbau kann der Nachbar nach Art. 46 a Abs. 1 S. 2 AGBGB, § 912 Abs. 2 BGB Zahlung einer **Überbaurente** beanspruchen, die sich am Verkehrswert der überbauten Bodenflä-

45 Vgl. LT-Drucks. 16/9583 S. 5.
46 Grziwotz/Saller, 2. Teil C 5 Rn. 62 e sowie Gesetzesbegründung LT Drucks. 16/9583 S. 5.
47 LT Drucks. 16/9583 S. 5.

che zum Zeitpunkt der Grenzüberschreitung orientiert (vgl. hierzu oben B I 5 f. und II).

Gemäß § 46 a Abs. 2 AGBGB können sowohl Eigentümer als auch jeder Nutzungsberechtigte (insb. Mieter, Pächter) verlangen, dass der Eigentümer die Wärmedämmung in einem ordnungsgemäßen Zustand erhält. Verpflichteter der **Erhaltungspflicht** ist ausschließlich der Eigentümer, nicht dagegen der tatsächliche Nutzungsberechtigte. Die Erhaltungspflicht betrifft insbesondere das äußere Erscheinungsbild, nicht dagegen die Funktionsfähigkeit der im Interesse des Überbauers liegenden Wärmedämmung. Ebenso hat der Nachbar keinen Anspruch auf Beibehaltung der Wärmedämmung, diese kann vom Eigentümer jederzeit rückgebaut werden.[48]

4 Zuletzt können sowohl Eigentümer als auch Nutzungsberechtigter des überbauten Grundstücks verschuldensunabhängig den **Schaden**, der durch den Überbau entsteht, ersetzt verlangen. Schuldner ist nicht nur der Eigentümer, sondern jeder Schadensveranlasser, sofern er mit dem Grundstück in rechtlicher Verbindung steht, wie etwa Mieter, Pächter, Erbbauberechtigter, nicht dagegen z. B. der beauftragte Bauunternehmer.[49]

---

48 Grziwotz/Saller, 2. Teil C 8 Rn. 62 h.
49 Grziwotz/Saller, 2. Teil C 9 Rn. 62 i.

KAPITEL 6
Einwirkungen auf Grundstücke

A Allgemeines

Nach § 903 BGB kann jeder Eigentümer eines Grundstücks im Grundsatz andere von jeder Einwirkung auf seinen Grund und Boden ausschließen. Zugleich wird jedoch die umfassende Herrschaftsgewalt des Eigentümers unter den Vorbehalt gestellt, dass „Gesetz oder Rechte Dritter“ nicht entgegenstehen (vgl. **2** B 1).

Diese Einschränkung ist Ausfluss der Sozialgebundenheit des Eigentums, die für das nachbarrechtliche Gemeinschaftsverhältnis von ganz besonderer Bedeutung ist (vgl. **1** 6 und **2** A 1).

Den Ausgleich zwischen den nachbarlichen Interessen, die bei **Einwirkungen** auf fremde Grundstücke berührt werden, nehmen insbesondere die §§ 906 bis 909 BGB sowie in geringerem Umfang auch landesgesetzliche Vorschriften vor (vgl. Art. 124 EGBGB).

Soweit nach diesen Vorschriften Eigentümer entweder Einwirkungen auf ihr Grundstück dulden müssen oder bestimmte Maßnahmen, die zu Einwirkungen auf andere Grundstücke führen, nicht vornehmen dürfen, handelt es sich um gesetzliche Inhaltsbeschränkungen nach Art. 14 Abs. 1 Satz 2 GG (vgl. **2** A 1). In diesem Rahmen sind dem Eigentümer auch durch zahlreiche öffentlich-rechtliche Vorschriften Duldungspflichten bezüglich Einwirkungen auferlegt und im öffentlichen Interesse auch Handlungen verboten, die zu Einwirkungen auf andere Grundstücke führen können.

B Zuführung unwägbarer Stoffe (Immissionen)

§ 906 BGB

(1) [1]Der Eigentümer eines Grundstücks kann die Zuführung von Gasen, Dämpfen, Gerüchen, Rauch, Ruß, Wärme, Geräusch, Erschütterungen und ähnliche von einem anderen Grundstück aus-

gehende Einwirkungen insoweit nicht verbieten, als die Einwirkung die Benutzung seines Grundstücks nicht oder nur unwesentlich beeinträchtigt. [2]Eine unwesentliche Beeinträchtigung liegt in der Regel vor, wenn die in Gesetzen oder Rechtsverordnungen festgelegten Grenz- oder Richtwerte von den nach diesen Vorschriften ermittelten und bewerteten Einwirkungen nicht überschritten werden. [3]Gleiches gilt für Werte in allgemeinen Verwaltungsvorschriften, die nach § 48 des Bundes-Immissionsschutzgesetzes erlassen worden sind und den Stand der Technik wiedergeben.

(2) [1]Das Gleiche gilt insoweit, als eine wesentliche Beeinträchtigung durch eine ortsübliche Benutzung des anderen Grundstücks herbeigeführt wird und nicht durch Maßnahmen verhindert werden kann, die Benutzern dieser Art wirtschaftlich zumutbar sind. [2]Hat der Eigentümer hiernach eine Einwirkung zu dulden, so kann er von dem Benutzer des anderen Grundstücks einen angemessenen Ausgleich in Geld verlangen, wenn die Einwirkung eine ortsübliche Benutzung seines Grundstücks oder dessen Ertrag über das zumutbare Maß hinaus beeinträchtigt.

(3) Die Zuführung durch eine besondere Leitung ist unzulässig.

1 Allgemeines

a) Nach §§ 903, 1004 BGB kann jeder Grundstückseigentümer grundsätzlich die Einwirkungen anderer auf sein Grundstück ausschließen. Grundstücksbenutzungen führen jedoch oft zu Einwirkungen auf die Nachbargrundstücke, die sich nicht völlig ausschließen lassen und deren Inkaufnahme in gewissem Umfang eine gegenseitige Rücksichtnahme gebietet. Jeder Nachbar ist deshalb aus dem Nachbarschaftsverhältnis heraus verpflichtet, gewisse Einwirkungen und Störungen hinzunehmen. Den Ausgleich der nachbarlichen Interessen nimmt § 906 BGB vor. Er geht dabei von der gewöhnlichen Benutzung des Grund und Bodens aus und bezweckt, die Grenzen der zulässigen Immissionen einigermaßen elastisch den örtlichen Verschiedenheiten und zeitlichen Veränderungen anzupassen und regelt dabei abschließend die **privatrechtlichen** Duldungspflichten des Nachbarn. Auf dem Gebiet des Privatrechts stellt § 906 BGB einen Ausschnitt aus dem Umweltschutzrecht dar, das in erster Linie vom öffentlichen Recht, insbesondere dem BImSchG als der zentralen gesetzlichen Regelung, normiert wird. Durch die jetzige, am 01.10.1994 in Kraft getretene Fassung des § 906 Abs. 1 BGB ist versucht worden, das öffentliche und private Immissionsrecht zu harmonisieren (vgl. § 906 Abs. 1 Satz 2 und 3 und unten Anm. 4).[1]

Über § 906 BGB hinaus ist der Nachbar insbesondere nicht aus dem Gesichtspunkt von Treu und Glauben verpflichtet, zusätzliche Einwirkungen zu dulden. Dies gilt auch dann, wenn der Eigentümer sein Grundstück selbst nicht nutzt; Duldungspflichten können sich in einem solchen Fall nur in ganz besonderen Ausnahmefällen unter dem Gesichtspunkt des nachbarlichen Gemeinschaftsverhältnisses (vgl. **1** 6) ergeben.[2]

Soweit der Nachbar nach § 906 BGB zur Duldung unwägbarer Einwirkungen **nicht** verpflichtet ist, kann er die Einwirkungen nach § 1004 BGB abwehren. Die gleichen Befugnisse stehen gemäß § 862 BGB auch dem Nachbarn zu, der nur Besitzer des Grundstücks ist (vgl. unten Anm. 10).

b) Die Auslegung und die Anwendung des § 906 BGB haben sich an den Fortschritten der Technik und des Verkehrs sowie dem Wandel der Denkweise der beteiligten Kreise zu orientieren. Hierbei ist zu beachten, dass sich heute der technische Fortschritt nach allgemeiner Auffassung nicht durch eine Steigerung der Immissionswirkungen kennzeichnet, sondern gerade umweltfreundliche Entwicklungen verlangt werden. So hat sich z.B. ein Fortschritt in der Entwicklung nicht in Lärmentfaltung darzustellen, sondern in der Schalldämpfung zu erweisen.

c) § 906 BGB gilt nur für die Zuführung sog. **unwägbarer** Stoffe, von denen in Absatz 1 beispielhaft Gase, Dämpfe, Gerüche, Rauch, Ruß, Wärme, Geräusche und Erschütterungen aufgeführt werden. **Ebenso: alle Einwirkungen, die in ihrer Ausbreitung weitgehend unkontrollierbar und unbeherrschbar sind. (z.B. niederfrequenter Schall [sog. Infraschall]).**[3] Die Zuführung fes-

---

1 Dazu Fritzsche NJW 1995, 1121.
2 BGH NJW 2000, 1719.
3 OLGR Rostock 2009, 686.

ter oder flüssiger Stoffe (z. B. Steinbrocken, Wasser, vgl. unten Anm. 13, Stichwort „Wasser" und **6** F) kann dagegen grundsätzlich **immer** nach §§ 862, 1004 BGB abgewehrt werden (vgl. **12** und Anm. 10). Ist die Zuführung von Wasser im konkreten Fall gestattet, z. B. abfließendes Regenwasser nach Art. 63 BayWG (vgl. **6** F II), so liegt eine Zuführung unwägbarer Stoffe aber auch dann vor, wenn diese im Wasser gelöst auf das fremde Grundstück geschwemmt werden (z. B. Abschwemmen von Unkrautvernichtungsmitteln durch Regenwasser auf das Nachbargrundstück;[4] vgl. auch Anm. 13, Stichwort „Pflanzenschutzmittel"). Die Grenze zwischen unwägbaren und festen Stoffen kann freilich zweifelhaft sein (z. B. Einwirkungen von Sand).[5] Ebenfalls stets unzulässig ist die Immissionszuführung durch eine **besondere Leitung (§ 906 Absatz 3 BGB)**.

d) § 906 BGB ist nicht nur auf unmittelbar aneinandergrenzende Grundstücke anwendbar. Maßgeblich für den Anwendungsbereich ist, wie weit die vom störenden Grundstück ausgehenden Beeinträchtigungen reichen.

e) Die Grundsätze des § 906 BGB können entsprechend angewandt werden auf Immissionen, vor allem Lärm, in Mehrfamilienmietanwesen (vgl. unten Anm. 10a).[6] Das Gleiche gilt auch im Verhältnis von Eigentumswohnungen zueinander; in diesem Fall ist für die Geltendmachung von Unterlassungsansprüchen der Rechtsweg nach § 43 ff. WEG gegeben (Amtsgericht im Verfahren der freiwilligen Gerichtsbarkeit).[7]

f) Zu beachten ist schließlich, dass ein Anspruch auf Beseitigung, Unterlassung oder ein (bürgerlich-rechtlicher) Ausgleichsanspruch nach § 906 Abs. 2 Satz 2 BGB dann nicht gegeben ist, wenn die Einwirkung auf hoheitliche Tätigkeit zurückzuführen ist oder durch bestimmte genehmigte Betriebe und Anlagen hervorgerufen wird. In diesen Fällen kann jedoch ein öffentlich-rechtlicher Entschädigungsanspruch gegeben sein, dessen Vo-

4 BGHZ 90, 255.

5 Einzelheiten str., vgl. MünchKomm/Säcker, § 906 Rn. 100 ff.

6 Vgl. im Einzelnen Glaser, ZMR 1981, 1 ff.

7 OLG Frankfurt MDR 1982, 151.

raussetzungen sich ebenfalls nach § 906 Abs. 2 Satz 2 BGB bestimmen (vgl. auch unten Anm. 8b und 9c).

2 § 906 BGB regelt die Frage, welche Einwirkungen der Eigentümer dulden muss. Besteht danach **keine** Duldungspflicht, kann er nach § 1004 BGB Beseitigung und Unterlassung verlangen (für Besitzer: § 862 BGB).

Der Eigentümer hat zu **dulden**:

- Einwirkungen, die die Benutzung des Grundstücks nicht oder nur unwesentlich beeinträchtigen (Absatz 1).
- Wesentliche Einwirkungen, wenn sie durch eine ortsübliche Benutzung des anderen Grundstücks verursacht werden und Verhinderungsmaßnahmen für den Störer unzumutbar sind (Absatz 2 Satz 1); dem beeinträchtigten Eigentümer steht in diesem Fall grundsätzlich ein angemessener Ausgleich in Geld zu (Absatz 2 Satz 2).

Es ist bei der Anwendung des § 906 BGB also immer folgende Fragestellung zu beachten:

a) Liegt eine Einwirkung i. S. des § 906 BGB vor (vgl. Anm. 3)?
b) Wird hierdurch eine Benutzung des Grundstücks des Betroffenen wesentlich beeinträchtigt (vgl. Anm. 4)?
   wenn nein: Einwirkung ist zu dulden; es besteht kein Ausgleichsanspruch in Geld;
   wenn ja: es ist weiter zu prüfen:
c) Ist die Benutzung des Grundstücks des Störers ortsüblich (vgl. Anm. 5)?
d) Sind Maßnahmen zur Verhinderung der Beeinträchtigung wirtschaftlich unzumutbar (vgl. Anm. 6)?
   bei Verneinung von c) und/oder d): Einwirkung braucht nicht geduldet zu werden;
   bei Bejahung von c) und d): Einwirkung ist zu dulden, es besteht ein Ausgleichsanspruch in Geld, wenn
e) die Beeinträchtigung der ortsüblichen Benutzung oder des Ertrags des Grundstücks des Betroffenen das zumutbare Maß übersteigt (vgl. Anm. 7 und 7a).

3 Einwirkungen:
Vgl. zunächst oben Anm. 1c. § 906 BGB erfasst nur **positive** Einwirkungen, nicht aber sog. **negative** Einwirkungen, wie etwa die Entziehung von Licht (insbes. auch durch Bäume[8], vgl. **10** A I 3), Luft, Wasser oder die Beeinträchtigung des Fernsehempfangs z. B. durch Hochhäuser[9] (vgl. auch Anm. 13, Stichwort „Fernsehempfang"). Soweit nicht Sonderbestimmungen bestehen oder dem Nachbarn nicht Rechtsmissbrauch angelastet werden kann, sind solche Beeinträchtigungen hinzunehmen. Nicht unter § 906 BGB fallen grundsätzlich bloße sog. ideelle (immaterielle) Immissionen, z. B. die Darbietung eines hässlichen oder abstoßenden Anblicks (z. B. Aussicht auf Bordell oder Schrottplatz) oder das Verbauen einer schönen Aussicht (vgl. dazu **12** A 1).[10]

Zu den unter § 906 BGB fallenden Einwirkungen[11] werden in **Absatz 1** beispielhaft aufgezählt: **Gase, Dämpfe, Gerüche, Rauch, Ruß** (z. B. von Ölheizungen, chemische Abgase, Gerüche von Müllabladeplätzen oder Tierzuchtbetrieben), **Wärme; Geräusch** (hierunter fallen alle Lärmeinwirkungen); **Erschütterungen** (z. B. durch Baurammarbeiten, Pressluftstraßenbohrer oder andere Maschinen, durch Kegelbahnen). Als **andere Einwirkungen** im Sinne des § 906 BGB kommen etwa in Betracht: Staubentwicklung, Flugasche, Fäkalienregen aus Zugtoiletten,[12] Bienen, Fliegen, chemische Pflanzenschutzmittel, Unkrautsamen- und Funkenflug, elektromagnetische Schwingungen. Vgl. insbes. unter „Einzelfälle" (Anm. 13).

4 Wesentliche Beeinträchtigung (vgl. Anm. 2b):
Bei der Beurteilung dieser Frage ist darauf abzustellen, wie der verständige Durchschnittsmensch die Beeinträchtigung auf dem konkreten Grundstück insbesondere unter Berücksichtigung der örtlichen Verhältnisse empfindet und was ihm unter Würdigung anderer öffentlicher oder privater Belange zuzumuten ist. Auf das rein sub-

---

8 Vgl. z. B. Staudinger/Roth, § 906 Rn. 122; BayObLG BayVBl. 1992, 412.
9 BGHZ 88, 344.
10 Kritisch z. B. Staudinger/Roth, § 906 Rn. 130 ff.
11 Vgl. im Einzelnen die zahlreichen Nachweise aus Rechtsprechung und Schrifttum bei Dehner, B § 16 II 2, Fn. 9 ff., und Palandt/Bassenge, § 906 Rn. 4 ff.
12 OLG-Schleswig NJW-RR 1996, 399.

jektive Empfinden des Beeinträchtigten kommt es dagegen nicht an.[13] Dabei sind vor allem das in den letzten Jahrzehnten veränderte Umweltbewusstsein, die Belange des Naturschutzes und das Interesse der Allgemeinheit an einer kinder- und jugendfreundlichen Umgebung sowie das gesellschaftliche Anliegen einer erhöhten Toleranzbereitschaft gegenüber pflegebedürftigen und behinderten Menschen[14] zu berücksichtigen.[15] Als Abwägungsgesichtspunkt fließt ferner der Grundsatz der gegenseitigen Rücksichtnahme ein.[16]

Bei der Beurteilung der örtlichen Verhältnisse kommt es zunächst auf die Natur und Zweckbestimmung des betroffenen Grundstücks in seiner konkreten Beschaffenheit an.[17] In Gebieten von unterschiedlicher Qualität und Schutzwürdigkeit ist die Grundstücksnutzung mit einer besonderen Pflicht zur Rücksichtnahme belastet, d. h. der Beeinträchtigte muss ggf. Nachteile als unwesentlich hinnehmen, was er außerhalb eines solchen Bereichs nicht akzeptieren müsste. Insoweit können Grundstücke durch schon vorhandene Umwelteinflüsse „vorbelastet" sein; so wird etwa eine Lärm- oder Staubentwicklung in einem Kur- oder Villenviertel anders zu beurteilen sein als in einem Industriegebiet. Wer sich in Kenntnis oder grobfahrlässiger Unkenntnis einer Immissionsquelle in deren Nähe ansiedelt, wird jedenfalls die Einwirkungen (z. B. Industrielärm) hinnehmen müssen, die sich in den Grenzen der zulässigen Richtwerte (§ 906 Abs. 1 Sätze 2 und 3 BGB) halten.[18]

---

13 BGH NJW 1999, 356; LG Saarbrücken, Urt. v. 25.11.2011 – 13 S 117/09.

14 OLG Karlsruhe NJW 2007, 3443 (Altenheim); OLGR Karlsruhe 2002, 203 (Behinderte Menschen); Horst, Behinderte und chronisch Kranke im Nachbarrecht, DWW 2001, 54.

15 BGHZ 120, 239/255; 121, 248/255; BGH VersR 1999, 725; BGH NJW 2004, 1037/1040; Vieweg-Röthel NJW 1999, 969 ff.

16 BGZ 121, 248/254.

17 BGHZ 120, 239/259; maßgebend ist hierbei die **konkrete** Beschaffenheit des Grundstücks. Es kommt nicht darauf an, wie etwa ein Wohngebäude theoretisch nach heutigem technischen Lärmschutzstandard ausgestattet sein könnte. Dem Eigentümer eines Wohngrundstücks kann deshalb nicht entgegengehalten werden, er könne Lärm z. B. durch Einbau von Lärmschutzfenstern abhalten, BGH NJW 1984, 1242.

18 BGH NJW 2001, 3119.

Maßgebend kann auch sein, zu welcher Tageszeit die Einwirkung stattfindet. Geräusche werden nachts als wesentlich störender empfunden als tagsüber. Werden Grenz- oder Richtwerte, die in Gesetzen, Rechtsverordnungen oder allgemeinen Verwaltungsvorschriften nach § 48 BImSchG festgelegt sind (vgl. dazu die Hinweise unter Anm. 13 – Einzelfälle), eingehalten, so ist dies ein Indiz dafür, dass nur eine unwesentliche Beeinträchtigung vorliegt (§ 906 Abs. 1 Satz 2 und 3 BGB).[19] Werden sie dagegen überschritten, kann von einer wesentlichen Beeinträchtigung ausgegangen werden. Es ist jedoch stets eine Einzelfallprüfung vorzunehmen.[20] Liegen die Immissionen unter den als zulässig bezeichneten Werten, kann trotzdem je nach den konkreten Umständen eine wesentliche Beeinträchtigung vorliegen. So wird etwa bei Eintritt immissionsbedingter Schäden in der Regel die Wesentlichkeit zu bejahen sein (z.B. Eintritt erheblicher Gebäudeschäden durch Erschütterungen, auch wenn die Grenzwerte für Schwingungsgeschwindigkeiten eingehalten sind).[21] Darlegungs- und beweispflichtig für Umstände, die in diesen Fällen eine wesentliche Beeinträchtigung ergeben, ist der Beeinträchtigte.[22]

Ob eine Beeinträchtigung des körperlichen Wohlbefindens als wesentlich zu beurteilen ist, hängt nicht vom subjektiven Empfinden des Beeinträchtigten ab, sondern richtet sich nach der verständigen Würdigung eines durchschnittlichen Benutzers des betroffenen Grundstücks in seiner konkreten Lage, Gestaltung und Zweckbestimmung.[23]

Als Folge der Harmonisierung zwischen dem zivil- und öffentlichrechtlichen Immissionsschutzrecht (vgl. oben Anm. 1) ist davon auszugehen, dass wesentliche Beeinträchtigungen i.S. des § 906 BGB gleichzusetzen sind mit schädlichen Umwelteinwirkungen nach § 3 BImSchG.[24]

---

19 BGH NJW 2004, 1317; OLG Brandenburg BauR 2005, 1974.
20 BGH NJW 2001, 3119.
21 BGHZ 70, 102/110; 120, 239/256f.; BGH VersR 1999, 725.
22 BGH NJW 2004, 1317.
23 BGH NJW 1999, 356; LG Saarbrücken, Urt. v. 25.11.2011 – 13 S 117/09.
24 BGHZ 111, 63/65; 122, 76/78; BGH VersR 1999, 725.

Soweit die Wesentlichkeit von Immissionen nach Grenz- oder Richtwerten gemäß § 906 Abs. 1 Satz 2 und 3 BGB zu bestimmen ist, ist in der Regel im gerichtlichen Verfahren die Einholung eines Gutachtens erforderlich.

5 Ortsüblichkeit der Benutzung des Störergrundstücks (vgl. Anm. 2c):
Ortsüblich ist die Benutzung eines Grundstücks nur dann, wenn eine Mehrheit von Grundstücken in dem betreffenden Gebiet mit einer nach Art und Ausmaß einigermaßen gleichbleibenden Einwirkung benutzt wird. Maßgebend sind insbesondere die Verhältnisse (das Gepräge) des Ortes, ggf. auch des Ortsteiles, in dem das betroffene Grundstück liegt (Wohngegend, Industriestadt, ländliche Gegend usw.; zur Charakterisierung eines Gebiets können die Vorschriften der BauNVO herangezogen werden).[25] Nicht ortsüblich ist z. B. der Betrieb einer Schweinemästerei in einer städtischen Wohngegend; anders aber auf dem Lande, soweit Größe und Eigenart des Betriebs ländlichen Verhältnissen entsprechen. U. U. kann bereits ein Großbetrieb (z. B. Industrieanlage) den Charakter eines Gebiets bestimmen. Entscheidend für die Ortsüblichkeit ist im Streitfall die **gegenwärtige** Nutzung des Gebiets; künftige Planungen sind unbeachtlich. Raumordnungs- und Bauleitpläne können aber für das Gepräge eines Ortes oder Ortsteils wichtige Anhaltspunkte liefern. Entscheidend ist jedoch der tatsächliche Zustand, auch wenn er von den Planungen abweicht. Soweit Einwirkungen auf Grund öffentlich-rechtlicher Vorschriften untersagt sind (vgl. insbesondere Anm. 9 und Stichwort „Lärm“) oder von einer Anlage ausgehen, die die notwendige Genehmigung nicht besitzt,[26] liegt eine ortsübliche Grundstücksbenutzung nicht vor. Andererseits indiziert eine gültige öffentlich-rechtliche Genehmigung die Ortsüblichkeit.[27]

6 Zumutbarkeit von Schutzmaßnahmen (vgl. Anm. 2d):
Der Betroffene braucht wesentliche, durch ortsübliche Benutzung hervorgerufene Beeinträchtigungen nur hinzunehmen, wenn sie

---

25 Z. B. BGHZ 54, 384/389; 111, 63/72; 120, 239/260.
26 BGH WM 1999, 282. Jedoch lässt sich von einer vorhandenen Genehmigung nicht automatisch auf Ortsüblichkeit schließen: BGH NJW-RR 2006, 235.
27 OLG München MDR 2009, 136; Palandt/Bassenge, § 906 Rn. 22.

durch Maßnahmen, die dem Störer **wirtschaftlich zumutbar** sind, nicht verhindert werden können. Wirtschaftlich unzumutbare Schutzeinrichtungen braucht der Störer nicht zu schaffen. Bei der Frage der Zumutbarkeit kommt es nicht auf die wirtschaftliche Leistungsfähigkeit des konkreten Störers an, sondern darauf, ob normalerweise nach der Art der Benutzung des Störergrundstücks objektiv die Einrichtung technisch möglicher Schutzmaßnahmen zumutbar ist. So sind etwa einem Industriebetrieb Maßnahmen in größerem Umfang zumutbar als einem kleinen Handwerksbetrieb.

7 **Ausgleichsanspruch** (vgl. oben 2e):
Muss der Eigentümer des beeinträchtigten Grundstücks Einwirkungen nach § 906 Abs. 2 Satz 1 BGB dulden (in diesem Fall ist die Einwirkung also rechtmäßig), so hat er einen Ausgleichsanspruch in Geld, wenn die **ortsübliche Benutzung** seines Grundstücks (hier gelten die gleichen Grundsätze wie oben Anm. 5) oder der **Grundstücksertrag** über das zumutbare Maß hinaus beeinträchtigt ist. Beispielsweise besteht ein Ausgleichsanspruch des Eigentümers, dessen Mieter wegen erheblichen Baulärms auf dem Nachbargrundstück die Miete gemindert haben.[28] Hierbei sind alle Umstände des Einzelfalls zu berücksichtigen. Etwa kann eine Rolle spielen, dass der Umfang der Beeinträchtigung auch eine Ursache in der Sphäre des Betroffenen hat (z. B. Wohnraum des Betroffenen ist auf der Seite eingerichtet, die einem lärmerzeugenden Nachbarbetrieb zugewendet ist).

Der Ausgleichsanspruch ist nicht auf feinstoffliche Einwirkungen i. S. des § 906 Abs. 1 BGB begrenzt, sondern gilt auch für sog. Grobimmissionen, wie z. B. Niederschlags- oder Leitungswasser, das vom Nachbargrundstück übertritt.[29] Allerdings sind durch Naturereignisse ausgelöste Störungen, z. B. Schlammlawine aufgrund Starkregens, dem Grundstückseigentümer nur dann zuzurechnen, wenn er sie durch eigene Handlungen ermöglicht oder herbeigeführt hat.[30]

---

28 LG Berlin Grundeigentum 2011, 695.
29 BGH NJW 2011, 3294; NJW 2009, 3787.
30 BGH v. 17.10.2013 – V ZR 15/13.

Schuldner des Ausgleichsanspruchs ist, wer die Nutzungsart des beeinträchtigenden Grundstücks bestimmt. Dies muss nicht nur der Eigentümer sein, sondern können auch sonstige dingliche Berechtigte und Besitzer (z. B. Mieter oder Pächter) sein. Dagegen ist etwa der Bauunternehmer, der für den Eigentümer Arbeiten ausführt, nicht nach § 906 Abs. 2 Satz 2 BGB ausgleichspflichtiger Schuldner, da dieser nur weisungsgebunden handelt und dementsprechend nicht die Grundstücksnutzung bestimmt.[31] Sind mehrere Personen für dieselbe Einwirkung verantwortlich, haften sie für den Ersatzanspruch in entsprechender Anwendung des § 840 BGB als Gesamtschuldner. Liegen dagegen mehrere selbständige Ursachen vor, haftet jeder Verursacher nur anteilig.

Der Umfang des Anspruchs bestimmt sich nach den Grundsätzen der Enteignungsentschädigung und beschränkt sich auf die Beseitigung der durch die Einwirkung eingetretenen Vermögenseinbußen; er kann aber auf vollen Schadensersatz gehen, z. B. im Falle einer Substanzverletzung.[32] Schmerzensgeld oder sonstiger immaterieller Schadensersatz wird nicht gewährt.[33] Der Anspruch umfasst allerdings nicht nur Vermögenseinbußen betreffend das Grundstück selbst, sondern auch solche, die sich infolge der Beschädigung von auf dem Grundstück befindlichen beweglichen Sachen ergeben.[34]

Die Darlegungs- und Beweislast für die Störereigenschaft trägt grundsätzlich der geschädigte Anspruchsteller.[35] Der Gläubiger muss sich nach § 254 BGB analog etwaige – auch schuldlose – Mitverursachungsbeiträge anrechnen lassen.[36]

---

31 BGH NJW-RR 2011, 739; BGH NJW 2010, 3158; OLG Hamm, Urt. v. 02.08.2010 – 5 U 56/10.

32 BGH NJW-RR 1997, 1374; OLGR Frankfurt 2006, 16; OLG Brandenburg BauR 2011, 1382.

33 BGH NJW 2010, 3160; Nassall, jurisPR-BGHZivilR 22/2010 Anm. 4.

34 BGH NJW 2008, 992; kritisch hierzu: Popescu/Majer NZM 2009, 182.

35 OLG München MDR 2009, 136; OLG Hamm NJW-RR 2014, 328. Zu einer möglichen Beweislastumkehr bei der Überschreitung der Richtwerte vgl. MünchKomm-Säcker, § 906 Rn. 172.

36 OLG Hamm MDR 2014, 150.

Der Ausgleichsanspruch ist gegenüber einem etwaigen Schadensersatzanspruch (s. o. Anm. 12a) subsidiär, besteht also nur, wenn ein Schadensersatzanspruch ausscheidet.[37] Er unterliegt der regelmäßigen Verjährung nach § 195 BGB (bis 31. 12. 2001: 30 Jahre, vgl. zum Übergangsrecht **11** A I).

7a Nachbarrechtlicher Ausgleichsanspruch gemäß § 906 Abs. 2 Satz 2 BGB analog (vgl. oben 2e):
Der nachbarrechtliche, verschuldensunabhängige Ausgleichsanspruch wird nach h. M.[38] in entsprechender Anwendung des § 906 Abs. 2 Satz 2 BGB auch dann zuerkannt, wenn der Eigentümer oder Besitzer eines Grundstücks die Einwirkung nach den oben dargelegten Grundsätzen **nicht** zu dulden braucht (wenn die Einwirkung also rechtswidrig ist), er gegen sie aber wegen besonderer Umstände aus tatsächlichen oder rechtlichen Gründen nicht wirksam nach den §§ 1004 oder 862 BGB (vgl. Anm. 1a und 10) vorgehen konnte (vgl. **12** A).[39] Das kann etwa z. B. der Fall sein, wenn die Einwirkung so plötzlich auftritt, dass sie der Betroffene auch nicht durch eine einstweilige Verfügung unterbinden kann (z. B. Wasserrohrbruch auf dem Nachbargrundstück[40], Umsturz eines Baumes auf Nachbargrundstück, vgl. auch **10** F 3[41], Ausbruch eines Brandes im benachbarten Reihenhaus[42], Hausschaden aufgrund Vertiefung Nachbargrundstück oder Erschütterungen[43]) oder die abzuwehrende Gefahr nicht rechtzeitig erkannt hat und auch nicht erkennen konnte (z. B. Bodenverseuchung durch Schrotblei aus Schießanlage eines Schützenvereins). Ein Ausgleichsanspruch ist auch dann gegeben, wenn

---

37 BGHZ 111, 158/163; 120, 239/249; str.

38 Vgl. die nachfolgend zitierte Rechtsprechung; kritisch: Popescu/Majer NZM 2009, 182.

39 Die Rechtsprechung geht dabei in der Bejahung der Störereigenschaft ziemlich weit, vgl. z. B. BGH NJW 1999, 2896; OLG Düsseldorf VersR 2003, 74.

40 BGH NJW 2003, 2377.

41 BGH AUR 2005, 444; Nassall, jurisPR-BGHZivilR 20/2005 Anm. 4.

42 BGH NJW-RR 2011, 739; OLG Koblenz MDR 2009, 443 (mittelbares Übergreifen eines Brandes); OLGR Rostock 2008, 736 (Brandschaden auf Nachbargrundstück durch Mähdrescharbeiten).

43 OLG Düsseldorf BauR 2012; 1979; OLG Hamm NJW-RR 2009, 1616; zum Anscheinsbeweis der Ursächlichkeit: OLG Düsseldorf NJW-RR 2015, 211.

eine Beeinträchtigung durch naturschutzrechtlich geschützte Bäume (Überwuchs) vorliegt und der Nachbar gegen die Beeinträchtigung daher aus rechtlichen Gründen nicht vorgehen kann.[44] Gleiches gilt etwa für die Beeinträchtigung eines Restaurantbetriebs durch mehrmonatige Sondernutzung einer Straße wegen Bauarbeiten durch den Grundstücksnachbar, gegen welche der Grundstückseigentümer wegen der Sondernutzungserlaubnis rechtlich nicht vorgehen kann.[45] Der Ersatzanspruch setzt auch in seiner analogen Anwendung voraus, dass die erlittenen Nachteile das zumutbare Maß einer entschädigungslos hinzunehmenden Beeinträchtigung überschreiten.[46]

Anspruchsgegner muss nicht zwingend der Grundstückseigentümer sein, sondern kann auch der Benutzer eines Grundstücks sein, der die Nutzungsart des Grundstücks bestimmt, etwa der Mieter, Pächter oder aber auch z. B. die kommunalen Stadtwerke als Leitungsbetreiber im Falle einer Überschwemmung nach einem Wasserrohrbruch.[47]

Die Eigentumsstörung muss zwar nicht zwingend vom unmittelbaren Nachbargrundstück ausgehen,[48] jedoch einen sachlichen Bezug zum Grundstück aufweisen, von dem die Störung ausgeht, d. h. die Einwirkung muss gerade als vom anderen Grundstück herrührend erscheinen. Dies ist z. B. nicht der Fall, wenn eine Feuerwerksrakete nach dem Zünden von einem auf ein anderes Grundstück abdriftet und eine Scheune in Brand setzt, da hier die Störung lediglich auf dem Grundstück stattfindet, jedoch nicht die spezifische Beziehung der Grundstückseigentümer betrifft.[49]

44 BGH NZM 2005, 318; Gsell, juris PR-BGHZivilR 23/2005 Anm. 4.

45 OLG Bremen MDR 2013, 1218.

46 BGHZ 72, 289/294 f., 85, 375/385; 90, 255; 113, 384; 122, 283 f.; BGH NJW-RR 1990, 1910 und NJW 1999, 2896; OLG Düsseldorf NJW-RR 1990, 1040; 1995, 1482; vgl. auch Vieweg NJW 1993, 2570.

47 BGH NJW-RR 2011, 739; NJW 2009, 3787; NZM 2003, 693; OLG Düsseldorf NJW-RR 2010, 1106; OLG Frankfurt BauR 2006, 1800.

48 OLG Düsseldorf BauR 2012, 1979.

49 BGH NJW 2009, 3787; vgl. hierzu auch die fragwürdige Entscheidung des OLG Köln (Urt. v. 22.12.2015 – 25 U 16/15) zu einer durch die zufällige Zerkleine-

Ausgeschlossen ist der Ausgleichsanspruch auch, wenn der Schaden durch Naturkräfte herbeigeführt wird oder dies zumindest nicht ausgeschlossen werden kann (Beweislast des Anspruchsgläubigers!), etwa bei Schäden durch einen infolge Sturms umgestürzten Baum oder durch auf das Nachbargrundstück hinüberwandernde Wollläuse.[50]

Der nachbarrechtliche Ausgleichsanspruch ist nach Auffassung des BGH nicht – auch nicht analog – auf das Verhältnis zwischen Mietern einer Mietwohnung anwendbar (z. B. im Falle von Einwirkungen durch Abgase, Ruß und Hitze bei Wohnungsbrand), da das Rechtsverhältnis zwischen Mietern untereinander strukturell ein anderes sei als unter Grundstückseigentümern, so dass für eine Übertragung der grundstücksbezogenen Regelungen auf das Mietrecht kein Raum sei.[51] Im Verhältnis zwischen Wohnungseigentümern untereinander ist § 906 Abs. 2 Satz 2 BGB ebenfalls nicht analog anwendbar, da die ordnungsgemäße Nutzung und Erhaltung des Eigentums im Interesse aller Miteigentümer liegt und sich somit nicht ausschließlich widerstreitende Interessen gegenüberstehen.[52]

Der Ausgleichsanspruch ist nicht auf Schadensersatz gerichtet, sondern dessen Höhe ist nach den Grundsätzen der Enteignungsentschädigung zu bestimmen, d. h. es ist der unzumutbare Teil der Beeinträchtigung auszugleichen[53] (Zur Anspruchshöhe sowie zur Darlegungs- und Beweislast vgl. auch oben Anm. 7.

8 Duldungspflichten neben § 906 BGB:

a) Nach **§ 14 BImSchG** (vgl. auch Anm. 9) kann gegenüber gewerblichen Anlagen, die nach §§ 4 ff. BImSchG genehmigt wurden,

rung einer britischen Sprengbombe verursachten Explosion und hierdurch entstandenen Schaden.

50 BGH NJW 1993, 1855 und NJW 1995, 2633.

51 BGH NZM 2004, 193; a. A. OLG Düsseldorf NJW-RR 2003, 1521.

52 BGH NJW 2010, 2347; bei Beeinträchtigungen von Sondereigentum durch rechtswidrige Einwirkungen, die ebenfalls von Sondereigentum ausgehen, bejaht der BGH mit der h. M. eine analoge Anwendung, BGH NJW 2014, 458 m. w. N.; zur Gesamtproblematik: Reinelt, jurisPR-BGHZivilR 14/2010 Anm. 1.

53 BGH NJW-RR 2016, 210.

auf Grund privatrechtlicher Ansprüche zur Abwehr benachteiligender Einwirkungen von einem Grundstück auf ein benachbartes Grundstück niemals die Einstellung des Betriebs der Anlage verlangt werden, wenn die öffentlich-rechtliche Genehmigung unanfechtbar ist. Es können vielmehr nur Vorkehrungen verlangt werden, die die benachteiligenden Wirkungen ausschließen. Ein Anspruch, für dessen Durchsetzung die Zivilgerichte zuständig sind, besteht aber nur dann, wenn die Immissionen die Wesentlichkeitsgrenze des § 906 BGB überschreiten. Sind solche Vorkehrungen nach dem Stand der Technik nicht durchführbar oder wirtschaftlich nicht vertretbar, kann lediglich Schadensersatz gefordert werden.[54] Die Einstellung des Betriebs kann nur dann verlangt werden, wenn dem beeinträchtigten Nachbarn Ansprüche zustehen, die auf besonderen privatrechtlichen Titeln beruhen (Beispiel: das Störergrundstück ist mit einer Grunddienstbarkeit zugunsten des Nachbargrundstücks belastet, nach der bestimmte Anlagen nicht betrieben werden dürfen, vgl. auch **13** I 3b; zwischen den Nachbarn ist ein schuldrechtlicher Vertrag geschlossen worden, nach dem die Errichtung einer solchen Anlage unzulässig ist). § 14 BImSchG gilt aber nur für solche Betriebe, die in dem förmlichen Verfahren nach §§ 4 ff. BImSchG genehmigt wurden. Er gilt nicht für Betriebe, für die die Genehmigung im vereinfachten Verfahren nach § 19 BImSchG erteilt wurde, da die Nachbarn hier nicht die Gelegenheit haben, ihre Einwendungen gegen die Errichtung und den Betrieb der Anlage in einem förmlichen Verfahren als Verfahrensbeteiligte geltend zu machen. Gegenüber solchen Betrieben sind demnach die privatrechtlichen Ansprüche nach § 906 BGB nicht eingeschränkt. § 14 BImSchG gilt auch für solche Anlagen, die früher nach § 16 oder § 25 GewO genehmigt worden sind (§ 67 Abs. 1 BImSchG).

§ 14 BImSchG gilt entsprechend:

aa) für öffentliche Verkehrseinrichtungen (z.B. Eisenbahn-, Dampfschifffahrts- und ähnliche Unternehmungen) nach **Art. 54 AGBGB**;

---

54 Staudinger/Roth, § 906 Rn. 23; MünchKomm/Säcker. § 906 Rn. 152 f.

bb) für Flughäfen nach § 11 des Luftverkehrsgesetzes i. d F. vom 27.03.1999 (BGBl. I S. 550);

cc) für genehmigte Atomanlagen nach § 7 Abs. 6 des Atomgesetzes i.d.F. vom 15.07.1985 (BGBl. I S. 1565).

b) Ein **eingeschränkter Abwehranspruch** des Betroffenen besteht gegenüber behördlich genehmigten, sog. lebenswichtigen Betrieben auf privatrechtlicher Basis (z.B. Kläranlagen, Hochspannungsleitungen).[55] Hier besteht in der Regel nur ein Anspruch auf Anbringung von Schutzeinrichtungen oder, sofern durch wirtschaftlich zumutbare Maßnahmen Abhilfe nicht möglich ist, nur ein Ausgleichsanspruch in Geld nach § 906 Abs. 2 Satz 2 BGB (vgl. Anm. 7).

c) § 906 BGB ist nicht anwendbar, wenn die Einwirkungen unmittelbar auf **hoheitliche Tätigkeit** (dazu zählt auch die sog. Daseinsvorsorge im Rahmen der schlicht-hoheitlichen Verwaltung) zurückzuführen sind (z.B. Lärm von Truppenübungsplatz, Geruchsbelästigung durch gemeindliche Kläranlage[56]). In diesen Fällen steht dem Betroffenen auch kein Beseitigungs- oder Unterlassungsanspruch zu. Ggf. hat er einen öffentlich-rechtlichen Entschädigungsanspruch, dessen Voraussetzungen sich an § 906 Abs. 2 Satz 2 BGB orientieren.[57]

Werden dagegen Lärm- und ähnliche Beeinträchtigungen nicht unmittelbar durch hoheitliches Handeln, sondern nur mittelbar durch hoheitlich betriebene Einrichtungen ausgelöst, so hat der Anlieger einen öffentlich-rechtlichen Abwehranspruch wegen Beeinträchtigung seiner Rechte (insbes. Freiheitsrechte, Eigentumsrecht). Die Zulässigkeit der Beeinträchtigung ist entsprechend den Grundsätzen des § 906 BGB zu beurteilen. Soweit überhaupt eine wesentliche Beeinträchtigung vorliegt, wird meist nur ein Ausgleichsanspruch nach § 906 Abs. 2 Satz 2 BGB verbleiben. Für den Abwehranspruch sind die Verwaltungsge-

---

55 Z.B. BGHZ 48, 98/104; 60, 119/122; 79, 289/292; kritisch hierzu Staudinger/Roth, § 906 Rn. 29f., MünchKomm/Säcker, § 906 Rn. 154ff.

56 Weitere Beispiele bei Palandt/Bassenge, § 906 Rn. 41.

57 BGHZ 48, 98/101f.; 49, 340/347; 54, 384/388; 64, 220/222; BGH NJW 1984, 1876; 1995, 1823.

richte zuständig (§ 40 Abs. 1 VwGO), für den Entschädigungsanspruch dagegen ist der Zivilrechtsweg eröffnet.[58]

d) Nach Art. 75 Abs. 2 S. 1 BayVwVfG sind nach Unanfechtbarkeit eines Planfeststellungsbeschlusses sämtliche Unterlassungs-, Änderungs- und Beseitigungsansprüche ausgeschlossen. Hierzu zählen auch die nachbarrechtlichen Abwehransprüche nach §§ 823, 861 f., 906 und 1004 BGB.[59] Da sich die Planfeststellungsbehörde im Rahmen der Prüfung von aktiven und passiven Schutzmaßnahmen sowie möglicher Entschädigungspflichten umfassend mit den Interessen der benachbarten Eigentümern auseinandersetzt, ist der Eigentumsschutz gewährleistet. Bei nicht ausreichender Berücksichtigung stehen dem Betroffenen die Rechtsschutzmöglichkeiten im Planfeststellungsverfahren zur Verfügung, insbesondere die Durchsetzung von Planergänzungen mittels Verpflichtungsklage.[60] Trotz des Wortlauts des Art. 75 Abs. 2 S. 1 BayVwVfG gilt die Ausschlusswirkung zur Vermeidung widersprüchlicher Entscheidungen auch bereits vor Unanfechtbarkeit des Planfeststellungsbeschlusses; prozessual fehlt es insoweit am Rechtsschutzbedürfnis.[61] Der Ausschluss zivilrechtlicher Ansprüche (insbesondere des Ausgleichsanspruchs nach § 906 Abs. 2 S. 2 BGB) gilt ferner, wenn der Vorhabensträger die im Planfeststellungsverfahren getroffenen nachbarschützenden Vorgaben nicht einhält, da dem nachteilig

58 Meisner-Ring-Götz, § 34 Rn. 88 ff.; Palandt/Bassenge, § 906 Rn. 40; Beispiele: Lärmbelästigung durch gemeindliche Kirmes; BGHZ 41, 264; vgl. auch BayObLGZ 1962, 421/437; Geruchsbelästigung durch gemeindliche Kläranlage: OLG Celle NJW RR 1988, 1040; Klage gegen den Betrieb von Telefonzellen durch Bundespost: VGH Mannheim NJW 1985, 2352; gegen gemeindliche Straßenbeleuchtung: OVG Koblenz NJW 1986, 953; gegen gemeindlichen Bolzplatz: BayVGH BayVBl. 1987, 398; gegen lärmende Vorgänge in Betriebshof der Bundespost: BayVGH NJW 1990, 2485; zum Straßenbau- und Straßenlärm vgl. unten Anm. 13 Stichwort „Lärm/Verkehrslärm".

59 Kopp-Ramsauer, § 75 Rn. 38.

60 BGH NJW 2010, 1141; Zu Ausnahmen von der Sperrwirkung vgl. BGH MDR 2015, 888.

61 OLG Bremen NvWZ-RR 2014, 879; Beck'scher Online-Kommentar, VwVfG, § 75 Rn. 14; a. A. Kopp-Ramsauer, § 75 Rn. 39.

Betroffenen gegen den Vorhabensträger ein klagbares Recht auf Vollzug der Anordnung zusteht.[62]

e) Soweit keiner der unter a bis c aufgeführten Fälle vorliegt, lassen öffentlich-rechtliche Genehmigungen (z. B. Baugenehmigung für eine Werkstätte) die Ansprüche aus §§ 1004, 906 BGB unberührt. Die Verletzung öffentlich-rechtlicher Immissionsschutzbestimmungen kann jedoch u. U. einen Schadensersatzanspruch nach § 823 Abs. 2 BGB oder auch einen Anspruch des Einzelnen auf behördliches Einschreiten begründen (vgl. Anm. 12a und **15**).

9 Öffentlich-rechtliche Immissionsschutzvorschriften:
Als für das Nachbarrecht bedeutsam sei insbesondere auf folgende Regelung hingewiesen:

a) Das **Bundes-Immissionsschutzgesetz** (BImSchG) stellt die grundlegende Regelung des öffentlich-rechtlichen Immissionsschutzes dar. Ziel des Gesetzes ist eine Verbesserung des Umweltschutzes. Freisein von Krankheit sowie körperliches, seelisches und soziales Wohlbefinden setzen menschengemäße Lebensbedingungen voraus, zu denen auch die Umweltbedingungen gehören. Es sollen deshalb Menschen sowie Tiere, Pflanzen und andere Sachen vor schädlichen Umwelteinwirkungen und, soweit es sich um genehmigungsbedürftige Anlagen handelt, auch vor Gefahren, erheblichen Nachteilen und erheblichen Belästigungen, die auf andere Weise herbeigeführt werden, geschützt werden; dem Entstehen schädlicher Umwelteinwirkungen soll vorgebeugt werden. Der Begriff der schädlichen Umwelteinwirkung nach § 3 BImSchG ist auch für das private Nachbarrecht maßgebend (vgl. Anm. 4). Verstöße gegen die Vorschriften des BImSchG können als Ordnungswidrigkeiten oder als Straftaten geahndet werden.

b) Das **Bayer. Immissionsschutzgesetz** (BayImSchG) enthält neben Ausführungsbestimmungen zum Bundes-Immissionsschutzgesetz (vgl. oben a) auch Vorschriften zum Schutz vor Einwirkungen aus unnötigen störenden Betätigungen. Zuwiderhandlungen sind als Ordnungswidrigkeiten mit Geldbuße bedroht. Nach Art. 14 dieses Gesetzes können die Gemeinden Verordnungen

62 BGH NJW 2010, 1141; OLG Lüneburg NuR 1999, 353.

über die zeitliche Beschränkung ruhestörender Hausarbeiten oder Gartenarbeiten, über die Benutzung von Musikinstrumenten, Tonübertragungsgeräten und Tonwiedergabegeräten sowie über das Halten von Haustieren erlassen.

c) Die Beseitigung von Abfällen, die insbesondere durch Geruch die Nachbarschaft beeinträchtigen können, ist durch das **Kreislaufwirtschafts- und Abfallgesetz** (KrW-/AbfG) vom 27.09.1994 (BGBl. I S. 2705) geregelt. Es behandelt u.a. die umweltverträgliche Beseitigung von Abfällen (§§ 3, 10ff.). Es wird ergänzt durch das **Bayer. Abfallwirtschaftsgesetz** (BayAbfG) i.d.F. vom 09.08.1996 (GVBl. S. 396).
Besondere Vorschriften über die Beseitigung von pflanzlichen Abfällen enthält die bayer. Verordnung über die Beseitigung von pflanzlichen Abfällen außerhalb zugelassener Beseitigungsanlagen i.d.F. vom 13.03.1984 (GVBl. S. 100). Dort ist auch das Lagern (Kompostieren!) und Verbrennen von pflanzlichen Gartenabfällen sowie die Beseitigung von pflanzlichen Abfällen geregelt. Das Verbrennen von Gartenabfällen in Gärten, die nicht dem Erwerbsgartenbau dienen, ist innerhalb der im Zusammenhang bebauten Ortsteile nur erlaubt, wenn die Gemeinde dies durch Verordnung zugelassen hat. Verbrannt werden dürfen aber auch dann nur sog. holzige Gartenabfälle (z.B. Reisig, Zweige, Äste, nicht aber gefällte Bäume und Laub). Wegen der Einzelheiten vgl. den Text der Verordnung i.d.F. vom 13.03.1984, GVBl. S. 100.

d) Soweit der beeinträchtigte Nachbar Immissionen (z.B. Lärmimmissionen) im Wege eines selbständigen Beweisverfahrens feststellen lassen will, ist der Rechtsweg nicht zu den ordentlichen Gerichten, sondern zu den Verwaltungsgerichten eröffnet, da es sich insoweit um eine öffentlich-rechtliche Streitigkeit i.S. des § 40 VwGO handelt. Hieran ändert auch nichts, dass der Nachbar den Störer (später) in seiner Eigenschaft als Grundstückseigentümer aus den zivilrechtlichen Normen der §§ 906, 1004 BGB in Anspruch nehmen will.[63]

---

63 OLG Nürnberg NVwZ-RR 2014, 80.

10 **Der Abwehranspruch** (vgl. auch 12):

a) Soweit der Betroffene zur Duldung von Einwirkungen **nicht** verpflichtet ist (vgl. obige Anmerkungen), kann er Beseitigung der Beeinträchtigung und Unterlassung künftiger Beeinträchtigungen verlangen. Zur Störungsbeseitigung gehört regelmäßig auch die Wiederherstellung des ursprünglichen Zustands (z.B. bei Bodenkontaminationen).[64]

Für den Eigentümer, Miteigentümer, den Wohnungs- und Teileigentümer und sonstige dingliche Berechtigte ergibt sich dies aus § 1004 BGB. Auf § 906 BGB können sich jedoch auch Mieter, Pächter oder sonst obligatorisch Berechtigte berufen (vgl. auch oben Anm. 1e)[65]; der Unterlassungs- bzw. Berechtigungsanspruch ergibt sich hier aus §§ 862, 858 BGB.

Der Berechtigte hat nur Anspruch darauf, dass der Störer die rechtswidrige Beeinträchtigung unterlässt; diesem bleibt es überlassen, wie er die Einwirkung beseitigt. Die völlige Untersagung einer Tätigkeit kommt ausnahmsweise dann in Betracht, wenn feststeht, dass sich die Beeinträchtigung durch Schutzmaßnahmen (z.B. Lärmschutzeinrichtungen, zeitliche Beschränkung einer Tätigkeit usw.) nicht abstellen oder auf ein zulässiges Maß vermindern lässt[66] (vgl. des Weiteren die bei Anm. 8b angeführten Fälle). Beruht die Beeinträchtigung darauf, dass der Störer behördliche Auflagen in einem Genehmigungsbescheid nicht erfüllt, die die Konkretisierung drittschützender Normen (vgl. dazu 14) des Bau- oder Umweltschutzrechts darstellen, kann dem beeinträchtigten Nachbarn ein „quasinegatorischer Unterlassungsanspruch" nach § 823 Abs. 2 i.V.m. § 1004 BGB zustehen, da derartige behördliche Einzelanordnungen als „Schutzgesetz" i.S. des § 823 Abs. 2 BGB anzusehen sind.[67] Die Voraussetzungen des § 906 BGB brauchen im konkreten Fall dann nicht vorliegen. Allerdings muss die Auflage bereits bestandskräftig oder über sie rechtskräftig entschieden sein.[68]

---

64 BGH NJW 2005, 1366.

65 BGHZ 30, 273/276; BGH NJW 1978, 373/375.

66 BGHZ 67, 252/253f.; BGH NJW 1983, 751.

67 BGHZ 62, 265; 122, 1; Palandt/Sprau, § 823 Rn. 56a.

68 BGHZ 122, 1/6.

b) **Anspruchsgegner** ist der Störer (vgl. **12** A 4), also der Benutzer eines anderen Grundstücks, der durch die Willensbetätigung die Einwirkung verursacht oder der einen von seinem Grundstück ausgehenden Zustand nicht abstellt. Störer kann sonach der Eigentümer, der sonst dinglich Berechtigte, der Mieter, Pächter oder ein sonstiger Dritter sein.[69] Ein Verschulden ist – auch für den Ausgleichsanspruch nach § 906 Abs. 2 Satz 2 BGB – nicht erforderlich. Höhere Gewalt fällt dagegen nicht unter § 906 BGB. Ergeben erst mehrere Einwirkungen von verschiedenen Grundstücken zusammen eine wesentliche Beeinträchtigung des Grundstücks, so kann der Betroffene wahlweise jeden Verursacher in Anspruch nehmen.

c) **Klageantrag:** Wird der Abwehranspruch im Klageweg geltend gemacht, genügt es, wenn im Klageantrag allgemein das Gebot, wesentliche Störungen bestimmter Art (z.B. Lärm, Gerüche) zu unterlassen, aufgeführt wird. Ob bei Zuwiderhandlungen die Wesentlichkeitsgrenze überschritten ist, muss dann im Vollstreckungsverfahren geprüft werden. Dies ergibt sich aus den Besonderheiten der immissionsrechtlichen Unterlassungsklage.[70] Soweit eine Unterbindung der beanstandeten Immission durch Maßnahmen i.S. des § 906 Abs. 2 Satz 1 BGB verlangt wird, ist im Klageantrag nur die Vornahme „geeigneter Maßnahmen" zu beantragen, da die Auswahl der für die Beseitigung der Störung in Betracht kommenden Maßnahmen Sache des Störers ist; anderes gilt nur, wenn nur eine bestimmte Maßnahme ergriffen werden kann.[71]

11 Beweislast:

Der Betroffene hat zu beweisen, dass eine Einwirkung im Sinne des § 906 Abs. 1 BGB, ggf. auch eine besondere Leitung nach § 906 Abs. 3 BGB vorliegt. Für die Voraussetzungen der Duldungspflicht (Unwesentlichkeit der Einwirkung; Ortsüblichkeit der Benutzung;

69 BGHZ 113, 384.

70 Z.B. BGHZ 121, 248/251; BGH WM 1999, 282.

71 BGHZ 59, 205/208; 121, 248/251.

Unzumutbarkeit von Schutzmaßnahmen) ist der Störer beweispflichtig;[72] vgl. ferner zu § 906 Abs. 1 Sätze 2 und 3 oben Anm. 4.

12 Verjährung, Verzicht:
Der Anspruch auf Beseitigung oder Unterlassung unterliegt der regelmäßigen Verjährungsfrist, §§ 195, 199 Abs. 1, 4 und 5 BGB, d.h. die Ansprüche verjähren grundsätzlich in 3 Jahren unter den Voraussetzungen des § 199 Abs. 1 BGB, spätestens jedoch nach 10 Jahren (§ 199 Abs. 4 BGB); vgl. **11** A I, dort auch zum Übergangsrecht. Ein Verzicht auf den Beseitigungs- oder Unterlassungsanspruch ist möglich, bindet den Sonderrechtsnachfolger (z. B. den Käufer) aber nur, wenn er durch eine Grunddienstbarkeit dinglich gesichert ist. In der bloßen Duldung von Immissionen durch den Betroffenen – auch über einen längeren Zeitraum hinweg – liegt jedoch kein Verzicht.

Die regelmäßige Verjährungsfrist gilt auch für den Ausgleichsanspruch nach § 906 Abs. 2 Satz 2 BGB.[73]

12a Schadensersatz:
Neben dem Abwehranspruch (Anm. 10) steht dem Betroffenen für erlittene Schäden ein Schadensersatzanspruch nach § 823 Abs. 1 BGB (Eigentums- oder Besitzverletzung) zu. Ob die Einwirkung rechtswidrig ist, entscheidet sich auch hier danach, ob sie nach § 906 BGB zu dulden ist oder nicht.[74] Der Anspruch setzt ein Verschulden (Vorsatz oder Fahrlässigkeit) voraus. Statt des Schadensersatzanspruchs kann auch bei rechtswidrigen Einwirkungen ein verschuldensunabhängiger Ausgleichsanspruch in Betracht kommen (dazu Anm. 7b). Der Ausgleichsanspruch ist gegenüber einem Schadensersatzanspruch jedoch subsidiär (s. oben Anm. 7a).

Das **Umwelthaftungsgesetz** vom 10. 12. 1990 (BGBl. I S. 2634) normiert eine zivilrechtliche Gefährdungshaftung, wenn durch Umwelteinwirkungen einer bestimmten Anlage jemand getötet, sein Körper oder seine Gesundheit verletzt oder eine Sache beschädigt wird.

---

72 BGHZ 121, 248; 125, 239/257.

73 Staudinger/Roth, § 906 Rn. 270.

74 BGHZ 90, 255; 92, 143/147.

Der Inhaber der Anlage haftet in diesen Fällen auf Schadensersatz, sofern der Schaden nicht durch höhere Gewalt verursacht wurde. Bei Sachschäden entfällt eine Ersatzpflicht, wenn die Anlage bestimmungsgemäß betrieben wurde und der Schaden nur unwesentlich oder nach den örtlichen Verhältnissen zumutbar ist. Das Gesetz enthält ferner Regelungen über den Umfang der Ersatzpflicht und Haftungshöchstgrenzen. Eine weitergehende Haftung nach anderen Vorschriften (insbesondere §§ 823 ff. BGB; wichtig ggf. wegen eines Schmerzensgeldanspruchs nach § 847 BGB) bleibt unberührt. Im Einzelnen sei hier auf die Vorschriften des Gesetzes verwiesen.[75]

In Betracht kommt schließlich als Schadensersatznorm § 14 Satz 2 BImSchG (s. oben 8a).

12b Zum eventuellen Erfordernis eines **außergerichtlichen Schlichtungsverfahrens** vgl. 14.

13 Einzelfälle:
Das Ineinandergreifen des zivilen und des öffentlich-rechtlichen Immissionsschutzes, die parallel laufenden Zuständigkeiten der Zivil- und Verwaltungsgerichte und nicht zuletzt die Komplexität und Unübersichtlichkeit des Immissionsschutzrechts haben zu einer kaum mehr überschaubaren Fülle von gerichtlichen Einzelfallentscheidungen geführt. Im Folgenden wird daher der Versuch gemacht, eine Auswahl der für den „Durchschnittsnachbarn“ wichtigsten Entscheidungen bzw. Grundsätze – geordnet nach Fallgruppen – zusammenzustellen.

Alarmeinrichtungen: vgl. Lärm.

Bälle:
Bälle oder auch andere Spielgeräte (z. B. sog. Frisbee-Scheiben), die beim Spielen auf ein Nachbargrundstück gelangen, fallen nicht unter § 906 BGB, so dass sich daraus keine Duldungspflicht ergeben kann. Der Grundstückseigentümer hat daher bei Wiederholungsgefahr grundsätzlich einen Unterlassungsanspruch nach § 1004 Abs. 1 Satz 2 BGB (vgl. **12** A 2). Gelegentliches Hinüberfallen von Bällen oder anderen Spielgeräten ist allerdings als sozialadäquat bzw. als

75 Vgl. auch z. B. die ausführliche Erläuterung bei Staudinger/Roth, § 906 Rn. 49.

unwesentliche Beeinträchtigung vom Nachbarn zu dulden.[76] Der Nachbar hat zu gestatten, dass der Ballbesitzer den Ball sucht und abholt (sog. Verfolgungsrecht nach § 867 BGB). Das Grundstück darf jedoch nur mit Erlaubnis von dessen Eigentümer oder Besitzer, also nicht eigenmächtig, betreten werden. Hat der Nachbar den Ball schon in Besitz genommen, hat er ihn herauszugeben. Ist durch das Spielgerät ein Schaden entstanden, haftet der Verursacher bei Verschulden (unter den Voraussetzungen des § 832 BGB auch der Aufsichtspflichtige) auf Schadensersatz nach § 823 Abs. 1 BGB. Der Berechtigte kann bis zum Ausgleich eines solchen Schadens den Gegenstand auch zurückbehalten (§ 273 Abs. 2 BGB). Zu ersetzen ist auch der Schaden, der durch das Suchen und Abholen entstanden ist (§ 867 Satz 2 BGB).

Der Grundstückseigentümer muss es nicht hinnehmen, dass vom Nachbargrundstück, insbesondere auch von einem Sportplatz aus, wiederholt Bälle auf sein Grundstück gelangen.[77] Zum notwendigen, aber auch ausreichenden Schutz des Nachbargrundstücks sind etwa bei Fußballfeldern nach der Rechtsprechung regelmäßig Ballschutzzäune von 6 Metern Höhe anerkannt.[78] Dagegen hat der VGH Kassel[79] eine Duldungspflicht aus dem nachbarlichen Gemeinschaftsverhältnis (vgl. **1** 6) gegenüber dem Betrieb eines gemeindlichen Sportplatzes angenommen, da eine Ballfangeinrichtung einen erheblichen Kostenaufwand erfordert hätte, während der Schaden an dem landwirtschaftlich genutzten Grundstück, der von der Gemeinde ersetzt wurde, nur geringfügig war. Die Entscheidung kann nur unter dem Gesichtspunkt eines besonderen Ausnahmefalles als vertretbar angesehen werden.

---

76 LG Münster, Urt. v. 08.01.2007 – 12 O 146/06 für gelegentliches Hinüberfallen von „Spielschäufelchen"; LG Berlin WuM 2009, 690.

77 BVerwG NVwZ 1990, 858; Bayer-Lindner-Grziwotz 4 A IX 1j.

78 Vgl. OLG Naumburg MDR 2016, 265 m. w. N., das ab mehr als einem Ballüberflug pro Woche eine wesentliche und damit nicht mehr hinnehmbare Eigentumsbeeinträchtigung annimmt.

79 NJW 1993, 3088; ähnlich OVG Schleswig NVwZ-RR 2004, 19.

Bienen[80] (s. auch Insekten):
Der Einflug von Bienen wird nach h. M. zu den Immissionen des § 906 BGB gerechnet, da die Tiere verhältnismäßig klein sind und ein Fernhalten praktisch nicht möglich ist.[81] Der Bienenflug ist nach den Grundsätzen des § 906 BGB zu dulden, soweit er nur eine unwesentliche Beeinträchtigung mit sich bringt. Wann die Beeinträchtigung wesentlich ist, kann nur nach den besonderen Umständen des Einzelfalles beurteilt werden. Die Wesentlichkeit wird in städtischen Gebieten eher zu bejahen sein als in ländlichen.[82] Auch kommt es entscheidend auf die Nutzung des beeinträchtigten Grundstücks an: Was auf einer landwirtschaftlich genutzten Wiese nur unwesentlich ist, kann etwa in einem Kindergarten eine erhebliche Belästigung darstellen.

Beispiele aus der Rechtsprechung: Wesentliche Beeinträchtigung wurde bejaht in Wohngebiet,[83] in großstädtischem Bereich bei 11 Bienenvölkern in unmittelbarer Grenznähe,[84] bei Bienenhaltung allgemein in Grenznähe;[85] bei hochgradiger Bienenallergie des betroffenen Nachbarn[86]; verneinend: Bienenhaltung von 5 Völkern im Grenzabstand von über 9 m in ländlicher Wohn- und Gartensiedlung[87]; Duldungspflicht von 25 Bienenvölkern im Außenbereich[88].

Selbst wenn der Bienenflug als wesentliche Beeinträchtigung anzusehen ist, ist er bei Ortsüblichkeit der Bienenhaltung zu dulden. Auch hier entscheiden die konkreten örtlichen Verhältnisse. Es wird

---

80 Vgl. auch Dehner B § 16 II. 3, Fn. 86 ff.; Staudinger/Roth, § 906 Rn. 166.

81 BGH NJW 1992, 1389; dies gilt auch für den sog. Reinigungsflug von Bienen mit Abkotung (LG Dessau-Roßlau, Urt. v. 10. 05. 2012 – 1 S 22/12).

82 Meisner-Ring-Götz, § 13 Rn. 14; Bayer-Lindner-Grziwotz, 4 A IX 5c; Küstler, RdL 1983, 32 f.

83 OLG Düsseldorf MDR 1989, 993.

84 LG München I, Urt. v. 16. 04. 1986 – 15 S 22 975/85.

85 LG Amberg NJW-RR 1988, 1359.

86 OLG Bamberg NJW-RR 1992, 406, das zusätzlich das Gebot der Rücksichtnahme aus dem nachbarlichen Gemeinschaftsverhältnis heranzieht.

87 LG Memmingen MDR 1988, 54, das darauf hinweist, dass Bienenflug dort eine naturgegebene Erscheinung ist, die im Hinblick auf die verbreitete Bepflanzung mit Obstbäumen und Beerensträuchern i. d. R von der Mehrzahl der Bewohner gewünscht wird.

88 AG Kandel RdL 2010, 42.

i. d. R. darauf ankommen, ob eine annähernd gleiche Nutzung mehrerer Grundstücke in dem zum Vergleich heranzuziehenden Gebiet vorliegt.[89] Es ist jedoch im Einzelfall vor allem in Gebieten mit ländlicher Struktur möglich, dass bereits die Bienenhaltung auf nur einem Grundstück als ortsüblich gelten kann. Liegt Ortsüblichkeit vor, so ist zu beachten, dass der Bienenflug oft durch einfache Maßnahmen beeinflusst werden kann (z. B. richtige Wahl des Grenzabstands, Ausrichtung der Ausflugöffnungen, Pflanzungen oder Hindernisse, die den Bienenflug umleiten; vgl. § 906 Abs. 2 Satz 1 BGB). Ein Unterlassungsanspruch wird dann nicht gegeben sein, wenn die Bienen durch die Bepflanzung auf dem beeinträchtigten Grundstück in besonderer Weise angelockt werden;[90] zum andern ist der Nachbar aber nicht gehalten, die Bepflanzung seines Grundstücks anders als ortsüblich zu gestalten.

Unabhängig von den Voraussetzungen des § 906 BGB wurde ein Unterlassungsanspruch gegenüber der Bienenhaltung aus dem nachbarlichen Gemeinschaftsverhältnis (vgl. **1** 6) dann bejaht, wenn der Nachbar unter einer Bienenallergie 4. Grades (höchste Stufe) leidet;[91] einen solchen Anspruch wird man aber nur dann bejahen können, wenn der Nachbar selbst alles Zumutbare auf seinem Grundstück getan hat, um den Bieneneinflug zu verhindern.

Der betroffene Nachbar ist berechtigt, das Einfliegen von Bienen durch geeignete Maßnahmen einzudämmen oder zu verhindern. Das vorsätzliche oder fahrlässige Töten von Bienen löst jedoch grundsätzlich einen Schadensersatzanspruch des Bieneneigentümers aus. Die Tat kann aber im Einzelfall durch § 228 BGB (Notstand) gerechtfertigt sein (vgl. **2** D I).

Der Grundstückseigentümer macht sich jedoch dann nicht schadensersatzpflichtig, wenn er auf seinem Grundstück Pflanzen setzt oder Pflanzen mit Mitteln behandelt, die den einfliegenden Bienen

---

89 Küstler, aaO (Fn. 69); LG Bonn v. 16. 01. 2013 – 7 O 181/12; zu eng LG Amberg, aaO (Fn. 72), das verlangt, dass die Mehrzahl der Vergleichsgrundstücke entsprechend genutzt wird.

90 Vgl. aber auch BGH NJW 1992, 1389 für besonders „bienenempfindliche" Pflanzen.

91 LG Ellwangen NJW 1985, 2339; zustimmend Meisner-Ring-Götz, § 13 Fn. 112.

schädlich sind, es sei denn, dies geschieht zu dem Zweck, die Bienen zu vernichten. Zu beachten ist in diesem Zusammenhang jedoch die Verordnung über die Anwendung bienengefährlicher Pflanzenschutzmittel (BienenschutzVO) vom 22.07.1992 (BGBl. I S. 1410). Danach muss der Eigentümer bei der Schädlingsbekämpfung besondere Rücksichten auf Bienen nehmen. Verboten ist die Anwendung bienengefährlicher Pflanzenschutzmittel an blühenden und anderen Pflanzen, die von Bienen beflogen werden. Diese Mittel dürfen an anderen Stellen nicht so angewandt werden, dass die angeführten Pflanzen mitgetroffen werden; es muss auch versorgt werden, dass Bienen mit solchen Mitteln (z.B. bei der Aufbewahrung und Beseitigung) nicht in Berührung kommen können. Innerhalb eines Umkreises von 60 m um einen Bienenstand dürfen bienengefährliche Pflanzenschutzmittel während der Zeit des täglichen Bienenflugs nur mit Zustimmung des Imkers angewandt werden. Ausnahmen sind nur in besonderen Fällen zulässig und bedürfen der Genehmigung der zuständigen Behörde. Zuwiderhandlungen können als Ordnungswidrigkeiten geahndet werden. Wird durch einen Verstoß gegen die Verordnung dem Bienenbestand Schaden zugefügt, so hat der Imker einen Schadensersatzanspruch nach § 823 Abs. 2 BGB.[92]

Für Schäden, die Bienen anrichten, haftet der Imker nach § 833 Satz 1 BGB (Bienen sind keine Haustiere im Sinne des § 833 Satz 2 BGB!).[93] Dies gilt allerdings nicht für etwaige Schäden, die im Zusammenhang mit deren artspezifischen Verhalten stehen, wie Verschmutzungsschäden aufgrund Ausflugs zwecks Blütenbefruchtung oder eines sog. Reinigungsflugs, da sich in artspezifischem Verhalten nicht die spezifische, unberechenbare Tiergefahr verwirklicht, der Schaden demnach nicht vom Schutzzweck der Norm erfasst ist.[94]

Bodenkontaminationen:
Verunreinigungen des Grundstücks mit Chemikalien oder Öl stellen eine Eigentumsbeeinträchtigung dar, deren Beseitigung der Grund-

92 BGHZ 16, 366/371 f.; Meisner-Ring-Götz, § 13 Rn. 14; Bayer-Lindner-Grziwotz, 4 A IX 5c.

93 OLG Bamberg NJW-RR 1992, 406.

94 BGH NJW-RR 2006, 813; LG Dessau-Roßlau v. 10.05.2012 – 1 S 22/12.

stückseigentümer vom verantwortlichen Störer bzw. Schädiger nach § 1004 Abs. 1 Satz 1 BGB oder § 823 Abs. 1 BGB verlangen kann.[95] Neben der Beseitigung der Schadstoffe oder bei untrennbarer Verbindung dem Bodenaushub sowie der anschließenden Entsorgung ist auch die Wiederherstellung des ursprünglichen Zustands (Neupflanzung, Wiedererrichtung von baulichen Anlagen etc.) geschuldet.[96]

Der Eigentümer, von dessen Grundstück die Verunreinigung erfolgt ist, ist als sog. Zustandsstörer verantwortlich, sofern die Eigentumsbeeinträchtigung wenigstens mittelbar auf seinen Willen zurückzuführen ist, insbesondere er die Gefahrenlage selbst geschaffen hat (z. B. durch Aufstellen des Öltanks).[97]

Elektrizität (vgl. auch „Fernsehempfang, gestörter" und „Mobilfunkbasisstationen"):
Elektrische Schwingungen, die von einem Nachbargrundstück ausgesendet (und nicht nur etwa durch ein Gebäude reflektiert) werden und die z. B. den Radio- und Fernsehempfang auf dem betroffenen Grundstück beeinträchtigen, sind Einwirkungen nach § 906 Abs. 1 BGB. Werden beim Betrieb einer Hochspannungsleitung die Grenzwerte der 26. BImSchV eingehalten, liegen regelmäßig keine Gefahren für die Gesundheit durch elektromagnetische Felder vor.[98]

Erschütterungen:
Erschütterungen sind als unwägbare Stoffe in § 906 Abs. 1 BGB ausdrücklich aufgenommen. Beurteilungsmaßstäbe existieren z. B. für Erschütterungen im Bauwesen (DIN 4150), für mechanische Schwingungen von Maschinen (VDI 2056) und für Einwirkungen

---

95 BGH NJW 2005, 315 (Kohlenwasserstoff); BGHZ 110, 313 (Milchpulverrückstände); BGH NJW 1996, 845 (Chemikalien); BGHZ 142, 227 (Öl). Zur Ersatzpflicht bei Verlust des BIO-Siegels durch Kontaminationen infolge der Verwendung von zugelassenen Unkrautvernichtungsmitteln auf dem nachbarlichen, konventionell landwirtschaftlich betriebenen Grundstück vgl. OLG Rostock NJW 2006, 3650. Zur Verantwortlichkeit des Grundstückserwerbers für Altlasten: LG Halle v. 20. 12. 2012 – 4 O 490/11.

96 BGH NJW 2005, 315; Hall, jurisPR-BGHZivilR 18/2005 Anm. 5.

97 BGH NJW 2005, 315.

98 BVerwG NVwZ 2010, 1486; Neumann, jurisPR-BVerwG 22/2010 Anm. 1.

von mechanischen Schwingungen auf Menschen (VDI 2057).[99] Neben Erschütterungen durch Baumaßnahmen sind solche vor allem durch Verkehrsunternehmen[100] und Gewerbebetriebe[101] denkbar. Ein Überschreiten o.g. Beurteilungsmaßstäbe indiziert eine wesentliche Beeinträchtigung.[102] Verursachen Erschütterungen Schäden am Nachbargebäude (z.B. Risse), kommt der nachbarrechtliche Ausgleichsanspruch gemäß § 906 Abs. 2 Satz 2 BGB in Betracht[103] sowie eine Schadensersatzpflicht gemäß § 823 Abs. 1 BGB.[104] Letztgenannter scheitert jedoch am notwendigen Verschulden, wenn die erforderlichen Sorgfaltsanforderungen, insbesondere die einschlägigen DIN-Normen eingehalten werden.[105] Ferner kann der nachbarrechtliche Ausgleichsanspruch gemäß § 906 Abs. 2 Satz 2 BGB analog gegeben sein,

Fernsehempfang, gestörter:
Die Störung des Fernsehempfangs durch Abschattung von Fernsehwellen durch Gebäude auf Nachbargrundstücken (z.B. Hochhäuser) stellt nur eine sog. „negative Einwirkung“ dar, die nicht unter §§ 906, 1004 BGB fällt (vgl. Anm. 3 und **12** A 1).[106] Das Gleiche gilt für Fernsehwellen, die durch ein Gebäude reflektiert werden und den Empfang auf dem Nachbargrundstück stören. Der beeinträchtigte Nachbar kann weder eine Beseitigung der Beeinträchtigung nach §§ 906, 1004 BGB noch einen angemessenen Geldausgleich nach § 906 Abs. 2 Satz 2 BGB verlangen.

---

99 Vgl. im Einzelnen MünchKomm/Säcker, § 906 Rn. 98f.; Bayer-Lindner-Grziwotz 4 A IX 3.

100 LG Düsseldorf NJW-RR 2000, 30 (Straßenbahn)

101 BGH MDR 1969, 648 (Sägewerk); Wiethaup, DWW 1970, 46 (Druckerei).

102 Grziwotz-Lüke-Saller, 3. Teil B VI 2 Rn. 108.

103 BGH NJW-RR 1997, 1374; OLG Hamm NJW-RR 2009, 1616.

104 Zum Kausalitätsnachweis vgl. BGH NJW 1996, 3205 (Berücksichtigung zeitlicher Zusammenhang); OLG Frankfurt, BauR 2010, 474; OLG Hamm NJW-RR 2009, 1616; OLG München BauR 2007, 766.

105 OLG Koblenz BauR 2010, 258; OLG Hamburg BauR 2010, 507; OLGR Schleswig 2007, 93.

106 BGHZ 88, 344; vgl. auch Staudinger/Roth, § 906 Rn. 124; Meisner-Ring-Götz, § 34 Rn. 11; Tiedemann NJW 1977, 1782.

Aus dem Gesichtspunkt des nachbarlichen Gemeinschaftsverhältnisses (vgl. 1 6) kann sich aber ein Anspruch des Nachbarn ergeben, dass der Erbauer eines Hauses dem gestörten Nachbarn die Errichtung einer eigenen Antenne auf dem Haus, das die Ursache der Störung ist, oder (vorrangig) den Anschluss an dessen Antennenanlage gestattet (in diesem Sinne finden sich auch ausdrückliche Regelungen in den Nachbarrechtsgesetzen einiger Bundesländer). Die Kosten für einen solchen Anschluss trägt jedoch der beeinträchtigte Nachbar.[107]

Soweit elektrische Schwingungen, die vom Nachbargrundstück ausgesendet werden, Störungen verursachen, vgl. oben unter „Elektrizität".

Fliegen s. Insekten.

Frösche s. Lärm/Tierlärm/Frösche.

Gartenabfälle vgl. Anm. 9a cc.

Gentechnisch veränderte DNA:
Die mögliche Zuführung gentechnisch veränderter DNA auf natürlichem Weg (z.B. bei Freisetzungsversuchen mit gentechnisch veränderten Pflanzen) stellt keine wesentliche Beeinträchtigung eines landwirtschaftlich genutzten Nachbargrundstücks i.S. des § 906 Abs. 1 Satz 1 BGB dar, wenn nach dem Stand von Wissenschaft und Forschung kein verifizierbarer Anhaltspunkt besteht, dass negative Auswirkungen auf Feldbestand, Feldfläche oder Bodenfruchtbarkeit des benachbarten Grundstücks zu befürchten sind.[108]

Gerüche, Staub, Rauch (s. auch Gartenabfälle; Lärm/Motoren; Müll; Ölgeruch):
Die Beurteilung der Wesentlichkeit bei Gerüchen kann Schwierigkeiten bereiten, da diese kaum zu quantifizieren und nicht messbar sind.[109] Entscheidend ist auch hier das Empfinden des verständigen Durchschnittsmenschen (s. oben Anm. 4).[110] Anhaltspunkte können die TA Luft vom 27.02.1986 (vgl. § 906 Abs. 1 Satz 3 BGB) und an-

107 Siehe Fn. 92.

108 OLG Stuttgart VersR 2001, 70.

109 Vgl. Hausmann NVwZ 1999, 1158.

110 BGH MDR 2006, 504; OLGR Celle 2009, 917.

dere Richtwerte, z. B. die VDI Richtlinie 3471 – Emissionsminderung Tierhaltung/Schweine – bieten.[111] Die sog. Geruchsimmissionsrichtlinie (GIRL) vom 12.01.1993 ist in Bayern nicht verbindlich eingeführt; ihr kommt deshalb nur die Bedeutung einer „Erkenntnisquelle" zu.[112] Bei der Gesamtbeurteilung ist auch eine etwaige ekelerregende Wirkung vor allem bei tierischen Ausdünstungen und Gerüchen von Exkrementen zu berücksichtigen. Im Gerichtsverfahren muss sich das Gericht im Zweifel anhand der eigenen Empfindungen im Rahmen einer Inaugenscheinnahme seine Überzeugung bilden.[113] Zur Ortsüblichkeit, vgl. oben Anm. 5.

Bei wesentlichen Geruchsbelästigungen, die von einem **Komposthaufen**[114] ausgehen, besteht regelmäßig ein Abwehranspruch, da das Kompostieren nur zulässig ist, wenn es nicht mit einer erheblichen Geruchsbelästigung für die Nachbarschaft verbunden ist;[115] vgl. dazu auch oben Anm. 9c.

Unterschiedliche Gerichtsentscheidungen liegen zum sommerlichen **Grillen** im Freien vor. Entscheidend wird es auf die Umstände des Einzelfalles, insbesondere auf die örtlichen Verhältnisse, z. B. Entfernung zum Nachbarn, Abzugsrichtung der Gerüche und des Rauchs, dessen Intensität, die Häufigkeit sowie die Art und Weise des Grillens ankommen. Eine erhebliche und damit unzulässige Belästigung wird jedenfalls vorliegen, wenn Rauch in konzentrierter Weise in die Wohn- und Schlafräume der Nachbarn eindringt.[116] Zumutbar erscheint bei durchschnittlichen Beeinträchtigungen mit einem Holzkohlegrill jedenfalls zweimaliges Grillen in den Sommer-

---

111 Für Schweinemästerei: BGH WM 1999, 282; vgl. ferner Staudinger/Roth, § 906 Rn. 137 ff.; zur zeitweisen Lagerung von Pferdemist: AG Neuss MDR 1990, 1118; zur Geruchsbelästigung durch Putenmastbetrieb OVG Lüneburg NVwZ-RR 2002, 731.

112 BVerwG NVwZ 1999, 63; BayVGH BayVBl. 2002, 309; vgl. auch OLG Karlsruhe NJW-RR 2001, 1236.

113 Staudinger/Roth, § 906 Rn. 137.

114 Zu davon ausgehendem Schädlingsbefall: OLG Stuttgart MDR 2005, 329 und Stichwort „Insekten".

115 Staudinger/Roth, § 906 Rn. 137; LG München 1 NJW-RR 1988, 205.

116 OLG Düsseldorf NJW 1995, 3134; nach AG Bonn NJW-RR 1998, 11 „gelegentliches Grillen auf dem Balkon" zulässig.

monaten von Mai bis September, also 10 Mal pro Jahr.[117] Immer größerer Beliebtheit erfreuen sich mittlerweile Gas- und Elektrogrills. Da hier die als besonders lästig empfundenen Rauch- und Rußbeeinträchtigungen geringer sind und in erster Linie – grundsätzlich als ortsüblich hinzunehmende – Essensgerüche (siehe sogleich) entstehen, dürfte hier ein etwas großzügigerer Maßstab anzulegen sein. Eine Verpflichtung, die betroffenen Nachbarn vor dem Grillen zu benachrichtigen, besteht grundsätzlich nicht.[118]

Für **offene Kamine** bestimmt § 4 Abs. 3 der VO über kleine und mittlere Feuerungsanlagen (1. BImSchV) i. d. F. vom 14. 03. 1997 (BGBl. I S. 491), dass diese nur gelegentlich[119] betrieben werden dürfen. Es dürfen nur, soweit es sich nicht um Kamine mit geschlossenem Feuerraum handelt, bei denen die Wärmeabgabe überwiegend durch Konvektion erfolgt – naturbelassenes Holz oder sog. „Presslinge" (§ 3 Abs. 1 Nr. 4 und 5 a VO) verbrannt werden. Die VO ist bei der Beurteilung der Wesentlichkeit der Beeinträchtigung (oben Anm. 4) zu berücksichtigen.

Küchen- und Toilettengerüche werden mit weiter Toleranzgrenze meist als ortsüblich anzusehen sein.[120] In einem Wohngebiet können allerdings besonders extreme Geruchsbeeinträchtigungen durch eine Abluftanlage eines Gastronomiebetriebs im Einzelfall nicht duldungspflichtig sein.[121]

Zu Gerüchen bei Tierhaltung vgl. auch Stichwort Haustiere/Katzen.

Für die Wesentlichkeit von **Staub- und Abgasimmissionen** sind insbesondere Nr. 3.1.3 und Nr. 3.1.4 der TA Luft heranzuziehen; ferner können auch die Gemeinden Ortsvorschriften zu Staub und

---

117 So AG Westerstede, NZM 2010, 336; Staudinger/Roth, § 906 Rn. 137 (5 Mal/Jahr); LG München, WuM 2004, 368 und AG Schöneberg WuM 2007, 638 (20 bis 25 Mal/Jahr).

118 AG Westerstede, NZM 2010, 336.

119 Nach LG Dortmund, Urt. v. 03. 04. 2009 – 3 O 29/08: 8 Tage pro Jahr für 5 Stunden; bedenklich erscheint vor dem Hintergrund der Feinstaubfreisetzung die Feststellung des Gerichts, dass der Rauch nicht nur optisch, sondern auch deutlich vom Geruch her wahrnehmbar sein muss.

120 BayVGH NvwZ-RR 2006, 430; OLG Köln NJW-RR 1998, 83.

121 BayVGH NVwZ-RR 2006, 430; AG Brandenburg WuM 2004, 34.

Schmutz verursachenden Arbeiten erlassen. Zwar sind Staubentwicklungen aufgrund von **Baustellen** regelmäßig als ortsüblich zu dulden, insbesondere wenn eine öffentlich-rechtliche Genehmigung (z.B. Baugenehmigung) vorliegt; dennoch sind die Arbeiten regelmäßig so vorzunehmen, dass Beeinträchtigungen möglichst verhindert werden. Bei Unzumutbarkeit (z.B. Schwerlastverkehr bei Großbaustelle) ist ein Ausgleichsanspruch nach § 906 Abs. 2 Satz 2 BGB gegeben.[122] Durch Bauarbeiten verursachte Staubablagerungen auf dem Grundstück und den dort befindlichen Gegenständen können eine Besitzstörung i.S. des § 858 Abs. 1 BGB darstellen und als Verletzung des Besitzes als sonstiges Recht über § 823 Abs. 1 BGB zum Schadensersatz verpflichten. Dagegen scheidet eine Schadensersatzpflicht im Hinblick auf das Eigentumsrecht regelmäßig aus, da weder eine Substanzverletzung noch eine Beeinträchtigung des bestimmungsgemäßen Gebrauchs gegeben ist[123] Übliches Ausschütteln und Klopfen von Teppichen, Decken und Betten wird in der Regel bereits keine wesentliche Beeinträchtigung darstellen bzw. ist grundsätzlich als ortsüblich hinzunehmen.[124]

Glockengeläute, kirchliches: s. Lärm/Glockengeläute.

Hausgeflügel (s. auch Tauben, Lärm/Tierlärm):
Hühner, Gänse usw. fallen nicht unter § 906 BGB. Der Betroffene braucht das Überlaufen nicht zu dulden (§§ 1004, 862 BGB). Er kann die Tiere verjagen und abwehren in den Grenzen des § 228 BGB (vgl. **2** D I.). Soweit sie Schaden anrichten, besteht Schadensersatzpflicht des Tierhalters nach § 833 BGB. Der Betroffene darf in diesem Fall die Tiere einfangen und bis zur Begleichung des Schadens zurückbehalten (§ 273 BGB); er muss sie dabei jedoch ordnungsgemäß füttern und pflegen. Die auf fremdem Grund gelegten Eier gehören dem Tierhalter. Lärmbeeinträchtigungen sind nach § 906 BGB zu beurteilen. Zu Lärmbeeinträchtigungen durch Hausgeflügel siehe unter „Lärm/Tierlärm/Vögel“

Hausmusik: s. Lärm/Hausmusik.

---

122 OLG München MDR 2009, 136.

123 Zu Unrecht auch eine Schadensersatzpflicht wegen Besitzstörung verneinend LG Dortmund NJW-RR 2008, 207.

124 Horst, Teil E VI Rn. 770.

Haustiere: s. Hunde, Katzen; Hausgeflügel.

Hunde, Katzen (s. auch Haustiere; Lärm/Tierlärm/Hundegebell): Es gilt zunächst das unter dem Stichwort „Hausgeflügel" Ausgeführte entsprechend.

Erhebliches Konfliktpotenzial kann ferner das Eindringen von Katzen und Hunden auf das Nachbargrundstück bilden. Nach h. M. handelt es sich bei eindringenden Tieren wie Hunden und Katzen um sog. Grobimmissionen, so dass § 906 BGB nicht anwendbar ist. Das Betreten eines Grundstücks durch **Hunde** braucht daher nach § 1004 BGB grundsätzlich nicht geduldet zu werden.[125] Betreffend **Katzen** verneint die h. M. jedoch zu Recht einen Abwehranspruch aufgrund des Rücksichtnahmegebots aus dem nachbarlichen Gemeinschaftsverhältnis (vgl. **1** 6).[126] Demnach ist – je nach Wohngegend – das freie Umherlaufen von 1 bis 2 Katzen auf dem Nachbargrundstück hinzunehmen. Nicht geduldet werden müssen jedoch Beschädigungen (z. B. Kratzspuren), nicht hinnehmbare Verschmutzungen (Kot und Erbrochenes auf Sitzplätzen, Wegen und Sandkästen, nicht dagegen in Gartenbereich) sowie das Eindringen von Katzen in den Wohnbereich.[127] Allerdings muss nach den allgemeinen Beweisregeln der Grundstückseigentümer beweisen, dass die Verschmutzung tatsächlich von der Katze des beklagten Nachbarn ausgeht, bei Verkotung etwa durch Sachverständigengutachten.[128] Dagegen kann die Jagd von Katzen auf (wild fliegende) Vögel nicht unterbunden werden, da grundsätzlich kein Anspruch auf Erhalt der wilden Vogelwelt auf dem Grundstück besteht.[129] Insgesamt – insbesondere im Hinblick auf die Anzahl der freilaufenden Katzen[130] – ist jeweils auf

---

125 Staudinger/Roth, § 906 Rn. 118; LG Passau NJW 1983, 2885; Bayer-Lindner-Grziwotz 4 A IX 5 g.

126 H.M.: Staudinger/Roth, § 906 Rn. 118 m. w. N.; a. A. Horst, Teil F III 1 Rn. 1095; LG Passau NJW 1983, 2885.

127 LG Bonn NJW-RR 2010, 310; LG Lüneburg NZM 2001, 397; enger Staudinger/Roth, § 906 Rn. 118; a. A. AG Offenbach v. 25.07.2012, 380 C 268/11.

128 AG Offenbach v. 25.07.2012, 380 C 268/11.

129 LG Augsburg NJW 1985, 499; a. A. Staudinger/Roth, § 906 Rn. 118; LG Kassel, AgrarR 1987, 58.

130 OLG München NJW-RR 1991, 17; AG Neu-Ulm NZM 1999, 4321 (1, nicht 17 Katzen).

den Einzelfall abzustellen. Ein gänzliches Verbot des Laufenlassens von Katzen kann sich etwa ergeben, wenn spielende Kleinkinder mit Katzenkot in Berührung kommen können oder aufgrund früherer Erfahrungen die konkrete Gefahr besteht, dass die Katze mit Säuglingen in Kontakt kommt. In diesen Fällen überwiegt das Interesse an der Gesundheit der Kinder bzw. dem Erziehungsrecht der Eltern.[131]

Nach § 906 BGB ist die Geruchsbelästigung durch Katzenhaltung auf dem Nachbargrundstück zu beurteilen, die in Extremfällen dazu führen kann, dass die Katzenhaltung auf 1 bis 2 Tiere zu reduzieren ist.[132] Der Grundstückseigentümer hat einen Unterlassungsanspruch gegen Nachbarn, die streunende Katzen anfüttern, die dann das Nachbargrundstück betreten.[133]

Wegen des Schadens, den eine Katze anrichtet (z. B. Verschmutzung von Sandspielkästen mit Katzenkot; Tötung von Zierfischen im Gartenteich), hat der Geschädigte gegen den Katzenhalter einen Schadensersatzanspruch nach § 833 Satz 1 BGB, der freilich in der Regel an Beweisschwierigkeiten scheitert.[134] Der Geschädigte kann die Katze auch fangen und bis zur Begleichung des Schadens zurückbehalten; er muss sie dann aber ordnungsgemäß pflegen und füttern.

Gegen die Schadensverursachung durch eine Katze kann sich der Betroffene auch nach § 228 BGB wehren (hierzu **2** D I). Die Vorschrift erlaubt auch z. B. den Singvogelbestand im Garten zu schützen.[135] Von verschiedenen Abwehrmöglichkeiten ist die für die Katze am wenigsten schädliche zu wählen. Hierbei sind auch die Vorschriften des Tierschutzes zu beachten (vgl. § 17 Tierschutzgesetz).

131 Vgl. auch LG Bonn NJW-RR 2010, 310.

132 OLG München NJW 1991, 17: deshalb statt 27 (!) nur 2 Katzen.

133 OLG Köln NJW-RR 1989, 205; OLG Schleswig NJW-RR 1988, 1360: zulässig nur das Anfüttern von nicht mehr als 2 Katzen.

134 Zum Schadensnachweis eines angeblichen Erschreckens einer Brieftaube durch eine Katze vgl. LG Siegen NJW-RR 2005, 1340.

135 Staudinger-Roth, Rn. 118 zu § 906; Meisner-Ring-Götz, § 13 Rn. 3; oben Fn. 69; ferner Kautsch, Juristische Rundschau 1929, 150; Reichsgericht, Juristische Wochenschrift 1926, 1145, Nr. 2.

Ein Katzenhalter hat keinen Anspruch darauf, dass der Nachbar seinen Hund in einer Art und Weise hält, die es diesem unmöglich macht, die Katze, die das Nachbargrundstück betritt, zu töten oder zu verletzen.[136]

Insekten s. auch Bienen:
Belästigungen durch Insekten, die von einem Grundstück ausgehen, fallen unter § 906 BGB, da die Tiere verhältnismäßig klein sind und ein Fernhalten in der Regel nicht möglich ist.[137]

Gleichwohl erscheint die Rechtsprechung hier nicht einheitlich. Das OLG Köln[138] bejaht einen Abwehranspruch des Nachbarn (Eindringen von Langwanzen), ebenso LG Coburg[139] („Raupeninvasion"). Dagegen nimmt der BGH[140] (Eindringen von Wollläusen) an, dass es sich hierbei um durch Naturereignisse ausgelöste Störungen handelt, die dem Grundstückseigentümer nur zuzurechnen sind, wenn er sie durch eigene Handlungen ermöglicht oder durch pflichtwidriges Unterlassen herbeigeführt hat.[141] Das bloße Pflanzen eines später von Ungeziefer befallenen Baumes oder das Unterlassen einer (gesetzlich nicht vorgeschriebenen) Schädlingsbekämpfung reicht hierfür nicht aus. Nach BGH kann sich jedoch eine Pflicht des Grundstückseigentümers ergeben, auch auf seinem Grundstück Schädlingsbekämpfungsmaßnahmen des betroffenen Nachbarn zu dulden.

Bei einer Fliegenplage, die z. B. durch einen Misthaufen oder durch Tierhaltung auf dem Nachbargrundstück ausgelöst wird, ist bei Überschreiten der Wesentlichkeitsgrenze ein Abwehranspruch gegeben,[142] wobei allerdings die Ortsüblichkeit (z. B. ländliche Gegend) besonderer Prüfung bedarf.

136 AG Erlangen NJW-RR 1991, 83.
137 BGH NJW 1995, 2633.
138 VersR 1991, 556.
139 NJW-RR 1991, 716.
140 NJW 1995, 2633 mit ausdrücklicher Ablehnung von OLG Köln aaO; a. A. Staudinger/Roth, § 906 Rn. 165.
141 So auch OLG Stuttgart MDR 2005, 329 zum Schädlingsbefall einer Johannisbeerplantage ausgehend vom nachbarlichen Komposthaufen.
142 Vgl. z. B. Staudinger-Roth aaO m. w. N.

Lärm:

(1) Allgemeines[143]

a) Lärm und seine Eindämmung sind heute zentrale Probleme des Umweltschutzes, des zivil- und des öffentlich-rechtlichen Nachbarrechts. Kernfrage ist dabei, das berechtigte Ruhebedürfnis der Betroffenen mit den möglicherweise berechtigten Interessen des Lärmverursachers und je nach Lage des Falles auch der Allgemeinheit zufriedenstellend gegeneinander abzuwägen. In diese Beurteilung haben zahlreiche Gesichtspunkte einzufließen, die meist in öffentlich-rechtlichen Vorschriften oder Richtlinien (vgl. dazu b)) bereits berücksichtigt sind. Maßgebend sind vor allem Lärmintensität, Art der Lärmquelle, besondere Lästigkeit des Lärmcharakters, die Einordnung des in Rede stehenden Gebiets und ggf. seine Lärmvorbelastung (z. B. durch Verkehrslärm) sowie die Tageszeit. Besonders für die Nachtzeit besteht ein qualifiziertes Schutzbedürfnis der Nachbarschaft im Hinblick auf die „Lebensnotwendigkeit" ungestörten Schlafs für den Menschen.[144] Nicht selten wird zugunsten der Lärmverursachung mit angeblichem Brauchtum oder mit dem Vorwand, nächtliches Feiern in bestimmten Formen sei Ausdruck besonderer landsmannschaftlicher Wesensart oder eines besonderen Gemeinschaftserlebnisses argumentiert, dem sich der Einzelne unterzuordnen habe. Es ist bekannt, dass gerade im Bereich der Politik diese Argumente oft in populistischer Weise aufgegriffen werden. Die Frage der Zulässigkeit einer Lärmverursachung ist jedoch grundsätzlich kein Problem der Mehrheitsmeinung.
In diesem Zusammenhang ist darauf hinzuweisen, dass es allein Sache des Störers ist, rechtswidrige Lärmentfaltung auf das zulässige Maß zurückzuführen. Der betroffene Nachbar ist grundsätzlich nicht verpflichtet, seinerseits Schutzmaßnahmen zu ergreifen (z. B. Schließen von Fenstern und Rollläden), um eine rechtswidrige Lärmbelästigung abzuwehren oder herabzumin-

143 Vgl. z. B. Überblick bei Koch, Aktuelle Probleme des Lärmschutzes, NVwZ 2000, 490 ff.; zur Bestimmtheit des Klageantrags vgl. OLG Köln Urt. v. 05. 10. 2012 – 1 U 32/12.

144 BayVGH BayVBl. 1996, 728/729.

dern. Er darf vielmehr sein Eigentum so nutzen, wie es ihm richtig erscheint.[145]

b) Lärm stellt dann eine wesentliche Beeinträchtigung dar, wenn er als schädliche Umwelteinwirkung i. S. der §§ 3 Abs. 1, 22 Abs. 1 BImSchG anzusehen ist.[146] Er ist anhand der Regelwerke zu beurteilen, die auch im öffentlichen Recht gelten (§ 906 Abs. 1 Satz 2 und 3 BGB), wobei aber immer auch noch eine Einzelfallbeurteilung erforderlich ist (vgl. oben **6** B 4).

Für die Beurteilung der Lärmbeeinträchtigungen bieten die Richtwerte in verschiedenen Regelwerken Anhaltspunkte (vgl. § 906 Abs. 1 Satz 2 und 3 BGB); insbesondere sind anzuführen:[147]

- Technische Anleitung zum Schutz gegen Lärm (TA Lärm) vom 26.08.1998 (GMBl. S. 503), vgl. auch oben Anm. 4
- Hinweise zur Beurteilung der durch Freizeitanlagen verursachten Geräusche, erstellt vom Länderausschuss für Immissionsschutz (LAI), abgedruckt in NVwZ 1997, 469
- VDI-Richtlinien (z. B. Nr. 2058 „Beurteilung von Arbeitslärm in der Nachbarschaft“)
- DIN-Normen (z. B. DIN 18005 „Schallschutz im Städtebau“)

Daneben gibt es noch weitere spezielle Lärmschutzvorschriften (vgl. bei den nachstehend behandelten Lärmbereichen). Werden die in oben genannten Regelwerken festgelegten Grenzwerte eingehalten (was regelmäßig durch ein Sachverständigengutachten zu klären ist), liegt in der Regel eine unwesentliche Beeinträchtigung vor. Bei einer Überschreitung ist hingegen die Wesentlichkeit der Beeinträchtigung indiziert. Dies bedeutet, dass derjenige, der gleichwohl eine wesentliche bzw. unwesentliche Beeinträchtigung behauptet, diese Indizwirkung im Rahmen der Beweislast erschüttern muss.[148] Da sich die Beurteilung der Wesentlichkeit nach dem Empfinden eines verständigen Durchschnittsmenschen

145 BGHZ 111, 63/71.
146 BGHZ 111, 63; 120, 239; BayVGH BayVBl. 1987, 398; 1998, 274.
147 Vgl. auch den Überblick in Horst, E VII 1 g Rn. 790ff.
148 Z. B. BGH NVwZ 2005, 116 und NJW 2004, 1317.

und danach, was diesem unter Würdigung öffentlicher und privater Belange zuzumuten ist (siehe oben 4), richtet, ist insoweit z. B. das Allgemeininteresse an kulturellen Veranstaltungen oder einer kinder- und jugendfreundlichen Umgebung in die Abwägung mit einzubeziehen.[149]

c) Die **TA Lärm** dient dem Schutz der Allgemeinheit und der Nachbarschaft vor Geräuschen und gilt für alle dem BImSchG unterliegenden Anlagen, mit Ausnahme von bestimmten Anlagen, wie z.B. Sportanlagen i.S. der 18. BImSchV, nicht genehmigungsbedürftige Freizeitanlagen sowie Freiluftgaststätten, nicht genehmigungsbedürftige landwirtschaftliche Anlagen, Schießplätze (bei Einsatz von Waffen ab Kaliber 20 mm), Baustellen sowie Anlagen für soziale Zwecke (TA Lärm, Ziff. 1). Die dort festgelegten Immissionsrichtwerte sind nach der jeweiligen Schutzbedürftigkeit der Nachbarschaft gestaffelt. So beträgt z.B. der Immissionsrichtwert für Immissionsorte außerhalb von Gebäuden in reinen Wohngebieten 50 db(A) tags bzw. 40 dB(A) nachts (22.00 Uhr bis 6.00 Uhr), in Industriegebieten dagegen einheitlich 70 db(A). Einzelne kurzfristige Geräuschspitzen dürfen die Immissionsrichtwerte am Tage um nicht mehr als 30 db(A) und in der Nacht um nicht mehr als 20 db(A) überschreiten, vgl. TA Lärm Ziff. 6.1.

Diese Werte können auch für durch andere Quellen verursachten Lärm als Anhaltspunkte dienen, wobei jedoch stets die Besonderheiten des jeweiligen Falles zu berücksichtigen sind. Insgesamt ist von einer schematischen Übernahme der Richtwerte zu warnen. Denn die Lästigkeit von Geräuschen hängt nicht nur von Messwerten ab, sondern auch von anderen Umständen. Bei der erforderlichen wertenden Gesamtbetrachtung können vor allem folgende Gesichtspunkte zum Tragen kommen:[150]

Die sich aus der Gebietsart und den tatsächlichen Verhältnissen ergebende Schutzwürdigkeit und Schutzbedürftigkeit der Nachbarschaft, wobei auch die Herkömmlichkeit, soziale Adäquanz und allgemeine Akzeptanz eine Rolle spielen; weiter die Lärmart

149 BGH NJW 2003, 3699; OLG Celle NJW-RR 2011, 1585.
150 BGH NJW 2001, 3119; OLG Hamm NVwZ-RR 2015, 328.

und der Lärmcharakter (Dauergeräusch oder kurze von Pausen unterbrochene Lärmimpulse, Tonfrequenz). Zu beachten ist auch das Ruhebedürfnis in der Mittagszeit, die meist zwischen 12 und 14 Uhr oder 13 und 15 Uhr angesetzt wird.

Der in Nr. 6.9 TA-Lärm genannte sog. Messabschlag bei Überwachungsmessungen ist bei privatrechtlichen Auseinandersetzungen im Rahmen des § 906 BGB nicht vorzunehmen: Dieser soll nämlich gewährleisten, dass die Behörde nicht auf unsicherer Tatsachengrundlage gegen einen Anlagenbetreiber vorgeht; im Rahmen des privaten Nachbarrechts gehen hingegen etwaige Unsicherheiten zu Lasten des Störers (und nicht des beeinträchtigten Nachbarn).[151]

d) Nach § 117 OWiG handelt ordnungswidrig, wer ohne berechtigten Anlass oder in einem unzulässigen oder nach den Umständen vermeidbaren Ausmaß Lärm erregt, der geeignet ist, die Allgemeinheit oder die Nachbarschaft erheblich zu belästigen oder die Gesundheit eines anderen zu schädigen.

Gegebenenfalls kann auch Strafbarkeit wegen vorsätzlicher oder fahrlässiger Körperverletzung nach §§ 223, 229 StGB eintreten, wenn schuldhaftes Handeln vorliegt.

e) Zur Frage, inwieweit der Einzelne bei unzulässiger Lärmverursachung einen Anspruch auf Einschreiten der Behörden haben kann, vgl. **15** I 3 und IV; zu Schadensersatzansprüchen bei Verletzung von öffentlich-rechtlichen Vorschriften vgl. **15** II 5 und oben B 10a.

(2) Einzelfälle

– **Alarmeinrichtungen** sind nach § 906 BGB unzulässig, wenn Nachbarn durch sie erheblich gestört werden (z.B. durch häufiges Auslösen von Fehlalarmen).[152]

– **Abfallcontainer** (Wertstoffcontainer):
Einzelne Abfall(Wertstoff)container oder Wertstoffhöfe werden i.d.R. durch die öffentliche Hand (Landkreise, kreisfreie Ge-

151 BGH NvWZ 2005, 116.

152 OLG Schleswig ZMR 1980, 146; zum öffentlich-rechtlichen Abwehranspruch und Anspruch auf Geldausgleich (vgl. dazu Anm. 9c) bezüglich des Lärms einer Feuerwehrsirene vgl. unten Stichwort: „Sonstiger Lärm".

meinden) aufgestellt oder errichtet; sie werden also hoheitlich betrieben (vgl. oben Anm. 8c). Es besteht deshalb nur ein eingeschränkter Unterlassungsanspruch in entsprechender Anwendung der §§ 1004, 906 BGB. Nach BayVGH[153] soll es sich bei den Immissionen, die von solchen Abfallsammelanlagen ausgehen (insbesondere Lärm durch Einwerfen von Glas und Metallteilen) im Hinblick auf die Verpflichtung zur Einführung von Systemen zur stofflichen Verwertung von Abfällen nach § 4 Abs. 1 BayAbfG (s. o. Anm. 9c) um ortsübliche (da Nebenanlagen i. S. des § 14 Abs. 1 BauNVO), wohntypische und sozialadäquate Einwirkungen handeln, die von den Nachbarn hingenommen werden müssen. Dies soll auch dann gelten, wenn die Anlage zentral in einem Wohngebiet errichtet wird. Das Gebot der Rücksichtnahme auf den benachbarten Bürger sei nur dann verletzt, wenn die Standortwahl willkürlich oder gezielt ungünstig erfolgt wäre. Die aufstellende Körperschaft soll – weil unzumutbar – auch nicht verpflichtet sein, den lärmerzeugenden Einwurf von Gegenständen außerhalb der zulässigen Einwurfzeiten zu überwachen oder zu verhindern. Die Auffassung des VGH erscheint in seiner Rigorosität zum Nachteil des Nachbarschutzes gegenüber derartigen „Negativeinwirkungen“ äußerst bedenklich.

Für – nach dieser Rechtsprechung nur in Ausnahmefällen aussichtsreiche – Klagen ist der Verwaltungsrechtsweg gegeben. Werden derartige Abfallanlagen von privater Hand betrieben, ist dagegen der Rechtsweg zu den Zivilgerichten eröffnet. Für die Beurteilung der Wesentlichkeit und Ortsüblichkeit gelten in beiden Fällen dieselben Grundsätze.[154]

- **Arbeitslärm:** (s. auch Baulärm, Gaststättenlärm)
  Maßgebende Richtwerte enthalten vor allem die TA Lärm und ergänzend die VDI Richtlinie 2058 Bl. 1 (vgl. oben 1b).
- Bezüglich **Baulärm**[155] ist insbesondere zu beachten: Bauarbeiten sind nur dann ortsüblich, wenn sie sich nicht als eine besonders

153 BayVBl. 1996, 243; 1997, 730; vgl. auch VG Würzburg BayVBl. 1992, 153.

154 Zur Anwendung der TA Lärm und der VDI Richtlinie 2058 Bl. 1 vgl. BayVGH BayVBl. 1996, 243/245.

155 Allgemein zu Einwirkungen durch Baumaßnahmen auf das Nachbargrundstück vgl. Elshorst NJW 2001, 3222 und Dietrich NVwZ 2009, 144.

schädigende Benutzungsweise (Bauweise) darstellen. Dabei müssen Arbeitsgeräte und -maschinen dem neuesten Stand der Technik hinsichtlich der Schalldämpfung entsprechen; die Lärmeinwirkung muss so kurz wie möglich gehalten werden. Für die zulässigen Richtwerte sind insbesondere einschlägig die TA Lärm und die VDI Richtlinie 2058 Bl. 1 (vgl. § 906 Abs. 1 Satz 2 und 3 BGB sowie oben 1b); vgl. auch die 32. VO zur Durchführung des BImSchG (Geräte- und MaschinenlärmschutzVO vom 29.08.2002, BGBl. I S. 3478) und die Allg. Verwaltungsvorschrift zum Schutz gegen Baulärm vom 19.08.1970.[156] Der Nachbar hat keinen Anspruch darauf, dass lärmintensive (nach den Richtwerten zulässige) Arbeiten nur zu bestimmten Zeiten vorgenommen werden.[157]

– Die Zulässigkeit des von **Biergärten** ausgehenden Lärms ist durch die Bayer. BiergartenVO vom 20.04.1999 (GVBl. 1999, 142) geregelt.[158] Die VO gilt nur für Biergärten im engen Sinn: Erforderlich ist insbesondere der Gartencharakter, der durch Bepflanzungen in erheblichem Umfang auf oder um das Grundstück begründet wird. Kleinere Wirtsgärten entsprechen dem nicht, selbst wenn auf ihnen einige Bäume stehen. Wesentlich ist ferner, dass der Ausschank von Bier und nicht die Ausgabe von Speisen im Vordergrund steht. Außerdem muss den Gästen der Verzehr von mitgebrachten Speisen gestattet sein.[159]

  Die zulässige Lärmintensität ist nach § 2 Abs. 1 der VO nach der TA Lärm (vgl. oben Anm. 1b) zu bestimmen.

  Die durch Lärm beeinträchtigten Anwohner können entweder bei der zuständigen Behörde ein öffentlich-rechtliches Einschreiten gegen den Biergartenbetreiber beantragen oder aber gegen den Gastwirt unmittelbar Unterlassungsansprüche nach

156 Die Vorschriften sind abgedruckt z.B. bei Alberding/Ludwig, BImSchG; Feldhaus, Bundesimmissionsschutzrecht.

157 LG Konstanz NJW-RR 1991, 916.

158 Die zunächst erlassene Bayer. Biergärten-NutzungszeitenVO vom 27.06.1995 (GVBl. S. 311) ist durch das BVerwG für nichtig erklärt worden, vgl. BayVBl. 1999, 408.

159 BayVGH BayVBl. 1996, 335; 728 und 729.

§ 1004 BGB geltend machen, da die Regelungen in der BiergartenV nachbarschützend sind.[160]
Andere Bereiche der sog. Außengastronomie sind nach den für Gaststätten geltenden Grundsätzen zu beurteilen.[161] Vgl. dazu Stichwort „Gaststättenlärm“ unter Lärm.

- **Feiern** in der Nachbarschaft sind ebenfalls nach § 906 BGB zu beurteilen. Gelegentliches Feiern, insbesondere auch Gartenfeste sind i. d. R. bis 22 Uhr hinzunehmen.[162] Regelmäßiges Feiern braucht jedoch nicht geduldet zu werden; es besteht z. B. kein Recht, einmal im Monat laut zu feiern. Der Veranstalter einer Feier ist auch für den durch seine Gäste verursachten Lärm verantwortlich.[163, 164]
  Hinzuweisen ist auf § 117 OWiG (vgl. oben 1d). Einschlägig können auch Gemeindeverordnungen auf Grund des Art. 14 BayImSchG. Zuwiderhandlungen können ebenfalls eine Ordnungswidrigkeit nach Art. 18 Abs. 2 Nr. 5 BayImSchG darstellen. Vgl. auch Stichwort „Grillen“ unter Gerüche, Staub, Rauch.
- **Feiertage, Sonntage:** Zu den Regelungen des sog. Feiertagsgesetzes (FTG) vgl. **15** IV 3.
- **Fluglärm:** (vgl. auch Stichwort Lärm/Militäreinrichtungen)
  Betreffend Fluglärm ist das Gesetz zum Schutz gegen Fluglärm i. d. F. vom 31. 10. 2007 (BGBl. I S. 2550) sowie das hierzu ergangene untergesetzliche Regelwerk, wie insbesondere die 1. FlugLSV vom 27. 12. 2008 (BGBl. I S. 2980), die 2. FlugLSV vom 08. 09. 2009 (BGBl. I S. 2992) sowie die Anleitungen zur Datenerfassung über den Flugbetrieb (AzD) und zur Berechnung von Lärmschutzbereichen (AzB) – jeweils BAnz. Nr. 195 a vom 23. 12. 2008 – einschlägig. Zur Beschränkung von Landezeiten vgl. die Landeplatz-Lärmschutz-VO vom 05. 01. 1999 (BGBl. I S. 35).
  Für Flughäfen sowie Landeplätze mit beschränktem Bauschutzbereich sieht § 8 Luftverkehrsgesetz (LuftVG i. d. F. vom 05. 08. 2010, BGBl. I S. 1126) grd. ein Planfeststellungsverfahren

160 Vgl. hierzu Grziwotz-Saller, 3. Teil A IV 3 Rn. 38 ff.
161 BayVGH BayVBl. 1996, 729.
162 LG Frankfurt NJW-RR 1990, 27.
163 Horst, E VII 3 c Rn. 818.
164 OLG Düsseldorf NJW 1990, 1676.

vor, in welchem u. a. zum Schutz der Nachbarschaft vor Fluglärm die Werte des § 2 Abs. 2 des Fluglärmgesetzes (siehe oben) zu beachten sind. Andere Flugplätze bedürfen der Genehmigung nach § 6 Abs. 1 LuftVG, in dem gemäß Abs. 2 der Schutz vor Fluglärm ebenfalls angemessen zu berücksichtigen ist.[165]

– **Gaststättenlärm:** Beurteilungsgrundlage für die Zulässigkeit von Lärmimissionen sind insbesondere die VDI Richtlinie 2058 Bl. 1 und die TA Lärm (vgl. oben 1b).[166] Die erteilte Gaststättenerlaubnis als solche berechtigt nicht zu Störungen fremder Grundstücke, jedoch sind bei der Wesentlichkeitsprüfung die diesbezüglich ergangenen Bescheide (z. B. Auflagen) mit einzubeziehen.[167] Wesentliche Beeinträchtigungen können u. U. auch schon bei niedrigeren Lärmwerten vorliegen, wenn die Geräusche als besonders lästig und unangenehm empfunden werden, wie dies etwa bei Discothekenmusik (Bässe) der Fall sein kann.[168] Im Einzelfall kann dem Betroffenen gegenüber einer wesentlichen Beeinträchtigung durch Musiklärm auch ein Notwehrrecht zustehen.[169] Der von den Gästen verursachte Lärm auf dem Weg von und zu einer Gaststätte – also auch das An- und Abfahren mit PKW – im unmittelbaren Bereich des Lokals ist dem Inhaber zuzurechnen.[170] Dieser ist jedoch regelmäßig hinzunehmen, sofern dieser nicht über den üblichen Rahmen hinausgeht.[171] Bei wesentlicher, aber ortsüblicher Lärmbeeinträchtigung, die von einem Gaststättenparkplatz ausgeht, kann ein Ausgleichsan-

165 Zur Wahlmöglichkeit der Genehmigungsbehörde zwischen Öffentlichkeitsbeteiligung mit der Folge der Ausschlusswirkung für private Abwehransprüche gemäß §§ 11 LuftVG, 14 BImschG oder des Nichteingreifens des § 11 LuftVG vgl. OLG Hamm, Urt. v. 10.11.2006 – 34 U 160/05.

166 Z. B. BayVGH BayVBl. 1996, 729.

167 OLG Brandenburg, Urt. v. 04.05.2005 – 4 U 205/04; Zur sog. Sperrzeit vgl. Grziwotz-Saller, 3. Teil A III Rn. 20 ff.

168 MünchKomm/Säcker, § 906 Rn. 79.

169 OLG Karlsruhe NJW 1992, 1329: Durchtrennung eines Verstärkerkabels bei Rockkonzert in benachbartem Biergarten nach vergeblicher Abmahnung und Ablehnung polizeilichen Einschreitens.

170 BVerwG BayVBl. 1996, 732; a. A. offenbar OLG München NJW-RR 2000, 681.

171 OLG Brandenburg, Urt. v. 01.03.2007 – 5 U 53/06.

spruch nach § 906 Abs. 2 BGB gegeben sein.[172] Für Biergärten gelten in Bayern besondere Vorschriften; vgl. oben Stichwort „Biergärten".

- **Glockengeläute, kirchliches:** Auch für kirchliches Glockenläuten gelten grundsätzlich die allgemeinen Immissionsgrenzen. Dies gilt jedenfalls für das Zeitschlagen von Kirchenuhren, das nicht zum Sakralbereich zählt. Dem können auch Traditionsgesichtspunkte nicht entgegengehalten werden, da das Glockengeläute seine Funktion als Zeitansage unter den heutigen Lebensbedingungen verloren hat.[173] Insoweit ist die TA Lärm heranzuziehen; bei der Bewertung der Erheblichkeit des Zeitläutens ist auch der Umfang des sakralen Läutens zu berücksichtigen.[174] Inwieweit im sakralen Bereich, in dem die allgemeinen Gesetze nur eingeschränkt gelten und in dem auch der Schutz der freien Religionsausübung eingreift, die üblichen Richtwerte gelten, scheint in der Rechtsprechung nicht abschließend geklärt. Nach einer Entscheidung des BayVGH[175] ist das liturgische (sakrale) Glockenläuten wegen des kirchlichen Selbstbestimmungsrechts (Art. 140 GG i. V. m. Art. 137 Abs. 3 Satz 1 Weimarer Reichsverfassung) und des Schutzes der freien Religionsausübung (Art. 4 Abs. 2 GG) gegenüber dem bloßen Zeitläuten privilegiert. Grundsätzlich gelten aber auch hier die Grenzwerte der TA Lärm (s. o. Stichwort Lärm 1b). In vielen Fällen wird jedoch eine Überschreitung dieser Grenzwerte zumutbar sein, wenn sich das liturgische Läuten „nach Zeit, Dauer und Intensität als jahrhundertealte kirchliche Lebensäußerung im Rahmen des Herkömmlichen" hält.[176] Nur in besonderen Ausnahmefällen kann bei einer Überschreitung der Grenzwerte eine Verpflichtung zum Unterlassen des Geläuts in Betracht kommen (z. B. bei besonders gravierenden, akut gesundheitsgefährdenden Grenz-

---

172 LG Kempten NJW 1995, 970.

173 BVerwG NJW 1994, 956; LG Aschaffenburg NJW 2001, 237; vgl. aber auch OVG Hamburg MDR 1992, 485; zum nichtliturgischen Mittag- und Abendläuten im Außenbereich: BayBGH BayVBl. 1994, 721.

174 LG Arnsberg NVwZ-RR 2008, 774.

175 BayVGH BayVBl. 2003, 241.

176 So schon BVerwG NJW 1984, 989; 1997, 1938 für das sog. Angelusläuten.

überschreitungen). In Einzelfällen kann auch eine Verpflichtung bestehen, den gestörten Nachbarn durch Einrichtung von (passiven) Schallschutzmaßnahmen zu entschädigen.
Ein Rechtsstreit eines Nachbarn gegen das liturgische Glockenläuten einer Kirche, die den Status einer Körperschaft des öffentlichen Rechts hat, ist vor den Verwaltungsgerichten auszutragen.[177] Dagegen ist für eine Klage gegen das Zeitschlagen von Kirchenglocken der Zivilrechtsweg eröffnet.[178]

- **Hausmusik:** Störungen durch Hausmusik spielen insbes. in Eigentumswohnanlagen, Mietshäusern (vgl. Anm. 1e) und bei Reihenhäusern eine Rolle. Das Musizieren gehört zur üblichen Freizeitgestaltung des Menschen und ist in bestimmten Grenzen hinzunehmen. Deshalb kann z. B. in einer Eigentumswohnanlage das Musizieren über Zimmerlautstärke nicht generell verboten werden.[179] Unzulässig sind jedoch Störungen in den sog. Ruhestunden sowie lang andauerndes Musizieren. Für die Festlegung der Zeiten gibt es keine festen Maßstäbe.[180]
  Emmerich[181] will z. B. die Ruhestunden auf 13 bis 16 Uhr und 22 bis 8 Uhr festlegen. Das OLG Nürnberg[182] hat eine Beschränkung des Klavierspiels werktags auf höchstens 4 Stunden im Zeitraum von 9 bis 12 Uhr und 15 bis 19 Uhr, an Sonn- und Feiertagen von 10 bis 12 Uhr für angemessen angesehen. Die angegebenen Zeiten dürften für die Abendstunden wohl zu eng sein. Das OLG Hamm[183] hat eine Beschränkung für die Musikausübung auf täglich 2 Stunden in der Zeit von werktags 8 bis 12 und 15 bis 19 Uhr, sonntags von 8 bis 12 Uhr als zulässig angesehen. Ein Musizierverbot vor 10 Uhr und nach 20 Uhr ist nach BayObLG zu weitgehend.[184] Das OLG Karlsruhe[185] hat die Musikausübung in

---

177 BVerwG BayVBl. 1984, 186.
178 BVerwG NJW 1994, 956; LG Arnsberg NVwZ-RR 2008, 774.
179 BayObLG NJW 2001, 3635; Grziwotz-Lüke-Saller, 3. Teil B VI 4 f Rn. 130.
180 Vgl. auch Staudinger/Roth, § 906 Rn. 159.
181 Staudinger/Emmerich, § 535 Rn. 51.
182 Urt. v. 14.10.1976 – 2 U 49/76.
183 MDR 1986, 501; vgl. ferner Gaisbauer, Deutsche Wohnungswirtschaft 1980, 168; Glaser, ZMR 1981, 1 f., und Wiethaup, MDR 1960, 632.
184 MDR 1985, 676.

der Zeit von 22 bis 8 Uhr und von 13 bis 15 Uhr untersagt und außerdem das Spiel mit Saxophon und Klarinette (nicht aber Klavier!) auf werktags 2 Stunden und sonntags 1 Stunde beschränkt. Das OLG Zweibrücken[186] hält zeitliche Beschränkungen außerhalb der Ruhezeiten (13 bis 15 Uhr und 22 bis 8 Uhr) für unzulässig. Eine Beschränkung des Musizierens von 12 bis 14 Uhr und 22 bis 8 Uhr hält auch der BGH[187] für wirksam. Vgl. dazu auch Stichwort „Radiogeräte“.

Es wird jeweils auf die Umstände des Einzelfalles ankommen[188]; dabei kann z.B. auch eine Rolle spielen, dass auf ältere, besonders ruhebedürftige oder kranke Menschen sowie auf Kleinkinder besondere Rücksicht zu nehmen ist. Bei erheblichen Belästigungen und bei Verstoß gegen eine nach Art. 14 BayImSchG erlassene Gemeindeverordnung kann eine Ordnungswidrigkeit nach § 117 OWiG oder Art. 18 Abs. 2 Nr. 5 BayImSchG vorliegen.

– **Kinderlärm** steht unter einem besonderen Toleranzgebot, da der Lärm beim Spielen eine notwendige Ausdrucksform und Begleiterscheinung kindlicher Tätigkeit ist, der im Hinblick auf die gesunde Entwicklung eines Kindes nur in sehr engen Grenzen beschränkt werden kann.[189]

  Angesichts zunehmender Klagen von Grundstückseigentümern gegen von Kindergärten und Spielplätzen ausgehenden Kinderlärm hat nunmehr der Gesetzgeber reagiert und in § 22 Abs. 1a BImSchG (i.d.F. vom 20.07.2011, BGBl. I S. 1474) ausdrücklich klargestellt, dass Kinderlärm aus **Kindertageseinrichtungen, Kinderspielplätzen und ähnlichen Einrichtungen**, wie z.B. Ballspielplätzen, im Regelfall keine schädlichen Umwelteinwirkungen darstellt. Bei der Beurteilung der Geräuscheeinwirkungen dürfen Immissionsgrenz- und -richtwerte, z.B. die Regelungen

185 NJW-RR 1989, 1179.

186 MDR 1990, 1121 für Eigentumswohnanlage.

187 NJW 1998, 3713 ebenfalls für Eigentumswohnanlage.

188 Vgl. auch die Broschüre „Lärmstörungen – Musiklärm und Nachbarschaft“ des Zentralverbandes der Deutschen Haus-, Wohnungs- und Grundeigentümer e.V., Düsseldorf.

189 Staudinger/Roth, § 906 Rn. 162; Grziwotz-Lüke-Saller, 3. Teil B VI 4 e aa Rn. 127; Stollenwerk NZM 2004, 289.

der TA Lärm oder der 18. BImSchV, nicht herangezogen werden. Folglich ist Kinderlärm daher grundsätzlich nach § 906 Abs. 1 BGB zu dulden. Hierzu wird in der amtlichen Begründung des Gesetzesentwurfs zutreffend ausgeführt, dass Geräusche spielender Kinder Ausdruck der kindlichen Entwicklung und Entfaltung sind und deshalb grundsätzlich zumutbar sind.[190]
Duldungspflichtig sind dabei sowohl die Geräusche, die von spielenden Kindern ausgehen, als auch die von den Spielgeräten ausgehenden Geräusche. Ferner ist unerheblich, ob das im Einzelnen in den Einrichtungen angebotene Spielgerät zur Befriedigung der Kinderbedürfnisse zwingend erforderlich ist.[191] Für abendliche oder gar nächtliche Lärmeinwirkungen, die durch Jugendliche bei der missbräuchlichen Nutzung von Spielplätzen verursacht werden (z.B. Abspielen von Musik, Mofageräusche etc.), ist der Spielplatzbetreiber grundsätzlich nicht verantwortlich, es sei denn, er hat einen besonderen Anreiz zum Missbrauch geschaffen, etwa durch die besondere Gestaltung des Spielplatzes. Einschlägig hierfür ist grundsätzlich allein das Polizei- und Ordnungsrecht heranzuziehen.[192]
Kinderlärm auf **Privatgrundstücken** – und zwar sowohl im Haus als auch draußen – ist regelmäßig zumutbar. Hierzu gehören altersgemäße Spiel- und Laufgeräusche, aber auch das nächtliche Schreien von Säuglingen und Kleinkindern.[193] Die Rechtsprechung des BGH[194], dass der Nachbar im Interesse einer kinder- und jugendfreundlichen Umgebung jedenfalls für Lärm bis 22 Uhr auch etwas höhere Grenzwerte hinzunehmen hat, als sie sonst in dem betreffenden Gebiet zulässig sind, dürfte angesichts des oben dargestellten klaren gesetzgeberischen Willens weiterhin aktuell bzw. eher weiter auszulegen sein.
Im Zusammenhang mit spielenden (Nachbar-)Kindern ist darauf hinzuweisen, dass jeder Grundstückseigentümer alle im Rah-

190 BR-Drs. 128/11, S. 3.
191 VG Trier, Urt. v. 25.01.2012 – 5 K 1125/11.TR.
192 Vgl. hierzu VGH Hessen DVBl. 2011, 1433; VG Neustadt, Urt. v. 24.08.2011 – 3 K 749/09.NW; VG Trier, Urt. v. 25.01.2012 – 5 K 1125/11.TR.
193 Horst, E VII 3 f Rn. 854 f.
194 BGHZ 121, 248.

men des Zumutbaren möglichen Schutzmaßnahmen zu treffen hat, Kinder aufgrund deren Unerfahrenheit und Unbesonnenheit vor Schäden zu bewahren, wenn bekannt ist, dass Kinder – befugt oder unbefugt – sein Grundstück zum Spielen benutzen (z.B. Sicherung von gefährlichen Maschinen, Gartenteichen etc.). Seine Verkehrssicherungspflicht sinkt in dem Maße, in welchem er auf die Aufsichtspflicht der Sorgeberechtigten vertrauen darf.[195]

In diesem Zusammenhang sei zuletzt auch das in der Öffentlichkeit umstrittene sog. **„Behindertenurteil"** des OLG Köln erwähnt.[196]

– Lärm von **Militäreinrichtungen**[197] geht auf hoheitliches Handeln zurück, das vom Bürger nicht abgewehrt werden, aber u.U. einen Entschädigungsanspruch auslösen kann (vgl. **6** B 8c). Voraussetzung ist nach der Rechtsprechung des BGH, dass die Beeinträchtigung in einem Maße unzumutbar ist, wie es einem Enteignungseingriff entspricht (s.o. 1b). Die Zumutbarkeitsschwelle ist auch hier entsprechend den einschlägigen Richtwerten zu bestimmen (§ 906 Abs. 1 Satz 2 und 3 BGB). Bei Fluglärm – insbesondere bei dem von Düsenflugzeugen – sind, zusätzlich zu den nach dem Fluglärmgesetz (vgl. oben Stichwort „Fluglärm") maßgeblichen Durchschnittswerten, auch Spitzenpegel zu berücksichtigen. Der Anspruch besteht grundsätzlich in einem Geldausgleich für Schallschutzeinrichtungen. Nur wenn diese keine Abhilfe versprechen oder unverhältnismäßige Aufwendungen erfordern, kann eine Entschädigung für die Wertminderung eines Grundstücks (auch eines unbebauten) in Be-

195 LG Bonn, Urt. v. 16.05.2008 – 3 O 503/07.

196 NJW 1998, 763; vgl. dazu auch Wassermann NJW 1998, 730, Lachwitz NJW 1998, 881 sowie BVerfG NJW 1998, 2663; nach AG Bonn, Urt. v. 26.03.2014 – 101 C 194/13 wird im nachbarlichen Zusammenleben zwar ein erhöhtes Maß an Toleranzbereitschaft gefordert, welches im Einzelfall allerdings zurückstehen müsste, sofern Lärmbeeinträchtigungen auch unter Berücksichtigung der berechtigten Belange behinderter Menschen nicht mehr hinzunehmen sind.

197 In Betracht kommt vor allem Fluglärm; zum Schießlärm vgl. BVerwG BayVBl. 1992, 181.

tracht kommen.[198] Wer sich allerdings freiwillig in einem Lärmschutzbereich ansiedelt, in dem derart hohe Lärmwerte zulässig oder zu erwarten sind, hat keinen Entschädigungsanspruch.[199]

In einem Tieffluggebiet müssen die zum Schutz der Anwohner festgesetzten Flugzeiten eingehalten werden. Bei einem Verstoß in erheblichem Umfang haftet die Bundesrepublik – auch wenn es sich um Flüge der NATO-Streitkräfte handelt – auf Schadensersatz.[200]

– **Motoren:** Das länger andauernde Laufenlassen von Motoren stellt eine wesentliche Lärm- und Geruchsbelästigung dar, insbesondere zur Nachtzeit.

  Auf die Ortsüblichkeit nach § 906 Abs. 2 Satz 1 BGB wird es dabei in der Regel nicht ankommen, weil die Störung auf einfache Weise (Abstellen des Motors) verhindert werden kann.[201] Das unnötige Laufenlassen von Motoren ist auch nach Art. 12 BayImSchG (vgl. Anm. 9b) verboten. Verstöße können nach Art. 18 dieses Gesetzes als Ordnungswidrigkeit geahndet werden.

– **Musikgeräte:** Für die Benutzung von Musikgeräten aller Art (Fernseh- und Radiogeräte, CD- und MP3-Player etc.) gilt – anders als bei Hausmusik (vgl. dazu oben) – herkömmlicherweise der Grundsatz der Zimmerlautstärke; alles, was darüber hinausgeht, muss als wesentliche Beeinträchtigung i. S. von § 906 Abs. 1 BGB angesehen werden.[202]

  Beim Betrieb solcher Geräte im Freien liegt eine unzulässige Lärmimmission dann vor, wenn sie auf dem Nachbargrundstück dort, wo sich üblicherweise Menschen aufhalten (z. B. auf einer Terrasse), noch deutlich wahrnehmbar sind; auf bestimmte schalltechnische Werte kommt es dabei nicht an.[203]

---

198 Insbes. BGHZ 97, 114; 122, 76; BGH VersR 1996, 105.
199 BGH VersR 1996, 105.
200 BGHZ 122, 363.
201 BGH NJW 1982, 441.
202 Grziwotz-Lüke-Saller, 3. Teil B VI 4 f Rn. 131.
203 OLG München NJW-RR 1991, 1492; Grziwotz-Lüke-Saller, 3. Teil B VI 4 f Rn. 131.

- **Rasenmäherlärm:** Die 32. VO zur Durchführung des BImSchG (Geräte- und MaschinenlärmschutzVO vom 29.08.2002, BGBl. I S. 3478) regelt u.a., wann Rasenmäher und andere motorbetriebene Gartengeräte betrieben werden dürfen.
  § 7 der VO lautet:

§ 7 Betrieb in Wohngebieten

(1) In reinen, allgemeinen und besonderen Wohngebieten, Kleinsiedlungsgebieten, Sondergebieten, die der Erholung dienen, Kur- und Klinikgebieten und Gebieten für die Fremdenbeherbergung nach §§ 2, 3, 4, 4a, 10 und 11 Abs. 2 der Baunutzungsverordnung sowie auf dem Gelände von Krankenhäusern und Pflegeanstalten dürfen im Freien

1. Geräte und Maschinen nach dem Anhang an Sonn- und Feiertagen ganztägig sowie an Werktagen in der Zeit von 20.00 Uhr bis 7.00 Uhr nicht betrieben werden,
2. Geräte und Maschinen nach dem Anhang Nr. 02, 24, 34 und 35 an Werktagen auch in der Zeit von 7.00 Uhr bis 9.00 Uhr, von 13.00 Uhr bis 15.00 Uhr und von 17.00 Uhr bis 20.00 Uhr nicht betrieben werden, es sei denn, dass für die Geräte und Maschinen das gemeinschaftliche Umweltzeichen nach den Artikeln 7 und 9 der Verordnung Nr. 1980/2000 des Europäischen Parlaments und des Rates vom 17. Juli 2000 zur Revision des gemeinschaftlichen Systems zur Vergabe eines Umweltzeichens (ABl. EG Nr. L237 S. 1) vergeben worden ist und sie mit dem Umweltzeichen nach Artikel 8 der Verordnung Nr. 1980/2000/EG gekennzeichnet sind.

Satz 1 gilt nicht für Bundesfernstraßen und Schienenwege von Eisenbahnen des Bundes, die durch Gebiete nach Satz 1 führen. Die Länder können für Landstraßen und nichtbundeseigene Schienenwege, die durch Gebiete nach Satz 1 führen, die Geltung des Satzes 1 einschränken.

(2) Die nach Landesrecht zuständige Behörde kann im Einzelfall Ausnahmen von den Einschränkungen des Absatzes 1 zulassen. Der Zulassung bedarf es nicht, wenn der Betrieb der Geräte und Maschinen im Einzelfall zur Abwendung einer Gefahr bei Unwetter oder Schneefall oder zur Abwendung einer sonstigen Gefahr für Mensch, Umwelt oder Sachgüter erforderlich ist. Der Betreiber hat die zuständige Behörde auf Verlangen über den Betrieb nach Satz 2 zu unterrichten. Von Amts wegen können im Einzelfall Ausnahmen von den Einschränkungen des Absatzes 1 zugelassen werden, wenn der Betrieb der Geräte und Maschinen zur Abwendung einer Gefahr für die Allgemeinheit erforderlich ist.

(3) Weitergehende landesrechtliche Vorschriften zum Schutz von Wohn- und sonstiger lärmempfindlicher Nutzung und allgemeine Vorschriften des Lärmschutzes, insbesondere zur Sonn- und Feiertagsruhe und zur Nachtruhe, bleiben unberührt.

Unter § 7 Abs. 1 Nr. 1 der VO fallen nach Anhang Nr. 32 Rasenmäher (mit Ausnahme von
- Land- und forstwirtschaftlichen Geräten,
- Mehrzweckgeräten, deren Hauptantrieb eine installierte Leistung von mehr als 20 kW aufweist).

  Bei den Geräten, die von § 7 Abs. 1 Nr. 2 der VO erfasst werden, handelt es sich gemäß dem Anhang um
- Nr. 02: Freischneider,
- Nr. 24: Grastrimmer/Graskantenschneider,
- Nr. 34: Laubbläser,
- Nr. 35: Laubsammler.

Die VO regelt außerdem, unter welchen Voraussetzungen Geräte und Maschinen in Verkehr gebracht werden dürfen.
- **Sportlärm:** Ob Lärm, der durch Sportausübung, insbesondere auf Sportanlagen entsteht, zu dulden ist, richtet sich ebenfalls nach § 906 BGB. Dabei kommt es in erster Linie darauf an, ob die Lärmimmissionen zu einer wesentlichen Beeinträchtigung führen (vgl. Anm. 4 und oben b) und ob das Betreiben der Sportanlage ortsüblich ist (vgl. Anm. 5).[204]

  Maßgebend für die Beurteilung der Wesentlichkeit ist nach § 906 Abs. 1 Satz 2 BGB die SportanlagenlärmschutzVO (18. BImSchV) vom 18.07.1991 i.d.F. vom 09.02.2006 (BGBl. I S. 324). Hinsichtlich der zulässigen Lärmbelastung wird nach Art der Bebauung, danach, ob sich der Immissionsort außerhalb oder innerhalb eines bewohnten Gebäudes, sowie zwischen Tag- und Nachtzeiten differenziert. Erfasst von der Verordnung bzw. bei der Geräuschbeurteilung einzubeziehen sind nach Ziffer 1.1 des Anhangs Geräusche durch die technischen Einrichtungen und Geräte, die Sporttreibenden, die Zuschauer sowie die Geräusche,

204 Zu den Voraussetzungen, unter denen Lärm, der von verschiedenen Anlagen eines Freizeitzentrums (einschließlich Sportplatz) ausgeht, zu einer „Gesamtimmission“ zusammengefasst werden kann, vgl. BVerwG BayVBl. 2201, 693.

die von den Parkplätzen auf dem Anlagengelände ausgehen. Die Verordnung gilt hingegen nicht für den rein durch geselliges Beisammensein verursachten „Feierlärm“ auf der Sportanlage, hier gilt die TA Lärm.[205] Kurzzeitige Geräuschspitzen für seltene Ereignisse (z.B. besondere Turniere, „Spiele des Jahres“ gegen außergewöhnliche Gegner) nach § 5 Abs. 5 Nr. 2, Ziffer 1.5 (Anlage) der Verordnung sind an 18 Tagen regelmäßig hinzunehmen. Ob die Richtwerte eingehalten sind, ist über ein Schallimmissionsgutachten zu klären.
Werden die in der Verordnung genannten Richtwerte überschritten, ist eine wesentliche Beeinträchtigung indiziert. Allerdings lässt sich die Grenze der Zumutbarkeit nicht mathematisch berechnen, vielmehr muss sie aufgrund einer wertenden Betrachtung im Einzelfall festgestellt werden. Dabei spielt auch zugunsten des Lärmverursachers das Rücksichtnahmegebot eine Rolle. Von Sportanlagen ausgehender Lärm ist – anders als Industrielärm – im Hinblick auf das allgemeine Interesse an der integrativen und gesundheitsfördernden Funktion des Sports sozial in höherem Maß zu akzeptieren und dementsprechend für den Nachbarn zumutbar.[206]
Das LG Osnabrück[207] hielt beispielsweise den von einem Fußballplatz ausgehenden Lärm nur werktags bis 18.30 und samstags bis 14 Uhr für ortsüblich (in dieser engen Begrenzung wohl kaum haltbar). Dagegen beurteilte das OLG Frankfurt[208] den Betrieb einer Fußballsportanlage in der Randlage des Außenbereichs als weitgehend zulässig, insbesondere auch im Hinblick auf eine Blechbande, welche aufgrund der Dröhngeräusche einen erhöhten Belästigungsfaktor hat. Bei der Bestimmung der Richtwerte kann die Verwendung der Trillerpfeife durch den Schiedsrichter einen sog. Tonzuschlag rechtfertigen[209]; außerhalb dieser Zeiten müsse der Spielbetrieb der Ruhe im übrigen Gebiet angepasst werden. Siehe aber anschließend hinsichtlich

205 OLG Hamm NVwZ-RR 2007, 756.
206 BGH NJW 2001, 3119; OLGR Frankfurt 2009, 47.
207 MDR 1985, 1029.
208 OLGR Frankfurt 2009, 47.
209 OLG Hamm NVwZ-RR 2007, 756.

gemeindlicher Fußballplätze.
Für einen Tennisplatz hat der BGH die Ortsüblichkeit selbst in einem Mischgebiet verneint, in dem nach § 6 Abs. 2 Nr. 5 BauNVO Anlagen für sportliche Zwecke zulässig sind, auch wenn die maßgeblichen Richtwerte nicht überschritten wurden. Begründet wird dies mit den Besonderheiten der von einer Tennisanlage ausgehenden Lärmentwicklung („Impulshaftigkeit" der Spielgeräusche, Schlagen der Bälle, Aufprall auf den Boden sowie „soziale Geräusche" des Tennisbetriebs: Schiedsrichteransagen, Rufe der Spieler, Reaktionen der Zuschauer).[210] Im angeführten Fall hat es der BGH als zulässig angesehen, den Betrieb des Tennisplatzes nicht nur einzuschränken, sondern vollends zu untersagen[211] – vgl. dazu auch Anm. 10a. Andere gerichtliche Entscheidungen legen eine zulässige tägliche Gesamtspielzeit[212] oder – wohl zutreffender – bestimmte zulässige Lärmimmissionen zu konkreten Tageszeiten[213] fest. Entsprechendes gilt auch für das Tischtennisspiel.[214] Das OLG Köln[215] hat den von einer Tennisanlage eines Schulgeländes ausgehenden Lärm außerhalb der Schulzeiten als nicht ortsüblich und deshalb als unzulässig angesehen (sehr bedenklich im Hinblick auf den zu berücksichtigenden Grundsatz der Jugendförderung[216]).
Von dem privatrechtlichen Anspruch gegen den Störer auf Unterlassung oder Einschränkung des Spielbetriebs nach §§ 1004, 862, 906 BGB ist der gegen die öffentliche Hand gerichtete und vor den Verwaltungsgerichten zu verfolgende (§ 40 VwGO) öffentlich-rechtliche Abwehranspruch (vgl. oben Anm. 9c) zu unterscheiden. Wird z. B. ein Sportplatz durch die öffentliche Hand betrieben (gemeindlicher Sportplatz), so hat der Nachbar jeweils nach den örtlichen Gegebenheiten einen öffentlich-rechtlichen Anspruch, dass erhebliche Lärmbelästigungen (zum Maßstab

210 Vgl. dazu auch OLG Schleswig NJW-RR 1991, 715.
211 BGH NJW 1983, 751.
212 OLG Celle NJW 1988, 424.
213 OLG Zweibrücken NJW 1992, 1242.
214 OLG Köln NJW-RR 1991, 1425.
215 MDR 1988, 777.
216 BGHZ 121, 248.

s. o.) unterbleiben oder auf ein Mindestmaß beschränkt werden.[217] Es gibt allerdings keinen Rechtssatz, dass Sportplätze in Wohnnähe für den Vereinssport oder die Allgemeinheit überhaupt nicht oder nur zu bestimmten Tageszeiten genutzt werden dürfen. Dies gilt insbesondere für den Schulsport als auch für andere Sportarten, wie z. B. das Fußballspielen. Maßgebend für die rechtliche Beurteilung sind immer die konkreten Gegebenheiten des Einzelfalles in ihrer Gesamtschau. Der öffentlich-rechtliche Abwehranspruch kann beispielsweise auf die Versagung der Baugenehmigung für eine Sportstätte, auf die Erteilung von Auflagen oder im Extremfall auf Untersagung des Spielbetriebs gerichtet sein.[218]

Die Erheblichkeit der Lärmeinwirkungen von einem Flugfeld zum Aufstieg von Flugmodellen mit Verbrennungsmotoren beurteilt der BayVGH[219] entsprechend der SportanlagenlärmschutzVO unter zusätzlicher Heranziehung der VDI Richtlinie 2058 Bl. 1 und der TA Lärm (s. oben 1b).

Bei einer Kegelbahn wurde eine Geräuschimmission mit einer Spitzenlautstärke von mehr als 35 dB(A) abends oder nachts als wesentliche Beeinträchtigung angesehen.[220]

Das OVG Koblenz[221] hat einen (öffentlich-rechtlichen) Anspruch des neben einer gemeindlichen Skateranlage wohnenden Nachbarn auf Beseitigung der Anlage bejaht, bei der die Grenzwerte der LAI-Hinweise (vgl. oben Anm. 13 Stichwort „Lärm" 1b) regelmäßig überschritten wurden.

Einen Anspruch auf behördliches Einschreiten gegen den Lärm einer Motorsportanlage (Gokart-Anlage), bei der die Richtwerte

---

217 BVerwG BayVBl. 1989, 406; 1992, 55 und 58.

218 Vgl. etwa BVerwG NJW 1986, 393; 1989, 1291; BayVGH BayVBl. 1986, 23; 1987, 655; VG Würzburg, Urt. v. 16.06.2004 – W 2 K 02.464 (gemeindlicher Bolzplatz); VG Minden, Urt. v. 31.01.2012 – 1 K 2469/10 (Sportplatzgelände mit Flutlichtanlage); VG Aachen, Urt. v. 10.05.2011 – 3 K 1190/09 (Paintballanlage).

219 BayVBl. 1998, 212.

220 OLG Hamm NJW-RR 1989, 1167.

221 NVwZ 2000, 1190.

der TA-Lärm (vgl. oben Anm. 13 aaO) überschritten werden, gewährt das VG Minden.[222]

– **Tierlärm:** Die Intensität von Tierlärm lässt sich meist nicht mit den üblichen Messverfahren feststellen, so dass die Anwendung der Lärmschutzrichtwerte nicht ohne Weiteres möglich ist. Die Lautäußerungen sind meist unregelmäßig, unterbrochen von kürzeren oder längeren Pausen, was jedoch auf Grund der Geräuscherwartung gerade zu einer erhöhten Belästigung führen kann. Andererseits können besonders laute und anhaltende Tierlaute, vor allem zur Nachtzeit in besonderem Maße störend wirken. Die Wesentlichkeit der Beeinträchtigung hängt deshalb stets von den Umständen des Einzelfalles ab; sie ist nach dem Empfinden eines verständigen Durchschnittsmenschen zu beurteilen.[223]

  Beispiele zu **Tiergeräuschen:**

  Frösche: Froschgequake war mehrfach Gegenstand gerichtlicher Auseinandersetzungen zwischen Nachbarn. Vor allem bei größerer Froschpopulation in Gartenteichen kann Froschgequake für den Nachbarn ein fast unerträgliches Ausmaß annehmen. Es tritt besonders in der Paarungszeit von April bis Juni auf, geht aber mit verminderter Intensität bis September/Oktober weiter, wobei es in kühleren Nächten schwächer ist oder auch ganz ausbleibt. Die früher umstrittene und wegen des Zusammenhangs mit dem Naturschutzrecht rechtlich komplexe Frage der Duldungspflicht hinsichtlich des Froschgequakes ist durch eine Entscheidung des BGH[224] nunmehr weitgehend geklärt:

  Wer einen Gartenteich anlegt, in dem sich Frösche ansiedeln oder in den er Frösche einsetzt, ist grundsätzlich Störer i. S. des § 1004 BGB (vgl. 12 A 4). Ob das Froschgequake im Einzelfall eine wesentliche Beeinträchtigung (dazu oben Anm. 4) der Nachbarschaft darstellt, ist auch nach dem Empfinden eines verständigen Durchschnittsmenschen zu beurteilen, wobei das ge-

222 NVwZ-RR 2003, 198.

223 Z. B. OLG Köln VersR 1994, 434; OLG Düsseldorf NJW-RR 1995, 542.

224 BGHZ 120, 239; kritisch dazu Staudinger/Roth, § 906 Rn. 155; vgl. auch Vieweg NJW 1993, 2570 mit weiteren Literaturangaben.

änderte Umweltbewusstsein und der naturschutzrechtliche Artenschutz für Frösche zu berücksichtigen sind. Massive Störungen der Nachtruhe durch Froschlärm (in dem vom BGH entschiedenen Fall 64 dB[A] gegenüber einem Richtwert von 35 dB[A]) sind nicht mehr zumutbar. Das Ausmaß des Lärms kann durch eine Lärmpegelmessung nach den Richtwerten der VDI-Richtlinie 2058 der ähnlichen Richtlinien wie TA-Lärm oder LAI-Hinweise (oben Anm. 1b zu Lärm) beurteilt werden. Liegt nach diesen Grundsätzen eine wesentliche Beeinträchtigung vor, die auch nicht ortsüblich ist (vgl. oben Anm. 5), so hat an sich der Nachbar das Froschgequake nicht zu dulden.

Der unter diesen Voraussetzungen gegebene Abwehranspruch nach § 1004 BGB ist jedoch durch naturschutzrechtliche Vorschriften stark eingeschränkt oder ausgeschlossen. Fast sämtliche Froscharten sind besonders geschützt. Frösche, auch Kaulquappen, dürfen insbesondere nicht gefangen oder getötet werden; verboten ist auch die Zerstörung von Froschlaich. Die „Brut-, Wohn- und Zufluchtstätten" der Frösche dürfen nicht beschädigt oder zerstört werden. Dieser Schutz erstreckt sich auch auf Frösche in künstlich angelegten Gartenteichen, gleich ob sie zugewandert oder eingesetzt sind. Damit schließt das Naturschutzrecht die Durchsetzung des Abwehranspruchs, der auf Beseitigung des Gartenteichs oder der Frösche gerichtet ist, aus (Maßnahmen i. S. des § 906 Abs. 2 Satz 1 BGB sind naturschutzrechtlich ebenfalls nicht möglich). Eine Beseitigung des Gartenteichs wäre nur dann zulässig, wenn sich im Teich weder Frösche, Kaulquappen noch Froschlaich befinden und er auch nicht mehr naturschutzrechtlich als „Zufluchtsstätte" für Frösche angesehen werden kann.

Der Anspruch kann allenfalls dann durchgesetzt werden, wenn die naturschutzrechtlichen Voraussetzungen für eine Beseitigung der Tiere erfüllt sind.[225] Hält das Zivilgericht eine Befreiung, die aber nur von der zuständigen Behörde erteilt werden kann, für möglich, so kommt eine Verurteilung des Nachbarn zur Beseitigung von Teich oder Fröschen unter dem Vorbehalt der

225 Vgl. hierzu BayVGH NJW 1999, 2914 und BVerwG NJW 1999, 2912.

behördlichen Ausnahmegenehmigung in Betracht. Zulässig ist auch eine Verurteilung des Nachbarn zur Stellung eines solchen Befreiungsantrags. Verneint dagegen das Zivilgericht von vornherein die Möglichkeit einer Befreiung oder wird diese versagt, so ist die Durchsetzung des Abwehranspruchs endgültig gescheitert.[226]

Der betroffene Nachbar hat in der Regel auch keinen Schadensersatzanspruch wegen Eigentumsverletzung nach § 823 Abs. 1 BGB, da normalerweise bei Anlegung eines Gartenteichs eine Zuwanderung von Fröschen mit unzumutbarer Lärmbelästigung als Folge nicht vorauszusehen ist und die Belassung des Teichs mit Froschpopulation im Hinblick auf das Naturschutzrecht nicht rechtswidrig ist.

Ein Schadensersatzanspruch nach § 823 Abs. 2 i.V.m. § 1004 BGB (Schutzvorschrift!) könnte dann in Betracht kommen, wenn der Teicheigentümer die – aussichtsreiche – Stellung eines Befreiungsantrags unterlässt.

Ein Ausgleichsanspruch nach § 906 Abs. 2 Satz 2 BGB (vgl. oben Anm. 7) scheitert bereits an der Ortsunüblichkeit des Lärms, im Übrigen aber daran, dass der Betroffene auf Grund des Naturschutzrechts die Beeinträchtigung zu dulden hat.[227] Wird aber die Ausnahmegenehmigung erteilt, ist der Abwehranspruch durchsetzbar, so dass ein Ausgleichsanspruch ohnehin ausscheidet.

Hundegebell: Für die Wesentlichkeit gelten die oben dargestellten allgemeinen Grundsätze. Dabei ist von Bedeutung, dass Hundegebell zu den Geräuschen zählt, die die Aufmerksamkeit in besonderem Maße auf sich ziehen. Eine wesentliche Beeinträchtigung kann schon dann vorliegen, wenn es einen bestimmten Lärmpegel, der bei anderen Lärmquellen noch hinzunehmen ist, nicht überschreitet. Störungen durch nicht nur geringfügiges Gebell während der Nachtzeit (22 bis 6 Uhr) ist i.d.R. bereits eine

226 OLG Sachsen-Anhalt v. 17.09.2013 – 12 U 143/12.

227 Kritisch hierzu Vieweg NJW 1993, 2570; der BGH lässt offen, ob der Staat wegen Verweigerung der Ausnahmegenehmigung eine Entschädigung zu leisten hätte, BGHZ 120, 252.

nicht ortsübliche wesentliche Beeinträchtigung.[228] Nicht so strenge Anforderungen sind während der Ruhezeit (ca. 19 bis 22 Uhr), der Mittagszeit, sonn- und feiertags und vor allem während der übrigen Tageszeit zu stellen. Außerhalb der Ruhe- und Nachtzeit hat z. B. das OLG Hamm[229] eine unwesentliche Beeinträchtigung angenommen, wenn Hunde nicht mehr als 10 Minuten ununterbrochen und insgesamt nicht länger als 30 Minuten tagsüber bellen.[230] Das Bellen auf bestimmte Zeiten zu beschränken, ist – wie allgemein bei Tierlauten – praktisch nicht möglich und kann letztlich einem Verbot der Hundehaltung gleichkommen.[231] In einem Fall extremer Belästigung durch zahlreiche Hunde ist dem Störer allerdings der Betrieb einer Hundezucht untersagt worden.[232] Im Regelfall muss es aber dem Hundehalter überlassen bleiben, durch eine entsprechende Hundehaltung dafür zu sorgen, das – ggf. zu bestimmten Zeiten, vor allem in der Nachtzeit – Hundegebell nicht über die Wesentlichkeitsgrenze nach außen in die Nachbarschaft dringt (zum Klagantrag vgl. oben Anm. 10c). Diese Grundsätze gelten auch für Wachhunde.[233]
Beim Läuten von **Kuhglocken** bedarf neben der Prüfung der Wesentlichkeit besonders die Frage der Ortsüblichkeit, die in landwirtschaftlich geprägten Gegenden eher zu bejahen ist, einer eingehenden Prüfung.[234]
Vögel: Auch von einer Vogelhaltung können wesentliche Lärmbeeinträchtigungen ausgehen, vor allem, wenn sie in großer Zahl oder wenn besondere Arten, z. B. Papageien, gehalten werden.[235]

228 OLG Brandenburg, Urt. v. 11.01.2007 – 5 U 152/05 (selbst für Mischgebiete).
229 MDR 1988, 966 und NJW-RR 1990, 335.
230 Vgl. ferner OLG Stuttgart NJW-RR 1986, 1141; OLG Nürnberg vom 26.09.1990 – 9 U 3216/89; LG Memmingen vom 14.11.1990 – 1 S. 1090/90.
231 OLG Köln VersR 1994, 434 mit recht instruktiver Anm. von Gaisbauer; OLG Düsseldorf NJW-RR 1995, 542; LG Schweinfurt NJW-RR 1997, 1104.
232 OLG Nürnberg NJW-RR 1991, 1230.
233 OLG Düsseldorf MDR 1991, 179.
234 Staudinger/Roth, § 906 Rn. 153; AG Lindau NJW-RR 1992, 277; LG Kempten vom 12.10.1995 – 2 O 2692/94.
235 Z. B. OLG Hamburg MDR 1977, 492: Freivoliere; OLG Frankfurt NJW-RR 1987, 1166: Pfaue; OLG Düsseldorf NJW 1990, 1677: Papagei; LG Nürnberg-Fürth DWW 1996, 50: „Rosenköpfchen".

Entsprechendes gilt für den durch Hausgeflügel[236] verursachten Lärm; hier bedarf die Ortsüblichkeit einer eingehenden Prüfung.

- **Verkehrslärm:**[237] Gegen den Verkehrslärm auf öffentlichen Straßen und gegen die Einwirkungen, die vom Bau einer Straße ausgehen (z. B. Lärm und Staubbelästigung), scheidet ein Abwehranspruch nach § 1004 BGB aus. Hinsichtlich des Verkehrslärms ergibt sich dies daraus, dass er die unmittelbare Folge der Eröffnung der Straße für den öffentlichen Verkehr darstellt (sog. Widmung), durch die die Anlieger zugleich hoheitlich verpflichtet sind, die Verkehrsimmissionen zu dulden (vgl. Anm. 8b und 9c).[238] Die Straßenbauimmissionen können auf hoheitliche oder privatrechtliche Tätigkeit zurückgehen. Ist der Bau hoheitlich organisiert, scheidet ein Abwehranspruch aus den vorgenannten Gründen aus. Bei privatrechtlicher Baudurchführung (Beauftragung eines privaten Unternehmens) scheidet die Anwendbarkeit der § 1004, 906 BGB aus, weil die Errichtung öffentlicher Straßen im öffentlichen Interesse liegt.[239]

  Beim Bau und bei wesentlichen Änderungen von Straßen ist bereits bei der Planung sicherzustellen, dass diese keine schädlichen Umwelteinwirkungen (vgl. § 3 Abs. 1 BImSchG und **6** B 9a) durch Verkehrsgeräusche verursachen, die nach dem Stand der Technik vermeidbar sind (§ 41 BImSchG).

  Nach dem BImSchG müssen Straßen bereits so trassiert werden, dass schädliche Umwelteinwirkungen in Wohngebieten so weit

---

236 Zum Krähen von Hähnen vgl. Staudinger/Roth, § 906 Rn. 154; OLG Hamm 1988, 966; LG München I NJW-RR 1989, 1178 ff.; LG Ingolstadt NJW-RR 1991, 654: schalldichte Aufbewahrung von Hähnen täglich von 21 bis 7 Uhr sowie zusätzlich sonn- und feiertags 12 bis 14 Uhr; LG Lübeck, Urt. v. 16. 12. 2005, – 14 S 33/04: Freilandhaltung einer Mischung aus Vögeln und Geflügel nur bis 3 Meter zur Grenze und zwischen 7 bis 19 Uhr; AG Kenzingen MDR 2011, 1346: zur Ortsüblichkeit von Hahnenkrähen.

237 Zu dem umfänglichen und komplexen Rechtsbereich muss vor allem auf die einschlägige Spezialliteratur verwiesen werden, z. B. Kodal/Krämer, Straßenrecht, 6. Aufl., Rn. 51 ff. zu Kap. 34.

238 BVerfG NJW 1989, 1271; BGHZ 64, 220/222; BGH NJW 1986, 2421; 1988, 900; OLGR Bremen 2007, 501 und OLGR Düsseldorf 2002, 328 (jeweils zu Omnibusverkehr).

239 BGHZ 72, 289/292 f.; BGH NJW 1978, 373/374.

wie möglich vermieden werden. Kann bei der Trassierung diesem Grundsatz nicht ausreichend Rechnung getragen werden, müssen die notwendigen Lärmschutzmaßnahmen (Lärmschutzwälle, -wände, -zäune, Tunnelung) ausgeführt werden – aktiver Lärmschutz. Stehen die Kosten hierfür außer Verhältnis zum angestrebten Zweck, kann von Lärmschutzmaßnahmen abgesehen werden. Dann ist jedoch den Betroffenen Ersatz für Schallschutzmaßnahmen in den Wohngebieten zu leisten – passiver Lärmschutz (vgl. § 42 BImSchG). Der Anspruch ist vor den Verwaltungsgerichten geltend zu machen.[240]
Die Immissionsgrenzwerte sind in der 16. VO zur Durchführung des BImSchG (VerkehrslärmschutzVO) festgelegt. Zu Art und Umfang von Schallschutzmaßnahmen vgl. Verkehrswege-SchallschutzmaßnahmenVO (24. BImSchV) vom 04.02.1997 (BGBl. I S. 172). Art und Umfang der Schutzmaßnahmen werden ausschließlich im Planfeststellungsverfahren geprüft und abschließend festgelegt. Der Anlieger muss seine Interessen also bereits in diesem Verfahren zur Geltung bringen und gegebenenfalls Einwendungen erheben. Der bestandskräftige Planfeststellungsbeschluss schließt Ansprüche nach anderen Vorschriften oder Grundsätzen (§ 74 Abs. 2 VwVfG, Enteignungsgesichtspunkte) aus.
Nur wenn sich nach unanfechtbarem Planfeststellungsbeschluss nicht vorhersehbare Auswirkungen ergeben, besteht ein Anspruch auf Vorkehrungen oder Errichtung von Anlagen, welche die nachteiligen Auswirkungen ausschließen; gegebenenfalls besteht ein Anspruch auf angemessene Entschädigung in Geld (§ 75 Abs. 2 Sätze 1, 2 und 4 VwVfG bzw. die entsprechenden Regelungen in Art. 75 BayVwVfG).[241]
Als völlig ungenügend wird der Schutz vor Verkehrslärm infolge der Zunahme des Verkehrsaufkommens insbesondere auf Ortsdurchfahrten, die praktisch nicht ausgebaut wurden, bezeichnet.[242]

240 BVerwG NJW 1987, 2884.
241 BGHZ 140, 285/293 ff.
242 Kodal/Krämer, aaO, Rn. 51.7.

Zum Schutz gegen Verkehrslärm kommt auch die Anordnung verkehrsbeschränkender Maßnahmen durch die Straßenverkehrsbehörden nach § 45 Abs. 1 Satz 2 Nr. 3 StVO in Betracht; s. dazu **15** IV 2.[243]

- **Volksfeste, Rockkonzerte, Faschingsumzüge:** Für die Beurteilung der zulässigen Lärmverursachung bei Volksfesten kommen vor allem die LAI-Hinweise in Betracht (vgl. oben 1b zu Lärm).[244] Zu berücksichtigen ist auch, dass heute auf Volksfesten Musik vor allem über elektrische Verstärker dargeboten wird, die der Durchschnittsmensch als besonders laut und unangenehm empfindet.

  Strenge Anforderungen sind vor allem an die Zeit nach 22 Uhr zu stellen. Insoweit besteht ein qualifiziertes Schutzbedürfnis der Nachbarschaft im Hinblick auf die „Lebensnotwendigkeit“ ungestörten Schlafs.[245] Volksfeste sind also vor allem für die Nachtzeit von der Rücksichtnahme auf das Ruhebedürfnis anderer Menschen in der Nachbarschaft nicht freigestellt.[246]

  Unerheblich ist grundsätzlich, dass solche Feste nur in geringen Zeiträumen von meist wenigen Tagen stattfinden. Eine besondere Duldungspflicht ergibt sich nicht aus dem nachbarlichen Gemeinschaftsverhältnis. Allerdings kann die Zumutbarkeitsschwelle im Hinblick auf die Seltenheit eines Anlasses und unter den Gesichtspunkten der Herkömmlichkeit, der Sozialadäquanz und der allgemeinen Akzeptanz zu Lasten der Nachbarn im Einzelfall ausgedehnt werden.[247] Eine solche „Privilegierung“ hat der BGH[248] einem **Rockkonzert** auf einem Sommerfest eines örtlichen Sportvereins zugestanden, das von kommunaler Bedeutung ist, nur einmal im Jahr stattfindet und singulär in der Umgebung ist (zulässig 70 dB[A] bis Mitternacht).

---

243 BayVGH BayVBl. 2003, 80.

244 BGHZ 111, 63/66 f.

245 BayVGH BayVBl. 1996, 728/729.

246 BGHZ 111, 63/74 f.; VG Düsseldorf NJW 1991, 2661.

247 So BayVGH BayVBl. 1997, 594 zu einem Jubiläumsfest von Ortsvereinen eines Dorfes.

248 NJW 2003, 3699; so auch OLG Oldenburg MDR 2010 für ein einmal jährlich stattfindendes Musikfestival von kommunaler Bedeutung.

Diese Grundsätze gelten auch für Veranstaltungen in gemeindlichen Mehrzweckhallen.[249]

Sofern es im Einzelfall bei der Prüfung des § 906 BGB auf die Ortsüblichkeit einer Veranstaltung ankommt (vgl. oben Anm. 2 und 5), kann deren Feststellung Schwierigkeiten bereiten. Sie wird z.B. durch eine gelegentliche Nutzung eines Parkplatzes oder eines anderen Grundstücks als Festplatz nicht begründet.[250]

Bei **Faschingsumzügen** wird wesentlich sein, dass sie in der Regel nur von kurzer Dauer (wenige Stunden) und deshalb meist nicht geeignet sind, schädliche Umwelteinwirkungen herbeizuführen, auch wenn dabei im Einzelfall Lärmspitzen auftreten, die über den Richtwerten liegen.[251] **Zirkusveranstaltungen** sind bezüglich der Lärmimmissionen nach den LAI-Hinweisen (vgl. oben 1b zu Lärm) zu beurteilen.[252]

- **Windenergieanlagen:** Für das Maß des zulässigen Lärms gilt insbesondere die TA-Lärm (s.o. Stichwort Lärm (1)b).[253]
- **Sonstiger Lärm:** Gegen den Betrieb einer gemeindlichen **Feuerwehrsirene** besteht selbst bei Überschreiten der zulässigen Spitzenwerte in der Regel kein Abwehranspruch oder ein Anspruch auf Lärmminderung, da sonst die beabsichtigte Alarmfunktion herabgesetzt würde. Allerdings liegt das Maß des Zumutbaren unterhalb der Grenze der Gesundheitsgefahr oder des schweren und unerträglichen Eingriffs in das Eigentum.[254] Der Nachbar hat jedoch Anspruch auf Kostenersatz für Schallschutzmaßnahmen.[255]

---

249 BayVGH BayVBl. 1998, 310; LG Memmingen vom 02.10.1996, 1 S 144/96 – nicht veröffentlicht; OLG Koblenz NVwZ-RR 2004, 24 (Dorfgemeinschaftshaus).

250 BGHZ 111, 63/72f.

251 VG Frankfurt NJW 1999, 1986.

252 BayVGH BayVBl. 1997, 664.

253 BGH NVwZ 2005, 116; OVG Lüneburg NVwZ-RR 2004, 23; OVG Münster NVwZ-RR 2004, 408.

254 BVerwG NJW 1988, 2396.

255 BayVGH BayVBl. 1992, 496.

Die Benutzung von **Sanitär- und Wasserinstallationen** im Nachbarhaus (Reihen- und Doppelhäuser; entspr. auch in Eigentumswohnanlagen und Mietanwesen) ist bei normaler Geräuschentwicklung hinzunehmen, wobei z. B. das Duschen in der Zeit von 22 bis 6 Uhr (Nachtzeit) nicht länger als 30 Minuten für zulässig gehalten wird.[256] Bei der Beurteilung der Lärmimmissionen ist auch die dem Alter des Gebäudes entsprechende Bauweise zu berücksichtigen.[257]

Lärmimmissionen, die von einer **Doppelduplexgarage** ausgehen, sind wohl als sozialadäquat hinzunehmen.[258]

Lichteinwirkung:
durch gemeindliche Straßenbeleuchtung ist in der Regel von den Anwohnern zu dulden, im Einzelfall kann die Anbringung einer Abblendeinrichtung in Betracht kommen. Der Anspruch ist ggf. vor den Verwaltungsgerichten zu verfolgen (vgl. oben Anm. 8c).[259]
Dagegen soll der dauerhafte Betrieb einer Außenleuchte auf einem Wohngrundstück bereits dann untersagt werden können, wenn diese im Schlafzimmer des Nachbarn ein „erhebliches Gefühl der Lästigkeit" hervorruft. Nach der unten zitierten Entscheidung besteht keine Verpflichtung des gestörten Nachbarn, die Lichteinwirkung durch Jalousien oder Gardinen abzumildern.[260]

Durch Sonneneinstrahlung verursachte Blendwirkung durch den Anstrich eines Gebäudes[261] kann der Nachbar regelmäßig nicht abwehren, jedoch starke, im Einzelfall nicht mehr zumutbare Sonnenlichtreflexionen durch eine lichtreflektierende bauliche Anlage (z. B. Photovoltaikanlage, Oberlicht) dagegen schon.[262] Nur in den

256 OLG Düsseldorf NJW 1991, 1625.
257 OLG Karlsruhe NJW-RR 1991, 1491.
258 BayVGH BayVBl. 2000, 115.
259 OVG Koblenz NJW 1986, 953; VGH Kassel NJW 1989, 1500; BayVGH BayVBl. 1992, 498.
260 LG Wiesbaden NJW 2002, 615.
261 OLG Düsseldorf MDR 1991, 57.
262 OLG Stuttgart MDR 2009, 1099; OLG Stuttgart BauR 2013, 1463: unwesentliche Beeinträchtigung bei räumlich und zeitlich geringfügiger Blendwirkung; LG Heidelberg NZM 2010, 919.

Nachthimmel gerichtete Strahlen (sog. Skybeamer) sind keine Einwirkungen i. S. des § 906 Abs. 1 Satz 1 BGB.[263]

Umgekehrt stellt der Entzug von Licht (sog. negative Einwirkung) keine Einwirkung i. S. des § 906 BGB und damit keine Eigentumsstörung nach § 1004 Abs. 1 BGB dar (z. B. der Lichtentzug durch Bäume auf dem Nachbargrundstück[264] oder die Verhinderung von Sonnenlichteinfall auf eine Photovoltaikanlage durch einen Neubau[265]).

Laubflug: s. **10** C.

Mobilfunkbasisstationen[266]**:**
Unversöhnlich stehen sich Telekommunikationsdienstleister und Befürworter eines möglichst lückenlosen Mobilfunknetzes auf der einen Seite sowie Bevölkerungsteile, die in den mittlerweile zahlreichen Mobilfunkbasisstationen[267] nicht nur eine Verschandlung des Orts- und Straßenbilds sehen, sondern vor allem nicht absehbare gesundheitliche Schädigungen für sich und ihre Kinder befürchten bzw. sogar empfinden, auf der anderen Seite gegenüber.

Hinsichtlich der Zulässigkeit solcher Anlagen stellen sich neben bauplanungsrechtlichen[268] (bodenrechtliche Relevanz, untergeordnete oder fernmeldetechnische Nebenanlagen oder Hauptanlage) und bauordnungsrechtlichen[269] Problemstellungen (Einhaltung von Abstandsflächen, Verunstaltungsverbot) vor allem Fragen des Im-

---

263 OLG Zweibrücken MDR 2001, 984.

264 BGH v. 10. 07. 2015 – V ZR 229/14 m.w.N.

265 Nach LG Nürnberg-Fürth v. 16. 10. 2012 könnte sich in (hier nicht gegebenen) Ausnahmefällen ein Anspruch aus dem nachbarlichen Gemeinschaftsverhältnis ergeben.

266 Einen guten Überblick zur Gesamtproblematik schafft Schmehl-Ludewig, Jura 2011, 669.

267 Bislang sind etwa 70 000 Standorte durch die Bundesnetzagentur zugelassen worden (Schmehl-Ludewig, Jura 2011, 669).

268 Vgl. z. B. BVerwG NVwZ 2012, 579; BauR 2000, 703; BayVGH ZfBR 2005, 803; Urt. v. 27. 07. 2010 – 15 CS 10.37; BayVBl. 2012, 212; OVG NRW BauR 2003, 1011 und NVwZ-RR 2005, 608; VG München NVwZ 2001, 661 und Urt. v. 01. 08. 2002 – M 11 K 01.5934.

269 BayVGH, Urt. v. 09. 08. 2007 – 25 B 05.1341; Schmehl-Ludewig, Jura 2011, 669.

missions- und Gesundheitsschutzes: Die von Mobilfunkbasisstationen ausgehenden Strahlen sind Immissionen i.S. des § 3 Abs. 2 BImSchG (und damit auch Einwirkungen nach § 906 BGB). Die Anlagen müssen daher nach §§ 22 Abs. 1 Nr. 1 BImSchG so errichtet werden, dass schädliche Umwelteinwirkungen, die nach dem Stand der Technik vermeidbar sind, vermieden werden. Die sog. Schädlichkeitsgrenze bestimmt sich nach der Verordnung über elektomagnetische Felder (26. BImSchV). Die Bestimmungen dieser VO haben drittschützende Wirkung (vgl. dazu **1** 4); insoweit haben die Anwohner einen Anspruch gegenüber der zuständigen Behörde auf ermessensfehlerfreie Prüfung, ob die Werte eingehalten sind und ob im Einzelfall einzuschreiten ist.[270]

Die Mobilfunkgegner kritisieren vor allem, dass die Grenzwerte der 26. BImSchV ungenügend seien und der Staat seiner Schutzpflicht für die menschliche Gesundheit nicht hinreichend nachkommt. Diese Grenzwerte beruhen jedoch auf Empfehlungen der Strahlenschutzkommission; sowohl der BGH als auch der Europäische Gerichtshof für Menschenrechte gehen jedoch davon aus, dass von Wissenschaft und Forschung bisher kein Nachweis gelungen ist, dass die durch Mobilfunkanlagen verursachten elektromagnetischen Felder unterhalb der durch die 26. BImSchV gezogenen Grenzen zu gesundheitlichen Schäden führen.[271]

Daher werden dem Grundstückseigentümer gegen den Betreiber einer Mobilfunkantennenanlage auf dem Nachbargrundstück regelmäßig keine Beseitigungs- oder Schadensersatzansprüche nach §§ 1004, 823 BGB zustehen, sofern die Grenzwerte der 26. BImSchV eingehalten sind, da die von der Anlage ausgehenden Einwirkungen als unwesentlich im Sinne des § 906 Abs. 1 S. 2, 3 BGB anzusehen und demnach zu dulden sind.[272]

Motoren: s. Gerüche; Lärm/Motoren.

---

270 Teilweise wird eine Begrenzung des Drittschutzes auf 200 Meter diskutiert: So etwa Dietrich, Mobilfunk-Sendeanlagen und ihre öffentlich-rechtlichen Grundlagen, 2005, S. 102; A. A.: Schmehl-Ludewig, Jura 2011, 669.

271 BGH NJW 2004, 1317; EGMR NVwZ 2008, 1215; ferner OVG Münster NVwZ-RR 2004, 404; kritisch: Budzinski, NVwZ 2009, 160.

272 OLG Dresden NVwZ 2013, 1028 sowie MMR 2013, 475.

Müll (s. auch Gerüche; Lärm/Abfallcontainer):
Lärm- und Geruchsbelästigungen durch Müllbehälter fallen unter §§ 906, 1004 BGB.[273]

Musik: s. Lärm/Hausmusik.

Ölgeruch (s. auch Gerüche):
Ölgerüche, die durch eine ordnungsgemäß funktionierende Heizanlage oder durch Abfüllvorgänge auf Nachbargrundstücke dringen, können im Allgemeinen nicht untersagt werden.[274]

Pflanzenschutzmittel, chemische (s. auch Bienen):
Pflanzenschutzmittel, die auf einem Grundstück versprüht werden und dann z. B. durch Wind auf Nachbargrundstücke geweht werden, sind Einwirkungen i. S. des § 906 Abs. 1 BGB.[275] Ihre Verwendung wird zwar grundsätzlich ortsüblich sein; die Einwirkung auf Nachbargrundstücke wird aber i. d. R. mit zumutbaren Maßnahmen verhindert werden können (z. B. Spritzen bei Windstille). § 906 BGB ist auch anwendbar, wenn solche chemischen Giftstoffe nach dem Spritzen durch abfließendes Regenwasser auf das Nachbargrundstück gelangen (vgl. Anm. 1c) und dort zu Schäden führen (z. B. Unkrautvernichtungsmittel, das Anpflanzungen auf dem Grundstück des Betroffenen zerstört);[276] durch Art. 63 BayWG (vgl. **6** F II) ist eine solche Zuleitung von Schadstoffen nicht gedeckt.

Rasenmäher: s. Lärm/Rasenmäherlärm.

Rauch: s. Gerüche.

Schädlingsbefall: s. Insekten.

Staub: s. Gerüche.

Straßenbeleuchtung: s. Lichteinwirkung.

---

273 Vgl. OLG Koblenz MDR 1980, 578.

274 Vgl. aber z. B. OLG Düsseldorf MDR 1977, 931.

275 BGHZ 16, 366/374 f.

276 BGHZ 90, 255.

Tauben:
Ob der Taubenflug noch unter den Begriff der Einwirkung i. S. des § 906 BGB fällt, ist strittig.[277] Bejaht man die Frage, ist die Duldungspflicht des Nachbarn nach § 906 BGB zu beurteilen (vgl. oben Anm. 2 ff.) Andernfalls bestimmen sich die Ansprüche des Nachbarn nach § 1004 BGB (vgl. **12** A). Jedenfalls nach § 906 BGB zu beurteilen ist die Verschmutzung eines Grundstücks durch Taubenkot, wobei davon auszugehen ist, dass die Taubenhaltung vor allem in ländlichen Gebieten ortsüblich ist. Das OLG Celle geht davon aus, dass die Grenze der als zumutbar hinzunehmenden Verschmutzung überschritten ist, wenn auf dem Nachbargrundstück mehr als 20 Tauben gehalten werden.[278] Das LG Itzehoe[279] nimmt in einer ländlichen Gegend bei Vorhandensein mehrerer Taubenzüchter eine Obergrenze von 100 Tauben auf dem Nachbargrundstück als zumutbar an (!).

Das LG München II[280] bejaht – m. E. sehr weitgehend und in der praktischen Durchführung problematisch – in einem reinen Wohngebiet die Zulässigkeit der Haltung von 105(!) flugfähigen Tauben, wenn diese nur in Gruppen von maximal 35 Stück und nicht länger als eine Stunde je Gruppe ausfliegen können. Eine Besitzstörung (**12** B) kann in der „Anfütterung" von Tauben liegen.[281]

Bei Verschmutzung des Nachbargrundstücks durch den Kot anderer Vögel (im Beispielsfall: künstliche Ansiedlung von Mehlschwalben) wurde ein Anspruch auf Beseitigung von Nestern bejaht, soweit die Zahl von 24 überschritten wird. Es sind jedoch die naturschutzrechtlichen Erfordernisse zu beachten[282], vgl. die entsprechende Rechtslage bei Fröschen: Stichwort „Lärm/Froschgequake".

Unkrautsamenflug: s. **10** C.

Unkrautvernichtungsmittel: s. Pflanzenschutzmittel.

---

277 Bejahend z. B. Dehner, B § 16 II 3; OLG Celle NJW-RR 1989, 783; a. A. z. B. Staudinger/Roth, § 906 Rn. 119.
278 OLG Celle NJW-RR 1989, 783; vgl. auch OLG Hamm MDR 1988, 966.
279 NJW-RR 1995, 979.
280 NJW-RR 1992, 462.
281 AG Karlsruhe NJW-RR 1992, 463.
282 LG Hechingen NJW 1995, 971.

Wasser:
Soweit Wasser in Luft fein verteilt ist (Zuführung von Wasserdampf; Eindringen von Wasserstaub z. B. von Springbrunnen), ist § 906 BGB anwendbar.

Im Übrigen richten sich die Einwirkungen von und auf Wasser grundsätzlich nach den wasserrechtlichen Vorschriften; vgl. hierzu **6** F.

C Gefahrdrohende Anlagen

§ 907 BGB

(1) [1]Der Eigentümer eines Grundstücks kann verlangen, dass auf den Nachbargrundstücken nicht Anlagen hergestellt oder gehalten werden, von denen mit Sicherheit vorauszusehen ist, dass ihr Bestand oder ihre Benutzung eine unzulässige Einwirkung auf sein Grundstück zur Folge hat. [2]Genügt eine Anlage den landesgesetzlichen Vorschriften, die einen bestimmten Abstand von der Grenze oder sonstige Schutzmaßnahmen vorschreiben, so kann die Beseitigung der Anlage erst verlangt werden, wenn die unzulässige Einwirkung tatsächlich hervortritt.

(2) Die Bäume und Sträucher gehören nicht zu den Anlagen im Sinne dieser Vorschriften.

1 § 907 BGB beschränkt das Eigentumsrecht, indem dem Nachbarn der Anspruch eingeräumt wird, Anlagen zu verbieten, die auf sein Grundstück schädigend einwirken bzw. einwirken werden. Wie bei § 906 BGB wird auch hier nicht vorausgesetzt, dass die in Betracht kommenden Grundstücke unmittelbar aneinandergrenzen. Benachbart sind alle Grundstücke innerhalb des möglichen Einwirkungsbereichs.

2 Zu den gefahrdrohenden **Anlagen** zählen nur solche von gewisser Selbständigkeit und Beständigkeit.[283] Bewegliche Sachen fallen in der Regel nicht hierunter; es muss eine tatsächlich angelegte Ver-

283 BGH WM 1965, 1009/1011.

bindung mit dem Grundstück vorhanden sein.[284] Die Anlage muss selbst oder durch ihre Benutzung mit Sicherheit unzulässige Einwirkungen auf das Nachbargrundstück zur Folge haben. Es genügt also nicht, dass solche Einwirkungen möglich oder wahrscheinlich sind. Andererseits ist nicht erforderlich, dass unzulässige Einwirkungen schon eingetreten sind.

3 Bei den unter § 907 BGB fallenden **Einwirkungen** sind nur sinnlich wahrnehmbare gemeint; der Begriff wird aber weiter als in § 906 BGB auszulegen sein, da z.B. durch § 907 BGB auch Einwirkungen durch feste Körper nicht unerheblichen Umfangs nach dem Sinn der Vorschrift erfasst werden müssen (vgl. zur insoweit anderen Auslegung bei § 906 BGB **6** B 1, 3). Jedoch umfasst er ebenso nicht nur ideelle oder immaterielle Einwirkungen (vgl. **6** B 3).

Werden nur durch die Benutzung der Anlage Einwirkungen hervorgerufen und kann die Anlage auch so benützt werden, dass keine unzulässigen Einwirkungen verursacht werden, so ist § 907 BGB nicht anwendbar; der Betroffene kann nach § 1004 BGB vorgehen[285] (vgl. **12** A), wobei je nach Art der Einwirkung auch § 906 BGB heranzuziehen ist.

4 Beispiele aus der Rechtsprechung: Unter § 907 BGB fallen z.B. Dunggruben, Abwasserkanäle, Aborte, Abfallhaufen (dazu auch die Verbote des Abfallbeseitigungsgesetzes, vgl. **6** B 9a), Schweineställe, Heizungs- und Feuerungsanlagen, gewerbliche Betriebe,[286] von denen Einwirkungen ausgehen, ortsfeste Bienenstände.[287] **Absatz 2** stellt klar, dass Bäume und Sträucher nicht zu den Anlagen nach § 907 BGB zählen; für sie gelten §§ 910, 911 BGB (vgl. **10** A, B) und Art. 47 ff. AGBGB (vgl. **10** D).

5 § 907 BGB gibt dem Nachbarn das Recht, bereits die Errichtung solcher Anlagen zu verbieten und bei errichteten Anlagen ihre Beseitigung zu verlangen. Für Anlagen, die nach §§ 4 ff. BImSchG ge-

---

284 Grziwotz-Lüke-Saller, 3. Teil C I 1 a Rn. 158; a.A. z.B. MünchKomm/Säcker, § 907 Rn. 2.

285 H.M.; a.A. MünchKomm/Säcker, § 907 Rn. 11.

286 Zur Anwendbarkeit auf das Bergwerkseigentum (**2** C 3b) vgl. MünchKomm/Säcker, § 907 Rn. 4.

287 LG Lübeck MDR 1970, 506; Küstler, RdL 1983, 32 f.

nehmigt wurden, gilt § 14 BImSchG, für Eisenbahn-, Dampfschifffahrts- und ähnliche Unternehmen Art. 54 AGBGB (vgl. **6** B 8a). In diesen Fällen kann also nur Herstellung von Schutzeinrichtungen und ggf. Schadensersatz (vgl. unten Anm. 8) verlangt werden. Entsprechendes gilt für hoheitliche Tätigkeit und für Anlagen i. S. der Anm. oben vgl. **6** B 8b.

Bestehen jedoch landesrechtliche Vorschriften, die einen bestimmten Grenzabstand oder bestimmte Schutzmaßregeln vorschreiben, so besteht der Beseitigungsanspruch nur, wenn die Einwirkungen tatsächlich eingetreten sind (Absatz 1 Satz 2). Die landesrechtlichen Vorschriften können privat- oder öffentlich-rechtlicher Natur sein. Für Bayern kommen hier in Betracht:

a) Privatrechtliche Bestimmungen gelten nur für den Abstand von Fenstern (Art. 43 ff. AGBGB; vgl. **9** A).
b) Bezüglich der öffentlich-rechtlichen Vorschriften ist insbesondere hinzuweisen auf die nach Art. 6, 7 BayBO vorgeschriebenen Abstandsflächen, Vorschriften über Schutzmaßnahmen nach Art. 15 ff. BayBO, für Feuerungsanlagen nach Art. 41 BayBO, für Abwässer usw. nach Art. 42 ff. BayBO; vgl. ferner z. B. Schutzvorschriften nach Art. 38 LStVG.

6 **Anspruchsberechtigt** sind der Eigentümer oder die sonst dinglich Nutzungsberechtigten, auf Mieter oder Pächter ist § 907 entsprechend anzuwenden.[288]

Anspruchsgegner ist der, der die Anlage errichtet oder unterhält.

7 Der Anspruch nach § 907 BGB unterliegt nicht der Verjährung (§ 924 BGB).

8 Entsteht dem Nachbarn durch eine Anlage i. S. des § 907 BGB ein Schaden, so hat er Anspruch auf Ersatz nach § 823 Abs. 2 BGB.[289]

---

288 Grziwotz-Lüke-Saller, 3. Teil C I 3 a Rn. 172; MünchKomm/Säcker, § 907 Rn. 16.

289 Vgl. BGH NJW 1980, 2581.

D Gefahr des Gebäudeeinsturzes

§ 908 BGB

Droht einem Grundstücke die Gefahr, dass es durch den Einsturz eines Gebäudes oder eines anderen Werkes, das mit einem Nachbargrundstücke verbunden ist, oder durch die Ablösung von Teilen des Gebäudes oder des Werkes beschädigt wird, so kann der Eigentümer von demjenigen, welcher nach dem § 836 Abs. 1 oder den §§ 837, 838 für den eintretenden Schaden verantwortlich sein würde, verlangen, dass er die zur Abwendung der Gefahr erforderliche Vorkehrung trifft.

1 Die Vorschrift gibt ebenso wie § 907 BGB Schutz vor künftigen Einwirkungen, nämlich vor Schäden, die durch Einsturz schadhafter Gebäude oder Werke hervorgerufen werden können.

2 Die Gefahr muss von Gebäuden (vgl. 5 B I 1b) oder Werken ausgehen. Hierher zählen nur mit dem Boden fest verbundene Gegenstände (Mauern, Damm, Denkmal), nicht aber natürliche Zustände (z. B. Felsblöcke).

3 Anders als bei § 907 BGB genügt hier die nach normalen Verhältnissen gegebene Möglichkeit einer künftigen Schädigung; es ist nicht erforderlich, dass sie mit Sicherheit zu erwarten ist. Ein Verschulden des Nachbarn, von dessen Grundstück die Gefahr der Schädigung ausgeht, ist nicht erforderlich. Auch ist unmittelbares Angrenzen der Grundstücke nicht notwendig.

4 **Zur Anspruchsberechtigung** gilt das zu § 907 BGB Ausgeführte (**6** C 6).

5 **Anspruchsgegner** kann sein:

a) der Eigenbesitzer (das ist der, der das Grundstück – gut- oder bösgläubig – als ihm gehörig besitzt, § 872 BGB) des Grundstücks, §§ 908, 836 Abs. 1 und 3 BGB;
b) derjenige, der auf einem fremden Grundstück in Ausübung eines Rechts das Gebäude oder Werk besitzt, §§ 908, 837 BGB (z. B. Erbbaurecht, Nießbrauch usw.; auch die Fälle der Errichtung eines Gebäudes nach § 95 Abs. 1 BGB) oder

c) derjenige, der die Unterhaltung des Gebäudes übernommen hat (möglich z.B. bei Mieter, Pächter, Hausmeister) oder es auf Grund eines ihm zustehenden Nutzungsrechts zu unterhalten hat (möglich z.B. bei Grunddienstbarkeit, Nießbrauch), §§ 908, 838 BGB.

Welche Vorkehrungen der Verpflichtete trifft, ist ihm zu überlassen. Sie brauchen in der Klage oder im Urteil nicht näher bezeichnet werden.

6 In besonders gelagerten Ausnahmefällen kann der betroffene Nachbar aus dem Gesichtspunkt von Treu und Glauben (nachbarliches Gemeinschaftsverhältnis!) gehalten sein, Einwirkungen i.S. des § 908 BGB vorübergehend hinzunehmen. Er hat dann aber einen Anspruch auf Schadloshaltung (bürgerlich-rechtlicher Aufopferungsanspruch, vgl. **6** B 7).

7 Der Anspruch nach § 908 BGB unterliegt nicht der Verjährung (§ 924 BGB).

§ 908 BGB behandelt nur den Anspruch des Nachbarn auf Vorkehrungen gegen Einsturzgefahr. Die Haftung für Einsturzschäden ist in §§ 836 bis 838 BGB geregelt:

§ 836 BGB

(1) [1]Wird durch den Einsturz eines Gebäudes oder eines anderen mit einem Grundstücke verbundenen Werkes oder durch die Ablösung von Teilen des Gebäudes oder des Werkes ein Mensch getötet, der Körper oder die Gesundheit eines Menschen verletzt oder eine Sache beschädigt, so ist der Besitzer des Grundstücks, sofern der Einsturz oder die Ablösung die Folge fehlerhafter Errichtung oder mangelhafter Unterhaltung ist, verpflichtet, dem Verletzten den daraus entstehenden Schaden zu ersetzen. [2]Die Ersatzpflicht tritt nicht ein, wenn der Besitzer zum Zwecke der Abwendung der Gefahr die im Verkehr erforderliche Sorgfalt beobachtet hat.

(2) Ein früherer Besitzer des Grundstücks ist für den Schaden verantwortlich, wenn der Einsturz oder die Ablösung innerhalb eines Jahres nach der Beendigung seines Besitzes eintritt, es sei denn, dass er während seines Besitzes die im Verkehr erforderliche Sorg-

falt beobachtet hat oder ein späterer Besitzer durch Beobachtung dieser Sorgfalt die Gefahr hätte abwenden können.

(3) Besitzer im Sinne dieser Vorschriften ist der Eigenbesitzer.

§ 837 BGB

Besitzt jemand auf einem fremden Grundstück in Ausübung eines Rechtes ein Gebäude oder ein anderes Werk, so trifft ihn an Stelle des Besitzers des Grundstücks die im § 836 bestimmte Verantwortlichkeit.

§ 838 BGB

Wer die Unterhaltung eines Gebäudes oder eines mit einem Grundstücke verbundenen Werkes für den Besitzer übernimmt oder das Gebäude oder das Werk vermöge eines ihm zustehenden Nutzungsrechts zu unterhalten hat, ist für den durch den Einsturz oder die Ablösung von Teilen verursachten Schaden in gleicher Weise verantwortlich wie der Besitzer.

8 Einwirkungen des betroffenen Nachbarn auf die Sache selbst können nach § 228 BGB (Notstand) gerechtfertigt sein (vgl. **2** D).

E Vertiefung eines Grundstücks

§ 909 BGB

Ein Grundstück darf nicht in der Weise vertieft werden, dass der Boden des Nachbargrundstücks die erforderliche Stütze verliert, es sei denn, dass für eine genügende anderweitige Befestigung gesorgt ist.

1 Eine Vertiefung seines Grundstücks darf der Eigentümer nicht vornehmen, wenn dadurch das Nachbargrundstück die erforderliche Stütze verliert. Zu welchem Zweck die Vertiefung ausgeführt wird, ist ohne Bedeutung. § 909 BGB findet auch Anwendung, wenn die Vertiefung deshalb ausgeführt wird, weil die Baubehörde dies verlangt.

Eine Vertiefung im Sinne der Vorschrift liegt auch vor, wenn durch Bauarbeiten oder durch die Dränagewirkung eines Kanals[290] der Grundwasserspiegel gesenkt wird und dadurch das Nachbargrundstück an Festigkeit verliert. Die Anwendbarkeit des § 909 BGB ist auch bejaht worden, wenn sich ohne Bodenaushub auf dem Nachbargrundstück das Bodenniveau allein durch das Gewicht eines Neubaus und der dadurch bedingten Pressung des Untergrundes senkt.[291] Eine Vertiefung kann auch vorliegen, wenn das Mauerwerk eines Kellers aus dem Boden gerissen wird und dadurch das Nachbargrundstück die Standfestigkeit verliert.[292]

2 Nachbargrundstück i. S. des § 909 BGB ist nicht nur das unmittelbar angrenzende Grundstück, sondern sind alle Grundstücke, auf deren Boden durch die Vertiefung eingewirkt wurde.[293]

3 Eine erforderliche Stütze ist dann vorhanden, wenn eine Benutzung des Grundstücks gewährleistet ist, die der bestimmungsgemäßen normalen Ausnutzung von Grund und Boden entspricht[294]. Strittig ist, ob § 909 BGB auch dann eingreift, wenn auf dem Nachbargrundstück ein in besonders schlechtem Zustand befindliches Gebäude auch eine nur unerhebliche Senkung nicht aushält.[295]

3a Über § 909 BGB geschützt ist nur die Festigkeit des Bodens selbst. Folglich ist nicht ausreichend, dass nur die auf dem Boden stehende Bebauung, nicht aber der Boden selbst die erforderliche Stütze verliert. Dies kann etwa bei Abgrabungen bis zur Grundstücks- bzw. Hausgrenze und der hieraus resultierenden Freilegung der Nachbarwand der Fall sein.[296]

4 Eine Vertiefung ist dann zulässig, wenn für eine anderweitige Befestigung gesorgt ist, z. B. durch eine Böschung oder Stützmauer. Die

---

290 BGHZ 57, 370/374; BGH WM 1979, 1216 f.; BayObLG BayVBl. 2000, 353.

291 BGHZ 44, 130; 63, 176.

292 BGH NJW 1980, 224.

293 H.M.; BGHZ 12, 75.

294 BGHZ 63, 176/179.

295 BGH NJW-RR 1997, 146; vgl. ferner MünchKomm/Säcker, § 909 Rn. 13 ff.; Dehner, B § 20 I 3.

296 Saarl. OLG, Urt. v. 29. 04. 2015 – 1 U 81/14; MünchKomm/Säcker, § 909 Rn. 3; Palandt, § 909 Rn. 4; a. A. Staudinger/Roth, § 909 Rn. 23.

notwendigen Schutzvorkehrungen gegen einen drohenden Stützverlust muss der Vertiefende auf seinem eigenen Grundstück vornehmen; er darf dazu nicht in das gefährdete Nachbargrundstück eingreifen.[297] Nach Treu und Glauben kann der Nachbar aber verpflichtet sein, sein Grundstück u. U. zur Anlage der Befestigung betreten zu lassen.[298] Es bleibt dem Vertiefenden überlassen, durch welche Maßnahmen er für die notwendige Befestigung sorgt.[299] Auch aus dem nachbarlichen Gemeinschaftsverhältnis (vgl. **1** 6) kann sich in Ausnahmefällen die Zulässigkeit der Vertiefung ergeben.[300]

5 Wird eine unzulässige Vertiefung ausgeführt oder droht eine solche, so steht dem Beeinträchtigten (Eigentümer, Erbbauberechtigter, Nießbraucher, Dienstbarkeitsberechtigter und nach h. M. auch dem Besitzer)[301] nach § 1004 Abs. 1 BGB ein Anspruch auf Beseitigung und Unterlassung zu. Anspruchsgegner sind der Eigentümer und Besitzer und diejenigen, die die Vertiefung veranlassen (Architekt, Bauunternehmer).[302]

Der Eigentümer ist als Störer auch für Handlungen seines Rechtsvorgängers verantwortlich, wenn er durch Untätigbleiben den beeinträchtigenden Zustand aufrechterhält.[303]

Bei Verschulden hat er einen Schadensersatzanspruch aus unerlaubter Handlung nach § 823 Abs. 2 i. V. m. § 909 BGB.[304] In Betracht kommt ferner ein Anspruch nach § 823 Abs. 2 BGB i. V. mit Art. 10 Satz 3 BayBO (Schutz der Standfestigkeit der baulichen Anlagen auf dem Nachbargrundstück). Liegt kein Verschulden vor (z. B. weil die

---

297 BGH WM 1997, 2261; einschränkend OLG Stuttgart NJW 1994, 739: Verpflichtung des Nachbarn, Rückverankerung einer Bohrpfahlwand aus dem Gesichtspunkt des nachbarlichen Gemeinschaftsverhältnisses (s. **1** 6) zu dulden gegen Sicherheitsleistung für etwaige Schäden und Zahlung einer Entschädigung.

298 Vgl. etwa MünchKomm/Säcker, § 909 Rn. 17; Dehner B § 20 I 4.

299 BGH NJW 2009, 2528.

300 Vgl. etwa MünchKomm/Säcker, § 909 Rn. 17; Dehner B § 20 I 4, Fn. 8.

301 BGH NJW 1987, 2808/2810.

302 Palandt/Bassenge, § 909 Rn. 7.

303 Saarl. OLG MDR 2011, 1345.

304 Palandt/Bassenge, § 909 Rn. 9; BGH NJW 1996, 3205; zu den Anforderungen an den Klageantrag (Angabe der früheren Grundstücksfestigkeit) vgl. BGH WM 1982, 68.

Arbeiten durch Fachleute durchgeführt wurden, auf deren Sachkunde der Bauherr vertrauen durfte), und konnte der geschädigte Eigentümer die Einwirkung auf sein Grundstück nicht rechtzeitig verhindern (weil er z. B. die Vertiefung aus öffentlich-rechtlichen Gründen zu dulden hatte), steht ihm in entsprechender Anwendung des § 906 Abs. 2 Satz 2 BGB ein nachbarrechtlicher Ausgleichsanspruch zu (vgl. **6** B 7);[305] dieser steht auch dem Besitzer gemäß §§ 862, 858 BGB zu, § 864 BGB gilt in diesem Fall aber nicht (vgl. auch **6** B 7b).[306] Ein schadensanfälliger Zustand des betroffenen Grundstücks kann sich anspruchsmindernd auswirken.[307] Zu ersetzen sind die Kosten für die Wiederherstellung der Festigkeit des Bodens bzw. der Standfestigkeit des Gebäudes, nach Einsturz für dessen Aufräumung und Wiederaufbau.[308]

6 Der sich aus § 909 BGB ergebende Abwehranspruch unterliegt nicht der Verjährung (§ 924 BGB). Dies gilt jedoch nicht für den Schadensersatzanspruch (Anm. 5), dessen Verjährung sich nach §§ 195, 199 BGB richtet.

7 Die Erhöhung eines Grundstücks ist durch das BGB nicht untersagt, soweit nicht grobstoffliche Immissionen auf das Nachbargrundstück gelangen[309] (vgl **6** B 1c).

F Einwirkungen durch Wasser und auf Gewässer

I Die Einwirkungen auf ein Grundstück durch Wasser, soweit es nicht in der Luft suspendiert ist (vgl. **6** B 13, Stichwort „Wasser"), fällt nicht unter § 906 BGB, ebenso wenig grundsätzlich die Einwirkungen auf Gewässer. Dieser Bereich wird fast ausschließlich durch das Wasserrecht des Bundes und der Länder, für die hier besproche-

---

305 BGH NJW-RR 2008, 969; BGH NZM 2005, 239; BayObLG BayVBl. 2000, 353; wer die Vertiefung durchführt, muss beweisen, dass ihn kein Verschulden trifft, OLG Düsseldorf NJW-RR 1997, 146.

306 BGH NJW 1977, 763; BGHZ 57, 370; 72, 289/292; BGH WM 1983; 1013; OLG Düsseldorf NJW-RR 1997, 146; OLG Koblenz NJW-RR 2003, 1457.

307 BGH NJW 2001, 1865.

308 BGH NJW-RR 2008, 969.

309 BGH WM 1988, 200.

nen Themengebiete insbesondere das **Wasserhaushaltsgesetz (WHG)** i.d.F. vom 31.07.2009 sowie das **Bayerische Wassergesetz (BayWG)** i.d.F. vom 25.02.2010 geregelt.

II Wild abfließendes Wasser – § 37 WHG (Wasserabfluss)

Regelungen über den Wasserabfluss bzw. sog. wild abfließendes Wasser enthält § 37 WHG, der mit dem 01.03.2010 die frühere landesrechtliche Norm des Art. 63 BayWG a.F. ersetzt hat.[310]

1 Unter wild abfließendem Wasser ist solches Wasser zu verstehen, das auf einem Grundstück entspringt oder sich dort natürlich ansammelt (vgl. § 37 Abs. 4 WHG) und außerhalb eines Gewässerbettes entsprechend dem natürlichen Gefälle abfließt (z.B. Regen-, Schnee- oder Eisschmelzwasser, ungefasstes Quellwasser, Hoch- und Überschwemmungswasser). Nicht hierher gehört Abwasser (§ 54 WHG), zu welchem auch solches Niederschlagswasser zählt, das aus dem Bereich von bebauten oder befestigten Flächen gesammelt abfließt (§ 54 Abs. 1 Satz 1 Nr. 2 WHG).

2 Der **natürliche Ablauf** des wild ablaufenden Wassers auf ein tiefer liegendes Grundstück darf weder zu Lasten des höher liegenden Grundstücks behindert werden, noch darf der natürliche Ablauf zum Nachteil des tiefer liegenden Grundstücks verstärkt oder auf andere Weise verändert werden (§ 37 Abs. 1 WHG). Dies kann sowohl auf positivem Tun als auch auf pflichtwidrigem Unterlassen beruhen. Auch die willentliche Aufrechterhaltung eines vom Rechtsvorgänger geschaffenen schädigenden Zustands kann insoweit ausreichen.[311]

So darf der Unterlieger keine abflusshemmenden Maßnahmen wie z.B. Mauern, Dämme oder Wälle schaffen, die das Wasser auf dem höher liegenden Grundstück aufhalten und so einen Rückstau bil-

---

310 Soweit Art. 63 BayWG a.F. noch für bereits entstandene Schadensersatzansprüche von Bedeutung ist, vgl. z.B. noch 7. Aufl., **6** F II; Grziwotz-Saller, 3. Teil C II 2 Rn. 110ff.

311 OLG Koblenz BauR 2014, 2146.

den.[312] Umgekehrt darf der Oberlieger den Wasserlauf nicht zu Lasten des nieder gelegenen Grundstücks durch Maßnahmen wie etwa ablaufverstärkende Flächenversiegelungen oder Kanäle und Gräben den natürlichen Wasserabfluss verstärken. Da die Bebauung des Oberliegergrundstücks regelmäßig den natürlichen Wasserabfluss zu Lasten des Unterliegergrundstücks verändert, ist im Baugenehmigungsverfahren durch geeignete Nebenbestimmungen der wasserwirtschaftlichen Unbedenklichkeit Rechnung zu tragen; der Unterlieger kann diesbezüglich ggf. mit der sog. Nachbarklage gegen die Baugenehmigung vorgehen.[313]

In beiden Fällen muss zu Lasten des Nachbarn ein Nachteil gegeben sein, d.h. die Nutzbarkeit des Grundstücks muss tatsächlich eingeschränkt sein; die bloße Änderung des Wasserabflusses oder ein nur drohender Nachteil sind dagegen nicht ausreichend. Die Veränderung des Wasserabflusses braucht nicht zweckgerichtet erfolgen, es genügt bloße Zurechenbarkeit.[314]

Maßnahmen, die hiernach unzulässig sind, können nach §§ 1004, 862 BGB abgewehrt werden. Im Falle eines Schadens kann Schadensersatz nach § 823 Abs. 1 sowie 2 BGB verlangt werden, da § 37 WHG als Schutzgesetz i.S. des § 823 Abs. 2 anzusehen ist.

3 Hat der Ober- bzw. der Unterlieger die o.g. Nachteile nicht zu vertreten (liegt also weder Vorsatz noch Fahrlässigkeit vor, § 276 BGB), hat er die Beseitigung des Hindernisses bzw. der eingetretenen Veränderung durch den beeinträchtigten Eigentümer oder Nutzungsberechtigten auf deren Kosten nach § 37 Abs. 2 WHG zu **dulden**. Hierzu kann das fremde Grundstück betreten und die erforderlichen Maßnahmen durchgeführt werden. Jedoch muss die Beseitigung vorher angekündigt werden. Der Duldungspflichtige hat allerdings die Möglichkeit, die Wiederherstellung des vorherigen

---

312 Czychowski-Reinhard, § 37 Rn. 13; zur Haftung des Eigentümers eines oberliegenden Grundstücks für die Wartung der vom unterliegenden Grundstückseigentümer zum Schutz vor Wasserübertritt angelegten Rohrleitung: BGH v. 17.10.2013 – V ZR 15/13.

313 Czychowski-Reinhard, § 37 Rn. 18f.

314 Czychowski-Reinhard, § 37 Rn. 14.

Zustands – allerdings auf seine Kosten – selbst vorzunehmen (§ 37 Abs. 2 Satz 3 WHG).[315]

4 Nach § 37 Abs. 3 WHG kann die zuständige Behörde aus Gründen des Allgemeinwohls, insbesondere der Wasserwirtschaft, der Landeskultur oder des öffentlichen Verkehrs, Abweichungen von den Absätzen 1 und 2 zulassen. Bei unzumutbarer Eigentumsbeschränkung ist Entschädigung zu leisten.

III Traufwasser

Traufwasser ist Niederschlagswasser (Regen- oder Schneewasser), das nicht unmittelbar auf den Boden, sondern zunächst auf eine bauliche Anlage trifft.[316]

1 Unter Traufrecht versteht man das Recht, Niederschlagswasser von der Traufe auch auf das Nachbargrundstück ablaufen lassen zu dürfen; läuft es auf das Grundstück des Nachbarn, muss es dieser aufnehmen. Derartige Traufrechte existieren in Bayern nicht mehr; sie wurden bereits 1852 aufgehoben. Zugleich bestand z. T. eine gesetzliche Vermutung, dass der unter der Traufe befindliche Grund auch im Eigentum des Gebäudeeigentümers stand.

Das BGB und die hierzu ergangenen Ausführungsgesetze enthalten keine Vorschriften über die Dachtraufe mehr. Damit ist auch die gesetzliche Eigentumsvermutung mit dem 01.01.1900 entfallen. Soweit allerdings für Gebäude zu diesem Zeitpunkt ein Traufrecht (Eigentumsvermutung) bestand, wird man es im Streitfall noch als tatsächlichen Anhaltspunkt für den Besitzstand ansehen können.[317] Streitigkeiten, in denen dieser Gesichtspunkt entscheidend zum Tragen kommt, dürften heute nur mehr in seltenen Ausnahmefällen vorkommen.

Für Gebäude, die nach dem 01.01.1900 errichtet sind, kommt das Traufrecht weder als Recht, Dachtraufwasser auf das Nachbargrundstück laufen zu lassen, noch als Eigentumsvermutung in Betracht.

---

315 Czychowski-Reinhard, § 37 Rn. 21 ff.

316 Grziwotz-Saller, 3. Teil C II 1 a Rn. 105.

317 Ebenso Meisner-Ring-Götz, § 24.

2 Gelangt Traufwasser unmittelbar auf das Grundstück des Nachbarn, hat dieser einen Abwehranspruch nach § 1004 Abs. 1 BGB bzw. einen Schadensersatzanspruch nach § 823 BGB (z. B. bei Eindringen von Wasser in das Nachbarhaus).[318] Gegen die Traufwasser führende Anlage kann nach § 907 BGB vorgegangen werden (**6** C); reicht sie über die Grundstücksgrenze, stellt sie einen Überbau (vgl. **5**) dar.[319] Ferner darf das Dach des Nachbarn nicht benutzt werden, Traufwasser abzuleiten.[320] Ein Recht zur Ableitung von Traufwasser kann sich aber aus einer entsprechenden Grunddienstbarkeit (**13**) oder einer schuldrechtlichen Vereinbarung ergeben.

IV Sonstige Fälle

Abwehr- und Schadensersatzansprüche nach § 1004 BGB bzw. § 823 Abs. 1 BGB (hier ist Verschulden erforderlich) können ebenfalls bestehen, wenn der Nachbar durch bauliche Anlagen oder sonstige Veränderungen seines Grundstücks (z. B. Schaffung eines hochliegenden Pflanzbeets) es verursacht, dass das von ihm auf das Grundstück eingebrachte Wasser (insbesondere Gießwasser), also kein wild abfließendes Wasser (oben II), auf das Grundstück des anderen gelangt. Allerdings muss die Wasserimmission auf die Anlage des Nachbarn zurückzuführen sein und nicht ausschließlich auf Naturkräften beruhen.[321]

Gleiches gilt, wenn durch mangelhafte Anschlüsse der Wasserleitungen oder Regenrinnen bzw. schadhafte Leitungen Wasser in das Nachbargebäude eindringt.[322]

---

318 BGH NJW 2011, 3294.

319 Grziwotz-Saller, 3. Teil C II 1 b Rn. 108.

320 BGH NJW-RR 2009, 24.

321 OLGR Karlsruhe 2007, 789. Nach OLG Nürnberg NJW-RR 2014, 792 keine Haftung des Grundstückeigentümers für durch Biber verursachte Überflutungsschäden auf landwirtschaftlichem Grundstück; zur Verkehrssicherungspflicht bei Auslösung einer Panikreaktion von auf dem Nachbargrundstück weidenden Pferden durch den Wasserstrahl einer Bewässerungsanlage: BGH RuS 2015, 310.

322 LG Düsseldorf ZMR 2009, 140; OLG Brandenburg, Urt. v. 05.03.2008 – 7 U 196/07 (Wasserschaden durch fehlerhaften Swimmingpool); zur Verletzung

V Einwirkungen infolge Gewässerbenutzung

1 Gewässerbenutzung

Die Benutzung eines Gewässers ist öffentlich-rechtlich geregelt und bedarf grundsätzlich einer **Erlaubnis** oder der **Bewilligung** (Befugnis bzw. Recht, ein Gewässer zu einem bestimmten Zweck in einer nach Art und Maß bestimmten Weise zu benutzen), soweit nicht etwas anderes bestimmt ist (§ 8 Abs. 1 WHG). Unter den Begriff der Benutzung fallen nach § 9 WHG

- **bei oberirdischen Gewässern:** Entnehmen, Ableiten von Wasser, Aufstauen, Absenken, Entnehmen fester Stoffe, soweit dies auf den Zustand des Gewässers oder auf den Wasserabfluss einwirkt, Einbringen und Einleiten von Stoffen;
- **bei Grundwasser:** Einbringen und Einleiten von Stoffen, Entnehmen, Zutagefördern, Zutageleiten und Ableiten, Aufstauen, Absenken und Umleiten durch hierzu bestimmte und geeignete Anlagen;

ferner allgemein alle Maßnahmen, die geeignet sind, dauernd oder in einem nicht nur unerheblichen Ausmaß nachteilige Veränderungen der Wasserbeschaffenheit herbeizuführen.

Keine Erlaubnis oder Bewilligung ist unter anderem erforderlich:

a) Für den **Gemeingebrauch**[323] (§ 25 WHG, Art. 18, 19 BayWG): Danach darf jedermann oberirdische Gewässer außerhalb von Schilf- und Röhrichtbeständen zum Baden, Waschen, Tränken, Schwemmen, Schöpfen mit Handgefäßen, Betrieb von Modellbooten ohne Verbrennungsmotoren, Eissport und Befahren mit kleinen Fahrzeugen ohne eigene Triebkraft benutzen, soweit dabei keine rechtswidrige Benutzung fremder Grundstücke erfolgt und keine erhebliche Beeinträchtigung des Gewässers und seiner Ufer zu erwarten ist. Zum Gemeingebrauch gehören auch das Einleiten von Grund- und Quellwasser, das schadlose Einleiten

der Verkehrssicherungspflicht bei unzureichender Wartung und Unterhaltung einer Zisterne: OLG Koblenz, Urt. v. 09.10.2014 – 3 U 514/14; zur Schadensberechnung (sog. Sowiesokosten bei Tapezierarbeiten): OLG Koblenz ZfIR 2001, 341.

323 Zu den weiteren Voraussetzungen vgl. Drost zu Art. 18, 19 BayWG.

von gesammeltem Niederschlagswasser, das nicht mit Abwasser oder wassergefährdeten Stoffen vermischt ist, sowie das Entnehmen von Wasser in geringen Mengen für das Tränken von Vieh und den häuslichen Bedarf der Landwirtschaft. Ferner ist das Einbringen von Stoffen in oberirdische Gewässer zu Zwecken der Fischerei erlaubnisfrei, wenn keine signifikanten nachteiligen Auswirkungen auf den Gewässerzustand zu erwarten sind.

b) Für den **Eigentümer- und Anliegergebrauch** (§ 26 WHG): Eigentümer und Gewässeranlieger (Eigentümer der angrenzenden Grundstücke und Nutzungsberechtigte) dürfen ohne behördliche Erlaubnis oder Bewilligung das Gewässer für den eigenen Bedarf benutzen, wenn dadurch andere nicht beeinträchtigt werden und keine nachteilige Veränderung der Wasserbeschaffenheit, keine wesentliche Verminderung der Wasserführung sowie keine andere Beeinträchtigung des Wasserhaushalts zu erwarten sind.

c) Für das **Entnehmen, Zutagefördern, Zutageleiten und Ableiten von Grundwasser** (§ 46 WHG, Art. 29 BayWG) für den Haushalt, den landwirtschaftlichen Hofbetrieb, für das Tränken von Vieh außerhalb des Hofbetriebs, in geringen Mengen zu vorübergehenden Zwecken oder für Zwecke der Land- und Forstwirtschaft und des Gartenbaus zur Erhaltung der Bodenfruchtbarkeit, zur Bodenentwässerung landwirtschaftlich, forstwirtschaftlich oder gärtnerisch genutzter Grundstücke. In diesem Zusammenhang ist darauf hinzuweisen, dass das Grundeigentum nicht dadurch verletzt wird, dass dem Grundstück durch Grundwasserförderung oder -ableitung auf dem Nachbargrundstück Grundwasser entzogen wird. Da es ein „Eigentum am Grundwasser" nicht gibt, bestehen weder Abwehransprüche nach §§ 1004, 862 BGB (vgl. **12** A, B) noch Schadensersatzansprüche nach § 823 BGB.[324] Für den Fall, dass ein Grundstück durch Senkung des Grundwasserspiegels die notwendige Standfestigkeit verliert, vgl. **6** E 1.

d) Für **alte Rechte und alte Befugnisse** vgl. §§ 20, 21 WHG.

e) Erlaubnis- bzw. bewilligungsfrei sind ferner Gewässerbenutzungen, die der Abwehr einer gegenwärtigen Gefahr für die öffent-

324 BGH NJW 1977, 1770; OLG Nürnberg NJW 1991, 299.

liche Sicherheit dienen, sofern der drohende Schaden schwerer wiegt als die mit der Benutzung verbundenen nachteiligen Veränderungen von Gewässereigenschaften (**Notstand**), vgl. § 8 Abs. 2 WHG.

2 Duldungspflicht, Abwehr- und Schadensersatzansprüche

Ist eine Bewilligung oder Bewilligung (§ 8 WHG) zur Benutzung eines Gewässers erteilt oder bedarf die Gewässerbenutzung keiner Zulassung (z.B. Gemein- oder Anliegergebrauch (siehe oben 1), so hat der Gewässereigentümer bzw. der Nutzungsberechtigte (Mieter, Pächter) die Benutzung zu dulden (Art. 4 Abs. 4 WHG). Jedoch besteht keine Duldungspflicht betreffend das Entnehmen fester Stoffe aus oberirdischen Gewässern (z.B. Ausbaggerung von Sand, Kies oder Bodenschätzen)[325], soweit sich dies auf die Gewässereigenschaften auswirkt (§§ 4 Abs. 4 Satz 2, 9 Abs. 1 Nr. 3 WHG). § 16 WHG normiert für die wasserrechtliche Erlaubnis und Gestattung darüber hinaus einen Ausschluss privatrechtlicher Ansprüche (insbesondere §§ 823 ff. BGB, §§ 906 ff. BGB, §§ 861 BGB, § 1004 sowie §§ 1029 ff., 1065 und 1090 BGB). Dieser bezieht sich im Falle der gehobenen Erlaubnis jedoch nur auf die Einstellung der Benutzung (§ 16 Abs. 1 WHG) sowie für die Bewilligung auf folgende Ansprüche: Beseitigung der mit der Gewässerbenutzung verbundenen Störung, Unterlassung der Benutzung, Ansprüche auf Herstellung von Vorkehrungen und Schadensersatz.[326] Dagegen gilt der Ausschluss nicht für privatrechtliche Ansprüche aus Vertrag oder letztwilligen Verfügungen und für Ansprüche aus dinglichen Rechten am benutzten Grundstück (§ 16 Abs. 3 WHG).[327]

325 Berendes-Frenz-Müggenborg, § 4 Rn. 26.
326 Czychowski-Reinhardt, § 16 Rn. 10 f. und 15 ff.
327 Vgl. wegen der Einzelheiten insgesamt ausführlich Berendes-Frenz-Müggenborg zu § 16; Czychowski-Reinhardt zu § 16.

KAPITEL 7
Notweg

Das Notwegrecht der §§ 917, 918 BGB trägt der notstandsähnlichen Lage des Eigentümers eines Grundstücks Rechnung, das von einem öffentlichen Weg abgeschnitten ist.

Zu Geh- und Fahrtrechten, die als Dienstbarkeiten eingeräumt werden können vgl. **13**; s. auch Anwenderecht (**8** A).

I § 917 BGB

(1) [1]Fehlt einem Grundstücke die zur ordnungsgemäßen Benutzung notwendige Verbindung mit einem öffentlichen Wege, so kann der Eigentümer von den Nachbarn verlangen, dass sie bis zur Hebung des Mangels die Benutzung ihrer Grundstücke zur Herstellung der erforderlichen Verbindung dulden. [2]Die Richtung des Notwegs und der Umfang des Benutzungsrechts werden erforderlichen Falles durch Urteil bestimmt.

(2) [1]Die Nachbarn, über deren Grundstücke der Notweg führt, sind durch eine Geldrente zu entschädigen. [2]Die Vorschriften des § 912 Abs. 2 Satz 2 und der §§ 913, 914, 916 finden entsprechende Anwendung.

1 Die Verpflichtung, einen Notweg zu dulden, ist eine gesetzliche Eigentumsbeschränkung. Das Notwegrecht erweitert andererseits den Eigentumsinhalt des abgeschnittenen Grundstücks. Es beruht auf Gesetz, es braucht und kann nicht in das Grundbuch eingetragen werden.[1] Die Beteiligten können jedoch anstelle des Notwegrechts eine Grunddienstbarkeit vereinbaren (vgl. **13**), die der Eintragung ins Grundbuch bedarf.

---

1 MünchKomm/Säcker, § 917 Rn. 23; OLG Hamm BauR 2014, 1833.

2 Voraussetzungen für das Notwegrecht sind:

a) Es muss die **Verbindung mit einem öffentlichen Weg** fehlen. Man versteht darunter die öffentlichen Straßen und Wege im Sinne des Bundesfernstraßengesetzes und des Bayer. Straßen- und Wegegesetzes. Die Verpflichtung zur Duldung endet, sobald ein anderer ausreichender Zugang zu einem öffentlichen Weg möglich ist. Ob ein ausreichender Zugang zum Grundstück bzw. dem öffentlichen Weg vorliegt, bestimmt sich nach objektiven Gesichtspunkten. Beispielsweise gehört zu einer ordnungsgemäßen Nutzung eines Wohngrundstücks regelmäßig die Erreichbarkeit mit Kraftfahrzeugen (siehe auch unten b)). Allerdings ist nicht erforderlich, dass auch der Eingang des Wohngebäudes angefahren werden kann; ausreichend ist, dass das Grundstück mit dem Kraftfahrzeug und von dort der Gebäudeeingang noch in zumutbarer Weise – wenn auch schwerer als über das Nachbargrundstück – zu Fuß, auch mit sperrigen Gegenständen, erreichbar ist.[2] Eine notwendige Verbindung kann auch dann fehlen, wenn nur ein Grundstücksteil keinen Zugang hat und die Schaffung einer Verbindung dieses zuweglosen Teils über das übrige Grundstück für den Eigentümer wirtschaftlich unzumutbar ist (z. B. Gebäudekomplex, dessen Wohnungen teilweise einen Ausgang nur in Richtung Nachbargrundstück haben), vgl. auch unten II 1. Bei der Bestimmung der Unzumutbarkeit kommt es nur auf einen Vergleich zwischen den für eine Zuwegung entstehenden Kosten und der Wirtschaftlichkeit der Grundstücksnutzung an, nicht dagegen auf die Beeinträchtigung des duldungspflichtigen Nachbarn.[3] Die Änderung der Nutzungsart (z. B. Errichtung eines neuen Gebäudekomplexes) muss ferner nach vernünftigem Ermessen den wirtschaftlichen Verhältnissen des Grundstücks angemessen und rechtlich zulässig sein, insbesondere in baurechtlicher Hinsicht.[4]

---

2 BGH, Urt. v. 22.01.2016 – V ZR 116/15.

3 BGH NJW 3426; Schlesw. OLG MDR 2011, 974; OLG Karlsruhe Justiz 2010, 399; OLGR Celle 2009, 537.

4 BGH, Urt. v. 24.04.2015 – V ZR 138/14; BGH NJW-RR 2014, 398.

b) Der Notweg muss zur ordnungsgemäßen Benutzung **notwendig** sein. Maßgebend sind hierbei Lage, Größe und Wirtschaftsart des abgeschnittenen Grundstücks. Zu berücksichtigen sind auch Änderungen der Wirtschaftsart, die Fortschritte der Zeit und die Entwicklung der örtlichen Verhältnisse. Die Notwendigkeit der Verbindung mit einem öffentlichen Weg bestimmt sich nach objektiven Gesichtspunkten und es sind strenge Anforderungen zu stellen. Bloße Bequemlichkeit und Zweckmäßigkeit rechtfertigen die Inanspruchnahme des Nachbargrundstücks nicht.[5]

Zur ordnungsgemäßen Benutzung eines Wohngrundstücks gehört grundsätzlich, dass dieses nicht nur zu Fuß oder mit dem Fahrrad erreicht werden kann; daher besteht bei Vorliegen der weiteren Voraussetzungen ein Anspruch auf Duldung der Benutzung des Nachbargrundstücks zum Befahren mit Kraftfahrzeugen, um das Grundstück erreichen und die Befriedigung der Grundbedürfnisse (z.B. Anlieferung von Gegenständen des täglichen Lebensbedarfs), ausreichende Ver- und Entsorgung (z.B. Öllieferung bzw. Müllabfuhr) sowie die Erreichbarkeit durch Krankenwagen oder Baufahrzeugen im Falle von baulichen Veränderungen gewährleisten zu können.[6] Anders liegt der Fall, wenn das Grundstück an eine öffentliche Straße grenzt und deshalb auch angefahren werden kann, jedoch Kraftfahrzeuge mangels Zufahrtsmöglichkeit nur nicht von dort aus auf dem Grundstück abgestellt werden können. In diesem Fall besteht regelmäßig kein Notwegerecht zu Lasten eines Nachbargrundstücks, um mit einem Kraftfahrzeug auf das eigene Grundstück gelangen und dieses dort abstellen zu können, sofern in der Nähe Parkmöglichkeiten bestehen.[7] Gleiches gilt, wenn ihm eine Zufahrt zum Grundstück über andere Nachbargrundstücke gestattet ist oder diese jedenfalls geduldet ist.[8] Ferner ist es für die Erreichbarkeit ausreichend, dass das Kraftfahrzeug unmittelbar an das Wohngrundstück herangefah-

5 BGH NJW 2006, 3426; OLG Hamm MittBayNot 2008, 480; LG Coburg, Urt. v. 02.06.2006 – 32 S 13/06; vgl. ausführlich hierzu Grziwotz-Lüke-Saller, 4. Teil A I 2 c Rn. 15 ff.

6 BGH NJW-RR 2009, 515 (hierzu Toussaint, jurisPR-BGHZivilR 4/2009 Anm. 2); OLG München, Urt. v. 19.02.2014 – 7 U 4085/11.

7 BGHZ 75, 315; OLG Karlsruhe MDR 2013, 397.

8 OLG Karlsruhe BauR 2013, 2069.

ren werden kann und der Eingangsbereich von dieser Stelle aus in zumutbarer Weise, ggf. auch mit sperrigen Gegenständen erreicht werden kann; ein Recht zum unmittelbaren Erreichen des Eingangsbereichs mit einem Kraftfahrzeug besteht jedoch nicht.[9] Da nach dem Wortlaut des § 917 BGB die notwendige Verbindung zum Grundstück gewährleistet wird, fällt unter das Notwegerecht nicht das Abstellen von Fahrzeugen.[10]

Eine Verbindung zur ordnungsgemäßen Benutzung fehlt schließlich auch dann, wenn ein Zugang zwar vorhanden ist, dieser für eine ordnungsgemäße Bewirtschaftung aber nicht (mehr) ausreicht (z. B. fehlende Erreichbarkeit eines Betriebsgrundstücks mit 40-Tonnen-LKW für Futtermittelanlieferung).[11] Bezüglich gewerblich genutzter Grundstücke vgl. im übrigen auch Anm. 7.

3 Berechtigter und Verpflichteter:

a) **Anspruchsberechtigt sind:** Eigentümer (Miteigentümer nur zusammen),[12] Erbbauberechtigte und Inhaber grundstücksgleicher Rechte (z. B. Bergwerkseigentümer, Fischereiberechtigter). Nießbraucher, Pächter und andere Besitzer dürfen den Notweg zwar benutzen, können seine Einräumung aber nicht geltend machen.[13]

b) **Anspruchsgegner** sind die Eigentümer aller Grundstücke, über die der Notweg führen muss, Erbbau- und Dienstbarkeitsberechtigte. Bei Miteigentümern muss das Verlangen gegen alle gerichtet werden.[14] Anspruchsgegner sind nicht Nießbraucher oder Pächter (diese dürfen das Notwegrecht jedoch nicht beeinträchtigen, vgl. unten Anm. 9).

---

9 BGH NJW-RR 2014, 398.

10 Palandt/Bassenge, § 917 Rn. 6; nach OLG Karlsruhe BauR 2013, 398 gilt dies auch dann, wenn sich auf dem Grundstück bereits öffentlich-rechtlich zulässige Garagen befinden.

11 OLG Brandenburg BauR 2005, 1974.

12 Wegen der gemeinsam geschuldeten Notwegrente sind Miteigentümer nur gemeinsam anspruchsberechtigt (BGH NJW 2006, 3426; Palandt/Bassenge, § 917 Rn. 8; Dehner, B § 27 II 1; a. A. (jeder Miteigentümer ist alleine befugt) MünchKomm/Säcker, § 917 Rn. 16.

13 BGH NJW-RR 2006, 1160; Palandt/Bassenge, § 917 Rn. 8.

14 H.M.; BGHZ 36, 187; BGH NJW 1984, 2210.

4 Der Umfang der Benutzung und die Richtung des Wegs bedürfen in der Regel der Festlegung entweder durch Vereinbarung zwischen den Beteiligten (keine Form vorgeschrieben) oder, wenn eine solche nicht zustande kommt, durch Urteil **(Absatz 1 Satz 2)**. Bei der Festlegung der Richtung ist auf die Interessen des verpflichteten Eigentümers und die natürlichen Verhältnisse Rücksicht zu nehmen. Die Festlegung durch Urteil ist nicht Voraussetzung für das Notwegrecht. Der Berechtigte kann sich deshalb auch im Wege der Einrede (z. B. gegenüber einer Unterlassungsklage des Nachbarn) auf sein Notwegrecht berufen. Führt der Notweg über ein eingezäuntes Grundstück, ist in der Regel der Notwegberechtigte verpflichtet, das Zugangstor nach Benutzung wieder zu schließen und gegebenenfalls auch zu verschließen, sofern hierfür ein vernünftiges Interesse des Grundstückseigentümers vorhanden ist. Dies ergibt sich aus einer entsprechenden Anwendung des § 1020 Satz 1 BGB (schonende Ausübung; vgl. **13** B). Maßgebend sind hier, auch für weitere Detailfragen (z. B. elektrischer Türöffner, Fernsteuerung), ebenfalls die konkreten Umstände des Einzelfalls.[15]

5 Kommen für die Führung des Notwegs wahlweise mehrere Grundstücke in Betracht, so ist zwischen dem Interesse der verschiedenen Eigentümer an einer möglichst geringen Belastung durch den Notweg und dem (allerdings nachrangigen) Interesse des Notwegberechtigten an einer möglichst effektiven Wegeverbindung abzuwägen; die Länge des Weges muss dabei nicht allein entscheidend sein. Bei Gleichwertigkeit der Möglichkeiten hat der Berechtigte kein Wahlrecht, die Konkretisierung erfolgt vielmehr nach § 917 Abs. 1 Satz 2 BGB.[16]

6 Bei einer wesentlichen Veränderung kann der Verpflichtete auch die Verlegung des Notwegs an eine andere Stelle seines Grundstücks verlangen (auf dem bisherigen Notweg soll z. B. ein Gebäude errichtet werden).[17] Die Kosten der Verlegung hat der Notwegberechtigte

---

15 Meisner-Ring-Götz § 28 Rn. 20.

16 Staudinger/Roth, § 917 Rn. 38; Palandt/Bassenge, § 917 Rn. 6a.

17 Dies ergibt sich aus einer entsprechenden Anwendung des § 1023 BGB, BGHZ 79, 307.

zu tragen.[18] In besonderen Fällen kann die Pflicht zur Kostentragung aber auch den Eigentümer treffen, der die Verlegung des Notwegs auf seinem Grundstück verlangt.[19]

7 Der **Umfang** des Notwegrechts bemisst sich wie die Notwendigkeit des Rechts nach Lage, Größe und insbesondere nach der Wirtschaftsart des von der Straße abgeschnittenen Grundstücks.[20] In Betracht kommt also das Begehen und Befahren (vgl. aber auch oben Anm. 2b). Ist das Grundstück landwirtschaftlich genutzt, zählt dazu auch das Befahren mit landwirtschaftlichen Maschinen im notwendigen Umfang. Bei gewerblicher Nutzung ist auch das Befahren mit Liefer- und Kundenfahrzeugen zu dulden. Unzulässig ist, das fremde Grundstück zum Be- und Entladen zu benützen, auch wenn diese Vorgänge auf dem eigenen Grundstück nicht oder nur unter erschwerten Voraussetzungen möglich sind.[21]

Unter die Duldungspflicht fällt auch das notwendige **Legen von Wasser-, Gas-, Elektro-, Abwasserleitungen usw.** über ein fremdes Grundstück.[22] Inhalt eines solchen Notleitungsrechts kann auch die Mitbenutzung der auf dem fremden Grundstück vorhandenen Leitungen sein.[23] Zur Verlegung von Strom- und Gasleitungen durch Versorgungsunternehmen und von Telekommunikationslinien vgl. **2** C 3a und b.

8 Die **Anlage und Unterhaltung** des Weges ist Sache des Berechtigten. Entsprechend dem Umfang des Notwegrechts ist der Eigentümer zur Gewährleistung der Erreichbarkeit verpflichtet, im Einzelfall die Befestigung (z. B. Pflasterung, Verdichtung etc.) oder gar die Rodung des Notwegs von Pflanzen oder Bäumen zu dulden.[24] Wird der Weg jedoch auch vom duldungspflichtigen Grundstückseigentümer benützt, haben beide die Unterhaltungskosten anteilig zu tragen.[25]

---

18 Dehner B § 27 II 5.
19 Vgl. BGHZ 79, 307.
20 BGH NJW-RR 2010, 445: Zur wirtschaftlichen Nutzung einer Jagdhütte.
21 BGHZ 31, 159/161.
22 H.M.: BGH WM 2008, 2070 m. w. N.; NJW 2003, 1392; BGHZ 79, 307/308 f.
23 BGH WM 2008, 2070.
24 LG Hamburg, Urt. v. 20. 06. 2014 – 328 O 180/12.
25 BGH NJW-RR 2009, 515.

9 Gegen Beeinträchtigungen des Notwegrechts hat der Berechtigte den Unterlassungsanspruch nach § 1004 BGB (vgl. **12** A).[26]

10 Nach **Absatz 2** steht den Eigentümern, über deren Grundstücke der Notweg führt, eine Geldrente zu. Diese wird fällig mit Entstehen der Duldungspflicht, also mit dem Verlangen auf Einräumung des Notwegs.[27] Maßgebend für die Höhe ist der Nachteil, den der Notweg für das dienende Grundstück bringt.[28] Schuldner der Rente ist der Eigentümer des herrschenden Grundstücks. Eine Herab- oder Heraufsetzung der Rente bei Änderung der Benutzung kann verlangt werden. Verweigert der Berechtigte die Zahlung, so kann ihn der Verpflichtete an der Ausübung des Notwegrechts hindern (vgl. § 273 BGB). Wegen der Verweisung auf §§ 912 bis 914, 916 BGB vgl. **5**; § 915 BGB ist nicht anwendbar.

11 Der Anspruch nach § 917 unterliegt nicht der Verjährung (§ 924 BGB).

12 Auf das Notwegrecht kann verzichtet werden. Dies geschieht durch Bestellung einer Grunddienstbarkeit (vgl. hierzu **13**).[29] Der Verzicht kann auch nur schuldrechtlich vereinbart werden; er wirkt dann nur zwischen den Vertragspartnern. Was im Einzelfall gewollt ist, ist durch Auslegung zu ermitteln.

13 Unerheblich ist, ob und in welchem Umfang die Überfahrt über ein Grundstück in der Vergangenheit geduldet worden ist. Auch eine langjährige Duldung kann ein Notwegrecht grundsätzlich nicht begründen.[30] Wird ein Weg auf einem fremden Grundstück seit langer Zeit in der Überzeugung genutzt, hierzu bestehe ein entsprechendes Recht, kann dies in Ausnahmefällen jedoch zur Bildung von **örtlichem Gewohnheitsrecht** führen. Voraussetzung ist allerdings, dass die beteiligten Rechtskreise gerade nicht von einem Notwegrecht oder einer (kündbaren) schuldrechtlichen Vereinbarung

---

26 Zum Streitwert: BGH MDR 2014, 461.

27 Einzelheiten strittig, vgl. z. B. MünchKomm/Säcker, § 917 Rn. 37 ff. Zur Unentgeltlichkeit aufgrund Gewohnheitsrechts: Schlesw. OLG MDR 2007, 894.

28 BGH NJW 1991, 561.

29 BGH MDR 2014, 710.

30 BGH NJW-RR 2009, 515; OLG Karlsruhe BauR 2013, 2069.

(z. B. Leihe) ausgehen, vgl. auch **13** J. In diesem Fall besteht folglich kein Anspruch auf Notwegrente.[31]

Sofern kein Notwegrecht nach § 917 BGB besteht, sondern lediglich die Einräumung eines schuldrechtlichen Nutzungsrechts vorliegt, gilt dieses nicht zu Lasten eines Einzelrechtsnachfolgers, sofern er das Grundstück nach § 936 BGB gutgläubig lastenfrei erworben hat.[32] Liegen die Voraussetzungen des § 917 BGB für einen Notweg nicht vor, kann eine Duldungspflicht im übrigen nicht aus dem nachbarlichen Gemeinschaftsverhältnis (**1** 6) hergeleitet werden, da § 917 BGB insoweit eine abschließende Regelung trifft.[33]

II § 918 BGB

(1) Die Verpflichtung zur Duldung des Notwegs tritt nicht ein, wenn die bisherige Verbindung des Grundstücks mit dem öffentlichen Wege durch die willkürliche Handlung des Eigentümers aufgehoben wird.

(2) [1]Wird infolge der Veräußerung eines Teiles des Grundstücks der veräußerte oder der zurückbehaltene Teil von der Verbindung mit dem öffentlichen Wege abgeschnitten, so hat der Eigentümer desjenigen Teiles, über welchen die Verbindung bisher stattgefunden hat, den Notweg zu dulden. [2]Der Veräußerung eines Teiles steht die Veräußerung eines von mehreren demselben Eigentümer gehörenden Grundstücken gleich.

1 Hebt der Eigentümer willkürlich (d. h. durch eine auf freier Entschließung beruhende, durch die ordnungsgemäße Benutzung nicht gerechtfertigte Handlung, die die Bedürfnisse des Nachbarn nicht gebührend berücksichtigt) die bisherige Verbindung zu einem öffentlichen Weg auf (z. B. Errichtung einer Mauer, Abbruch einer Brücke, Verzicht auf ein Wegerecht; nicht aber die Aufhebung durch Naturereignisse), so entfällt ein Notwegrecht **(Absatz 1)**. Verschul-

---

31 OLG München, Urt. v. 17.12.2014 – 3 U 1362/14; OLGR Schleswig 2006, 894; LG Hamburg ZMR 2008, 798.

32 OLG Koblenz v. 26.03.2013 – 3 W 179/13.

33 OLG Saarbrücken MDR 2006, 1166.

den ist nicht erforderlich. Nicht hierunter fallen Änderungen im Rahmen ordnungsgemäßer Nutzung des Grundstücks (z.B. Errichten eines Gebäudes). Wird etwa ein Gebäude mit Eigentumswohnungen in der Weise errichtet, dass einige Wohnungen nur über einen Zugang über das Nachbargrundstück erreicht werden können, kann nach den Umständen des Einzelfalls das Notwegrecht dennoch bestehen (ordnungsgemäße Baugenehmigung, Unzumutbarkeit bzw. Unwirtschaftlichkeit eines Umbaus), vgl. auch oben I 2 a.[34]

Die Beweislast trägt der Eigentümer, gegen den das Notwegrecht geltend gemacht wird.

2 **Absatz 2** regelt folgenden Fall:

Wird ein Grundstück, das Zugang zu einem öffentlichen Weg hat, geteilt und ein Teil veräußert, so kann der veräußerte oder der dem veräußernden Eigentümer verbleibende Teil keinen Zugang mehr zu dem öffentlichen Weg haben. Der Eigentümer des abgeschnittenen Grundstücksteils hat nur gegen den Eigentümer des anderen Teils ein Notwegrecht; die Grundstücke anderer Nachbarn können nicht in Anspruch genommen werden (vgl. Abbildung unten). **Absatz 2** gilt auch, wenn eines von mehreren Grundstücken des Eigentümers veräußert wird. Im Übrigen gilt im Rahmen des Absatzes 2 § 917 Abs. 1 Satz 2 und Abs. 2 BGB.

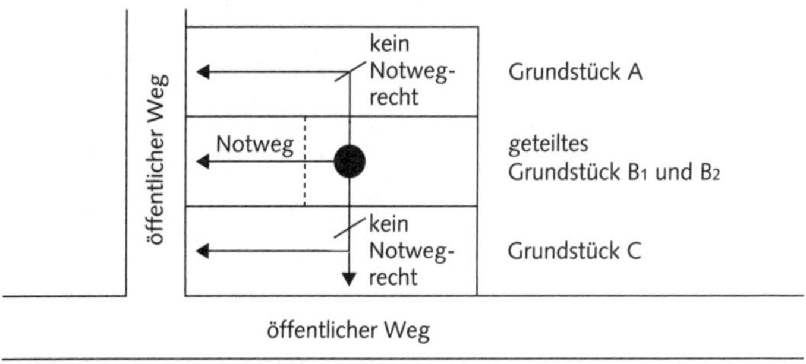

34 Vgl. BGH NJW 2006, 3426.

3 § 918 gilt auch für die Rechtsnachfolger des Eigentümers. Der Anspruch nach **Absatz 2** unterliegt nicht der Verjährung (§ 924 BGB).

4 In den Fällen des **Absatz 2** kann in dem Grundstücksveräußerungsvertrag zwischen dem Erwerber und dem Eigentümer dieser auf das Notwegrecht ausdrücklich oder stillschweigend verzichten (vgl. **7** I 12). Er – also der Eigentümer des abgeschlossenen Grundstücks – hat dann wegen § 918 Abs. 1 BGB auch kein Notwegrecht gegenüber den anderen Nachbarn (vgl. oben Anm. 1).[35]

35 BGHZ 53, 166/172.

KAPITEL 8
Betreten und Nutzung von Nachbargrundstücken

Sofern der Nachbar bzw. Dritte das (benachbarte) Grundstück betreten oder in sonstiger Weise benutzen will, regelt sich Bestehen und Umfang des jeweiligen Rechts grundsätzlich nach einer schuldrechtlichen Vereinbarung, einem dinglichen Recht (Grunddienstbarkeit, siehe 13) oder nach gesetzlich eingeräumten Betretens- oder Nutzungsrechten. Zu letzteren gehören neben dem Notweg- und Notleitungsrecht (siehe 7) das Anwenderecht nach Art. 53 AGBGB (A) sowie das Hammerschlags- und Leiterrecht nach Art. 46b AGBGB (B).

A Anwenderecht[1]

Art. 53 AGBGB Erlöschen von Anwenderechten

(1) Eine im Zeitpunkt des In-Kraft-Tretens des Bürgerlichen Gesetzbuches nach örtlichem Herkommen bestehende Befugnis, bei der Bestellung landwirtschaftlicher Grundstücke die Grenze eines Nachbargrundstücks zu überschreiten (Anwenderecht), erlischt mit dem Ablauf von zehn Jahren nach der letzten Ausübung oder durch Verzicht.

(2) [1]Die für die Verjährung geltenden Vorschriften der §§ 203, 204 Abs. 1 Nrn. 1, 4, 6 bis 9, 11 bis 14, Abs. 2 und 3, §§ 205 bis 207, 209 bis 213 des Bürgerlichen Gesetzbuchs sind entsprechend anzuwenden. [2]Ein Verzicht muss in öffentlich beglaubigter Form abgegeben werden; im Übrigen gilt Art. 46 Abs. 4 Sätze 2 und 3 entsprechend.

(bisher Art. 76, 77 Abs. 1, 79 AGBGB 1899)

---

1 Dazu ausführlich Sprau, Erläuterungen zu Art. 53 AGBGB; Grziwotz-Saller, 4. Teil C.

1 **Anwenderecht** (auch Tret- oder Trepprecht) ist das Recht, bei der Bestellung eines Grundstücks das Nachbargrundstück zu betreten, um das eigene bis zur Grenze nutzen zu können. Für den duldungspflichtigen Nachbarn stellt es sich als eine gesetzliche Eigentumsbeschränkung dar. Das Anwenderecht ist nicht zu verwechseln mit einem Fahrtrecht (vgl. **13** I 3).

2 Voraussetzung für die Berufung auf ein Anwenderecht ist, dass es bereits zur Zeit des In-Kraft-Tretens des BGB (01.01.1900) auf Grund örtlichen Gewohnheitsrechts bestanden hat. War zu diesem Zeitpunkt entsprechendes Gewohnheitsrecht vorhanden, so gilt es mit dem bisherigen Inhalt fort. Nach dem 01.01.1900 konnte sich ein solches Gewohnheitsrecht nicht mehr bilden. Da das Anwenderecht mit der früheren sog. Dreifelderwirtschaft zusammenhängt (die Grundstücke wurden gleichzeitig in einem bestimmten Wechsel bestellt, so dass das Anwenderecht von allen Beteiligten dann ausgeübt wurde, wenn die Grundstücke nicht bestellt waren), wird es noch vor allem in den Gebieten vorkommen, in denen vor dem 01.01.1900 diese Wirtschaftsart angewandt wurde. Häufig kommt das Anwenderecht bes. in den kleinstrukturierten Lagen der klassischen Ackerbaugebiete vor, die noch nicht flurbereinigt sind.[2]

Bestand und Inhalt der Anwenderechte wurden durch das AGBGB 1982 nicht berührt. Die bisher in verschiedenen Vorschriften enthaltenen Regelungen wurden lediglich in Art. 53 AGBGB inhaltlich zusammengefasst.

3 Der Inhalt des Anwenderechts im Einzelnen richtet sich ebenfalls nach dem vor dem 01.01.1900 geltenden örtlichen Gewohnheitsrecht (z.B. Betretungsrecht zum Wenden des Pfluges oder zum Pflügen oder Eggen entlang der Grundstücksgrenze). Nach dem Herkommen ist auch die Frage zu beantworten, ob das Betretungsrecht nur ausgeübt werden darf, wenn das Nachbargrundstück nicht bestellt ist.

Das Herkommen kann sich allerdings seit dem 01.01.1900 inhaltlich verändert haben oder auch aufgehoben worden sein.

---

2 Amtl. Begr., S. 22.

4 Das Anwenderecht unterliegt nicht der **Verjährung**. Es erlischt jedoch durch Zeitablauf oder durch Verzicht (Absatz 1).

Zur Berechnung der zehnjährigen Erlöschensfrist verweist Absatz 2 Satz 1 auf die Verjährungsvorschriften des BGB in der seit 01.01.2002 geltenden Fassung (vgl. **11** A); die Änderung des AGBGB ist am 01.01.2003 in Kraft getreten (Gesetz vom 24.12.2002 GVBl. S. 975; berichtigt 2003, 53). Zum Übergangsrecht vgl. Art. 77a AGBGB und **11** A II 5. Der Verzicht ist in öffentlich beglaubigter Form gegenüber dem Grundstückseigentümer abzugeben; ist das Grundstück des Anwendeberechtigten mit dem dinglichen Recht eines Dritten belastet, muss aber auch dieser dem Verzicht zustimmen (Absatz 2 Satz 2 i.V.m. § 46 Abs. 4 Satz 2 und 3 AGBGB). Das Anwenderecht kann auch dadurch erlöschen, dass es allgemein in der fraglichen Gegend nicht mehr ausgeübt wird, weil sich das örtliche Herkommen geändert hat oder es entfallen ist. Durch die Flurbereinigung wird ein Anwenderecht in der Regel gegenstandslos.[3]

5 Wird das Anwenderecht beeinträchtigt, z.B. durch Errichten eines Zaunes oder sonstigen Hindernisses, steht dem Berechtigten der Abwehranspruch nach § 1004 BGB zu (vgl. **12** A).

B Hammerschlags- und Leiterrecht

Art. 46b AGBGB Hammerschlags- und Leiterrecht

(1) Der Eigentümer und der Nutzungsberechtigte eines Grundstücks müssen dulden, dass das Grundstück von dem Eigentümer oder Nutzungsberechtigten des Nachbargrundstücks und von diesem beauftragten Personen zwecks Errichtung, Veränderung, Instandhaltung oder Beseitigung einer baulichen Anlage betreten wird und dass auf dem Grundstück Gerüste und Geräte aufgestellt werden oder auf dieses übergreifen sowie die zu den Arbeiten erforderlichen Baustoffe über das Grundstück gebracht oder dort niedergelegt werden, wenn und soweit

3 Sprau, Art. 53 AGBGB Rn. 14.

1. das Vorhaben anders nicht oder nur mit unverhältnismäßig hohen Kosten durchgeführt werden kann
2. die mit der Duldung verbundenen Nachteile oder Belästigungen nicht außer Verhältnis zu dem von dem Berechtigten erstrebten Vorteil stehen und
3. das Vorhaben öffentlich-rechtlichen Vorschriften nicht widerspricht.

Das Recht ist so schonend wie möglich auszuüben. Es darf nicht zur Unzeit geltend gemacht werden.

(2) Abs. 1 findet auf den Eigentümer öffentlicher Verkehrsflächen keine Anwendung.

(3) Die Absicht, das Recht nach Abs. 1 auszuüben, so wie Art und Dauer der Arbeiten sind mindestens einen Monat vor deren Beginn dem Eigentümer und Nutzungsberechtigten des betroffenen Grundstücks von dem die Arbeiten veranlassenden Eigentümer oder Nutzungsberechtigten anzuzeigen. Ist ein Betroffener, dem Anzeige zu machen ist, unbekannten Aufenthalts oder nicht alsbald erreichbar und hat er auch keinen Vertreter bestellt, so genügt statt der Anzeige an diesen Betroffenen die Anzeige an den unmittelbaren Besitzer.

(4) Schaden, der bei der Ausübung der Rechte nach Abs. 1 dem Eigentümer oder Nutzungsberechtigten des betroffenen Grundstücks entsteht, ist ohne Rücksicht auf Verschulden von dem Eigentümer oder Nutzungsberechtigten, der die Arbeiten veranlasst hat, zu ersetzen. Auf Verlangen ist Sicherheit in Höhe des voraussichtlichen Schadensbetrags zu leisten; in einem solchen Fall darf das Recht erst nach Leistung der Sicherheit ausgeübt werden.

(5) Ist die Ausübung des Rechts nach Abs. 1 zur Abwendung einer gegenwärtigen erheblichen Gefahr erforderlich, entfällt die Verpflichtung zur Anzeige und zur Sicherheitsleistung.

(6) Der Eigentümer oder Nutzungsberechtigte, der ein Nachbargrundstück länger als eine Woche nach Abs. 1 benutzt, hat demjenigen, dessen dingliches Recht auf Nutzung des Grundstücks beeinträchtigt ist, für die gesamte Zeit der Benutzung eine Entschädigung in Höhe der ortsüblichen Miete für einen dem benutzten Grundstücksteil vergleichbaren gewerblichen Lagerplatz zu zahlen. Eine Nutzungsentschädigung kann nicht verlangt werden, soweit nach Abs. 4 Ersatz für entgangene anderweitige Nutzung gefordert wird.

1 Im Rahmen von Bau-, Instandhaltungs- oder Abrissarbeiten kann sich mitunter das Bedürfnis ergeben, auch das Grundstück des Nachbarn zu betreten oder zu benutzen, z. B. zum Aufstellen von Gerüsten oder Baumaschinen etc. Während die Nachbarrechtsgesetze der meisten Bundesländer diesbezüglich schon seit längerem ein sog. Hammerschlags- und Leiterrecht einräumten, fehlte in Bayern hierzu bislang eine entsprechende gesetzliche Bestimmung. Ein solches Recht konnte bis dahin nur im Einzelfall aus dem nachbarlichen Gemeinschaftsverhältnis hergeleitet werden. Nunmehr hat auch Bayern auf Grundlage des Art. 124 EGBGB in Art. 46 b AGBGB das Hammerschlags- und Leiterrecht gesetzlich normiert, um Rechtssicherheit zu schaffen und den Gerichten im Streifall einen entsprechenden Prüfungsmaßstab an die Hand zu geben.[4]

2 Das Hammerschlags- und Leiterrecht gilt zunächst nur für das Betreten bzw. Benutzen des benachbarten Grundstücks zum Zweck der Errichtung, Veränderung, Instandhaltung oder Beseitigung einer **baulichen Anlage i. S. des Art. 2 I BayBO**[5]. Ferner müssen kumulativ folgende Voraussetzungen des Abs. 1 Nr. 1 bis 3 gegeben sein:

a) Das Vorhaben kann **anders nicht oder nur mit unverhältnismäßig hohen Kosten** durchgeführt werden (Nr. 1), Dies ist bei technischer Unmöglichkeit (z. B. Putzarbeiten an Grenzwänden) gegeben bzw. wenn die Kosten bei Nichtbenutzung in einem groben Missverhältnis zu den Kosten bei Inanspruchnahme des Nachbargrundstücks stehen würden. Nicht ausreichend sind jedenfalls bloße Unannehmlichkeiten oder Unbequemlichkeiten.[6]
b) Die mit der Duldung verbundenen Nachteile oder Belästigungen dürfen ferner **nicht außer Verhältnis** zu dem von dem Berechtigten erstrebten Vorteil stehen (Nr. 2). Hierbei sind die jeweiligen Vor- und Nachteile umfassend miteinander abzuwägen, insbesondere Art und Dauer der Inanspruchnahme des Nachbar-

4 LT-Drs. 16/9583.

5 Mit dem Erdboden verbundene, aus Bauprodukten hergestellte Anlagen. Hierzu zählen neben Gebäuden im engeren Sinne insbesondere auch Nebengebäude, wie Garagen, und andere bauliche Anlagen, wie z. B. Einfriedungen, Terrassen, Schwimmbecken etc., vgl. im Einzelnen Simon/Busse, BayBO, Kommentierung zu Art. 2.

6 Grziwotz-Saller, 4. Teil B II 2 a Rn. 8.

grundstücks. Allerdings sind allein objektive Interessen maßgebend; schlechte nachbarliche Beziehungen sind grundsätzlich nicht mit in die Abwägung einzubeziehen.[7] Bei der Abwägung muss weiter außer Betracht bleiben, dass ggf. verursachte Schäden nach Abs. 4 der Vorschrift zu ersetzen sind. Andernfalls müsste der zur Duldung Verpflichtete von vornherein absehbare Schäden an seinem Grundstück hinnehmen.[8]

c) Das Vorhaben darf zuletzt **öffentlich-rechtlichen Vorschriften** nicht widersprechen (Nr. 3), d.h. es muss baurechtlich sowohl formell als auch materiell rechtmäßig sein. Im Falle eines baugenehmigungspflichtigen Vorhaben muss eine bestandskräftige oder sofort vollziehbare Baugenehmigung vorliegen.[9] Bei genehmigungsfreigestellten Vorhaben ist Voraussetzung für das Hammerschlags- und Leiterrecht, dass mit dem Vorhaben nach Art. 58 Abs. 3 S. 3, 4 BayBO begonnen werden darf und es materiell rechtmäßig ist, bei verfahrensfreiem Vorhaben nach Art. 57 BayBO, dass es materiell rechtmäßig ist und (sofern erforderlich) ordnungsgemäß angezeigt wurde.[10] Unabhängig von der öffentlich-rechtlichen Rechtmäßigkeit dürfen dem Vorhaben auch keine privatrechtlichen Vorschriften entgegenstehen (z.B. Überbau, Verletzung von Fensterrecht oder Grunddienstbarkeiten). Auch wenn dies in Art. 46 AGBGB nicht ausdrücklich geregelt ist, würde die Inanspruchnahme des Nachbargrundstücks insoweit einen Verstoß gegen das Gebot von Treu und Glauben darstellen.[11]

3 Das Hammerschlags- und Leiterrecht berechtigt zum Betreten des Grundstücks, zum Aufstellen von Gerüsten und Geräten, deren Übergreifen auf das benachbarte Grundstück sowie zum Verbringen über bzw. dem Niederlegen der für die Arbeiten erforderlichen Bau-

---

7 Dehner § 28 I 5; bei verfeindetem Nachbarschaftsverhältnis kann die Ausübung des Rechts nur durch einen Beauftragten zulässig sein, Horst Rn. 1470.

8 Grziwotz-Saller, 4. Teil B II 2 b Rn. 9.

9 Zur str. Frage, ob bei sofort vollziehbaren Baugenehmigungen die formale Baufreigabe ausreichend ist vgl. Gziwotz-Saller, 4. Teil B II 2 c Rn. 10 (bejahend) bzw. Dehner, B § 28 I 2 c (verneinend).

10 Vgl. zum Ganzen ausführlich Grziwotz-Saller, 4. Teil B II 2 c Rn. 10.

11 BGH NJW 2011, 1069.

stoffe. Dabei ist für jede Tätigkeit deren Erforderlichkeit auf dem Nachbargrundstück gesondert zu prüfen. So kann die Aufstellung eines Gerüsts erforderlich sein, nicht aber das Niederlegen von Baustoffen, die auch auf dem eigenen Grundstück gelagert werden können.

Die im Gesetz vorgenommene Aufzählung ist als abschließend anzusehen und grundsätzlich nicht auf andere Benutzungsformen übertragbar, wie etwa das Aufstellen von sonstigen Baustelleneinrichtungen (z. B. Baucontainer) oder das Lagern von Erdaushub. Lediglich in eng begrenzten Ausnahmefällen können sich aus dem nachbarlichen Gemeinschaftsverhältnis entsprechende Duldungspflichten ergeben, z. B. bei technisch andernfalls unmöglichen Arbeiten an Grenzwänden.[12]

Gemäß Abs. 1 S. 2 und 3 der Vorschrift ist das Recht so schonend wie möglich auszuüben und darf insbesondere nicht zur Unzeit geltend gemacht werden. Beispielsweise ist die benutzte Fläche räumlich so gering wie möglich zu halten sowie geeignete Vorkehrungen zum Schutz des Nachbargrundstücks zu treffen, wie etwa die Auslegung von Brettern zur Schonung von Rasenflächen. Neben dem Ausschluss der Grundstücksbenutzung zur Unzeit (z. B. Zeit der landwirtschaftlichen Bestellung, Behinderung eigener Bauarbeiten oder Beeinträchtigung eines Saisonbetriebs) ist die Benutzung auch zeitlich auf das objektiv Erforderliche zu beschränken. So darf insbesondere die Benutzung im Falle der Eigenarbeit nicht die anzunehmende Dauer der Arbeiten durch einen Fachbetrieb übersteigen.[13]

4 Nach Abs. 3 ist die Absicht der Ausübung des Hammerschlags- und Leiterrechts sowie Art und Dauer der Arbeiten mindestens einen Monat vor deren Beginn **anzuzeigen**. Die Anzeigepflicht umfasst dabei nicht nur die erwartete Dauer, sondern auch Tag und Uhrzeit des Arbeitsbeginns. Ferner ist eine konkrete Bezeichnung der beabsichtigten Maßnahmen sowie Art und Umfang der Grundstücksnutzung erforderlich.

---

12 So auch Grziwotz-Saller, 4. Teil III 2 Rn. 13; a. A. AG Bad Kissingen, Urt. v. 30.07.2012 – 21 C 228/12.

13 Vgl. zum Ganzen Grziwotz-Saller, 4. Teil B III Rn. 12 ff.

Für die Anzeige gilt eine Frist von 1 Monat vor Beginn der Arbeiten (Berechnung nach §§ 187, 188 BGB). Sie ist formfrei, also auch mündlich möglich. Da die Beweislast für die rechtzeitige und inhaltlich ordnungsgemäße Anzeige allerdings den Hammerschlags- und Leiterberechtigten trifft, empfiehlt sich jedoch eine schriftliche oder zumindest unter Zeugen gemachte Anzeige.

Die rechtzeitige Anzeige ist zwar nicht Bedingung für die Entstehung des Duldungsanspruchs, jedoch Voraussetzung für die **Ausübung** des Hammerschlags- und Leiterrechts. Betritt der Berechtigte daher ohne rechtzeitige Anzeige das Nachbargrundstück, stellt dies eine Eigentumsverletzung bzw. verbotene Eigenmacht nach § 852 BGB dar, welchen mit den Abwehransprüchen der §§ 1004, 862 BGB begegnet werden kann (vgl. hierzu **12**). Liegt hingegen ein Urteil auf Duldung der Arbeiten vor, hat der Verpflichtete damit ausreichend Kenntnis über Beginn und Umfang der Arbeiten, so dass keine weitere Anzeige notwendig ist.[14]

Nach Abs. 5 der Vorschrift ist eine Anzeige ferner nicht erforderlich, wenn die Ausübung des Hammerschlags- und Leiterrecht zur Abwendung einer gegenwärtigen erheblichen Gefahr erforderlich ist.

5 Das Hammerschlags- und Leiterrecht gewährt lediglich einen schuldrechtlichen Anspruch. Liegen dessen Entstehungsvoraussetzungen vor (wozu allerdings nicht die rechtzeitige Anzeige gehört, siehe oben 4), besteht zwar der Duldungsanspruch, darf jedoch bei entsprechender Verweigerung durch den Nachbarn nicht ausgeübt werden. Insoweit besteht **kein Selbsthilferecht** bzw. es liegt bei gleichwohl vorgenommenem Beginn der Arbeiten verbotene Eigenmacht vor. Vielmehr muss der Berechtigte sein Recht notfalls mittels Duldungsklage[15] vor den ordentlichen Gerichten durchsetzen.[16] Erklärt sich der Nachbar auf die Anzeige hingegen nicht, darf der Be-

14 Zu § 24 NachbG NRW: BGH NZM 2013, 243; a. A. Dehner A § 6 7.

15 Zum Inhalt der Klagebegründung und des Klageantrags vgl. Grziwotz-Saller, 4. Teil B VII Rn. 18 sowie BGH NZM 2013, 243.

16 Horst, Rn. 1480; Grziwotz-Saller, 4. Teil B VI Rn. 17: Keine einredeweise Geltendmachung des Duldungsanspruchs gegenüber Besitzschutzklage des Nachbarn m. w. N.

rechtigte das Grundstück gemäß dem Hammerschlags- und Leiterrecht bzw. seiner Anzeige betreten und benutzen.[17]

6 Abs. 4 gewährt dem betroffenen Eigentümer oder Nutzungsberechtigten einen **verschuldensunabhängigen Schadensersatzanspruch**, sofern bei der Ausübung des Hammerschlags- und Leiterrechts ein Schaden entsteht. Ersatzpflichtig ist hierbei der Eigentümer oder Nutzungsberechtigte, der die Arbeiten veranlasst hat. Der Schadensumfang richtet sich nach §§ 249 BGB; auch Folgeschäden, wie insbesondere Mietausfallkosten, sind umfasst.[18] Daneben sind Ansprüche insbesondere aus § 823 Abs. 1 BGB bzw. § 280 BGB[19] möglich. Nach Abs. 4 S. 2 der Vorschrift kann vom Betroffenen **Sicherheitsleistung** in Höhe des voraussichtlichen Schadensbetrag verlangt werden.

Wird das Grundstück länger als eine Woche benutzt, ist gemäß Abs. 6 S. 1 **Nutzungsentschädigung** in Höhe der ortsüblichen Miete – und zwar für die gesamte Dauer – zu zahlen. Bei kurzfristigen Unterbrechungen oder Durchführung mehrerer Arbeiten kurz nacheinander ist für die Berechnung der Wochenfrist sowie der Entschädigungsdauer der gesamte Zeitraum maßgebend.[20]

Schadensersatz und Nutzungsentschädigung stehen grundsätzlich nebeneinander, da sie unterschiedliche Arten von Beeinträchtigungen regeln. Soweit allerdings Schadensersatz in Form des Ersatzes für entgangene anderweitige Nutzung gefordert wird (z. B. entgangene Miete wegen Mietminderung aufgrund Grundstücksbeeinträchtigung), kann nach Abs. 6 S. 2 keine Nutzungsentschädigung verlangt werden.

---

17 Zu § 24 NachbG NRW: BGH NZM 2013, 243.

18 Horst Rn. 1478.

19 Grziwotz-Saller, 4. Teil B VIII Rn. 20; a. A. Dehner B § 28, vor I.

20 Grziwotz-Saller, 4. Teil B VIII Rn. 22.

KAPITEL 9
Fenster- und Lichtrecht

A Fensterrecht

Das Fensterrecht regelt die Frage, ob und in welcher Weise in einem Gebäude Fenster, Balkone, Erker u. a. angebracht werden dürfen, die die Sicht und die Möglichkeit der Einwirkung auf das Nachbargrundstück eröffnen. Da dies für den Nachbarn Nachteile und Unannehmlichkeiten mit sich bringt, ist das aus dem Eigentum fließende Recht des anderen Nachbarn, an beliebiger Stelle seines Gebäudes Fenster anzulegen, beschränkt. Die Regelung ist deshalb von besonderer Bedeutung, da weder das BGB noch das private Nachbarrecht in Bayern für bauliche Anlagen die Einhaltung eines bestimmten Grenzabstandes vorsehen. Ist die grenznahe Bebauung auf dem Nachbargrundstück öffentlich-rechtlich zulässig, bietet das in Art. 43 bis 45 AGBGB geregelte Fensterrecht einen gewissen Ausgleich zum Schutz des Nachbarn.[1] Die Ansprüche unterliegen nicht der Verjährung (Art. 52 Abs. 1 Satz 1 AGBGB; vgl. **11** A II); zum Verzicht vgl. **11** B.

I Art. 43 AGBGB[2]
Fensterrecht

(1) [1]Sind Fenster weniger als 0,60 m von der Grenze eines Nachbargrundstücks entfernt, auf dem Gebäude errichtet sind oder das als Hofraum oder Hausgarten dient, so müssen sie auf Verlangen des Eigentümers dieses Grundstücks so eingerichtet werden, dass bis zur Höhe von 1,80 m über dem hinter ihnen befindlichen Boden weder das Öffnen noch das Durchblicken möglich ist. [2]Die Entfernung wird von dem Fuß der Wand, in der sich das Fenster befindet,

---

1 BayObLG NJW-RR 2001, 1456.

2 Zur Verfassungsmäßigkeit vgl. BayVerfGH BayVBl. 2012, 332.

unterhalb der zunächst an der Grenze befindlichen Außenkante der Fensteröffnung ab gemessen.

Den Fenstern stehen Lichtöffnungen jeder Art gleich.

1 Den Schutz des Art. 43 AGBGB genießen zunächst Nachbargrundstücke, auf denen **Gebäude** errichtet sind. Man versteht darunter ein mit dem Erdboden fest verbundenes Bauwerk von gewisser Dauerhaftigkeit und Festigkeit, das geeignet ist, Personen, Tieren oder Sachen Schutz gegen äußere Einwirkungen zu gewähren und das den Zutritt von Menschen gestattet. Es ist nicht erforderlich, dass das Gebäude Wohnzwecken dient (h.M.). Handelt es sich um Gebäude, die anderen als Wohnzwecken dienen, kann die Berufung auf das Fensterrecht u.U. schikanös sein (§ 226 BGB; vgl. **2** B II).

Geschützt sind ferner Grundstücke, die als **Hofraum** oder **Hausgarten** dienen. **Hofraum** ist die zu einem Gebäude gehörige Grundfläche, die dem wirtschaftlichen Zweck des Gebäudes zu dienen bestimmt ist. Er muss unmittelbar an das Gebäude angrenzen. Ein **Hausgarten** ist eine Grundfläche in der Nähe eines Wohngebäudes, die dessen Bewohnern als kultiviertes Grundstück zu dienen bestimmt ist. Umfriedung ist in beiden Fällen nicht erforderlich. Hierher zählen insbesondere Gärten, die als Blumen- oder Obstgarten, als Spielgarten oder Aufenthaltsort für die Hausbewohner dienen. Entscheidend ist immer die häusliche Zweckbestimmung.

2 Wird auf einem bisher unbebauten Grundstück ein Gebäude errichtet, so kann auch nachträglich das Recht der Art. 43ff. AGBGB ausgeübt werden, d.h. der Nachbar hat dann nachträglich die bereits vorhandenen Fenster nach den Anforderungen dieser Vorschrift einzurichten.[3]

3 Die Beschränkungen gelten nur für Fenster, die weniger als 60 cm von der Grundstücksgrenze entfernt sind. Die Messung des **Abstandes** erfolgt nach **Absatz 1 Satz 2**: Von der der Grundstücksgrenze am nächsten gelegenen Außenkante der Fensteröffnung senkrecht an der Außenwand nach unten bis zum Erdboden; maßgebend ist sodann die Entfernung von dem so ermittelten Fußpunkt bis zur Grundstücksgrenze (vgl. Abbildung).

---

3 Grziwotz-Saller, 2. Teil B I 3 Rn. 24; a.A. Reich, Art. 43 Rn. 4.

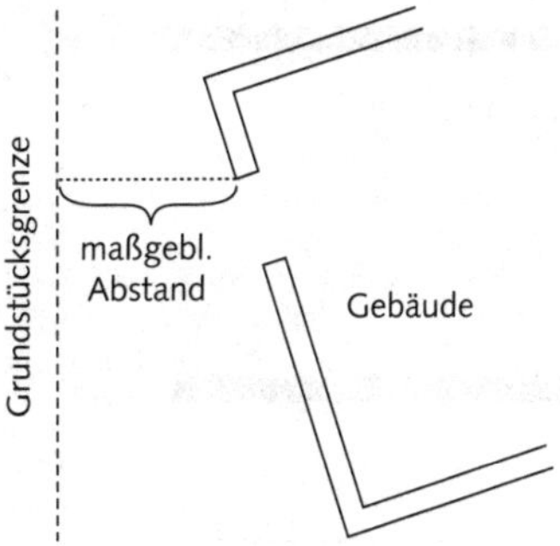

(es ist von der der Grundstücksgrenze am nächsten gelegenen Außenkante des Fensters auszugehen)

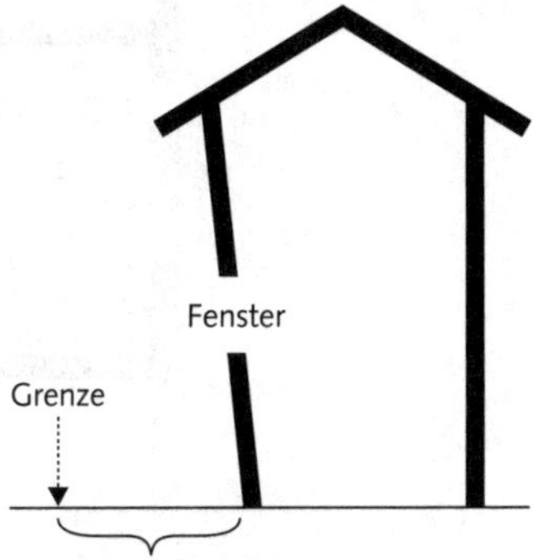

maßgeblicher Abstand (auch bei schiefer Wand!)[4]

Bei Dachfenstern, die nicht mit der Außenwand abschließen, ist der Abstand nach dem Sinn der Norm nicht vom Fußpunkt der Außenwand zu messen, sondern vom Fußpunkt einer mit dem Fenster abschließenden, „gedachten" senkrechten Wand.[5]

Fenster, deren Abstand von der Grundstücksgrenze 60 cm unterschreiten, müssen so eingerichtet sein, dass bis zur Höhe von 1,80 m über dem Boden weder das Öffnen noch das Durchblicken möglich ist. Damit soll sowohl das Auswerfen von Sachen, das Ausgießen von Flüssigkeiten als auch der Einblick auf das Nachbargrundstück verhindert werden. Bis zur Höhe von 1,80 m (ca. Mannshöhe) müssen sie so gebaut sein, dass sie nicht geöffnet werden können; durch Verwendung von nicht durchschaubarem Glas (z.B. Milchglas, gewelltem Glas) kann die Durchsicht verhindert werden; zur Messung des Abstandes vgl. nachfolgende Abbildung.

4 Ebenso für die Messung bei nicht senkrecht stehender Wand Bayer-Lindner-Grziwotz, 7 C I 1; a.A. Sprau, Rn. 14 zu Art. 43 AGBGB, und Meisner-Ring-Götz, § 22 Rn. 14.

5 Grziwotz-Saller, 2. Teil B I 3 f Rn. 40; a.A. Reich, Art. 43 Rn. 10.

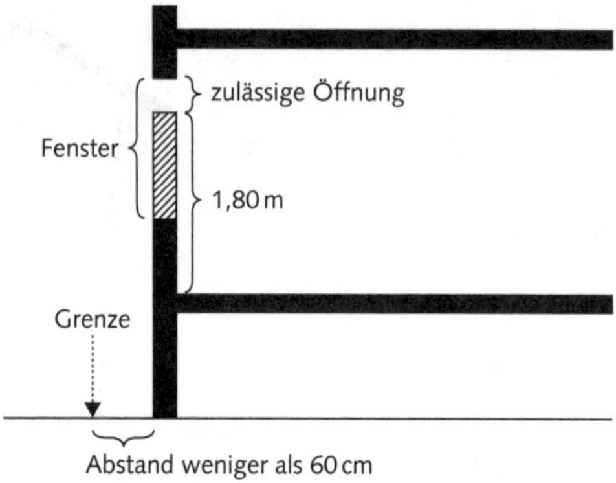

Aus dem Sinn des Fensterrechts ergibt sich, dass unter Art. 43 AGBGB nur Fenster fallen, die Einblick auf das Nachbargrundstück gewähren bzw. stoffliche Einwirkungen ermöglichen. Dies ist der Fall, wenn die Anlage nicht vom Nachbargrundstück fortweist, was für jeden Einzelfall zu entscheiden ist.[6]

4 Den Fenstern sind nach **Absatz 2** Lichtöffnungen jeder Art gleichgestellt, also z. B. Glastüren, Bodenluken u. A. Nicht darunter fallen jedoch Holztüren ohne Glaseinsatz, ihre Beseitigung kann u. U. nach § 907 BGB verlangt werden (vgl. **6** C).

5 Soweit sich das Fenster bzw. die Lichtöffnung in einer gemeinschaftlichen Grenzeinrichtung i. S. des § 921 BGB befindet, findet Art. 43 AGBGB keine Anwendung, vielmehr richtet sich die Zulässigkeit der Fensteröffnung nach § 922 BGB (vgl. **4** B). Dies gilt auch, wenn die Lichtöffnung auf eine Grenzeinrichtung weist, sofern über diese nicht gesehen oder an dieser vorbei geblickt werden kann; ferner wenn zwischen zwei Gebäuden ein Zwischenraum liegt, der eine Grenzeinrichtung nach § 921 BGB ist.[7]

---

6 Grziwotz-Saller, 2. Teil B I 3 e Rn. 36; a. A. Sprau, Art. 43 Rn. 13 und Meisner-Ring-Götz, § 22 Rn. 13, die auf den Winkel zur Grenze (90 bzw. 60 Grad) abstellen.

7 Sprau, Art. 43 AGBGB Rn. 15; Meisner-Ring-Götz, § 22 Rn. 8; Grziwotz-Saller, 2. Teil B I 3 e Rn. 38; a. A. teilw. Reich, Art. 43 Rn. 2 f.

6 Die vorgeschriebenen Vorkehrungen brauchen nur eingehalten zu werden, wenn der **Eigentümer** des durch Art. 43 AGBGB geschützten Grundstücks **dies verlangt**. Berechtigt sind ferner Miteigentümer, der Erbbauberechtigte, andere dinglich Berechtigte nur, sofern sich deren Rechte gerade auf den durch Art. 43 AGBGB gewährleisteten Eigentumsschutz beziehen (z. B. Nießbraucher, Dauerwohnungsberechtigter, nicht aber der Grundpfandrechtsgläubiger).[8] Bei Wohnungs- und Teileigentümern ist zur Geltendmachung ein Eigentümerbeschluss erforderlich.[9] Dagegen sind nur schuldrechtlich Berechtigte, insbesondere Mieter und Pächter, nicht anspruchsberechtigt.[10]

Der Anspruch richtet sich gegen den Störer, also denjenigen, dem die Ausführung der Anlage zuzurechnen ist; das kann auch ein nur schuldrechtlich Berechtigter sein.[11]

Ferner muss das Grundstück, auf welches sich die Verpflichtung bezieht, nicht zwangsläufig in fremdem Eigentum stehen. So können beispielsweise die aneinander grenzenden Grundstücke den Nachbarn (z. B. als Miteigentümern) gemeinschaftlich gehören.[12]

Für das Verlangen ist keine Form und Frist vorgeschrieben (über Verzicht und Verjährung vgl. **11**). Ein Recht des Nachbarn, Fenster entgegen Art. 43 AGBGB anbringen zu dürfen, kann vertraglich vereinbart und – wenn sie Wirkung gegen rechtsgeschäftliche Rechtsnachfolger haben soll[13] – dinglich insbesondere durch eine Grunddienstbarkeit gesichert werden (vgl. **13**). Eine stillschweigende Einverständniserklärung liegt weder in der Unterzeichnung des Bauplanes noch in der bloßen Duldung einer baulichen Anlage, die den Art. 43 ff. AGBGB widerspricht.[14]

---

8 Sprau, Art. 43 AGBGB Rn. 31 f.; Grziwotz-Saller, 2. Teil B I 3 b Rn. 25.

9 BGH NJW 1993, 727; BayVGH NVwZ-RR 2006, 430.

10 Sprau, Art. 43 AGBGB Rn. 31; Grziwotz-Saller, 2. Teil B I 3 b Rn. 25; a. A. Meisner-Ring-Götz, § 22 Rn. 18.

11 Sprau, Rn. 33 zu Art. 43 AGBGB.

12 Sprau, Art. 43 AGBGB Rn. 15.

13 So auch Just, BayVBl. 1985, 289/295.

14 Sprau, Rn. 7 zu Art. 43 AGBGB.

Der beeinträchtigte Eigentümer hat bei Nichteinhaltung des Verlangens nach § 1004 Abs. 1 BGB einen Unterlassungsanspruch, sofern die Baumaßnahme noch nicht durchgeführt wurde, bzw. bei bereits bestehendem Fenster einen Beseitigungsanspruch.

7 Art. 43 AGBGB ist rein zivilrechtlicher Natur. Er lässt die Vorschriften des öffentlichen Rechts, insbesondere des Baurechts, über den Grenzabstand und die Beschaffenheit von Fenstern unberührt (vgl. z.B. Art. 6, 7, 38 BayBO); Gleiches gilt umgekehrt.[15]

II Art. 44 AGBGB Balkone und ähnliche Anlagen

[1]Balkone, Erker, Galerien und ähnliche Anlagen, die weniger als 0,60 m von der Grenze eines Nachbargrundstücks abstehen, auf dem Gebäude errichtet sind oder das als Hofraum oder Hausgarten dient, müssen auf der dem Nachbargrundstück zugekehrten Seite auf Verlangen des Nachbarn mit einem der Vorschrift des Art. 43 entsprechenden Abschluss versehen werden. [2]Der Abstand wird bei vorspringenden Anlagen von dem zunächst an der Grenze befindlichen Vorsprung ab, bei anderen Anlagen nach Art. 43 Abs. 1 Satz 2 gemessen.

1 Die Vorschrift erweitert den Schutz des Art. 43 AGBGB auf Balkone, Erker, Galerien und ähnliche Anlagen, die das Verweilen von Menschen gestatten (z.B. Terrassen, Loggien, Dachgärten). Verläuft das Gebäude senkrecht zur Grundstücksgrenze (insbesondere bei Doppel- oder Reihenhäusern), unterfallen die Terrasse oder der Balkon nicht den Einschränkungen des Art. 44 AGBGB, da sie nicht auf der dem Nachbargrundstück zugekehrten Seite der Wand liegen; dementsprechend können sie bis zur Grundstücksgrenze reichen.[16] Im übrigen wird auf die Erläuterungen zu Art. 43 AGBGB verwiesen.

---

15 BayObLG NJW-RR 2001, 1456; Sprau, Rn. 7f. zu Art. 43 AGBGB; Meisner-Ring-Götz, § 22, Rn. 25.

16 Reich, Art. 44 Rn. 11.

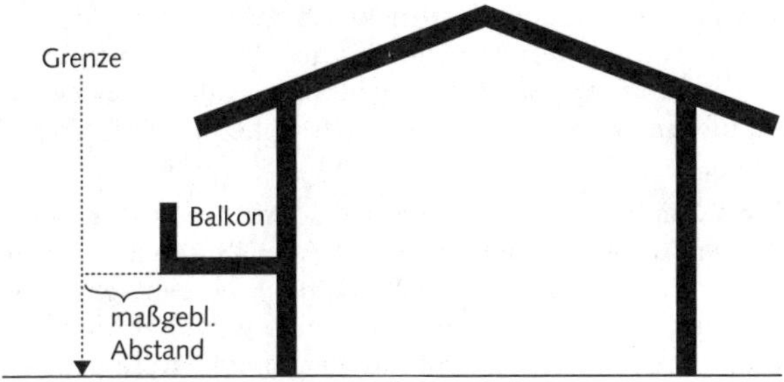

2 Die Messung des Abstandes wird bei vorspringenden Anlagen (z. B. Balkonen) von dem der Grenze am nächsten befindlichen Vorsprung ab (vgl. Abbildung), bei anderen Anlagen nach Art. 43 Abs. 1 Satz 2 AGBGB (vgl. **9** A I 4) gemessen.

3 **Berechtigt**, das Verlangen zu stellen, ist derselbe Personenkreis wie bei Art. 43 AGBGB (vgl. **9** A I 6).

III Art. 45 AGBGB Besondere Vorschriften für Fenster, Balkone und ähnliche Anlagen

(1) [1]Art. 43 und 44 gelten auch zugunsten von Grundstücken, die einer öffentlichen Eisenbahnanlage dienen. [2]Die Fenster und anderen Lichtöffnungen sowie der Abschluss der in Art. 44 bezeichneten Anlagen dürfen jedoch so eingerichtet werden, dass sie das Durchblicken gestatten.

(2) Für die zur Zeit des In-Kraft-Tretens dieses Gesetzes bestehenden, begonnenen oder baurechtlich genehmigten Anlagen der in Art. 43 und 44 bezeichneten Art sind die vor diesem Zeitpunkt geltenden Vorschriften weiterhin anzuwenden, soweit sie die geringere Beschränkung festgelegt haben als die Art. 43 und 44 sowie Absatz 1.

1 **Absatz 1** dehnt den Schutz der Art. 43 und 44 AGBGB teilweise auf solche Grundstücke aus, die einer öffentlichen Eisenbahnanlage dienen. Da bei solchen Grundstücken insbesondere nur dem Aus-

werfen von Gegenständen und dem Ausgießen von Flüssigkeiten vorgebeugt werden soll, braucht hier nur das Öffnen unterbunden zu werden. Fenster, Lichtöffnungen und Anlagen nach Art. 44 AGBGB dürfen dagegen in ihrer vollen Höhe das Durchblicken ermöglichen.

2 **Absatz 2** enthält eine Übergangsvorschrift für Fenster und Anlagen i. S. der Art. 43, 44 und 45 Abs. 1 AGBGB, die zur Zeit des In-Kraft-Tretens des AGBGB 1982 (01. 01. 1983) bereits vorhanden waren, mit deren Errichtung bereits begonnen war oder die zu diesem Zeitpunkt zumindest baurechtlich genehmigt waren. Für diese Fenster gelten die bisherigen Vorschriften weiter, d. h. die entsprechenden Fenster etc. bleiben auch weiter zulässig bzw. können fertiggestellt oder auf Grund der bereits erteilten Baugenehmigung auch neu errichtet werden. Es handelt sich um einen Sonderfall der sog. Rechtswirkungsklausel des Art. 78 AGBGB (vgl. **1** 4). Im Einzelnen gilt Folgendes:

a) Fenster etc., die beim In-Kraft-Treten des BGB bereits bestanden und nach dem bis 01. 01. 1900 geltenden Recht zulässig waren, sind auch weiterhin gestattet. Das gilt insbesondere für die Gebiete, in denen das Gemeine Recht oder das Bayer. Landrecht galt, da danach für Fenster usw. keine Beschränkungen galten.
b) Für Fenster etc., die in der Zeit vom 01. 01. 1900 bis 31. 12. 1982 errichtet wurden, gelten die Vorschriften des AGBGB 1899. Praktische Bedeutung hat diese Regelung insoweit nur für Fenster etc., die auf der Baulinie errichtet sind, ohne dass die nach Art. 43 und 44 AGBGB vorgeschriebenen Abstände eingehalten sind. Nur insoweit ist nämlich hinsichtlich des Fensterrechts eine Änderung der Rechtslage durch das AGBGB 1982 eingetreten (vgl. oben Anm. 2). Die bisherige Regelung gilt auch dann, wenn mit der Errichtung der Fenster etc. bereits vor dem 01. 01. 1983 begonnen worden war oder für sie zu diesem Zeitpunkt bereits eine baurechtliche Genehmigung vorlag. Hierbei ist maßgeblich der Zeitpunkt der Erteilung der Baugenehmigung und nicht der ihrer Unanfechtbarkeit.

c) Werden die nach bisherigem Recht zulässigen Fenster etc. umgebaut oder das Gebäude abgerissen und neu aufgebaut, so sind allein die Art. 43 bis 45 AGBGB maßgebend.[17]

3 Zum Übergangsrecht für die ehemals coburgischen Gebiete (vgl. **1** § 3 d).[18]

IV Zum Erfordernis eines **außergerichtlichen Schlichtungsverfahrens in den Fällen der Art. 43 bis 45 AGBGB** vgl. 13a.

B Lichtrecht

Unter Lichtrecht versteht man die Befugnis des Grundstückseigentümers, dem Nachbarn die Verbauung des Lichteinfalls auf Fenster verbieten zu können. **Weder das BGB noch das Bayer. Nachbarrecht sehen eine derartige Befugnis jedoch vor.** Eine solche Befugnis kann grundsätzlich auch nicht analog § 906 BGB oder aus dem nachbarlichen Gemeinschaftsverhältnis hergeleitet werden.[19] Zu sog. Lichteinwirkungen (insb. Sonnenlichtreflexionen) siehe unter **6** B 13 (Lichteinwirkung).

Bestand ein solches Recht vor dem 01.01.1900, so galt es nur weiter, wenn es seine Grundlage in einem besonderen Rechtsverhältnis hatte (z.B. Bestellung einer Dienstbarkeit nach altem Recht). Andere Rechte galten unter den Voraussetzungen des Art. 67 Abs. 1 AGBGB 1899 als Grunddienstbarkeit fort (vgl. hierzu und zu den ergänzend heranzuziehenden Vorschriften des preuß. Landrechts die 2. Auflage S. 99f.). Art. 67 AGBGB 1899 wurde in das neue AGBGB nicht übernommen, weil die Vorschrift eine nur mehr geringe praktische Bedeutung hat. Grunddienstbarkeiten, die auf ihr beruhen, gelten aber auf Grund der Rechtswirkungsklausel des Art. 78 AGBGB (vgl. **1** 4) fort. Sie können auch künftig in das Grundbuch eingetragen werden.[20]

---

17 Sprau, Rn. 9 zu Art. 45 AGBGB; Bayer-Lindner-Grziwotz, 7 D I.
18 Siehe auch Amtl. Begr. S. 23.
19 Grziwotz/Saller, 2. Teil II Rn. 49.
20 Siehe auch Amtl. Begr. S. 22.

KAPITEL 10
Bäume und Sträucher

A Überhängen von Zweigen und Eindringen von Wurzeln

I 1 Das Eigentum an Bäumen steht dem Eigentümer des Grundstücks zu, auf dem sie stehen, d. h. auf dem der Stamm aus dem Boden kommt. Eine Ausnahme gilt nur dann, wenn die Bäume – wie etwa in einer Baumschule – nur zu einem vorübergehenden Zweck mit dem Boden verbunden sind (§ 95 BGB). Auch Wurzeln oder Zweige eines Baumes, die in das Nachbargrundstück hinüberragen, gehören dem Baumeigentümer. Das Gesetz gewährt jedoch dem Eigentümer des beeinträchtigten Grundstücks ein Selbsthilferecht (vgl. unten Anm. zu § 910 BGB).

2 Wird durch die vom angrenzenden Grundstück überhängenden Zweige oder eingedrungenen Wurzeln ein Schaden verursacht (z. B. Eindringen von Wurzeln in Rohrleitungen oder Hausfundamente), so besteht zwar grundsätzlich keine Schadenersatzpflicht des Baumeigentümers, jedoch ein Beseitigungsanspruch des beeinträchtigten Nachbarn, vgl. dazu **10** F.

3 Über das Recht des Grundstückseigentümers auf Beseitigung des Überhangs und auf Einhaltung des Grenzabstandes nach Art. 47 ff. AGBGB (vgl. **10** D) hinaus, besteht keine Möglichkeit, die Entziehung von Licht und Luft durch Bäume des Nachbargrundstücks abzuwehren. Etwas anderes könnte sich nur bei missbräuchlichem Verhalten des Nachbarn auf Grund des nachbarlichen Gemeinschaftsverhältnisses (vgl. **1** 6) ergeben.[1]

4 Zum Erfordernis eines außergerichtlichen **Schlichtungsverfahrens** vgl. **14**.

---

1 OLG Düsseldorf NJW 79, 2618, m. w. N.; Bayer-Lindner-Grziwotz, 8 A II 3; vgl. auch OLG Köln NJW-RR 1989, 1177: Kein Anspruch auf Beseitigung eines Baumes wegen der Gefahr, dass bei Sturm gesunde Äste abbrechen und auf das Nachbargrundstück fallen können; vgl. auch 2 B II und unten F 3.

II Überhang

§ 910 BGB

(1) [1]Der Eigentümer eines Grundstücks kann Wurzeln eines Baumes oder eines Strauches, die von einem Nachbargrundstück eingedrungen sind, abschneiden und behalten. [2]Das Gleiche gilt von herüberragenden Zweigen, wenn der Eigentümer dem Besitzer des Nachbargrundstücks eine angemessene Frist zur Beseitigung bestimmt hat und die Beseitigung nicht innerhalb der Frist erfolgt.

(2) Dem Eigentümer steht dieses Recht nicht zu, wenn die Wurzeln oder die Zweige die Benutzung des Grundstücks nicht beeinträchtigen.

1 **Berechtigt** zur Ausübung des Selbsthilferechts sind Eigentümer (auch Miteigentümer) und der Erbbauberechtigte (h. M.).[2] Andere Berechtigte (z. B. Nießbraucher, Mieter, Pächter) benötigen die Ermächtigung des Grundstückseigentümers.[3]

2 **Wurzeln** darf der Nachbar ohne weiteres bis zur Grenze abschneiden. Sind nach dem Abschneiden der Wurzeln Maßnahmen notwendig, um den Baum vor Schäden zu bewahren (z. B. Behandlung der Schnittstellen), so ist dies Sache des Baumeigentümers. Der Selbsthilfeberechtigte kann jedoch verpflichtet sein, diesen vom Wurzelschnitt zu unterrichten. Unterlässt der Selbsthilfeberechtigte dies, kann er sich nach § 823 Abs. 1 BGB schadensersatzpflichtig machen.[4] Dies wird allerdings nur der Fall sein, wenn die Wurzelentfernung so gravierend ist, dass für den objektiven Betrachter die Gefahr einer Schädigung naheliegt (vgl. § 276 Abs. 1 Satz 2 BGB).

Für **Zweige** bestimmt Absatz 1 Satz 2 als Voraussetzung für die Ausübung des Selbsthilferechts, dass dem Besitzer des Baumes eine angemessene Frist zur Beseitigung gesetzt wurde und die Frist verstrichen ist. Ob die Frist angemessen ist, richtet sich nach ihrer Dauer (Umfang der erforderlichen Arbeiten!), nach der Jahreszeit und den Geboten einer sachgemäßen Baumpflege. Dies ist besonders wichtig

2 Palandt/Bassenge, § 910 Rn. 1; MünchKomm/Säcker, § 910 Rn. 8.
3 Palandt/Bassenge, § 910 Rn. 1; Meisner-Ring-Götz, § 17, Rn. 3.
4 OLG Köln VersR 1995, 665 (auch zur Beweislast); LG Stuttgart VersR 1987, 1201.

bei Obstbäumen; während der Wachstumsperiode oder kurz vor der Ernte kann ein Zurückschnitt in der Regel nicht verlangt werden. Die Ausübung des Selbsthilferechts ohne Fristsetzung ist rechtswidrig. Der Rückschnitt darf nur bis zur Grenze des Grundstücks vorgenommen werden.[5]

Die abgeschnittenen Wurzeln oder Zweige darf der Selbsthilfeberechtigte behalten; er erwirbt hieran Eigentum. Aus diesem Grund (Eigentumserwerb) darf er die abgeschnittenen Wurzeln oder Zweige nicht auf das Nachbargrundstück hinüber werfen[6] (zum Ersatz der Beseitigungskosten siehe Ziff. 7).

Betrifft das Verlangen nach einem Zurückschnitt eine Hecke oder einen lebenden Zaun, Feldgehölze oder -gebüsche, die sich in der freien Natur befinden, ist zu beachten, dass in der Zeit vom 1. März bis 30. September ein Zurückschneiden verboten ist (Art. 13e Abs. 1 Nr. 2 Bayer. Naturschutzgesetz). Was unter „freier Natur" zu verstehen ist, kann unklar sein. Es gehören jedenfalls alle Flächen außerhalb der im Zusammenhang bebauten Ortsteile, die nicht durch bauliche oder sonstige Anlagen verändert sind, dazu; es können aber auch größere Freiflächen innerhalb bebauter Gebiete Bestandteil der freien Natur sein.[7]

3 Allgemeine Voraussetzung für die Ausübung des Selbsthilferechts ist weiter, dass die eingedrungenen Wurzeln oder die überhängenden Zweige die Benutzung des Grundstücks **beeinträchtigen** (Absatz 2). Ob dies der Fall ist, richtet sich danach, ob nach der jeweiligen Benutzungsart des Grundstücks eine objektive Beeinträchtigung vorliegt; ob der Nachbar ganz unerhebliche Beeinträchtigungen hinnehmen muss, ist strittig.[8] Jedenfalls muss gerade und

5 Zur Schadensersatzpflicht bei nicht herüberragenden Ästen vgl. LG Düsseldorf, Urt. v. 28.09.2012 – 13 O 366/11.

6 Staudinger/Roth, § 910 Rn. 25.

7 Vgl. dazu BayObLG BayVBl. 1994, 378.

8 BGH NJW 2004, 1037/1039; OLG Köln SchAZtg 2011, 246: nicht nur unwesentliche Beeinträchtigung erforderlich; zu eng OLGR Saarbrücken 2007, 927, das Beeinträchtigung der Stellplatznutzung durch 20 m hohe und 4,10 m überwachsende Fichten (Gefahr herabfallender Zapfen) verneint; OLG Köln NJW-RR 1997, 656, das für Beeinträchtigung bei reinem Ziergarten strenge Anforderungen

alleine der grenzüberschreitende Teil des Baumes bzw. Strauches, also der Überhang als solches, zu einer (zusätzlichen) Beeinträchtigung führen[9], wie z. B. nicht nur geringfügiger (zusätzlicher) Laub- und Nadelbefall und die dadurch verbundenen Beeinträchtigungen (notwendige Entsorgung, Reinigung der Dachrinnen etc.).[10] Der Baumeigentümer hat zu beweisen, dass eine Beeinträchtigung nicht vorliegt.[11]

Im Einzelfall kann das Rückschnittverlangen auch **unzumutbar** sein, wenn durch einen Rückschnitt die Gefahr des Absterbens des Gewächses oder einer erhöhten Risikolage (z. B. fehlende Standfestigkeit) gegeben ist[12]. Aus dem nachbarlichen Gemeinschaftsverhältnis kann sich überdies im Einzelfall eine Begrenzung des Anspruchs auf Rückschnitt auf ein geringeres Maß ergeben, soweit der Baumbestand, z. B. durch Verlust großer Teile der Krone, gefährdet ist und das Grundstück bereits in Kenntnis des Baumbestands erworben wurde.[13]

4 Sind die Voraussetzungen für die Ausübung des Selbsthilferechts nicht gegeben oder überschreitet der Nachbar dessen Grenzen, so macht er sich bei Verschulden schadensersatzpflichtig. Er wird dann auch nicht Eigentümer der überhängenden Zweige und Wurzeln. Fehlt es allerdings allein an der erforderlichen Fristsetzung, besteht grundsätzlich keine Schadensersatzpflicht; denn nach entsprechender Fristsetzung bzw. -ablauf wäre der Rückschnitt rechtmäßig vorgenommen worden.[14]

---

stellt; OLG Oldenburg NJW-RR 1991, 1367 zu Schattenwurf; vgl. auch AG Königstein NJW-RR 2000, 1256; a. A. (Beeinträchtigung liegt bereits im Überhang) AG Würzburg NJW-RR 2001, 953.

9 OLG Köln SchAZtg 2011, 246.

10 OLG Brandenburg NJW-RR 2015, 1427: dagegen keine hinreichende Beeinträchtigung durch angeblich „niederprasselnde“ Eicheln.

11 BGH NJW 2004, 1037/1039; Meisner-Ring-Götz, § 17, Rn. 9; viel zu eng AG Frankfurt NJW 1990, 1101; vgl. auch Fn. 4.

12 OLG Köln SchAZtg 2011, 246.

13 OLG Brandenburg NJW-RR 2015, 1427.

14 OLG Frankfurt, Urt. v. 15.06.2011 – 4 U 240/09.

5 § 910 BGB erfasst nicht den Fall, dass ein Stamm schief über die Grenze gewachsen ist. Hier hat der Nachbar nur die Möglichkeit, die Beseitigung des Baumes nach § 1004 BGB (vgl. **12** A) zu verlangen. Die Regelung des § 910 BGB ist nach h.M. auch auf Pflanzenteile anwendbar, die nicht zu Sträuchern oder Bäumen gehören (z.B. Schlingpflanzen wie Knöterich oder Staudengewächse). Wenn das Gesetz dem Nachbarn hinsichtlich der in der Regel wertvolleren Bäume und Sträucher ein Selbsthilferecht zubilligt, ist es gerechtfertigt, § 910 BGB entsprechend auch auf andere Pflanzen anzuwenden. Zudem soll das Selbsthilferecht nach dem Willen des Gesetzgebers nicht von der botanischen Pflanzenbezeichnung abhängen.[15]

6 Zweck der Vorschrift ist nicht der Schutz vor Schäden durch herüberhängende giftige Zweige (z.B. einer Eibe); sie ist also kein Schutzgesetz i.S. von § 823 Abs. 2 BGB. Da das Anpflanzen und Halten giftiger Pflanzen nicht verboten ist, besteht deshalb im Regelfall kein Schadensersatzanspruch bei Schädigung von Mensch und Tier. Sicherungsmaßnahmen gegen das Hinüberwachsen muss der Grundstückseigentümer nur in besonderen Ausnahmefällen ergreifen (z.B. bei hier im Allgemeinen unbekannten, vor allem ausländischen und auch bei besonders giftigen Gewächsen).[16] Ein Schadensersatzanspruch ist jedoch bejaht worden, wenn der Grundstückseigentümer im Grenzbereich zu einer Weidefläche giftigen Baum- oder Heckenschnitt lagert (z.B. Eiben- oder Buchsbaumzweige) und dadurch Tiere des Nachbarn zu Schaden kommen.[17]

7 Soweit dem Nachbarn in Ausübung des Selbsthilferechts **Kosten** entstehen, kann er Ersatz verlangen; dies ergibt sich aus §§ 812, 818 Abs. 2 BGB; ein nachbarrechtlicher Ausgleichsanspruch nach § 906 Abs. 2 Satz 2 BGB (vgl. **6** B 7b) scheidet daneben aus.[18] Zu den Ansprüchen bei Schäden durch überhängende Zweige oder eingedrungene Wurzeln, vgl. **10** F.

---

15 Staudinger/Roth, § 910 Rn. 16; Bayer-Lindner-Grziwotz 8 A I 2b.

16 OLG Düsseldorf NJW 1975, 739.

17 OLG Köln NJW-RR 1990, 793, OLG Hamm NJW-RR 1990, 794.

18 BGHZ 60, 235 ff.; 97, 231; 106, 142; BGH NJW 1986, 2640 und NJW 2004, 603; MünchKomm/Säcker, § 910 Rn. 12; a.A. Bayer-Lindner-Grziwotz, 8 A II 6; LG Bonn NJW-RR 1987, 1421; LG Hannover NJW-RR 1994, 14.

8 § 910 BGB gilt auch für Bäume an und auf öffentlichen Straßen; vgl. hierzu auch § 11 FStrG und Art. 29 BayStrWG (vgl. **10** D V 3).[19]

9 Neben dem Selbsthilferecht des § 910 BGB steht dem beeinträchtigten Nachbarn auch das – ggf. durch Klage durchsetzbare – Recht zu, die **Beseitigung des Überhangs nach § 1004 BGB** (vgl. **12** A) zu verlangen. Er kann also wählen, ob er den Überhang selbst im Rahmen des § 910 BGB beseitigt oder aber die Entfernung durch den Nachbarn verlangt.[20] Aus der Tatsache, dass der beeinträchtigte Nachbar – auch unter Nichtbeachtung der nach § 910 Abs. 1 Satz 2 BGB zu setzenden Frist – einen Überhang jahrelang selbst beseitigt hat, lässt sich keine „ständige Übung" oder ein Gewohnheitsrecht ableiten, welche den beeinträchtigten Nachbarn auf das Selbsthilferecht beschränken würden oder ihn gar zur künftigen Beseitigung des Überhangs verpflichten würden.[21] Der Beseitigungsanspruch nach § 1004 BGB besteht auch bezüglich Wurzeln, die in das Nachbargrundstück hineingewachsen sind. Der Eigentümer eines Baumes muss dafür Sorge tragen, dass Wurzeln nicht in das Nachbargrundstück hinüberwachsen. Verletzt er diese Pflicht, so ist er Störer i.S. des § 1004 Abs. 1 BGB (s. auch **12** A).[22] Insoweit ist der Eigentümer bei stark wurzel- bzw. rhizomtreibenden Gewächsen (z.B. bestimmte Schilf- oder Bambusarten) verpflichtet, gegen eine Ausbreitung auf das Nachbargrundstück geeignete Maßnahmen zu treffen, wie etwa die Einbringung von Wurzelschutzfolien.[23] Auch für den Anspruch nach § 1004 BGB gilt der Maßstab des § 910 Abs. 2 BGB (oben Anm. 3),[24] vgl. dazu 10 F.

Zuständig für eine auf § 1004 BGB gestützte Klage ist ausschließlich das Gericht, in dessen Bezirk das beeinträchtigte Grundstück liegt (dinglicher Gerichtsstand gemäß § 24 ZPO).[25]

---

19 BGH WM 1979, 1219/1220.

20 BGHZ 60, 235 ff.; 97, 231/234.

21 OLG Celle MDR 2005, 804 zu einer von einer Gemeinde behaupteten gemeindeweiten ständigen Übung für Überwuchs durch Bäume von gemeindlichen Grundstücken.

22 BGH NJW 2004, 603 und 1035.

23 LG Osnabrück, Urt. v. 21.05.2010 – 7 O 361/10.

24 BGH NZM 2005, 318; BGH NJW 2004, 603 und 1037.

25 BayObLGZ 1996, 14.

9a Eine Klage auf Feststellung, dass der Nachbar auch künftig den jeweils neu zugewachsenen Überhang zu beseitigen hat, wird regelmäßig wegen fehlenden Feststellungsinteresses (§ 256 ZPO) unzulässig sein, weil nur im konkreten Einzelfall festgestellt werden kann, ob eine Beeinträchtigung tatsächlich vorliegt (vgl. auch § 910 Abs. 2 BGB).[26]

10 Verlangt der Nachbar die Beseitigung von überhängenden Zweigen oder Ästen nach § 1004 BGB, spielt oft die Frage der **Verjährung** eine entscheidende Rolle. Sie richtet sich nach §§ 195, 199 Abs. 1 und 4 BGB, d. h. die Ansprüche verjähren grundsätzlich in 3 Jahren (regelmäßige Verjährungsfrist) unter den Voraussetzungen des § 199 Abs. 1 BGB, spätestens aber in 10 Jahren nach Entstehung des Anspruchs, § 199 Abs. 4 BGB (vgl. **11** A I; dort auch zum Übergangsrecht). Maßgebend für die Entstehung des Anspruchs ist der Zeitpunkt, in dem der Überhang das Nachbargrundstück erstmals beeinträchtigt. Der Auffassung, dass der Beseitigungsanspruch überhaupt nicht verjähre, weil die Beeinträchtigung durch den Überhang ständig neu entstehe, ist der Bundesgerichtshof nicht gefolgt.[27] Die Verjährung beginnt auch nicht neu zu laufen, wenn der Grundstückseigentümer wechselt. Tritt die Beeinträchtigung des Nachbargrundstücks durch den Überhang aber erst dadurch ein, dass die Benutzung des betroffenen Grundstücks geändert wird, ist für die Verjährung die Nutzungsänderung (z. B. Bebauung eines bisher nicht genutzten Grundstücks) maßgebend, unabhängig davon, wie lange Baum und Überhang bereits vorhanden sind.[28]

Zu beachten ist, dass zwar der Beseitigungsanspruch nach § 1004 BGB der Verjährung unterliegt, nicht aber das Selbsthilferecht nach § 910 BGB selbst.[29]

11 Bei **Waldgrundstücken**, die bereits zur Zeit des In-Kraft-Tretens des BGB (01.01.1900) vorhanden waren, werden in Art. 51 Abs. 3 und 4 AGBGB dem Eigentümer eines Nachbargrundstücks besonde-

26 LG Bonn NJW-RR 1987, 1421.
27 Vgl. Fn. 17.
28 Vgl. Fn. 17.
29 LG Freiburg, Urt. v. 22.01.2015 – 3 S 143/14; MünchKomm/Säcker, § 910 Rn. 14.

re Duldungspflichten gegenüber eingedrungenen Wurzeln und überhängenden Zweigen auferlegt. Das Ausmaß der Duldungspflicht bestimmt sich danach, ob es sich bei dem Nachbargrundstück seinerseits um ein Waldgrundstück oder ein anderes Grundstück handelt:

Art. 51 Abs. 3 und 4 AGBGB lautet:

(3) Der Eigentümer eines Waldgrundstücks ist verpflichtet, die Wurzeln eines Baumes oder Strauches, die von einem Nachbargrundstück eingedrungen sind, das bereits zur Zeit des In-Kraft-Tretens des Bürgerlichen Gesetzbuchs mit Wald bestanden war, sowie die von einem solchen Grundstück herüberragenden Zweige bis zur ersten Verjüngung des Waldes auf dem Nachbargrundstück nach In-Kraft-Treten des Bürgerlichen Gesetzbuchs zu dulden.

(4) [1]Dem Eigentümer eines anderen Grundstücks obliegt die Duldungspflicht nach Absatz 3 nur gegenüber den herüberragenden Zweigen, soweit diese mindestens 5 m vom Boden entfernt sind, die Entfernung wird bis zu den unteren Spitzen der Zweige gemessen. [2]Herüberragende Zweige, die weniger als 5 m vom Boden entfernt sind, müssen auf der westlichen, nordwestlichen, südwestlichen und südlichen Seite des mit Wald bestandenen Grundstücks geduldet werden, wenn durch ihre Beseitigung der Fortbestand eines zum Schutz des Waldes erforderlichen Baumes oder Strauches gefährdet oder die Ertragsfähigkeit des Waldbodens beeinträchtigt würde.

Diese Regelungen fanden sich bisher in Art. 9 ÜG, das durch Art. 80 Abs. 2 Nr. 2 AGBGB 1982 aufgehoben wurde. Nicht in das AGBGB wurde die Bestimmung übernommen, dass bei Vorliegen eines Beseitigungsanspruches dem Eigentümer des Waldgrundstücks für die Vornahme der Arbeiten eine Frist von höchstens 2 Jahren zu gewähren ist. Die Bemessung der Frist richtet sich jetzt nach den zu § 910 Abs. 1 Satz 2 BGB entwickelten Grundsätzen (vgl. oben Anm. 2).

Absatz 3 und – durch die Verweisung auf diese Norm – **Absatz 4** des Art. 51 AGBGB stellen für die Dauer der erweiterten Duldungspflicht auf die erste Verjüngung des begünstigten Waldgrundstückes ab. Im Fall des Plenterbetriebs (vgl. **10** D VI 2) war die erste Verjüngung nach Art. 9 Abs. 3 ÜG bereits am 01. 01. 1950 eingetreten. Diese Regelung bleibt auch für die Anwendung des Art. 51 Abs. 3 AGBGB 1982 durch die sog. Rechtswirkungsklausel des Art. 78 AGBGB 1982 (vgl. **1** 4) weiterhin aufrechterhalten.

Nicht in das AGBGB 1982 wurde Art. 9 Abs. 4 ÜG übernommen nach dem die jetzt in Art. 51 Abs. 4 AGBGB für Waldgrundstücke enthaltene Vergünstigung nicht für sog. isolierte Waldparzellen galt, die in den Jahren 1885 bis 1899 auf früher landwirtschaftlich genutztem Grund entstanden sind. Soweit solche Waldparzellen heute überhaupt noch existieren, kann dies künftig zu einer Erweiterung der Duldungspflicht für Nachbargrundstücke führen, da sich diese nunmehr nach Art. 51 Abs. 4 AGBGB bemisst. Soweit allerdings Beseitigungsansprüche oder das Selbsthilferecht nach § 910 BGB beim In-Kraft-Treten des AGBGB 1982 (01.01.1983) bereits entstanden waren, bleiben diese durch die Rechtswirkungsklausel des Art. 78 AGBGB (vgl. **1** 4) aufrechterhalten, so dass gegen die Regelung keine verfassungsrechtlichen Bedenken bestehen.[30]

12 Das Recht, den Überhang zu beseitigen bzw. seine Beseitigung zu verlangen, ist nach Art. 12 Abs. 3 i.V.m. Art. 9 Abs. 4 und 5 des Bayer. Naturschutzgesetzes i.d.F. vom 18.08.1998 (GVBl. S. 593) grundsätzlich ausgeschlossen, wenn der betreffende Baum oder Strauch durch eine sog. **Baumschutzverordnung**[31] der unteren Naturschutzbehörde (Kreisverwaltungsbehörde) oder der Gemeinde auf Grund der Art. 12, 37, 45 Bayer. Naturschutzgesetz geschützt ist[32] (in Betracht kommen auch Einzelanordnungen nach Art. 12 Abs. 3 i.V.m. Art. 9 Abs. 5 Bayer. Naturschutzgesetz). Art. 124 EGBGB (vgl. **1** 1) ermächtigt insoweit den Landesgesetzgeber, auch vom Bundesrecht abweichende Regelungen zu erlassen. Die Regelung des Naturschutzgesetzes stellt in diesen Fällen eine Eigentumsbeschränkung sowohl gegenüber dem Baumeigentümer als auch gegenüber dem Eigentümer des beeinträchtigten Grundstücks dar. In besonderen Fällen ist auch das Vorliegen eines Enteignungseingriffs denkbar. Hierfür sieht Art. 36 Bayer. Naturschutzgesetz eine Entschädigung vor.

30 Amtl. Begr. S. 23f.

31 Zu den öffentlich-rechtlichen Gesichtspunkten bezüglich BaumschutzVOen vgl. Otto MDR 1989, 583 und NJW 1989, 1783; Hufen/Leiß, BayVBl. 1987, 289ff.

32 Meisner-Ring-Götz, § 17, Rn. 8; Bayer-Lindner-Grziwotz, 8 A II 2a; Just, BayVBl. 1985, 289/294; Otto, NJW 1989, 1783/1784; Götz, Sonderheft zu Ausgabe 4, 2000 der Mitteilungen des Bayer. Notarvereins ... usw. (MittBayNot) S. 58; OLG Düsseldorf NJW 1989, 1807; VersR 1992, 458.

Dies gilt jedoch nur, soweit der Störer nicht mit Erfolg eine Ausnahmegenehmigung vom Verbot der Baumschutzverordnung erlangen kann. Bei Verneinung einer Befreiungsmöglichkeit (was vom Gericht selbständig zu überprüfen ist) scheidet ein Abwehr- bzw. Beseitigungsanspruch aus (siehe oben). Besteht hingegen eine Befreiungsmöglichkeit, hat die Verurteilung unter dem Vorbehalt einer Ausnahmegenehmigung zu erfolgen, auch wenn dieser Vorbehalt nicht im Klageantrag enthalten ist.[33]

Beseitigungsansprüche hinsichtlich solcher Bäume, die unter dem Schutz einer Baumschutzverordnung stehen, werden freilich in der Regel bereits verjährt sein (vgl. auch **10** A II 10). Bei Grundstücksteilungen ist jedoch auch das Entstehen von Beseitigungsansprüchen gegenüber älteren Bäumen möglich (vgl. auch **11** A II 3).

B Überfall von Früchten

§ 911 BGB

[1]Früchte, die von einem Baume oder einem Strauche auf ein Nachbargrundstück hinüberfallen, gelten als Früchte dieses Grundstücks. [2]Diese Vorschrift findet keine Anwendung, wenn das Nachbargrundstück dem öffentlichen Gebrauche dient.

1 **Früchte** im Sinne dieser Vorschrift sind nur die eigentlichen Früchte (Äpfel, Nüsse usw.), nicht z. B. Äste oder Zweige.

2 Die Früchte eines Baumes oder eines Strauches gehören **vor** der Trennung dem Eigentümer des Baumes oder Strauches, auch wenn die fruchtbehangenen Äste oder Zweige auf das fremde Nachbargrundstück hinüberragen. **Nach** der Trennung gehören vorbehaltlich des Satzes 1 (vgl. unten Anm. 3) die Früchte dem Eigentümer des Baumes oder Strauches (§ 953 BGB) oder dem sonst zur Fruchtziehung Berechtigten (§§ 954 bis 957 BGB). Diese dürfen auch die überhängenden Früchte von dem Grundstück aus, von dem der Baum oder Strauch aus der Erde kommt, abernten (z. B. mit einem Obstpflücker), hierzu jedoch das Nachbargrundstück nicht betreten.

33 BGH NZM 2005, 318; OLGR München 2008, 691.

Diese Eigentumsverhältnisse gelten auch dann, wenn die Früchte auf ein Nachbargrundstück fallen, das dem öffentlichen Gebrauch dient (z. B. öffentliche Straßen oder Plätze, vgl. Satz 2). In manchen Fällen kann hier allerdings davon ausgegangen werden, dass der Berechtigte auf Besitz und Eigentum verzichten will (Beispiel: wilde Kastanien oder Eicheln fallen auf eine öffentliche Straße). Es ist dann jedermann zur Aneignung befugt (vgl. §§ 959, 958 BGB).

2a Aus § 911 BGB ergibt sich keine Pflicht zur Duldung des Überfalls von Früchten durch den Nachbarn. Stellt der Überfall eine Beeinträchtigung des Grundstücks dar, kann sich ein Abwehranspruch aus § 1004 BGB bzw. ein Anspruch auf Ersatz der Beseitigungskosten ergeben (vgl. **12** A).[34]

3 Fallen die Früchte, gleich durch welche Umstände, auf ein nicht dem öffentlichen Gebrauch dienendes Nachbargrundstück, so wird der Eigentümer dieses Grundstücks auch Eigentümer der gefallenen Früchte. Dies gilt jedoch nicht, wenn er die Früchte selbst abgetrennt oder abgeschüttelt hat; er ist dann zur Herausgabe, evtl. auch zum Schadensersatz verpflichtet. Der Baumeigentümer darf die auf das Nachbargrundstück gefallenen Früchte nicht holen.

4 Zum sog. Grenzbaum vgl. **4** D. Zum Erfordernis eines außergerichtlichen **Schlichtungsverfahrens** s. **14**.

C Laubfall, Flug von Samen und Blütenteilen

Umstritten ist die Frage, ob der Grundstückseigentümer einen Abwehranspruch gegen Laub- oder Nadelfall (entsprechendes gilt für den Flug von Samen und Blütenteilen) vom Nachbargrundstück hat, d. h. Maßnahmen zur Verhinderung des Laubfalls auf sein Grundstück oder ggf. eine Geldentschädigung verlangen kann (zur Beseitigung des Überhangs vgl. **10** A und zur Einhaltung des Grenzabstandes **10** D). Als Rechtsgrundlage für einen solchen Anspruch kommen nur §§ 1004, 906 BGB in Frage (vgl. **6** B; **12** A). Z. T. wird

---

34 AG Backnang NJW-RR 1989, 785: Überfall einer großen Menge Mostbirnen; Palandt/Bassenge, § 911 Rn. 1.

die Auffassung vertreten, dass Laubfall keine Beeinträchtigung i. S. des § 1004 BGB, sondern das Wirken von Naturkräften sei, das nicht unter diese Vorschrift falle.[35]

Diese Auffassung übersieht jedoch, dass sich der Eigentümer das Anpflanzen und Ziehen der Bäume – sei es auch durch einen Voreigentümer – zurechnen lassen muss, der Laubfall also auf menschliches Verhalten zurückzuführen ist (vgl. **12** A 1). So nimmt die h. M. zu Recht die Anwendbarkeit des § 1004 BGB an.[36] Zur Frage, ob der Nachbar Störer i. S. dieser Vorschrift ist vgl. zunächst **10** A II 9. Nach der neueren Rechtsprechung des BGH ist er dann Störer, wenn sich aus der Nutzungsart des Grundstücks, auf dem die Bäume stehen, eine „Sicherungspflicht" des Eigentümers dahingehend ergibt, mögliche Beeinträchtigungen des Nachbargrundstücks zu verhindern. Dafür wiederum ist nach BGH maßgebend, ob sich die Grundstücksnutzung „im Rahmen ordnungsgemäßer Bewirtschaftung" hält. Das soll jedenfalls dann nicht der Fall sein, wenn der Standort der Bäume nicht den nachbarrechtlichen Abstandsvorschriften (s. **10** D) entspricht, auch wenn die sich daraus ergebenden Ansprüche wegen Fristablaufs (Art. 52 AGBGB, s. **11** A II) nicht mehr geltend gemacht werden können.[37]

Ein Anspruch des Nachbarn wird jedoch regelmäßig an § 906 BGB scheitern. Die h. M. geht zutreffend davon aus, dass Laubfall etc. eine Einwirkung i. S. des § 906 Abs. 1 BGB darstellt.[38] In der Regel wird die Beeinträchtigung des Nachbargrundstücks nur unwesentlich sein (vgl. **6** B 4), so dass ein Anspruch schon an § 906 Abs. 1

---

35 LG Stuttgart NJW 1980, 2087; AG Tecklenburg NJW 1981, 51; OLG Düsseldorf NJW-RR 1990, 144; NJW-RR 1995, 1231; Staudinger/Gursky, § 1004 Rn. 58; Dehner, B § 16 II 2; Palandt/Bassenge, § 1004 Rn. 24.

36 BGH NJW 2004, 1037/1039; OLG Hamm NJW-RR 2009, 314; OLG Stuttgart NJW-RR 1988, 204; OLG Frankfurt NJW 1988, 2618; BayObLG BayVBl. 1992, 412; Staudinger/Roth, § 906 Rn. 169; Müller, NJW 1988, 2587.

37 BGH NJW-RR 2001, 1208; NJW 2004, 1037/1039, dort auch Nachweise zur Kritik an der neueren BGH-Rechtsprechung.

38 Vgl. Fn. 33.

BGB scheitert.[39] Selbst wenn im Einzelfall eine wesentliche Beeinträchtigung (z. B. ständiges Verstopfen von Dachrinnen mehrmals im Jahr[40]) zu bejahen wäre, wird das Halten von Bäumen – auch solcher mit starkem Samen- oder Blütenteileflug (z. B. Birken) – als ortsübliche Benutzung eines Grundstücks anzusehen sein; auch kann davon ausgegangen werden, dass Maßnahmen zur Verhinderung des Laubflugs etc. grundsätzlich wirtschaftlich unzumutbar sind.[41] Damit ist aber der Nachbar nach § 906 Abs. 2 Satz 1 BGB zur Duldung verpflichtet. Es erhebt sich dann aber die Frage, ob ihm ein Ausgleichsanspruch in Geld nach § 906 Abs. 2 Satz 2 BGB zusteht. Ein solcher Anspruch wird jedoch regelmäßig daran scheitern, dass die Beeinträchtigung durch Laubfall etc. – auch größeren Ausmaßes – die ortsübliche Benutzung eines Grundstücks über das zumutbare Maß (vgl. **6** B 6) hinaus nicht beeinträchtigt.[42] Von einer noch zumutbaren Beeinträchtigung wurde z. B. ausgegangen, wenn der Reinigungsmehraufwand lediglich ein Achtel des Gesamtaufwands beträgt.[43] Bei der Frage der Zumutbarkeit wird zunehmend auch auf die ökologische Bedeutung von Bäumen und der Annehmlichkeiten des „Wohnens im Grünen" hingewiesen.[44] In Betracht kommt jedoch auch ein nachbarrechtlicher Ausgleichsanspruch in analoger Anwendung des § 906 Abs. 2 Satz 1 BGB (s. **6** B 7b), wenn die Gel-

---

39 So zutreffend für den Regelfall Meisner-Ring-Götz, § 13 Rn. 12; Bayer-Lindner-Grziwotz, 4 B II; Müller, NJW 1988, 2587; OLG Stuttgart NJW-RR 1988, 204; BayObLG BayVBl. 1992, 412.

40 BGH NJW 2004, 1037/1040; LG Berlin, Grundeigentum 2010, 62: Gelegentliches Verstopfen der Dachrinne jahreszeitlich bedingt und nicht wesentlich.

41 OLG Frankfurt NJW 1988, 2618; LG Stuttgart, aaO; LG Ulm, aaO; LG Karlsruhe MDR 1984, 401; Just, BayVBl. 1985, 289/293 f.; LG Stuttgart NJW 1985, 2340; LG Saarbrücken MDR 1988, 54.

42 OLG Hamm NJW-RR 2009, 314; OLG Nürnberg, aaO; OLG Stuttgart NJW 1986, 2768 und NJW-RR 1988, 204; OLG Frankfurt NJW-RR 1991, 1364; AG Schöneberg Grundeigentum 2009, 851; Meisner-Ring-Götz, § 13, Rn. 12; Bayer-Lindner-Grziwotz, 4 B II 3; Just, BayVBl. 1988, 705/706; a. A. OLG Karlsruhe NJW 1983, 2886; LG Wiesbaden, aaO, und LG Lübeck NJW-RR 1987, 532 f., die dem Nachbarn einen Ausgleichsanspruch in Geld zuerkannt haben.

43 OLG Karlsruhe Grundeigentum 2010, 124.

44 Z. B. OLG Frankfurt NJW 1988, 2618; OLG Stuttgart NJW-RR 1988, 204; LG Saarbrücken MDR 1988, 54; AG Schöneberg Grundeigentum 2009, 851; Müller, NJW 1988, 2587.

tendmachung nachbarlicher Abstandsvorschriften wegen Fristablaufs nach Art. 52 AGBGB ausgeschlossen ist.[45] Soweit die Rechtsprechung – nach der hier vertretenen Meinung – zu Unrecht einen Ausgleichsanspruch zubilligt, wird meist übersehen, dass nur der Reinigungsmehraufwand für den Teil des Laubfalles angesetzt werden kann, der die zumutbare Beeinträchtigung übersteigt.[46] Soweit es sich um Bäume handelt, die durch eine Baumschutzverordnung geschützt sind (vgl. **10** A II 12), wird ein Ausgleichsanspruch verneint.[47] Ein Ausgleich in Geld ist damit nur bei wirklich extremen Beeinträchtigungen vorstellbar.[48]

Eine Handlungspflicht des Grundstückseigentümers, den Laubfall oder Samenflug zu verhindern, ergibt sich auch nicht aus dem nachbarlichen Gemeinschaftsverhältnis (**1** 6).[49] Der beeinträchtigte Nachbar hat auch keinen Anspruch auf Beseitigung der Bäume oder des auf sein Grundstück gefallenen Laubes. Eine Befugnis des beeinträchtigten Nachbarn, das Laub auf dem Nachbargrundstück abzuladen, besteht ebenfalls nicht.

D Grenzabstand von Pflanzen

I Allgemeines

1 Art. 47 bis 51 AGBGB regeln den Grenzabstand von Bäumen, Sträuchern, Hecken, Wein- und Hopfenstöcken zu Nachbargrundstücken. Diese Pflanzen dürfen grundsätzlich (Ausnahmen vgl. **10** D V 1) nicht unmittelbar an der Grenze gepflanzt werden, wenn der Berechtigte dies verlangt.

2 Die Vorschriften entsprechen im Wesentlichen den Art. 71 bis 78 AGBGB 1899. Auch wenn die Einhaltung der Abstandsvorschriften

---

45 BGH NJW 2004, 1037/1040.

46 BGH NJW 2004, 1037/1041; Müller, aaO.

47 OLG Frankfurt NJW-RR 1991, 1364; LG Berlin Grundeigentum 2010, 62; Otto, NJW 1989, 1783/1784 f.

48 Einen solchen – nicht endgültig entschiedenen – Fall spricht BGH NJW 2004, 1037 (Kiefernnadeln) an.

49 OLG Nürnberg, aaO; Dehner B § 16 II 5; vgl. aber auch OLG Karlsruhe, aaO.

bei den im modernen Siedlungsbau immer kleiner werdenden Grundstücken bei der Bepflanzung aus gärtnerischer Sicht Schwierigkeiten bereiten mag, müssen gerade bei der Häufung kleiner Wohngrundstücke erhöhte Anforderungen an die gegenseitige Rücksichtnahme der Nachbarn auch bei der Bepflanzung der Grundstücke gestellt werden.

3 Bei den Abstandsvorschriften der Art. 47 ff. AGBGB handelt es sich um gesetzliche Eigentumsbeschränkungen, die ihre Rechtfertigung in dem auf gegenseitige Rücksichtnahme angelegten nachbarlichen Verhältnis finden.[50] Die Nachteile, die der Nachbar durch unmittelbar an der Grundstücksgrenze gehaltene Pflanzen erleidet (Beeinträchtigung der Nutzungsmöglichkeit) sind ungleich höher als der geringe Vorteil, der sich für den anderen Nachbarn durch die vollständige Ausnutzung seines Grundstücks für die Bepflanzung ergibt.

4 Art. 47 ff. AGBGB regeln nur den Grenzabstand von Pflanzen. Der Schutz gegen unmittelbare Einwirkungen, die von den Pflanzen ausgehen (z. B. Überragen von Zweigen, Eindringen von Wurzeln, Samenflug), beurteilt sich nach §§ 906, 910 BGB (vgl. **10** A, C). Eine Möglichkeit, die Entziehung von Licht und Luft durch Bäume des Nachbargrundstücks abzuwehren, besteht grundsätzlich nicht; nur in Extremfällen könnte sich etwas anderes bei missbräuchlichem Verhalten des Nachbarn auf Grund des nachbarlichen Gemeinschaftsverhältnisses ergeben (vgl. **1** 6).[51]

5 Für die Geltendmachung der Ansprüche nach Art. 47 bis 51 AGBGB ist ausschließlich das Gericht zuständig, in dessen Bezirk das beeinträchtigte Grundstück liegt.[52] Zum Erfordernis eines außergerichtlichen **Schlichtungsverfahren s. 14**.

---

50 BayOBLGZ 1993, 100/107, dort auch zur Vereinbarkeit mit Art. 141 Abs. 1 BV.

51 OLG Düsseldorf NJW 1979, 2618 m. w. N.

52 BayObLGZ 1996, 14.

II Art. 47 AGBGB
Grenzabstand von Pflanzen

(1) Der Eigentümer eines Grundstücks kann verlangen, dass auf einem Nachbargrundstück nicht Bäume, Sträucher oder Hecken, Weinstöcke oder Hopfenstöcke in einer geringeren Entfernung als 0,50 m oder, falls sie über 2 m hoch sind, in einer geringeren Entfernung als 2 m von der Grenze seines Grundstücks gehalten werden.

(2) [1]Zugunsten eines Waldgrundstücks kann nur die Einhaltung eines Abstands von 0,50 m verlangt werden. [2]Das Gleiche gilt, wenn Wein oder Hopfen auf einem Grundstück angebaut wird, in dessen Lage dieser Anbau nach den örtlichen Verhältnissen üblich ist.

1 Abstandspflichtige Gewächse nach Art. 47 AGBGB sind ausschließlich die in der Vorschrift genannten Bäume, Sträucher (auch sog. Halbsträucher, bei denen die fruchttragenden Zweige im Herbst absterben, während die anderen verholzen[53]), Hecken, Wein- und Hopfenstöcke. Für andere Pflanzen wie Blumen und Stauden gelten die Abstandsbestimmungen unabhängig von deren Höhe nicht.

Hecken sind dichte Anpflanzungen von Bäumen oder Sträuchern in einer Reihe, die als funktionale Einheit (lebende Wand) erscheinen.[54] Sofern allerdings nur einige Stämme der Heckenpflanzen am Bodenaustritt von der Grenze geschnitten werden, ist die Hecke insgesamt gemeinsame Grenzeinrichtung gemäß § 921 BGB (**5** B), so dass die Grenzabstandsvorschriften der Art. 47 ff. AGBGB nicht anwendbar sind.[55]

2 Der Abstand nach **Absatz 1** braucht nur eingehalten zu werden, wenn der Berechtigte es verlangt. Für das Verlangen ist eine bestimmte Form nicht vorgeschrieben. Es kann, soweit der Anspruch nicht verjährt ist (vgl. Art. 52 AGBGB, **11** A II), jederzeit gestellt werden, u. z. schon dann, wenn die Pflanzung erst bevorsteht (vgl. unten Anm. 5). Der Anspruch ist ausgeschlossen, wenn der Nachbar ei-

53 Grziwotz-Saller, 2. Teil E II 1 Rn. 108.
54 Sprau, Art. 47 AGBGB Rn. 16.
55 BGH NJW 2000, 512.

ner Pflanzung, die nicht den Art. 47 ff. entspricht, zugestimmt hat. Diese Zustimmung kann auch stillschweigend erfolgen. Ein bloßes Schweigen reicht nicht aus,[56] es müssen stets tatsächliche Anhaltspunkte vorhanden sein, die für ein Einverständnis des Nachbarn sprechen. Eine solche Vereinbarung wirkt aber nicht gegenüber dem Sonderrechtsnachfolger (also z.B. gegenüber dem Erwerber des Nachbargrundstücks), wenn nicht eine dingliche Sicherung (Grunddienstbarkeit) bestellt wurde (vgl. **11** B).[57] Ein dinglich wirkender Verzicht ist ausgeschlossen (vgl. **11** B 2).

3 **Anspruchsberechtigt** ist der Eigentümer (auch Miteigentümer, also auch Wohnungs- und Teileigentümer) und der Erbbauberechtigte. Bei Miteigentum kann jeder Miteigentümer den Anspruch geltend machen. Da es sich um Ansprüche aus dem Eigentum handelt, gehören nur schuldrechtlich Berechtigte (z.B. Mieter, Pächter)[58] nicht zum Kreis der Anspruchsberechtigten. Sie benötigen jeweils die Ermächtigung des Eigentümers. Sonstige dinglich Berechtigte sind dagegen anspruchsberechtigt, wenn die Grenzabstandsvorschrift des Art. 47 AGBGB gerade zum Schutz ihres dinglichen Rechts wirkt (z.B. Nießbraucher, Dauerwohnberechtigter).[59]

Art. 47 AGBGB findet im Verhältnis von Wohnungseigentümern untereinander wegen der vergleichbaren Interessenlage entsprechende Anwendung.[60] Werden z.B. auf einem zu einer Wohnungseigentumsanlage gehörenden Grundstück für einzelne Wohnungseigentümer Gartensondernutzungsflächen angelegt und durch einen Wohnungseigentümer an einer gemeinsamen Grenzlinie Bäume oder

---

56 Sprau, Rn. 6 zu Art. 47 AGBGB.

57 BayObLGZ 1993, 100/104 f.; a.A. Kammergericht, Das Grundeigentum 1982, 1127, das aber übersieht, dass der Einwilligung des Nachbarn keine dingliche Wirkung zukommt (anders bei §§ 921, 922 BGB; vgl. 4 A 2), sie vielmehr nur zwischen den Vertragsparteien wirkt; die Rechtslage entspricht der bei § 1004 BGB (vgl. 12 A 6b); wie hier Sprau, Rn. 6 zu Art. 47 AGBGB.

58 Str., a.A. Meisner-Ring-Götz, § 18, Rn. 4. Es kann hier aber nichts anderes gelten als bei § 910 BGB, vgl. oben 10 A II 1; wie hier Sprau, aaO; Bayer-Lindner-Grziwotz, aaO.

59 Sprau, Art. 47 AGBGB Rn. 33; Grziwotz-Saller, 2. Teil E V 1 Rn. 160.

60 H. M.: BGH NJW 2007, 3636; OLG München OLGR 2006, 213. Zur entspr. Anwendung der Verjährungsvorschriften: BGH NJW-RR 2010, 807.

Sträucher gepflanzt, so kann der angrenzende Wohnungseigentümer die Einhaltung der Abstände nach Art. 47 Abs. 1 AGBGB verlangen, soweit sich nicht aus der Gemeinschaftsordnung etwas anderes ergibt. Dies gilt auch, wenn Bruchteilseigentümer vereinbart haben, dass sie räumlich abgegrenzte Grundstücksteile jeweils alleine nutzen dürfen.[61] Der Anspruch kann vom Berechtigten ohne Rücksicht auf die Art der Nutzung seines Grundstücks geltend gemacht werden (vgl. aber auch Absatz 2, Anm. 7). Es kommt also nicht darauf an, ob sein Grundstück bepflanzt oder bebaut ist und ob im Einzelfall eine konkrete Beeinträchtigung der Grundstücksnutzung durch den zu geringen Grenzabstand herbeigeführt wird. Dem Verlangen kann im Ausnahmefall jedoch das Schikaneverbot des § 226 BGB entgegenstehen (vgl. **2** B II).

4 **Anspruchsgegner** ist der Eigentümer oder Besitzer (z.B. Mieter oder Pächter) des Nachbargrundstücks, der die vorschriftswidrig gesetzten Pflanzen hält oder halten will.

5 **Inhalt des Anspruchs:** Steht eine vorschriftswidrige Pflanzung unmittelbar bevor, so kann der Berechtigte auf Unterlassung klagen; er braucht den Eintritt der Beeinträchtigung nicht abzuwarten. Gleiches gilt, wenn weitere Beeinträchtigungen drohen. Der Anspruch kann auch im Weg der Feststellungsklage geltend gemacht werden, wenn die besonderen prozessualen Voraussetzungen des § 256 ZPO vorliegen; dies ist etwa dann der Fall, wenn sich der Nachbar des Rechts berühmt, die Pflanzen abweichend von den Bestimmungen des Art. 47 ff. AGBGB setzen zu dürfen.

Sind die Pflanzen bereits gesetzt und überschreiten sie die zulässige Höhe (vgl. Anm. 6), so ist fraglich, ob der Berechtigte nur den **Rückschnitt** oder auch die **Beseitigung** der Pflanzen verlangen kann. Hier ist zu unterscheiden:

Im **Grenzabstandsbereich bis 0,5 m** besteht ein Beseitigungsanspruch, da das Gesetz davon ausgeht, dass in diesem Bereich Gewächse im Sinne des Art. 47 Abs. 1 AGBGB überhaupt nicht gehalten werden dürfen, sofern der Nachbar dies verlangt. Geschuldet ist

---

61 BGH NJW 2007, 3636.

dabei die vollständige Entfernung von Stamm und Wurzelstock. Der Berechtigte kann allerdings als ein Weniger zur Beseitigung auch nur den Rückschnitt auf eine bestimmte Höhe verlangen.[62] Liegt zwischen den Nachbarn eine von der gesetzlichen Regelung abweichende schuldrechtliche Vereinbarung vor, dass auch in diesem Bereich dem Art. 47 AGBGB unterfallende Pflanzen gehalten werden dürfen, ist diese im Zweifel dahingehend auszulegen, dass die Pflanzen höchstens bis zur Höhe von 2 m gehalten werden dürfen; es kann nämlich nicht ohne weiteres davon ausgegangen werden, dass der Nachbar hier höhere Pflanzen dulden will, als er im Abstandsbereich von 0,5 m bis 2 m zu dulden verpflichtet ist.

Auch im **Grenzabstandsbereich von 0,5 bis 2 m** besteht nach richtiger Auffassung grundsätzlich ein Beseitigungsanspruch.[63] Der Berechtigte kann aber auch nur den Rückschnitt auf die zulässige Höhe oder auch nur eine die zulässige Höhe übersteigende Maximalhöhe[64] verlangen, da es sich hierbei um ein Weniger gegenüber der Beseitigung handelt.[65] Andererseits kann der Eigentümer der Pflanzen das Beseitigungsverlangen auch dadurch erfüllen, dass er den Rückschnitt vornimmt, wodurch der nach Art. 47 Abs. 1 AGBGB rechtswidrige Zustand beseitigt wird, so dass der Beseitigungsanspruch erlischt. Es erscheint nicht gerechtfertigt, den Anspruch des Berechtigten von vornherein auf eine der beiden Alternativen zu begrenzen. Ein alleiniger Beseitigungsanspruch verstößt in Bezug auf das verfassungsrechtlich gewährleistete Eigentumsrecht nicht gegen das Übermaßverbot[66], da es der Pflanzeneigentümer selbst in der Hand hat, durch den Rückschnitt den gesetzmäßigen Zustand

62 H.M.: Sprau, Art. 47 AGBGB Rn. 27; Reich, Art. 47 Rn. 8; Grziwotz-Saller, 2. Teil E IV 2 a Rn. 154.

63 A. A. LG Bayreuth NJW-RR 1992, 276.

64 BGH NJW-RR 2010, 807.

65 Wie hier BayObLGZ 1993, 100/104; Meisner-Ring-Götz, aaO; Sprau, Rn. 24 zu Art. 47 AGBGB; Reich, BayVBl. 1983, 137; Götz aaO, (Fn. 24) S. 56; a. A. wohl Bayer-Lindner-Grziwotz, 8 B V 4.

66 Meisner-Ring-Götz, aaO; AG Haßfurt NJW-RR 1988, 525.

herzustellen und damit das Beseitigungsverlangen gegenstandslos zu machen.[67]

Erhebt der Nachbar Klage auf Beseitigung eines Gewächses, das im Abstand von 0,5 bis 2 m von der Grenze entfernt steht, weil es die zulässige Höhe überschritten hat, ergeben sich demnach folgende Möglichkeiten:

a) Schneidet der Pflanzeneigentümer **vor Erlass** eines Urteils die Gewächse auf die zulässige Höhe zurück, so ist der rechtswidrige Zustand entfallen, der Anspruch auf Beseitigung ist erloschen. Der Rechtsstreit hat sich in der Hauptsache erledigt. Zweifelhaft ist die Rechtslage, wenn der Nachbar im Prozess den Anspruch auf Rückschnitt anerkennt, denn das bloße Anerkenntnis des Rückschnitts bringt den Beseitigungsanspruch noch nicht zum Erlöschen. Da sich der Berechtigte aber letztlich mit dem Rückschnitt zufriedengeben muss, ist in diesem Fall Anerkenntnisurteil nach § 307 ZPO zu erlassen. Dem weitergehenden Beseitigungsverlangen fehlt das Rechtsschutzbedürfnis.
b) Schneidet der Pflanzeneigentümer **nach Erlass** eines Urteils, das die Verpflichtung zur Beseitigung der Gewächse ausspricht, diese auf die zulässige Höhe zurück, so erlischt materiell der Beseitigungsanspruch. Will der Berechtigte gleichwohl die Beseitigung der Gewächse im Wege der Zwangsvollstreckung herbeiführen, kann der Pflanzeneigentümer dies durch eine Vollstreckungsgegenklage nach § 767 ZPO verhindern.

5a Der Rückschnitt darf nicht zur Unzeit verlangt werden, also insbesondere nicht während der Wachstumsperiode. In der Regel kommt deshalb nur ein Rückschnitt nach Ende der jährlichen Wachstumsperiode in Betracht.[68] Es ist jedoch nicht rechtsmissbräuchlich, einen Rückschnitt zu verlangen, wenn zu befürchten ist, dass die Pflanzungen aufgrund ihrer Art wegen des Rückschnitts eingehen werden.[69]

---

67 Sprau, aaO; aus diesem Grund ist es wohl kaum vertretbar, das Beseitigungsverlangen auch auf Baumstümpfe und Wurzeln zu erstrecken, so LG Bielefeld NJW 2002, 525 zu § 41 NachbarGNRW.

68 OLG Frankfurt a. M. NJW-RR 1997, 657; Sprau, Rn. 39 zu Art. 47 AGBGB.

69 OLG Stuttgart, Urt. v. 14. 11. 2006 1– 2 U 97/06.

6 **Größe des Abstands:** Bäume, Sträucher, Hecken, Wein- oder Hopfenstöcke bis zu einer Höhe von 2 m müssen einen Mindestabstand von 0,5 m von der Grenze haben. Zu den Sträuchern gehören nicht sog. Staudengewächse, bei denen die oberirdischen Teile im Herbst absterben; Art. 47 Abs. 1 AGBGB ist auf sie nicht anzuwenden.[70] Für Pflanzen, die über 2 m hoch sind, ist grundsätzlich ein Grenzabstand von 2 m einzuhalten.

Zur Berechnung des Abstandes vgl. Art. 49 AGBGB (**10** D IV), über Ausnahmen unten Anm. 7 und Art. 48, 50 AGBGB (**10** D III V).

7 Die **Höhe des Gewächses** ist zu messen zwischen der Stelle, wo es aus der Erde tritt bis zur obersten Spitze.[71] Bei Hanggrundstücken ist die Höhe von einer fiktiven waagrechten Linie aus zu messen, die von der Grenze zur Pflanze zu ziehen ist,[72] vgl. Abb.

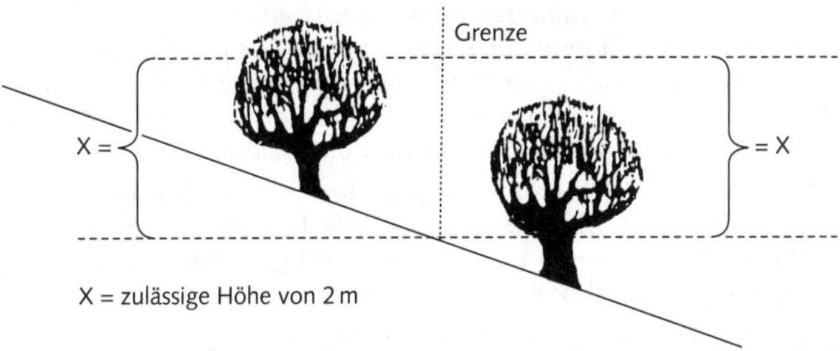

Ist das Niveau eines Grundstücks z. B. durch Aufschüttungen oder Abgrabungen gegenüber dem Nachbargrundstück verändert worden, so ist bei der Feststellung der Höhe vom ursprünglichen Bodenniveau auszugehen,[73] vgl. Abb.

70 Das AG Schwetzingen NJW-RR 2000, 1468 sieht allerdings Bambuspflanzen als Gehölz i. S. d. BadWürttNachbG an.

71 Sprau, Rn. 28 zu Art. 47 AGBGB; Bayer-Lindner-Grziwotz, 8 B I 3.

72 Sprau, Art. 47 AGBGB Rn. 28; Grziwotz/Saller 2. Teil E III 5 b Rn. 150; a. A. Reich, Art. 47 Rn. 9.

73 Sprau, aaO; a. A. LG München II vom 10.02.1987, 2 S 1487/86, und für rechtmäßige Aufschüttungen Meisner-Ring-Götz, § 18 Rn. 16.

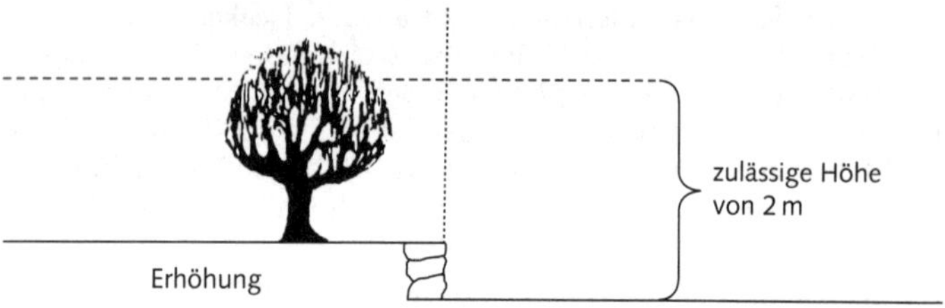

8 **Absatz 2** enthält **Ausnahmen** für den Grenzabstand.

Der Eigentümer eines **Waldgrundstücks** kann unabhängig von der Höhe der auf dem Nachbargrundstück gehaltenen Pflanzen nur einen Grenzabstand von 0,5 m verlangen, da es bei Waldgrundstücken eines Schutz vor Beschattung nicht bedarf. Verliert das Grundstück durch eine Nutzungsänderung die Eigenschaft als Waldgrundstück, so kann ab der Änderung die Einhaltung des Abstandes nach Art. 47 Abs. 1 AGBGB verlangt werden.[74] Auf dem Waldgrundstück selbst, das an ein in anderer Weise genütztes Grundstück angrenzt, sind dagegen die Grenzabstände des **Absatz 1** einzuhalten.

„Wald“ i. S. der Vorschrift ist jede größere mit wilden höherwachsenden Holzarten bestandene Fläche.[75] Für die Eigenschaft als Waldgrundstück kommt es auf die tatsächliche Nutzung, nicht auf die bauplanungsrechtliche Nutzbarkeit an.

Entsprechendes gilt nach **Absatz 2 Satz 2**, wenn auf einem Grundstück Wein oder Hopfen angebaut wird (nicht nur einzelne Pflanzen!) und dieser Anbau nach den örtlichen Verhältnissen üblich ist. Dies ist dann der Fall, wenn eine größere Anzahl der Grundstücke der betreffenden Gegend entsprechend genutzt wird. Maßgebend sind dabei die Verhältnisse in dem Zeitpunkt, in denen das Verlangen nach Beseitigung oder Rückschnitt gestellt wird.

9 Zur Anspruchsverjährung vgl. Art. 52 AGBGB (**11** A II).

10 Der Anspruch auf Beseitigung oder Rückschnitt eines Baumes etc., für den der nach Art. 47 ff. AGBGB vorgeschriebene Abstand

74 BayObLGZ 1993, 100/105.
75 BayObLGZ 1993, 100/105 f.

nicht eingehalten ist, kann ausgeschlossen sein, wenn der Baum oder Strauch durch eine sog. **Baumschutzverordnung** nach dem Bayer. Naturschutzgesetz geschützt ist;[76] es gilt das bei **10** A II 12 Ausgeführte entsprechend.

Bezieht sich das Rückschnitt- oder Beseitigungsverlangen auf eine Hecke, einen lebenden Zaun, auf Feldgehölze oder -gebüsche in der freien Natur, ist zu beachten, dass deren Beseitigung nach Art. 13e Abs. 1 Nr. 1 und deren Rückschnitt in der Zeit vom 1. März bis 30. September nach Art. 13e Abs. 1 Nr. 2 Bayer. Naturschutzgesetz verboten ist (vgl. dazu **10** II 2).

III Art. 48 AGBGB Grenzabstand bei landwirtschaftlichen Grundstücken

(1) Gegenüber einem landwirtschaftlich genutzten Grundstück, dessen wirtschaftliche Bestimmung durch Schmälerung des Sonnenlichts erheblich beeinträchtigt werden würde, ist mit Bäumen von mehr als 2 m Höhe ein Abstand von 4 m einzuhalten.

(2) Die Einhaltung des in Absatz 1 bestimmten Abstandes kann nur verlangt werden, wenn das Grundstück die bezeichnete wirtschaftliche Bestimmung schon zu der Zeit gehabt hat, zu der die Bäume die Höhe von 2 m überschritten haben.

1 Art. 48 AGBGB enthält zugunsten landwirtschaftlich genutzter Grundstücke eine Sonderregelung für den Grenzabstand von **Bäumen**, gilt also nicht für Sträucher, Hecken, Wein- und Hopfenstöcke. Mit Bäumen, die mehr als 2 m hoch sind, ist danach gegenüber einem landwirtschaftlich genutzten Grundstück ein Grenzabstand von 4 m einzuhalten. Dieser größere Grenzabstand gilt nicht für Stein- und Kernobst, vgl. Art. 50 Abs. 2 AGBGB (**10** D V); für sie gilt Art. 47 AGBGB.

2 Unter landwirtschaftlicher Benutzung versteht man den Anbau und Gewinn von landwirtschaftlichen Früchten (z. B. Gras, Getreide, Kartoffeln usw.). Die Vorschrift gilt deshalb nicht zugunsten von

---

76 Meisner-Ring-Götz, § 18 Nr. 3; Sprau, Rn. 10 zu Art. 47 AGBGB; Just, BayVBl. 1985, 289/295.

Grundstücken, auf denen lediglich Wirtschaftsgebäude stehen. Voraussetzung für den Grenzabstand von 4 m ist, dass die wirtschaftliche Bestimmung des Grundstücks durch eine Schmälerung des Sonnenlichts erheblich beeinträchtigt werden kann. Dies trifft von vornherein nicht zu bei Ödungen, Viehweiden oder minderwertigen Wiesen. Nicht erforderlich ist, dass eine Beeinträchtigung bereits vorliegt. Meist wird der größere Grenzabstand des Art. 48 nur an der Südseite des landwirtschaftlich genutzten Grundstücks einzuhalten sein; es entscheiden immer die Umstände des Einzelfalles.

3 Nach Absatz 2 ist Voraussetzung für das Verlangen der Einhaltung des 4-m-Grenzabstandes, dass die landwirtschaftliche Benutzung bereits in dem Zeitpunkt vorgelegen hat, in dem die Bäume die Höhe von 2 m überschritten haben. Die Beweislast hierfür trägt der, der den Abstand verlangt.

4 Im Übrigen müssen die Voraussetzungen des Art. 48 AGBGB im Zeitpunkt des Verlangens vorliegen.[77] Bei gerichtlicher Geltendmachung entscheidet der Zeitpunkt der letzten mündlichen Verhandlung des Rechtsstreits. Liegt ein rechtskräftiger Titel vor und wird die landwirtschaftliche Nutzung nach seinem Erlass aufgegeben, so kann gegen die Urteilsvollstreckung Vollstreckungsgegenklage (§ 767 ZPO) erhoben werden (str.).

5 Weitere Ausnahmen zu Art. 48 AGBGB enthält Art. 50 AGBGB (vgl. **10** D V).

IV Art. 49 AGBGB Messung des Grenzabstands

Der Abstand nach Art. 47 und 48 wird von der Mitte des Stammes an der Stelle, an der dieser aus dem Boden hervortritt, bei Sträuchern und Hecken von der Mitte der zunächst an der Grenze befindlichen Triebe, bei Hopfenstöcken von der Hopfenstange oder dem Steigdraht ab gemessen.

77 BayObLGZ 1993, 100/106.

Der Abstand ist von der Mitte des Stammes oder des Triebes zu messen, der der Grenze am nächsten steht. Werden bei Sträuchern oder Hecken die am nächsten an der Grenze stehenden Triebe beseitigt, so ist bei der Messung des Abstands von dem der Grenze nunmehr am nächsten stehenden Trieb auszugehen. Kommt das Gewächs mit einem Stamm aus dem Boden, der sich kurz darüber verzweigt, so ist auch hier der Abstand von der Mitte des Stammes aus zu messen.

Zur Messung der Höhe des Gewächses vgl. **10** D 6 a.

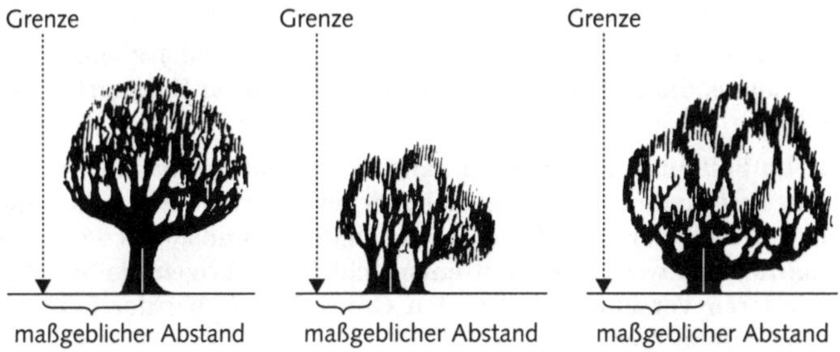

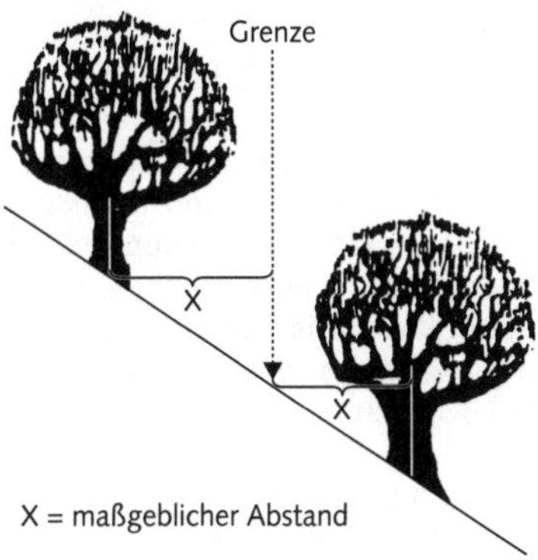

Bei einem Hanggrundstück ist die Entfernung zur Grenze nicht auf der abfallenden bzw. aufsteigenden Bodenlinie zu messen, sondern von dem am Gewächs maßgebenden Punkt (s. o.) horizontal zur Grenze.

V Art. 50 AGBGB Ausnahmen vom Grenzabstand

(1) [1]Art. 47 und 48 sind nicht auf Gewächse anzuwenden, die sich hinter einer Mauer oder einer sonstigen dichten Einfriedung befinden und diese nicht oder nicht erheblich überragen. [2]Sie gelten ferner nicht für Bepflanzungen, die längs einer öffentlichen Straße oder auf dem öffentlichen Platz gehalten werden, sowie für Bepflanzungen, die zum Uferschutz, zum Schutz von Abhängen oder Böschungen oder zum Schutz einer Eisenbahn dienen.

(2) Art. 48 Abs. 1 gilt auch nicht für Stein und Kernobstbäume sowie Bäume, die sich in einem Hofraum oder einem Hausgarten befinden.

(3) [1]Im Fall einer Aufforstung kann die Einhaltung des in Art. 48 Abs. 1 bestimmten Abstandes nicht verlangt werden, wenn die Aufforstung nach der Lage des aufzuforstenden Grundstücks der wirtschaftlichen Zweckmäßigkeit entspricht. [2]Im Übrigen bleiben die besonderen Vorschriften über den Grenzabstand bei der Erstaufforstung unberührt.

In Art. 50 AGBGB sind die Ausnahmen zu den Vorschriften der Art. 47 und 48 AGBGB zusammengefasst.

1 **Kein Grenzabstand** nach Art. 47 und 48 AGBGB braucht eingehalten zu werden

a) für Gewächse, die sich hinter einer Mauer oder dichten Einfriedung befinden und diese nicht erheblich überragen (Absatz 1 Satz 1). Es ist nicht erforderlich, dass die Gewächse unmittelbar an der Mauer usw. stehen. Unerheblich ist auch, ob man durch die Einfriedung durchsehen kann. Wesentlich ist, dass die Einfriedung verhindert, dass Zweige auf das Nachbargrundstück hindurchragen. Es entscheiden jeweils die Umstände des Einzelfalles.

   Gleichgültig ist, auf welchem der angrenzenden Grundstücke die Mauer oder Einfriedung errichtet ist. Wird die Mauer oder Einfriedung nachträglich errichtet, entfällt der Grenzabstand der Art. 47 und 48 AGBGB; wird sie nachträglich entfernt, entsteht

ab dem Zeitpunkt der Entfernung der Anspruch auf Einhaltung des Grenzabstandes.[78]
Wie weit das Gewächs die Mauer überragen darf, entscheidet sich danach, ob die überragenden Teile in den Luftraum des angrenzenden Grundstücks eindringen können oder ob der durch sie verursachte Schatten das Nachbargrundstück beeinträchtigt;[79]

b) für Bepflanzungen, die dem Uferschutz, dem Schutz von Abhängen und Böschungen oder einer Eisenbahn dienen (Absatz 1 Satz 2; vgl. auch Anm. 3)

2 Für den Grenzabstand des **Art. 48 Abs. 1 AGBGB** (4 m) gelten ferner die nachstehenden **Ausnahmen** mit der Folge, dass nur ein Abstand von 2 m (vgl. Art. 47 AGBGB) einzuhalten ist:

a) Für Stein- und Kernobstbäume (nicht hierunter fallen Nussbäume) sowie für Bäume, die sich in einem **Hofraum** oder einem **Hausgarten** befinden (Absatz 2); hierzu siehe **9** A I 2.

b) Bei der **Aufforstung** (hierunter fällt nur die Erstaufforstung, nicht die Wiederaufforstung oder die Verjüngung eines Waldes)[80] eines Grundstücks unter den in Absatz 3 Satz 1 angegebenen Voraussetzungen. Die Zweckmäßigkeit der Aufforstung beurteilt sich nach der Lage des Grundstücks, nicht nach den Bedürfnissen oder Verhältnissen des Grundstückseigentümers. Es handelt sich hier insbesondere um solche Grundstücke, die nicht anders genutzt werden können als durch Bepflanzung mit Waldbäumen.
Nach Art. 16 Abs. 3 des Waldgesetzes für Bayern (BayWaldG)[81] kann der einzuhaltende Grenzabstand im Rahmen einer Auflage größer als der in Art. 47 ff. AGBGB festgelegt werden (vgl. Art. 50 Abs. 3 Satz 2 AGBGB).

---

78 BayObLGZ 1993, 106; Meisner-Ring-Götz, § 18 Nr. 23, Sprau, Rn. 1 zu Art. 50 AGBGB.

79 Zum Ganzen wie hier Sprau, Rd. 3 f. zu Art. 50 AGBGB.

80 Sprau, Rn. 10 zu Art. 50 AGBGB; Meisner-Ring-Götz, § 18, Rn. 22.

81 I. d. F. vom 22.07.2005 (BayRS 7902-1-L)

3 Für den Grenzabstand für **Bepflanzungen im Verhältnis zu öffentlichen Straßen** gilt Folgendes:

a) Nach Art. 50 Abs. 1 Satz 2 AGBGB gelten die Grenzabstandsregelungen der Art. 47 und 48 AGBGB nicht für Pflanzungen längs öffentlichen Straßen oder Plätzen, also für die Straßenbepflanzung.[82] Die Vorschrift soll die Begrünung von öffentlichen Straßen und Plätzen erleichtern; die Einhaltung der Grenzabstände nach den Art. 47, 48 AGBGB ist in der Regel auf dem für die Straße zur Verfügung stehenden Grund nicht oder nur mit Schwierigkeiten möglich.[83] Ob und unter welchen Voraussetzungen die Straßenanlieger Beeinträchtigungen durch die Straßenbepflanzung abwehren können, richtet sich – soweit nicht ein Fall des Überhangs nach § 910 BGB vorliegt (oben **10** A II) – allein nach öffentlichem Recht. Grundsätzlich sind mögliche Nachteile, die einem Anlieger durch die Straßenbepflanzung entstehen können (Laubfall, Schattenwurf), hinzunehmen. Dies ergibt sich aus der Sozialpflichtigkeit des Eigentums (vgl. **2** A 1). Er wird sich nur dann mit Erfolg gegen eine Straßenbepflanzung zur Wehr setzen können, wenn sie die Belange des Anliegers schwer und unverhältnismäßig beeinträchtigt. Nicht dagegen kann er sich darauf berufen, keine oder eine andere Art der Straßenbepflanzung sei zweckmäßiger (Planungsermessen der Verwaltung).

b) Art. 50 Abs. 1 Satz 2 AGBGB gilt dagegen nicht für die **Anpflanzungen des Straßenanliegers.**[84] Dies ergibt sich schon aus dem Wortlaut der Vorschrift. Fraglich ist deshalb, ob der Straßenanlieger zur öffentlichen Straße die Abstände des Art. 47 AGBGB einhalten muss, soweit nicht ein Fall des Art. 50 Abs. 1 Satz 1 AGBGB vorliegt. Die Frage ist zu verneinen.[85]

   Der Grenzabstand zur öffentlichen Straße richtet sich allein nach den straßenrechtlichen Bestimmungen der § 11 FStrG und

---

82 H. M.: Sprau, Art. 50 AGBGB Rn. 5; Grziwotz-Saller, 2. Teil E III 4 b Rn. 140.

83 Sprau, Rn. 5 zu Art. 50 AGBGB.

84 Vgl. zu dem früheren Art. 74 Abs. 1 Satz 2 AGBGB 1899: Becher, Die gesamten Materialien zum AGBGB Bd. I S. 92; Böhm/Klein, AGBGB, 1901, S. 128; Henle/Schneider, AGBGB, 3. Aufl. 1931, Anm. 7 zu Art. 74; vgl. ferner Zeitler, BayStrWG, Art. 29 Rn. 46.

85 Meisner-Ring-Götz, § 19 Rn. 4; Bayer-Lindner, 8 B II 3C.

Art. 29 BayStrWG. Danach dürfen u.a. Anpflanzungen nicht so angelegt werden, wenn sie die Verkehrssicherheit beeinträchtigen (§ 11 Abs. 2 FStrG[86]) bzw. soweit sie die Sicherheit und Leichtigkeit des Verkehrs durch Sichtbehinderung beeinträchtigen können (Art. 29 Abs. 2 BayStrWG[87]). Soweit sie bereits vorhanden sind, haben die Eigentümer ihre Beseitigung zu dulden.[88]

Vor allem im straßenrechtlichen Schrifttum wird dagegen angenommen, dass der Straßenanlieger die Abstandsvorschrift des Art. 47 AGBGB auf Verlangen des Straßenbaulastträgers bzw. Straßeneigentümers einzuhalten hat.[89] Je nach Lage des Einzelfalles könnten sich aus Art. 29 Abs. 2 BayStrWG oder § 11 FStrG noch größere Abstände ergeben.

Dieser Meinung kann jedoch nicht gefolgt werden. Für eine gesonderte privatrechtliche Grenzabstandsregelung fehlt das Bedürfnis, wenn das öffentliche Recht bereits ausreichende Abstandsvorschriften vorsieht. Den öffentlich-rechtlichen Erfordernissen des Straßen- und Wegerechts wird durch diese Bestimmungen bereits ausreichend Rechnung getragen (Sicherheit und Leichtigkeit des Straßenverkehrs). Hingegen trifft der Gesetzeszweck der Abstandsvorschriften der Art. 47 ff. AGBGB auf Straßengrundstücke nicht zu.[90] Ferner sprechen für die hier vertretene Auffassung auch Gesichtspunkte der Rechtsklarheit: Denn es wären bei einem Nebeneinander von privat- und öffentlichrechtlichen Abstandsvorschriften im Streitfall entweder die Zi-

---

86 Gilt für Bundesstraßen (Bundesautobahnen und Bundesstraßen mit den Ortsdurchfahrten, § 1 Abs. 2 FStrG).

87 Gilt für die sonstigen öffentlichen Straßen in Bayern: Hierzu gehören die Staats-, Kreis- und Gemeindestraßen (Gemeindeverbindungs- und Ortsstraßen) sowie sonstige öffentliche Straßen (öffentliche Feld- und Waldwege, beschränkt öffentliche Wege, Eigentümerwege), Art. 3 Abs. 1, 46, 53 BayStrWG.

88 § 11 Abs. 2 Satz 2 FStrG, Art. 29 Abs. 2 Satz 2 BayStrWG; zur Ankündigungspflicht, Selbstdurchführung durch den Eigentümer sowie Aufwendungs- bzw. Schadensersatz durch den Straßenbaulastträger: § 11 Abs. 3 und 5 FStrG und Art. 29 Abs. 3 und 4 BayStrWG.

89 Vor allem Zeitler, BayStrWG, Art. 29 Rn. 46 m.w.N.; vgl. auch Ostler, aaO; vermittelnd Sprau, Rn. 21 zu Art. 47 AGBGB.

90 Meisner-Ring-Götz, § 19 Rn. 4.

vilgerichte oder die Verwaltungsgerichte mit einem Beseitigungsverlangen befasst, je nachdem auf welche Norm sich der Straßenbaulastträger beruft. Hinzukommt, dass Anordnungen nach den straßenrechtlichen Bestimmungen Ersatzansprüche nach Art. 29 Abs. 4 BayStrWG bzw. § 11 Abs. 5 FStrG auslösen, während bei der Geltendmachung der Rechte aus Art. 47 ff. AGBGB die Kosten der Beseitigung oder des Rückschnitts der Gewächse der hierzu verpflichtete Nachbar trägt. Zu Recht weisen Meisner-Ring-Götz[91] zusätzlich darauf hin, dass der Gesetzeszweck der Abstandsvorschriften der Art. 47 ff. AGBGB auf Straßengrundstücke nicht zutrifft. Schließlich steht sie auch mit der Rechtswirklichkeit in Einklang, da private Grundstückseigentümer in großer Zahl die Abstandsvorschriften des AGBGB zur Straßengrenze hin nicht einhalten und dies von den Straßenbaubehörden nicht beanstandet wird. Eine Entscheidung dieser Streitfrage durch die bayerischen Gerichte bleibt abzuwarten.[92] Die Abstandsvorschriften der Art. 47 ff. AGBGB sind gegenüber der Nachbargrenze aber selbstverständlich dort einzuhalten, wo diese mit der Straßengrenze zusammentrifft.

4 Ungeklärt ist die Rechtslage, wenn in einem Bebauungsplan Anordnungen über die Bepflanzung bzw. die Erhaltung von Bäumen enthalten sind (§ 9 Abs. 1 Nr. 25 BauGB), die den privatrechtlichen Abstandsvorschriften der Art. 47 ff. AGBGB widersprechen. Ebenso wie in den bei **10** A II 12, D II 9 erörterten Fällen wird hier der Beseitigungs- bzw. Rückschnittanspruch des Nachbarn nach Art. 47 ff. AGBGB durch die öffentlich-rechtliche Regelung im Bebauungsplan ausgeschlossen.[93]

---

91 § 19 Rn. 4.

92 Gegen eine Einhaltungspflicht der Grenzabstände nach dem NachbarG NW OLG Düsseldorf, NuR 2001, 718.

93 Sprau, Rn. 11 zu Art. 47 AGBGB; a. A. Meisner-Ring-Götz, § 18 Nr. 3 und die Vorauflage.

VI Art. 51 AGBGB Ältere Gewächse und Waldungen

(1) Für die bereits zur Zeit des In-Kraft-Tretens des Bürgerlichen Gesetzbuchs vorhandenen Bäume, Sträucher und Hecken sind die vor diesem Zeitpunkt geltenden Vorschriften weiterhin anzuwenden, soweit sie das Halten der Gewächse in einer geringeren als der nach den Art. 47 bis 50 einzuhaltenden Entfernung von der Grenze des Nachbargrundstücks gestatten.

(2) [1]Bei einem Grundstück, das bereits zur Zeit des In-Kraft-Tretens des Bürgerlichen Gesetzbuchs mit Wald bestanden war, gilt bis zur ersten Verjüngung des Waldes nach In-Kraft-Treten des Bürgerlichen Gesetzbuchs das Gleiche auch für neue Bäume und Sträucher. [2]Auch nach der Verjüngung ist Art. 48 nicht anzuwenden.

(3) …

(4) …

1 Art. 51 Abs. 1 und 2 enthält hinsichtlich des Grenzabstands eine Übergangsregelung für die am 01.01.1900 (In-Kraft-Treten des BGB) vorhandenen Gewächse.

Absatz 1 kann auch heute für alte Bäume noch von Bedeutung sein. Die Vorschrift führt abweichend von Art. 75 Abs. 1 AGBGB 1899 Wein- und Hopfenstöcke nicht mehr an, da davon ausgegangen werden kann, dass solche Gewächse aus der Zeit vor 1900 nicht mehr vorhanden sind.

Hecken werden von der Vorschrift als einheitliche Pflanzung behandelt. Solange also die Hecke im Ganzen besteht, dürfen zur Schließung von einzelnen Lücken neue Heckenpflanzen gesetzt werden, auch wenn die Hecke näher an der Grenze steht, als dies nach Art. 47 ff. AGBGB zulässig ist; Entsprechendes gilt für Alleen, Lauben, Rosengänge etc.[94]

2 Für Grundstücke, die bereits am 01.01.1900 mit Wald bestanden waren, bringt **Absatz 2** eine Sonderregelung. Erst bei einer Verjüngung (Gegensatz hierzu ist die Neuanpflanzung) kann ein Abstand

---

94 Meisner-Ring-Götz, § 18, Rn. 25; Sprau, Rn. 4 zu Art. 51 AGBGB.

von 2 m verlangt werden. Nach der Amtl. Begr. (S. 23) werden erst im Jahre 2050 etwa 90 % aller vor 1900 begründeter, bisher noch nicht verjüngter Waldbestände verjüngt sein. In Eichenbeständen kann dieser Zeitpunkt u. U. erst im Jahre 2200 erreicht sein. Im Einzelnen bedeutet die Regelung:

Bei der Abholzung ganzer Waldflächen auf einmal (Kahlhieb) ist bei der nächsten Aufforstung sogleich der Abstand von 2 m zum Nachbargrundstück einzuhalten. Sonst dürfen bis zur ersten Verjüngung des Waldes neue Bäume und Sträucher nach Maßgabe des **Absatzes 1** näher an die Grundstücksgrenze gepflanzt werden. Wird der Wald im **Plenterbetrieb** (Abholzen des jeweils schlagbaren Holzes) bewirtschaftet, so war nach Art. 75 Abs. 2 Satz 3 AGBGB 1899 die Verjüngung kraft Gesetzes am 01. 01. 1950 eingetreten. Die Rechtswirkung dieser Regelung, die nicht in das AGBGB 1982 übernommen wurde, bleibt durch die Rechtswirkungsklausel des Art. 78 AGBGB (vgl. **1** 4) auch weiterhin aufrechterhalten. Bei Wäldern aus der Zeit vor 1900, die im Plenterbetrieb bewirtschaftet werden, ist damit für Neupflanzungen der Abstand von 2 m nach Art. 47 Abs. 1 AGBGB einzuhalten.

Absatz 2 Satz 2 stellt klar, dass auch nach der Verjüngung bei Waldbeständen aus der Zeit vor 1900 für die Neupflanzung einzelner Bäume und Sträucher der Abstand von 4 m nach Art. 48 AGBGB nicht verlangt werden kann; dies entspricht der bisherigen Regelung des Art. 75 Abs. 2 Satz 2 AGBGB 1899.

3 Die Absätze 3 und 4 des Art. 51 enthalten Übergangsregelungen zu § 910 BGB; sie sind abgedruckt und erläutert bei **10** A II 11.

E Schadensersatz bei Zerstörung und Beschädigung von Bäumen und Sträuchern

Wird ein Baum oder Strauch durch einen Nachbarn beschädigt oder zerstört (gefällt) und haftet der Nachbar dem Eigentümer hierfür (was in der Regel nach § 823 BGB der Fall ist), so stellt sich die Frage, in welcher Höhe der Eigentümer Ersatz verlangen kann.

Das Schadensersatzrecht des BGB geht im Grundsatz davon aus, dass der Schädiger den Zustand wiederherzustellen hat, der vor Eintritt des Schadens vorhanden war (Grundsatz der sog. Naturalherstellung, § 249 Satz 2 BGB). Da die Herstellung des früheren Zustandes – insbesondere bei alten Bäumen – aber erhebliche Kosten verursachen würde, im Einzelfall ggf. auch gar nicht möglich ist, hat die Rechtsprechung unter Berufung auf § 251 Abs. 2 BGB die Schadensersatzpflicht eingeschränkt. Nach dieser Vorschrift darf sich der Schädiger darauf beschränken, dem Geschädigten lediglich die Kosten für die Anpflanzung jüngerer Bäume sowie deren Anwuchspflege zu erstatten. Er hat gegebenenfalls die Werteinbuße zu ersetzen, wenn die Herstellung des ursprünglichen Zustands nur mit unverhältnismäßigen Aufwendungen möglich ist.[95]

Bei der Bestimmung des hiernach zu ersetzenden Betrags ist von dem Grundsatz auszugehen, dass ein Baum oder Strauch keine rechtlich selbstständige Sache darstellt, sondern Bestandteil des Grundstücks ist (vgl. **2** A 5). Er stellt damit einen wertbildenden Faktor des Grundstücks dar, auf dem er wächst. Für die Ermittlung der Schadenshöhe ist deshalb nicht ein Minderwert des Gewächses selbst maßgebend, sondern der Wert des Grundstücks vor und nach der Beschädigung zu vergleichen.[96] Diese Wertminderung des Grundstücks ist in aller Regel selbstverständlich wesentlich geringer als die Kosten, die für die Beschaffung oder Pflanzung eines Baumes entstehen würden, der nach Art, Größe und Alter dem bisherigen Baum entspricht. Diese vollen Herstellungskosten kann der geschädigte Eigentümer nur in Ausnahmefällen verlangen, nämlich „wenn Art, Standort und Funktion des Baumes für einen wirtschaftlich denkenden Menschen den Ersatz durch einen gleichartigen Baum wenigstens nahelegen würden."[97] Es ist also darauf abzustellen, ob

---

95 Vgl. z.B. BGH NJW 2000, 512/514 f.

96 Zur Schadensberechnung bei Weihnachtsbäumen und anderen Verkaufspflanzen vgl. OLG Hamm VersR 1993, 709.

97 BGH NJW 1975, 2061; OLG Hamburg VersR 1979, 962; OLG Celle VersR 1984, 69; LG Mannheim VersR 1984, 93; OLG Oldenburg VersR 1986, 1004; vgl. aber auch OLG Düsseldorf VersR 1987, 1139; vollen Schadensersatz gewährte OLG Karlsruhe VersR 1990, 1017 für einen zerstörten von zwei älteren Bäumen, die als Baumpaar eine ortsbildprägende Wirkung hatten.

der Eigentümer bei einem Eingehen des Baumes (z. B. durch Krankheit) vernünftigerweise selbst die Kosten für die Pflanzung eines nach Art, Größe und Alter ähnlichen Baumes aufwenden würde. Gerade bei älteren Bäumen wird sich aber im Regelfall der Eigentümer selbst mit der Anpflanzung jüngerer Bäume begnügen.[98]

Die vollen Herstellungskosten wird der Eigentümer auch dann verlangen können, wenn der Schädiger gerade in der Absicht gehandelt hat, dem anderen Schaden zuzufügen.[99]

Die im Regelfall zu ersetzenden Kosten setzen sich zusammen aus den Kosten für die Pflanzung eines jüngeren Baumes und dem Ausgleich der Wertminderung des Grundstücks durch den Verlust des Baumes.[100] Eine solche Wertminderung kann auch darin bestehen, dass der Baum auf Grund nachbarrechtlicher Abstandsbestimmungen nicht an den ursprünglichen Standort gesetzt werden kann.[101] Für die Berechnung des Schadens hat sich in der Rechtsprechung weitgehend die sog. „Methode Koch“ durchgesetzt.[102]

---

98 BGH NJW 2000, 512/514.

99 OLG Hamburg, aaO.

100 KG NJW-RR 2000, 160: Nur Wertminderung für eigenmächtigen erheblichen Rückschnitt einer Hecke, die die zulässige Wuchshöhe überschritten hatte; dagegen kaum vertretbar OLG Köln NZM 200, 108, das einen Schadensersatzanspruch verneint, wenn der rechtswidrige Eingriff durch den künftigen Wuchs der Heckenpflanzen in einigen Jahren wieder ausgeglichen sein wird.

101 OLG Düsseldorf NJW-RR 1997, 856.

102 Breloer, Was ist mein Baum wert?, 5. Aufl. 2007; Aktualisierte Gehölzwerttabellen, fortgeführt von Hötzel und Hund, 3. Aufl. 2001; ferner BGH NuR 2006, 592; NJW 2000, 512/515; OLG München VersR 1990, 670; LG Dortmund AUR 2010, 171; Breloer, Der Sachverständige 2004, 129 und 2007, 139; kritisch bzw. ablehnend zur Methode Koch z. B.: Staudinger/Schiemann, § 251 Rn. 91; Palandt/Grüneberg, § 251 Rn. 12: Die „Methode Koch“ ermittle nicht die Wertminderung des Grundstücks, sondern im Sachwertverfahren die schadensrechtlich nicht relevanten Kosten des weiteren Aufwuchses; ferner bleibe die längere Lebenserwartung des neuen Baumes außer Betracht; dies führe zu übersetzten Beträgen. So lehnt etwa das OLG Zweibrücken (NZM 2005, 438) Schadensersatz für den Ersatz einer 30jährigen Blaufichte in Höhe von 21 269 DM (Methode Koch) ab und gewährt stattdessen nur Schadensersatz in Höhe von 2 500 € (Kosten für Fällung des alten Baums, Rodung des Wurzelstocks, Bodenaustausch und Ersatzpflanzung einer 2,5 m hohen Blaufichte). Berechnungsbeispiel bei Koch, NJW 1979, 2602 f. für Zerstörung einer 8 bis

Nach den gleichen Grundsätzen ist auch bei der Schadensermittlung für die Beschädigung eines Baums zu verfahren. Zusätzlich kann hier auch der Ersatz baumchirurgischer Maßnahmen in Betracht kommen.[103] Führt die Beschädigung (z.B. bei der Abtrennung von Wurzeln) zur Gefahr eines vorzeitigen Absterbens, hat dies keine Minderung des Grundstückswerts zur Folge, sondern stellt einen sog. Zukunftsschaden dar, welcher erst bei tatsächlichem Schadenseintritt (Absterben des Baumes) ersatzfähig ist.[104]

F Schäden durch Bäume

1 Soweit eingedrungene Wurzeln oder überhängende Zweige zu Beeinträchtigungen führen, die sich z.B. in einem geringeren Wachstum oder schlechteren Fruchtertrag auf dem Nachbargrundstück durch Licht- und Nahrungsentzug äußern, besteht kein Schadensersatzanspruch gegen den Nachbarn. Dieser ist grundsätzlich nicht gehalten, sein Grundstück so zu bepflanzen, dass das Nachbargrundstück nicht beeinträchtigt wird (vgl. **10** D I 5). Es ist Sache des Grundstückseigentümers bei solchen Beeinträchtigungen durch Selbsthilfe nach § 910 BGB, durch Beseitigungsverlangen nach § 1004 BGB (s. **10** A, **12** A) oder durch das Verlangen auf Einhaltung

---

10 m hohen Serbischen Fichte „gut platziert, im Vorgarten stehend", 2619 DM. Beispiele aus der Rechtsprechung: OLG Hamburg v. 06.12.1978, aaO: 9 bis 12 m hohe Eiche auf parkartig bewachsenem Baugrundstück erster Wohnlage: 10000 DM (die Neupflanzung eines gleichartigen Baumes war mit 30000 DM veranschlagt); OLG Düsseldorf v. 13.11.1979, MDR 1980, 398: Ersatz für eine Hecke, deren völlige Neuherstellung nach dem Klagevortrag 70000 DM gekostet hätte: 32000 DM mit der Erwägung, für einen vernünftigen Eigentümer würde es nahe liegen, statt der Hecke eine Mauer zu errichten, was diesen Betrag erfordere; LG Osnabrück v. 24.01.1985, VersR 1986, 398; OLG Hamm v. 09.01.1987 VersR 1988, 598, für Zerstörung einer Ligusterhecke (29 m): 3364 DM; vgl. ferner die Beispiele bei Palandt/Heinrichs, aaO; LG Berlin v. 11.01.1994, VersR 1995, 107: Zerstörung einer 60 Jahre alten Kastanie 21048 DM; OLG Düsseldorf v. 12.12.1996, NJW-RR 1997, 856: 20 Jahre alte Birke 8396 DM.

103 OLG Hamburg, aaO, Kammergericht, aaO; LG Baden-Baden VersR 1984, 72; OLG Düsseldorf VersR 1992, 458; differenzierend LG Mannheim, aaO; unzutreffend LG Bielefeld NJW-RR 1992, 26.

104 BGH NJW 2006, 1424.

des Grenzabstands nach Art. 47 ff. AGBGB (**10** D) für Abhilfe zu sorgen.

2 Kommt es durch **Wurzeln** eines auf dem Nachbargrundstück stehenden Baumes zu Beeinträchtigungen, so hat der Eigentümer einen Abwehranspruch nach § 1004 BGB[105] (**12** A). Die Störereigenschaft des Baumeigentümers ergibt sich daraus, dass er den Baum auf seinem Grundstück gepflanzt hat und/oder unterhält[106] (vgl. dazu auch **10** C). Es handelt sich insbesondere um die Fälle, in denen Wurzeln in Wasser- oder Abwasserleitungen eingedrungen sind und dort Schäden verursacht haben.[107] Andere Beispiele aus der Rechtsprechung: Verwerfungen eines Tennisplatzbelags[108]; Beeinträchtigung der Standfestigkeit einer Mauer[109]; Aufbrüche von Wegebelägen;[110] Mauerrisse am Nachbargebäude durch Wurzeldruck, der durch Windeinwirkung über den Stamm eines Baumes verursacht wird: Der BGH[111] bejaht einen Anspruch nach § 1004 Abs. 1 Satz 1 BGB auf Beseitigung des Baumes jedenfalls dann, wenn die nachbarrechtlichen Abstandsvorschriften (**10** D) für den Baum nicht eingehalten worden sind. Das soll nach BGH auch dann gelten, wenn die nachbarrechtlichen Ansprüche aus den Abstandsvorschriften wegen Fristablaufs (**11** A II) nicht mehr bestehen. Das Eindringen von Wurzeln als solches stellt allerdings keine Beeinträchtigung dar und ist daher zu dulden (§ 910 Abs. 2 BGB).[112].

Der Abwehranspruch umfasst sowohl die Beseitigung des Wurzelwerks als auch die Beseitigung der Folgen, die durch die Entfernung des Wurzelwerks entstanden sind.[113] Dazu können gehören: Maß-

105 Kein Ausschluss durch Selbsthilferecht nach § 910 Abs. 1 Satz 1 BGB: BGH NJW 2004, 603 (str.).
106 BGHZ 97, 231; 106, 142; 135, 235; BGH NJW 2004, 603.
107 BGHZ 97, 231; 106, 142; BGH NJW 1986, 2640; 1995, 395; OLGR Düsseldorf 2008, 7.
108 BGH NJW 1997, 2234.
109 BGH WM 1990, 1979.
110 OLG Köln NJW-RR 1989, 1177; LG Itzehoe NJW-RR 1995, 978.
111 BGH NJW 2004, 1035.
112 KG Berlin NJW 2008, 3148.
113 Letzteres str., aber herrschende Rechtsprechung BGHZ 97, 231, 236; WM 1997, 1760.

nahmen zur Feststellung der Beeinträchtigungen (z.B. Untersuchungs- und Gutachterkosten), zur Beseitigung der Wurzeln und zur Wiederherstellung der beeinträchtigten Einrichtung (Reparatur oder Neuverlegung der Wasser- oder Abwasserleitung, Wiederherstellung der früheren Oberfläche, Neuerrichtung einer einsturzgefährdeten Mauer). Es handelt sich dabei nicht um einen Schadensersatzanspruch, der nur bei einem Verschulden des Nachbarn gegeben wäre. Ein solches Verschulden, das einen Schadensersatzanspruch nach § 823 Abs. 1 BGB begründen könnte, wird in der Regel nicht vorliegen, da der Baumeigentümer nicht gehalten ist, die Wurzelausbreitung eines Baumes auf das Nachbargrundstück zu kontrollieren oder dagegen Schutzmaßnahmen zu ergreifen.[114] Der Baumeigentümer ist deshalb grundsätzlich nicht verpflichtet, über den oben dargestellten Umfang hinaus Vermögensschäden zu ersetzen (z.B. Einkommensausfall, weil ein Tennisplatz – siehe obiges Beispiel – nicht vermietet werden konnte).

Der Antragsgegner kann zwischen verschiedenen zur Abhilfe geeigneten Maßnahmen wählen, d.h. es bleibt ihm überlassen, auf welchem Weg er die Eigentumsbeeinträchtigung behebt. Demnach kommt eine Verurteilung zu einer konkreten Abhilfemaßnahme nur in Betracht, wenn ausschließlich diese in Betracht kommt.[115]

Hat der beeinträchtigte Grundstückseigentümer die Störung selbst beseitigt und Kosten für die Wiederherstellung eines einwandfreien Zustands aufgewendet, so hat er gegen den Nachbarn einen Anspruch auf Kostenersatz nach § 812 Abs. 1 Satz 1 i.V.m. § 1004 BGB.[116]

Der Anspruch des beeinträchtigten Nachbarn kann sich mindern, wenn ihm selbst ein Mitverschulden oder eine Mitverursachung vorzuwerfen ist (vgl. § 254 BGB). Beispiele: Fehlerhafter Bau einer

114 A. A. jetzt wohl BGH NJW 2004, 603 und 1035.

115 BGH NJW 2004, 1035.

116 BGH NJW 2004, 603; BGHZ 97, 231; In dem Fall BGH WM 1990, 1979 wurde dem Nachbarn ein – ebenfalls verschuldensunabhängiger – nachbarrechtlicher Ausgleichsanspruch nach § 906 Abs. 2 Satz 2 BGB zugesprochen; zu dessen Voraussetzungen vgl. 6 B 7b.

Kanalleitung[117] oder eines Hofwegs[118], der das Eindringen der Wurzeln ermöglicht hat; Unterlassen von Maßnahmen gegen ein zu erwartendes Wurzeleindringen aus dem Nachbargrundstück.[119] Das Mitverschulden kann auch darin liegen, dass der Grundstückseigentümer nicht rechtzeitig gegen den Nachbarn wegen des Wurzelwachstums nach § 1004 BGB vorgegangen ist.[120]

Unerheblich ist, ob die Wurzeln von dem Grundstück eines Privateigentümers eingedrungen sind oder von Bäumen stammen, die z. B. eine Gemeinde auf öffentlichem Straßengrund gepflanzt hat. Zur Entscheidung sind im Streitfall stets die ordentlichen Gerichte zuständig.[121]

3 Für das **Umstürzen eines Baumes oder herabfallende Äste**[122] auf das Nachbargrundstück gilt folgendes:

Der Eigentümer ist für die auf seinem Grundstück stehenden Bäume und Sträucher verkehrssicherungspflichtig. Er muss alle objektiv geeigneten und zumutbaren Sicherungs- und Vorsorgemaßnahmen treffen, um Schäden Dritter abzuwenden. Insbesondere hat der Eigentümer seine Bäume und Sträucher regelmäßig (abhängig von Alter, Zustand und Standort) auf Krankheitsbefall zu untersuchen und ggf. notwendige Sicherungsmaßnahmen zu treffen.[123] Hierbei ist eine regelmäßige äußere Sichtprüfung vorzunehmen, welche auch vom Laien vorgenommen werden kann. Eine eingehende fachmännische Untersuchung ist (erst) zu veranlassen, wenn Umstände auf eine besondere Gefährdung hinweisen.[124]

---

117 BGH NJW 1995, 395 f.

118 KG Berlin NJW 2008, 3148.

119 BGH WM 1997, 1760.

120 BGH aaO.

121 BGHZ 97, 231/233; 106, 142 f.; OLG Düsseldorf VersR 1997, 628; a. A. offenbar OVG Lüneburg NJW 1991, 1130.

122 Zur strafrechtlichen Verantwortlichkeit bei Umstürzen von Straßenbäumen: Fromm-Saevecke, NuR 2010, 320.

123 BGH NJW 2013, 48; Nassall, jurisPR-BGHZivilR 20/2005 Anm. 4; LG Arnsberg, Urt. v. 25. 10. 2007 – 2 O 293/06; LG Göttingen NuR 2007, 779 zur Abstufung der Sorgfaltspflicht nach Gefährlichkeit des Standorts.

124 OLG Brandenburg, NJW 2016, 30 und Urt. v. 18. 10. 2007 – 5 U 174/06; OLG Düsseldorf MDR 2014, 156; LG Saarbrücken Urt. v. 28. 01. 2009 – 15 O 240/07.

Stürzt ein Baum auf das Nachbargrundstück, ist der Baumeigentümer nach § 823 Abs. 1 BGB schadensersatzpflichtig, soweit ihn insbesondere das für den Schadensersatzanspruch notwendige Verschulden trifft. Durch Naturereignisse ausgelöste Schäden sind ihm deshalb nicht zuzurechnen, z. B. ein Sturm, dem auch gesunde Bäume zum Opfer fallen können.[125] Hätte jedoch eine rechtzeitige Baumkontrolle bzw. daraufhin eingeleitete Schutzmaßnahmen das Schadensereignis verhindert, ist eine Schadensersatzpflicht gegeben.[126] Allerdings wird sich in der Praxis oft schwer nachweisen lassen, dass eine rechtzeitige Baumkontrolle den Schadenseintritt verhindert hätte.[127]

Sind die Voraussetzungen für einen Schadensersatzanspruch nicht gegeben, kann jedoch der nachbarrechtliche Ausgleichsanspruch nach § 906 Abs. 2 Satz 2 BGB analog einschlägig sein, da vom Nachbargrundstück eine Störung ausgeht, gegen die der Nachbar nicht rechtzeitig vorgehen konnte (vgl. **6** B 7a). Der Ausgleich kann im Falle einer Substanzschädigung auch auf vollen Schadensersatz gehen.[128] Dies gilt allerdings nicht für Schäden die Folge von niemandem zu beherrschenden Naturereignissen, z. B. bei außergewöhnlichen Stürmen, sind.[129]

Ferner kommt ein Anspruch aus § 1004 BGB auf Beseitigung der umgestürzten oder herabgefallenen Baumteile in Betracht. Voraussetzung ist hier, dass der Baumeigentümer als Störer angesehen werden kann (s. o. **2** und **12** A 4). Das bloße Anpflanzen, Ziehen und Halten widerstandsfähiger Bäume schafft allerdings noch keine Gefahrenlage für das Nachbargrundstück. Eine Störerverantwortlichkeit im Rahmen des § 1004 BGB kann den Baumeigentümer nur treffen, wenn von ihm gehaltene Bäume infolge Krankheit oder

---

125 A. A. OLG Düsseldorf VersR 2003, 74 mit ablehnender Anmerkung von Otto in VersR 2003, 742.

126 BGH AUR 2005, 410.

127 Nassall, jurisPR-BGHZivilR 20/2005 Anm. 4.

128 BGH AUR 2005, 410; NJW 2003, 2377; OLG Brandenburg, Urt. v. 18. 10. 2007 – 5 U 174/06; AG Hamburg, Urt. v. 05. 10. 2007 – 7c C 102/05.

129 BGH, Urt. v. 18. 10. 2007 – 5 U 174/06; OLG Brandenburg, Urt. v. 22. 10. 2015 – 5 U 104/13.

Überalterung ihre natürliche Widerstandskraft eingebüßt haben.[130] Wegen der Verschuldensunabhängigkeit des Anspruchs nach § 1004 BGB kommt es hier jedoch nicht auf die o.g. – im Kontext der Verkehrssicherungspflicht stehende – Kontrollpflicht bezüglich des Baumzustands an.[131] ·

Sind die Bäume, von denen eine Gefahr ausgeht, durch eine Baumschutzverordnung oder eine naturschutzrechtliche Einzelverordnung geschützt (vgl. **10** A II 12), so ist dem Eigentümer an sich die Möglichkeit einer Beseitigung von kranken Ästen oder einer Baumfällung grundsätzlich entzogen (vgl. auch die Anzeigepflicht nach Art. 50 Abs. 1 Bayer. Naturschutzgesetz). Gleichwohl ist er im Beeinträchtigungsfall als Störer i.S. des § 1004 BGB anzusehen. Er kann in einem solchen Fall eine behördliche Erlaubnis zur Fällung oder Reduzierung des Baumes einholen.[132]

---

130 BGHZ 122, 283/285; zu weitgehend AG Köln NJW-RR 1992, 275.
131 Diese Frage dahingestellt in BGHZ 123, 102.
132 Otto VersR 1994, 788 und NJW 1996, 356.

KAPITEL 11
Verjährung, Verzicht

A Verjährung nachbarrechtlicher Ansprüche

I Die sich aus den nachbarrechtlichen Bestimmungen des **BGB** ergebenden Ansprüche, insbesondere der Beseitigungs- bzw. Unterlassungsanspruch gemäß § 1004 BGB, unterliegen grundsätzlich der regelmäßigen Verjährungsfrist von 3 Jahren (§ 195 BGB). Die Verjährungsfrist beginnt mit Ablauf des Jahres zu laufen, in dem der Anspruch entstanden ist und der Nachbar von den anspruchsbegründenden Umständen und der Person des Schuldners Kenntnis erlangt oder ohne grobe Fahrlässigkeit erlangen müsste; ohne Rücksicht auf diese Umstände tritt die Verjährung, je nach Art des Anspruchs, nach Ablauf von 10 oder 30 Jahren ein (vgl. im Einzelnen § 199 BGB). Wegen der weiteren Einzelheiten muss im Rahmen dieser Darstellung auf §§ 194 ff. BGB und die einschlägigen Erläuterungswerke zum BGB verwiesen werden.

Für bestimmte nachbarrechtliche Ansprüche ist jedoch **Unverjährbarkeit** vorgesehen:

§ 924 BGB

Die Ansprüche, die sich aus den §§ 907 bis 909, 915, dem § 917 Abs. 1, dem § 918 Abs. 2, den §§ 919, 920 und dem § 923 Abs. 2 ergeben, unterliegen nicht der Verjährung.

Auf die Erläuterungen zu den in dieser Bestimmung angeführten Vorschriften wird verwiesen. Zur Verjährung im Rahmen des § 910 BGB vgl. 10 A II 10.

II Für die sich aus den Vorschriften des **AGBGB** ergebenden Ansprüche bestehen landesrechtliche Sonderregelungen. Das Erlöschen von Anwenderechten richtet sich nach Art. 53 AGBGB (s. **8** A), das von Dienstbarkeiten an buchungsfreien Grundstücken nach Art. 56 Abs. 3 AGBGB. Für die Ansprüche aus Art. 43 bis 51 AGBGB regelt **Art. 52 AGBGB** die Verjährung zum Teil abweichend von den Bestimmungen des BGB. Ergänzend gelten die Verjährungsvorschriften des BGB, z. B. für die Hemmung und den Neubeginn der Verjährung[1]:

Art. 52 AGBGB Verjährung der nachbarrechtlichen Ansprüche

(1) [1]Die sich aus Art. 43 bis 45 und Art. 46 Abs. 1 ergebenden Ansprüche unterliegen nicht der Verjährung. [2]Der Anspruch auf Beseitigung eines die Art. 47 bis 50 und Art. 51 Abs. 1 und 2 verletzenden Zustandes verjährt in fünf Jahren. [3]Die Verjährung beginnt mit dem Schluss des Jahres, in dem

1. der Anspruch entstanden ist, und
2. der Eigentümer des Grundstücks von den den Anspruch begründenden Umständen Kenntnis erlangt oder ohne grobe Fahrlässigkeit erlangen müsste.

(2) Sind Ansprüche nach Absatz 1 Sätze 2 und 3 verjährt und werden die Gewächse durch neue ersetzt, so kann hinsichtlich der neuen Gewächse die Einhaltung des in Art. 47 bis 50 und 51 Abs. 1 und 2 vorgeschriebenen Abstandes verlangt werden.

1 Nach **Absatz 1 Satz 1** unterliegen **nicht** der Verjährung die Ansprüche aus Art. 43 bis 45 AGBGB (Fensterrecht, vgl. **9** A) und Art. 46 Abs. 1 AGBGB (Erhöhungsrecht bei Kommunmauer, vgl. **4** B). Ein Lichtrecht, das nach dem bisherigen Art. 67 AGBGB 1899 als Grunddienstbarkeit aufrechterhalten wurde (vgl. **9** B), unterliegt ebenfalls nicht der Verjährung (§ 902 BGB); eine Ausnahme gilt im Falle des § 1028 BGB (vgl. **13** G).

Das Anwenderecht unterliegt gleichfalls nicht der Verjährung, es erlischt jedoch durch Zeitablauf, Art. 53 AGBGB (vgl. **8** A 4).

Für die Ansprüche auf Erstattung der Baukosten nach Art. 46 Abs. 2 und 3 AGBGB und sonstige Ansprüche, die u. U. noch nach den bisherigen Art. 69 und 70 AGBGB 1899 i. V. m. Art. 78 AGBGB 1982 bestehen (vgl. **4** B), gilt die regelmäßige Verjährungsfrist von 3 Jahren

---

1 Sprau, Art. 52 AGBGB Rn. 3; Reich, Art. 52 Rn. 1.

(§ 195 BGB); s. oben A I. Die Befugnis nach Art. 46 Abs. 2 Satz 1 AGBGB, die Benutzung der Kommunmauer zu untersagen, unterliegt nicht der Verjährung, sie kann aber durch Verzicht erlöschen (vgl. unten B 2 und **4** B V 5).

2 **Absatz 1 Satz 2** regelt die Verjährung der Ansprüche auf Beseitigung, Rückschnitt oder Zurücksetzung von Pflanzungen, die nicht den vorgeschriebenen Abstand von der Grenze des Nachbargrundstücks einhalten (vgl. **10** D). Die Verjährungsfrist beträgt 5 Jahre. Nach **Absatz 1 Satz 3**, der durch Gesetz vom 24. 12. 2002[2] geändert wurde, setzt der Verjährungsbeginn zunächst voraus, dass der Anspruch entstanden ist. Zusätzlich ist nunmehr ein subjektives Element erforderlich (Kenntnis bzw. grobfahrlässige Unkenntnis der anspruchsbegründenden Umstände), auf das es bisher nicht ankam.

Der maßgebliche Zeitpunkt für die **Entstehung des Anspruchs** ist in den Fällen des **Art. 47 Abs. 1** und **Art. 48 Abs. 1 AGBGB**

- im Abstandsbereich bis 0,5 m von der Grenze der Pflanzung des Gewächses[3]
- im Abstandsbereich von 0,5 bis 2 m (bzw. 4 m im Fall des Art. 48 Abs. 2 AGBGB) der Zeitpunkt, in dem das Gewächs die Höhe von 2 m überschritten hat.[4] Mit der Änderung des Art. 52 Abs. 1 Satz 3 AGBGB hat der Gesetzgeber auch der Auffassung, bei Bäumen und Sträuchern, die ihrer Natur nach höher als 2 m wachsen, sei bereits die Pflanzung der maßgebliche Zeitpunkt,[5] eine

---

2 GVBl. S. 975, berichtigt 2003 S. 52.

3 BayObLGZ 1993, 100/103; Meisner-Ring-Götz, aaO; Sprau, aaO; Stadler, BayVBl. 1990, 9. Reich, Art. 52 Rn. 5, will in diesem Fall einen zusätzlichen Anspruch auf Rückschnitt des Gewächses einräumen, wenn es nach Verjährungseintritt die Höhe von 2 m überschreitet; ebenso wohl Meisner-Ring-Götz, § 18, Rn. 8 f.; wie hier Sprau, aaO.

4 Meisner-Ring-Götz, § 18, Rn. 9; Sprau, aaO; Reich, aaO; Götz, aaO (S. 161) S. 57; BayObLGZ 1993, 100/105; LG Regensburg vom 03. 11. 1987, S. 228/87; AG Viechtach NJW-RR 1990, 401; LG Bayreuth NJW-RR 1992, 276; LG Memmingen NJW-RR 1996, 1483; auch LG Münster NJW-RR 1991, 717 und OLG Hamm NJW-RR 2003, 230; zur entspr. Rechtslage in NRW.

5 So Bayer-Lindner-Grziwotz, 9 A II 2; OLG Nürnberg vom 11. 01. 1985; AG Hof vom 13. 12. 1988, C 850/88.

Absage erteilt.[6] Die Pflanzung in diesem Abstandsbereich ist nur dann entscheidend, wenn zu diesem Zeitpunkt das Gewächs bereits höher als 2 m war.

In den Fällen des **Art. 47 Abs. 2 AGBGB** ist maßgeblicher Zeitpunkt der Anspruchsentstehung der der Pflanzung. Verliert das Grundstück durch eine Nutzungsänderung die Eigenschaft als Waldgrundstück, so entsteht mit dem Ablauf des Jahres, in dem die Änderung eintritt, der Anspruch auf Einhaltung des Abstandes nach Art. 47 Abs. 1 AGBGB (Abstand 0,5 bis 2 m).[7]

Wird im Fall des **Art. 50 Abs. 1 AGBGB** die Mauer oder die dichte Einfriedung entfernt, so ist der Zeitpunkt der Entfernung für die Berechnung der Verjährungsfrist maßgebend.[8]

Das Stellen des Beseitigungsverlangens selbst (vgl. **10** D II 1) hat dagegen keinen Einfluss auf den Beginn der Verjährungsfrist.[9]

3 Wie bereits ausgeführt, ist nunmehr für den Beginn der Verjährungsfrist nach Art. 52 Abs. 1 Satz 3 AGBGB ein **subjektives** Element erforderlich. Maßgebend ist der Zeitpunkt der Kenntniserlangung von den anspruchsbegründenden Umständen. Fehlt es an einer positiven Kenntnis, so ist entscheidend, in welchem Zeitpunkt der Eigentümer ohne grobe Fahrlässigkeit hätte davon Kenntnis erlangen müssen. Ist grobe Fahrlässigkeit zu verneinen, kommt es auf den Zeitpunkt der tatsächlichen Kenntniserlangung an.

War der Grenzverlauf zwischen den benachbarten Grundstücken nicht erkennbar und hängt von ihm das Bestehen von Ansprüchen i. S. von Art. 52 Abs. 1 Satz 2 AGBGB ab, so ist der Zeitpunkt der Klä-

6 Amtl. Begründung LT-Drucksache 14/9958 S. 11 unter Berufung auf die hier – zuletzt in der Vorauflage – vertretene Ansicht; zur Entwicklung der Problematik ausführlich Stadler, BayVBl. 1990, 9 ff.; BayObLGZ 1993, 100/105.

7 BayObLGZ 1993, 100/105; die für die bisherige Rechtslage entwickelten Grundsätze wird man auch auf die neue Rechtslage anzuwenden haben.

8 BayObLGZ 1993, 100/106; Meisner-Ring-Götz, § 18, Rn. 23; Sprau, Rn. 6 zu Art. 52 AGBGB; vgl. ferner Fn. 6.

9 Sprau, Art. 52 AGBGB Rn. 6.

rung des Grenzverlaufs maßgeblicher Zeitpunkt der Kenntniserlangung, vorausgesetzt, dass grobe Fahrlässigkeit zu verneinen ist.[10]

Art. 52 Abs. 1 Satz 3 AGBGB ist inhaltlich deckungsgleich mit der Neuregelung des § 199 Abs. 1 BGB; auf die für dessen Auslegung maßgeblichen Grundsätze kann deshalb zurückgegriffen werden.

4 Wird eines der beiden Nachbargrundstücke veräußert, hat dies keinen Einfluss auf den Lauf der Frist. Die für den jeweiligen Voreigentümer bereits abgelaufene Zeit wird also für oder gegen den neuen Eigentümer eines der beiden Grundstücke mitgerechnet.[11] Die Kenntnis des Voreigentümers (vgl. Art. 52 Abs. 1 Satz 3 Nr. 2 AGBGB) muss sich der Erwerber zurechnen lassen.

Teilt ein Eigentümer sein Grundstück und veräußert er den einen Teil, so ist für die Verjährungsfrist des Beseitigungsanspruches hinsichtlich eines Baumes etc., für den gegenüber dem neuen Grundstück die Abstandsvorschriften der Art. 47 ff. AGBGB nicht eingehalten sind, in der Regel die Eintragung des neuen Eigentümers im Grundbuch maßgebend. Es kommt in einem solchen Fall nicht auf das Alter des Baumes oder auf den Zeitraum an, in dem die geteilten Grundstücke noch dem ursprünglichen Eigentümer gehörten, sondern auf den Zeitpunkt, in dem erstmals ein Anspruch nach Art. 47 ff. AGBGB entstehen konnte. Dies ist aber erst dann der Fall, wenn die beiden Grundstücke verschiedenen Eigentümern gehören.[12] Will der ursprüngliche Eigentümer den Bestand eines solchen Baumes schützen, muss er mit dem Erwerber entsprechende Vereinbarungen treffen und diese ggf. durch eine Grunddienstbarkeit sichern (vgl. **13**). Entsprechendes wird auch bei nachträglichen Grenzänderungen gelten, die bewirken, dass der Grenzabstand von Bäumen nicht mehr den Art. 47 ff. AGBGB entspricht (andere Nachbarrechtsgesetze enthalten für diesen Fall anders als das Bayer. AGBGB Vorschriften, nach denen die Rechtmäßigkeit des Abstandes

---

10 Meisner-Ring-Götz, § 18, Rn. 10; Sprau, Rn. 7 zu Art. 52 AGBGB; Just, BayVBl. 1985, 295 für das bisherige Recht.

11 BGHZ 60, 240; BayObLG BayVBl. 1992, 412; Meisner-Ring-Götz, § 18, Rn. 9; Sprau, Rn. 5 zu Art. 52 AGBGB; Reich, BayVBl. 1983, 137/139.

12 So auch Sprau, Rn. 6 zu Art. 52 AGBGB; Bayer-Lindner-Grziwotz, 9 A II 2; a. A. z. T. Meisner-Ring-Götz, § 18, Rn. 11; Just, BayVBl. 1985, 289/295.

durch nachträgliche Grenzänderungen nicht berührt wird). Im Einzelfall können allerdings die Vereinbarungen der Beteiligten über den Grundstückserwerb oder eine Grenzfeststellung dahingehend auszulegen sein, dass sie einen stillschweigenden Ausschluss von Ansprüchen nach Art. 47 ff. AGBGB enthalten (vgl. hierzu auch unten B 1, 2).

Wird die Nutzung des Nachbargrundstücks geändert, so hat dies auf die Verjährung keinen Einfluss. Die Rechtsprechung des Bundesgerichtshofs zum Überhang (vgl. **10** A II 10) kann hier nicht zum Zuge kommen, da es bei Art. 47 Abs. 1 AGBGB im Gegensatz zu § 910 Abs. 2 BGB auf eine konkrete Beeinträchtigung nicht ankommt (anders aber bei Waldgrundstücken, s. oben Anm. 2).

5 Ist die Verjährung eingetreten, kann die Beseitigung, der Rückschnitt oder die Zurücksetzung der Pflanzen verweigert werden.[13] Etwas anderes könnte sich nach den Grundsätzen zum nachbarlichen Gemeinschaftsverhältnis (**1** 6) nur in extremen Ausnahmefällen ergeben; bloßer Lichtentzug und starker Laub- oder Nadelfall reichen hierfür nicht aus (vgl. aber **10** C).[14]

Werden die **Gewächse durch neue ersetzt**, kann der Nachbar nach **Absatz 2** wieder die Einhaltung des vorgeschriebenen Abstands verlangen. Bildet die Pflanzung aber eine Einheit, können einzelne Pflanzen unter Einhaltung des ursprünglichen Abstandes gesetzt werden (z.B. Ersatz einzelner Pflanzen einer Hecke oder einer Allee).[15]

Die Einhaltung der Abstandsvorschriften für eine Ersatzpflanzung kann der Nachbar allerdings nicht verlangen, wenn dieser durch verbotene Eigenmacht (§ 858 BGB) zuvor einen Baum, bei welchem der vorgeschriebene Abstand nicht eingehalten ist, rechtswidrig entfernt hat (z.B. absägt). Eine Berufung auf Art. 52 Abs. 2 AGBGB ist in diesem Fall treuwidrig (unredlicher Erwerb der eigenen Rechtsstel-

13 BGH NJW 2004, 1037 für die entsprechende Rechtslage in Niedersachsen.

14 BGH wie Fn. 12.

15 Meisner-Ring-Götz, § 18 Rn. 13; Sprau, Rn. 10 zu Art. 52 AGBGB; Bayer-Lindner-Grziwotz, 9 A II 2. Zum Begriff der Hecke vgl. auch LG Saarbrücken VersR 1988, 1129.

lung). Dasselbe Ergebnis ergibt sich daraus, dass der Nachbar im Rahmen des Schadensersatzes den ursprünglichen Zustand (den Abstandsregelungen widersprechenden Standort) wiederherzustellen hat bzw. als ein Weniger die Ersatzpflanzung dulden muss; auch hier ist ihm eine Berufung auf Art. 52 Abs. 2 BGB als treuwidrig verwehrt. Allerdings muss das neue Gewächs dem alten in Gestalt und Wuchs entsprechen.

6 Die Durchsetzung von konkurrierenden Ansprüchen aus §§ 903 ff. BGB, insbesondere des Unterlassungs- bzw. Beseitigungsanspruchs aus § 1004 BGB, sowie von etwaigen ausnahmsweisen Ansprüchen aus dem nachbarlichen Gemeinschaftsverhältnis (**1** 6 und **10** D I 5) wird durch die Verjährungsvorschrift des Art. 52 AGBGB nicht gehindert.[16] Dies ist auch dann der Fall, wenn sich die nicht zu duldende Beeinträchtigung erst aus dem weiteren Wachstum des Baumes ergibt.[17]

B Verzicht auf nachbarrechtliche Befugnisse

1 Auf die Ausübung der nachbarlichen Befugnisse des BGB kann im Einzelfall – auch für einen bestimmten Zeitraum – gegenüber dem Nachbarn verzichtet werden. Hierbei handelt es sich jedoch nicht um eine einseitige Erklärung, sondern um eine Vereinbarung zwischen den Nachbarn, auf Grund der es dem einen verwehrt ist, sich auf seine nachbarlichen Befugnisse zu berufen. Soll dieser vertragliche Verzicht nicht nur dem Nachbarn oder seinem Erben gegenüber wirksam sein, so bedarf es der Bestellung einer Grunddienstbarkeit (vgl. **13**).

2 Einen echten Verzicht, der durch einseitige Erklärung die nachbarliche Befugnis dauernd zum Erlöschen bringt, lässt das AGBGB nur in zwei Fällen zu:

a) den Verzicht auf die Befugnis, die Benutzung der Kommunmauer zu untersagen (Art. 46 Abs. 2 AGBGB), nach Art. 46 Abs. 4 AGBGB (vgl. **4** C V) und

16 BGH, WuM 2010, 254; NJW 2004, 1035; OLG München, NZM 2009, 707.
17 BGH, NJW 2004, 1035; Grziwotz/Saller, 2. Teil E VII 3 b Rn. 187.

b) den Verzicht auf das Anwenderecht nach Art. 53 AGBGB (vgl. **8** A).

Soweit bisher die Auffassung vertreten wurde, aus dem früheren Art. 77 AGBGB 1899, in dem die Fälle des zulässigen Verzichts zusammengefasst waren, ergebe sich, dass in anderen Fällen ein Verzicht ausscheide, ist durch das AGBGB 1982 keine Änderung der Rechtslage eingetreten. Die Aufhebung des Art. 77 AGBGB 1899 ist nur dadurch bedingt, dass die künftig noch bedeutsamen Fälle des Verzichts (s. oben) in die Art. 46 und 53 AGBGB eingearbeitet wurden. Der Ausschluss des Verzichts in anderen Fällen ergibt sich daraus, dass schon das AGBGB 1899 davon ausging, ein Verzicht könne, soweit er nicht ausdrücklich zugelassen sei, nur durch die Bestellung einer Grunddienstbarkeit erreicht werden.[18] Daran hat sich durch das AGBGB 1982 nichts geändert.

Bei den Rechten nach Art. 43 bis 45 AGBGB (Fensterrecht, vgl. **9** A), Art 46 Abs. 1 AGBGB (Anspruch auf Erhöhung der Kommunmauer, vgl. **4** C) und Art. 47 bis 50 AGBGB (Grenzabstand von Pflanzen, vgl. **10** D) ist ein einseitiger Verzicht damit nicht möglich. Es kann jedoch durch Bestellung einer Grunddienstbarkeit gegenüber dem jeweiligen Eigentümer des Nachbargrundstücks auf die Ausübung verzichtet werden (vgl. oben B 1).[19]

18 Amtl. Begr. zum AGBGB 1899; Becher, Materialien Bd. I S. 94.

19 Sprau, Rn. 8 zu Art. 43 AGBGB; Meisner-Ring-Götz, § 18, Rn. 3; Bayer-Lindner-Grziwotz, 9 B III, 7 B II 2.

KAPITEL 12
Abwehransprüche des Nachbarn

Wird das Eigentum oder der Besitz durch Einwirkungen beeinträchtigt, die der Berechtigte nicht zu dulden braucht, so hat er gegen den Störer einen Abwehranspruch, den er notfalls im Klageweg geltend machen kann. Anspruchsgrundlage ist für den Eigentümer und bestimmte dinglich Berechtigte § 1004 BGB, für den Besitzer (z. B. Mieter, Pächter) §§ 858 f. BGB.

A Abwehranspruch des Eigentümers

§ 1004 BGB

(1) [1]Wird das Eigentum in anderer Weise als durch Entziehung oder Vorenthaltung des Besitzers beeinträchtigt, so kann der Eigentümer von dem Störer die Beseitigung der Beeinträchtigung verlangen. [2]Sind weitere Beeinträchtigungen zu besorgen, so kann der Eigentümer auf Unterlassung klagen.

(2) Der Anspruch ist ausgeschlossen, wenn der Eigentümer zur Duldung verpflichtet ist.

1 Der Eigentümer kann jede Beeinträchtigung seines Eigentums abwehren, die nicht eine Entziehung oder Vorenthaltung des Besitzes darstellt (in diesen Fällen kann der Eigentümer, sofern der andere nicht zum Besitz berechtigt ist, Herausgabe der Sache bzw. Einräumung des Besitzes verlangen) und die er nicht zu dulden braucht. So kann der Eigentümer z. B. das widerrechtliche Betreten seines Grundstücks (vgl. dazu **8** B), die Zuführung nicht erlaubter Immissionen (§ 906 BGB), Vertiefungen (§ 909 BGB), Überbauungen (§ 912 BGB) usw. verbieten (vgl. jeweils die Erläuterungen zu diesen Vorschriften). Zur Beseitigung von überhängenden Zweigen und Ästen sowie eingedrungenen Wurzeln vgl. **10** A und F, zum Überfall von Früchten vgl. **10** B, zum Laub- und Nadelfall vgl. **10** C. Beeinträchtigungen im Sinne des § 1004 BGB sind nur solche, die zumindest mittelbar auf eine menschliche Willensbetätigung zurückgehen. Ausschließlich durch Naturkräfte ausgelöste Beeinträchtigungen fallen nicht unter § 1004 BGB.[1] Die Vorschrift ist aber anwendbar, wenn durch menschliches Handeln die Vorbedingungen für das Walten der Naturkräfte geschaffen wurden (vgl. auch **10** C und unten Anm. 4), wenn also z. B. der Grundstückseigentümer den Baum, von dem Einwirkungen auf das Nachbargrundstück ausgehen, gepflanzt oder unterhalten hat; unerheblich ist, ob er das Grundstück bereits mit dem Baumbestand erworben hat.[2] Hat ein Schädlingsbefall seinen Ausgangspunkt von einem Nachbargrundstück, so besteht gegen dessen Eigentümer kein Anspruch nach § 1004 BGB, wenn dieser das Grundstück ordnungsgemäß bewirtschaftet hat, wozu auch zeitweises Brachliegenlassen gehören kann.[3] In Betracht kann in solchen Fällen jedoch ein Schadensersatzanspruch des Nachbarn wegen unterlassener Information über die Gefahr des Schädlingsbefalls kommen.[4]

Bloße immaterielle (ideelle) Beeinträchtigungen (z. B. Ausblick auf ein Bordell oder eine Anlage für Freikörperkultur auf dem Nachbargrundstück) fallen grundsätzlich nicht unter § 1004 BGB.[5] Zunehmend wird im Schrifttum jedoch eine differenzierende Auffassung vertreten.[6] Rein optische bzw. ästhetische Beeinträchtigungen (z. B. Installation von übergroßen Schornsteinköpfen[7]) werden ebenfalls nicht von § 1004 BGB erfasst.

Keine Beeinträchtigung stellen nach h. M. auch sog. „negative Einwirkungen" dar.[8] Nach § 1004 BGB kann also z. B. nicht verboten

1 Z. B. Felsbrocken, die durch Natureinwirkung auf das Nachbargrundstück stürzen, BGH NJW 1985, 1773.

2 BGHZ 97, 231; 106, 142; 135, 235; BGH NJW 2004, 603.

3 BGH NJW 1995, 2633 – Befall durch Woll-Läuse, kritisch hierzu Herrmann NJW 1997, 153; BGH NJW-RR 2001, 1208 – Mehltaubefall.

4 So BGH NJW-RR 2001, 1208 mit fraglicher Anspruchsgrundlage.

5 Vgl. z. B. BGHZ 51, 396; 54, 56; BGH WM 1984, 366; BGH NJW 1985, 2823; MünchKomm/Baldus, § 1004 Rn. 132; Meisner-Ring-Götz, § 13, Rn. 7 a und § 22, Rn. 5 f., und oben **6** B 3.

6 Staudinger/Roth, § 906 Rn. 130 ff.; Horst, DWW 2001, 122.

7 LG Köln BauR 2011, 570.

8 Vgl. etwa Dehner B § 38 I 1 e; MünchKomm/Baldus, § 1004 Rn. 124 ff.

werden der Entzug von Licht und Luft durch Bauten oder Bäume (dazu **10** A und D) auf dem Nachbargrundstück, die Verbauung einer schönen Aussicht, der Entzug von Grundwasser (vgl. dazu auch **6** F IV 1c), die Beeinträchtigung des Fernsehempfangs durch Hochhäuser (dazu ausführlich **6** B 13, Stichwort „Fernsehempfang") u. dgl.

§ 1004 BGB findet entsprechende Anwendung auf den Schutz anderer Rechte, die dem absoluten Rechtscharakter des Eigentums gleichgestellt werden (sog. quasinegatorischer Anspruch – Sprachgebrauch nicht einheitlich). Für den Bereich des Nachbarrechts ist insbesondere das allgemeine Persönlichkeitsrecht von Bedeutung:

Wichtige Ausprägung des Persönlichkeitsrechts ist das sog. Recht auf informationelle Selbstbestimmung, d. h. das Recht, zu wissen und selbst entscheiden zu können, welche der eigenen personenbezogenen Daten aufgezeichnet und gespeichert werden. In diesem Zusammenhang spielt die **Überwachung durch Videokameras** eine große Rolle, da die Installation solcher Kameras aufgrund des allgemein wachsenden Sicherheitsbedürfnisses auch in Privathaushalten immer üblicher wird.[9] Abzuwägen ist insoweit das Interesse des Grundstückseigentümers auf Sicherung seines Eigentums mit denjenigen des Nachbarn auf informationelle Selbstbestimmung.[10]

Unzulässig ist zunächst die Aufstellung von Videokameras, die den Zugang oder den Bereich des Nachbargrundstücks erfassen.[11] Insoweit gewährt das allgemeine Persönlichkeitsrecht nicht nur Schutz vor tatsächlicher Videoüberwachung bzw. -aufzeichnung, sondern bereits vor der berechtigten Besorgnis einer solchen. Denn schon die reine Befürchtung, überwacht zu werden, kann die Unbefangenheit des eigenen Verhaltens beeinträchtigen und zur Hemmung der Frei-

---

9 Ebert, jurisPR-BGHZivilR 10/2010 Anm. 1; zum Einbau einer Videoanlage bei gemeinschaftlichem Wohnungseigentum: BGH NJW-RR 2011, 949 und Hogenschurz, jurisPR-MietR 12/2011 Anm. 1.

10 Einen ausführlichen Überblick über die Rechtsprechung mit zahlreichen Nachweisen gibt AG Brandenburg v. 22. 01. 2016, 31 C 138/14.

11 BGH NJW 1995, 1955; Zur Videoüberwachung des eigenen mit einem zu Gunsten des Nachbarn belasteten Wegerechts vgl. LG Detmold v. 08. 07. 2015 – 10 S 52/15.

heit führen.[12] Daher muss objektiv feststehen, dass durch die Kamera fremde Flächen nicht erfasst werden und eine Erfassung des fremden Grundstücks nur durch eine äußerlich wahrnehmbare Änderung der Kameraanlage möglich wird.[13] Unzulässig sind daher insbesondere sog. Dome-Kameras (Kameras in runder und getönter Kunststoffkuppel, welche die Kameraausrichtung nur schwer erkennen lassen), sonstige automatisch schwenkbare Kameras sowie auf fremde Flächen ausgerichtete Kameraattrappen.[14] Unerheblich ist grundsätzlich, ob eine bloße sog. Monitorüberwachung stattfindet oder ob auch eine Aufzeichnung erfolgt. Ist die Kamera ausschließlich auf das eigene Grundstück ausgerichtet und eine Überwachung fremder Grundstücke nur durch eine manuelle Änderung möglich, ist ein Verstoß gegen das Persönlichkeitsrecht nur gegeben, wenn der Nachbar eine (zukünftige) Überwachung objektiv und ernsthaft befürchten muss, z. B. im Hinblick auf einen eskalierenden Nachbarstreit. Allein die bloße Führung von Rechtsstreitigkeiten der Parteien untereinander und die hierdurch bedingte schwere Belastung des Nachbarverhältnisses genügen hierfür allerdings nicht.[15]

Rechtsfolgen einer unzulässigen Videoüberwachung sind Unterlassungs- und Beseitigungsansprüche nach § 1004 BGB i. V. mit dem allgemeinen Persönlichkeitsrecht.[16] Schadensersatzansprüche, insbesondere auf Schmerzensgeld, bestehen nur in engen Ausnahmefällen, z. B. im Falle des gezielten Beobachtens oder Aufzeichnens der Nachbarn in intimen Situationen, wie etwa beim Sonnenbaden.[17] Will der Nachbar Videoaufnahmen zum Nachweis bestimmter Rechtsverletzungen seiner Nachbarn (z. B. Ruhestörung)

---

12 BGH NJW 2010, 1533; LG München v. 21. 10. 2011, 20 O 19879/10; AG Meldorf WuM 2012, 34.

13 BGH NJW 2010, 1533; LG Köln v. 10. 05. 2012, 29 S 88/10.

14 LG Mühlhausen, Urt. v. 11. 01. 2012 – 1 T 258/11; Horst, NJW 2009, 1787.

15 BGH NJW-RR 2012, 140; NJW 2010, 1533; Befürchtung bejaht: OLG Köln NJW 2009, 1827.

16 Zur Hinweispflicht für Besucher des überwachten Grundstücks durch entsprechende Schilder vgl. Horst, NJW 2009, 1787.

17 Zu möglicher Rechtsverletzung durch „gezieltes Hineinschauen" in Wohnräume vgl. OLG München NJW 2006, 627; Horst, NJW 2009, 1787.

im Einzelfall anfertigen, ist dies als Persönlichkeitsrechtsverletzung unzulässig, sofern eine Beweisführung durch mildere Mittel, z. B. durch Zeugen möglich ist.[18]

Ebenfalls ein Verstoß gegen das Persönlichkeitsrecht und nach § 1004 BGB abwehrbar ist das Aufstellen von den Nachbarn **beleidigenden Gegenständen**.[19] Zum Unterlassungsanspruch bei Nichterfüllung behördlicher Auflagen vgl. **6** B 10a.

2 § 1004 BGB eröffnet dem Eigentümer einen Beseitigungs- und Unterlassungsanspruch. Zu beachten ist, dass der Anspruch **nicht** auf die **Beseitigung der Schadensfolgen** gerichtet ist, die durch die Störung eingetreten sind. Ihre Beseitigung kann durch Geltendmachung eines Schadensersatzanspruchs nach §§ 823 ff., 249 ff. BGB verlangt werden (vgl. auch **6** B 9c). Zu den Kosten der Beseitigung vgl. unten Anm. 5. § 1004 BGB gewährt vielmehr nur ein Recht, das Aufhören der Störung für die Zukunft zu verlangen.[20] Liegt bereits eine Beeinträchtigung vor, die weiter fortwirkt, so hat der Eigentümer einen **Beseitigungsanspruch**. Besteht die Gefahr, dass die Beeinträchtigungen wiederholt werden, kann der Eigentümer auf **Unterlassung** klagen (§ 1004 Abs. 1 Satz 2 BGB). Eine Wiederholungsgefahr besteht, wenn tatsächliche Anhaltspunkte objektiv die Besorgnis weiterer Störungen begründen; diese ist durch einen bereits begangenen Verstoß indiziert.[21]

Über den Wortlaut des Absatzes 1 Satz 2 hinaus besteht der Unterlassungsanspruch auch dann, wenn eine Beeinträchtigung zwar noch nicht eingetreten ist, jedoch konkret droht (sog. vorbeugende Unterlassungsklage).[22]

18 AG Bielefeld DSB 2006, Nr. 1, 18.

19 AG Grünstadt NJW 1995, 889: Aufstellung sog. „Frustzwerge".

20 Vgl. dazu i. e. z. B. Meisner-Ring-Götz, § 34, Rn. 33.

21 Allg. M., vgl. nur BGH NJW 1999, 356. Die Wiederholungsgefahr soll fehlen, wenn nach erfolgter rechtswidriger Störung (Lärmbeeinträchtigungen) zwischenzeitlich eine Gaststättenerlaubnis bzw. entsprechende Auflagen erteilt wurden (OLG Brandenburg, Urt. v. 04. 05. 2005 – 4 U 205/04).

22 Vgl. BGH NJW 2009, 3787.

3 **Anspruchsberechtigt** ist der Eigentümer, jeder Miteigentümer (§ 1011 BGB), der Wohnungseigentümer (§§ 1, 13 WEG)[23], der Erbbauberechtigte (§ 11 ErbbauVO) sowie der Dienstbarkeitsberechtigte (§§ 1027, 1090 BGB) und der Nießbraucher (§ 1065 BGB), soweit eine Beeinträchtigung ihrer Rechte vorliegt. Nicht anspruchsberechtigt ist der bloße Besitzer (Mieter, Pächter); vgl. hierzu unten B. Auch der Imker, dessen Bienen durch das Spritzen mit Pflanzenschutzmitteln auf den Nachbargrundstücken geschädigt werden, hat keinen Abwehranspruch nach § 1004 BGB. Ein solcher Anspruch besteht aber dann, wenn die Giftstoffe etwa durch Wind unmittelbar an die Bienenstöcke geraten.[24] Zu den Schadensersatzansprüchen des Imkers in diesen Fällen vgl. **6** 13, Stichwort „Bienen".

4 **Anspruchsgegner** ist der Störer.[25]

a) Das ist derjenige, auf dessen Willensbetätigung die Beeinträchtigung zurückzuführen ist. Das ist einmal der, der selbst störend auf das Eigentum des Betroffenen einwirkt **(Handlungsstörer)**. Nimmt die Beeinträchtigung ein Beauftragter vor, so richtet sich der Anspruch nur dann gegen ihn, wenn er die Beeinträchtigung beseitigen kann oder wenn durch ihn eine weitere Beeinträchtigung des Eigentums zu erwarten ist; liegen diese Voraussetzungen nicht vor, ist nur der Auftraggeber Anspruchsgegner.

b) Geht die Beeinträchtigung vom Zustand einer Sache aus, so ist Störer derjenige, auf dessen Willen der beeinträchtigende Zustand der Sache zurückzuführen ist und von dessen Willen die Beseitigung der Beeinträchtigung abhängt, also z. B. der Inhaber einer störenden Anlage oder der Eigentümer eines Grundstücks[26] **(Zustandsstörer)**. Die Pflicht zur Beseitigung oder Ver-

---

23 Die Wohnungseigentümergemeinschaft kann den Anspruch im Wege der gesetzlichen Prozessstandschaft geltend machen, da sie zur Ausübung der gemeinschaftsbezogenen Rechte befugt ist (§ 10 Abs. 6 S. 3 WEG), vgl. BGH NJW 2011, 1351.

24 BGHZ 16, 366, 370 ff., 375.

25 Vgl. zum Ganzen etwa die Darstellung in MünchKomm/Baldus, § 1004 Rn. 149 ff. und Palandt/Bassenge, § 1004 Rn. 15 ff.

26 BGH NJW-RR 2001, 232.

hinderung von Störungen kann sich auch aus dem nachbarlichen Gemeinschaftsverhältnis ergeben (vgl. **1** 6).

c) Ein Verschulden des Störers ist nicht Anspruchsvoraussetzung.

d) Sind mehrere Störer vorhanden, so richtet sich der Anspruch aus § 1004 BGB gegen jeden von ihnen. Bei Störungen, die vom Grundstück von Wohnungseigentümern ausgehen, sind nicht die Wohnungseigentümer als Miteigentümer, sondern wegen § 10 Abs. 6 S. 3 WEG die Wohnungseigentümergemeinschaft richtiger Anspruchsgegner.[27]

5 Die **Kosten** der Beseitigung der Beeinträchtigung hat der Störer zu tragen. Hat der beeinträchtigte Eigentümer die Störung selbst beseitigt (wozu er nur berechtigt ist, wenn er durch die Beseitigungshandlung nicht seinerseits in fremde Rechte eingreift), kann er gemäß §§ 812 ff. BGB Ersatz der aufgewendeten Kosten verlangen.[28] Auch im Rahmen des § 1004 BGB kann ein mitwirkendes Verschulden (§ 254 BGB) des beeinträchtigten Eigentümers berücksichtigt werden; er hat sich in einer seinem Mitverschulden entsprechenden Haftungsquote an den Beseitigungskosten zu beteiligen.[29]

6 Nach Absatz 2 ist der Abwehranspruch **ausgeschlossen**, wenn der Eigentümer zur Duldung verpflichtet ist. Dies kann der Fall sein, wenn

a) die Einwirkung nicht rechtswidrig ist, weil sie z. B. durch Notstand (§§ 228, 904 BGB, vgl. **2** D I, II.) gerechtfertigt ist;

b) der Eigentümer auf Grund Rechtsgeschäfts die Einwirkung zu dulden hat (Vereinbarung mit dem Nachbarn, Verzicht – vgl. **6** B 12 und **11** B, Einräumung eines dinglichen Rechts, z. B. Nießbrauch, Grunddienstbarkeit)[30] oder

---

27 LG Saarbrücken ZWE 2014, 361; LG Berlin Grundeigentum 2014, 1467.

28 BGH NJW 1986, 2640; OLG Düsseldorf NJW 1986, 2648.

29 BGH NJW 1997, 2234.

30 Das Einverständnis des Eigentümers mit einer beeinträchtigenden Maßnahme bindet den Sonderrechtsnachfolger (z. B. Erwerber auf Grund Kaufs) nur, wenn eine dingliche Sicherung bestellt wurde (z. B. Grunddienstbarkeit) außer wenn der Einwilligung selbst dingliche Wirkung beigemessen wird (wie etwa bei § 921 BGB; vgl **4** A 2); h. M., z. B. BGH NJW 1976, 416.

c) dem Eigentümer durch Rechtsnormen eine Duldungspflicht auferlegt wird. Hierzu zählen sowohl privatrechtliche Vorschriften (z. B. § 906 BGB) als auch öffentlich-rechtliche Normen (vgl. dazu **2** C 3 und **6** B 9 f.). Zur Frage, wann ein Beseitigungsanspruch bei Verletzung nachbarschützender baurechtlicher Vorschriften durch den bauenden Nachbarn gegeben ist, vgl. **15** I 3, III 5).
Ferner kann der Abwehranspruch nach § 275 Abs. 2 BGB als unzumutbar ausgeschlossen sein, wenn die Beseitigung mit Aufwendungen verbunden ist, die in keiner vertretbaren Relation zum Nachteil des Beeinträchtigten stehen.[31] Vertragliche Gestattungen von Beeinträchtigungen binden den Einzelrechtsnachfolger (z. B. Käufer eines Grundstücks) grundsätzlich nicht.[32]

7 Der Anspruch – auch der Unterlassungsanspruch[33] – nach § 1004 Abs. 1 BGB verjährt grundsätzlich in der regelmäßigen Verjährungsfrist von 3 Jahren (§§ 195, 199 Abs. 1), spätestens in 10 Jahren nach der Entstehung des Anspruchs (§ 199 Abs. 4 BGB), vgl. **11** A I; dort auch zum Übergangsrecht (Verjährungsfrist bis 01.01.2002: 30 Jahre). Maßgebend für die Entstehung des Anspruchs ist der Eintritt der Beeinträchtigung. Ein Wechsel in der Person des Grundeigentümers beeinflusst den Lauf der Verjährung nicht. Bei sich wiederholenden Störungen beginnt die Verjährungsfrist (jeweils) neu zu laufen.[34] Vgl. zur Verjährung ferner **6** B 12, **10** A II 10, **11** A.

8 Zur Entscheidung über die Ansprüche ist nach dem dinglichen Gerichtsstand des § 24 ZPO ausschließlich das Gericht zuständig, in dessen Bezirk das beeinträchtigte Grundstück liegt.[35] Richtet sich der Abwehranspruch gegen eine im öffentlichen Interesse bestehende Nutzung, kommt es für die Frage des Rechtswegs auf die Rechtsnatur des Handelns an, das die Immission verursacht. So sind etwa Immissionen von Einrichtungen der Deutschen Bahn AG privat-

31 BGH NJW 2008, 3122.
32 BGH NJW-RR 2008, 827.
33 Str., BGH NJW 2004, 1035 ff.
34 BGHZ 60, 235/239 ff.; NJW 1990, 2555 f.; Meisner-Ring-Götz, § 34, Rn. 53 f.; Palandt/Bassenge, § 1004 Rn. 45; für Unverjährbarkeit LG Tübingen NJW-RR 1990, 338.
35 BayObLGZ 1996, 14.

rechtlicher Natur, so dass der Rechtsweg vor den Zivilgerichten eröffnet ist.[36]

Zur Fassung des Klagantrags der immissionsrechtlichen Unterlassungsklage vgl. **6** B 10c.

B Abwehranspruch des Besitzers

Auch der Besitzer (vgl. 2 A 6) kann Besitzstörungen, die keine Besitzentziehungen darstellen, abwehren und Unterlassung künftiger Beeinträchtigungen verlangen. Die insoweit für den Besitzer einschlägigen Vorschriften, auf die sich auch der Eigentümer, der zugleich Besitzer ist, berufen kann, sind insbesondere

§ 858 BGB (Verbotene Eigenmacht)
§ 859 BGB (Selbsthilfe)
§ 862 BGB (Abwehranspruch)
§ 869 BGB (Schutz des mittelbaren Besitzers)

Beispielsweise hat der Grundstückseigentümer – neben einem Unterlassungsanspruch aus § 1004 Abs. 1 BGB – auch einen Abwehranspruch aus § 862 BGB wegen Besitzstörung, wenn der Nachbar mehrfach und über längere Zeiträume seine Garageneinfahrt mit einem Fahrzeug blockiert.[37] Weiter können z. B. durch Bauarbeiten verursachte Staubablagerungen auf dem Grundstück und den dort befindlichen Gegenständen eine Besitzstörung i. S. des § 858 Abs. 1 BGB darstellen und als Verletzung des Besitzes als sonstiges Recht über § 823 Abs. 1 BGB zum Schadensersatz verpflichten. Dagegen scheidet eine Schadensersatzpflicht im Hinblick auf das Eigentumsrecht regelmäßig aus, da weder eine Substanzverletzung noch eine Beeinträchtigung des bestimmungsgemäßen Gebrauchs gegeben ist[38] (vgl. auch **6** B 13 [Gerüche, Staub, Rauch]). Eine Besitzstörung kann auch bereits in einem Hinweis liegen, bestimmte Teile des eigenen Grundstücks während der Dauer von Bauarbeiten auf dem Nachbar-

36 BGH WM 1997, 594; BayVGH BayVBl. 1998, 274.
37 AG München, Urt. v. 22. 12. 2009 – 241 C 7703/09.
38 Zu Unrecht auch eine Schadensersatzpflicht wegen Besitzstörung verneinend LG Dortmund NJW-RR 2008, 207.

grundstück wegen davon ausgehender Gefahren nicht zu betreten. Denn auch hierin liegt bereits die Gefahr einer körperlichen Beeinträchtigung.[39]

Zum Begriff der Beeinträchtigung und des Störers wird im übrigen auf die Erläuterungen zu § 1004 BGB verwiesen.

39 OLG Hamm, Urt. v. 13.10.2011 – 5 W 48/11.

KAPITEL 13
Grunddienstbarkeiten

Grunddienstbarkeiten gehören zu den Grundstücksbelastungen, die für das Nachbarrecht besondere Bedeutung haben. Das Wesen der Grunddienstbarkeit soll deshalb kurz skizziert werden.[1] Dabei wird von einer Erläuterung der einzelnen Gesetzesbestimmungen abgesehen, da dies den Rahmen dieser Darstellung sprengen würde.

A Inhalt der Grunddienstbarkeit

1 Der Eigentümer eines Grundstücks kann dem Eigentümer eines anderen Grundstücks ein Benutzungsrecht an seinem Grundstück einräumen; er kann sich verpflichten, auf seinem Grundstück bestimmte Handlungen nicht vorzunehmen oder bestimmte Rechte, die sich aus dem Eigentum an seinem Grundstück gegenüber dem anderen Grundstück ergeben, nicht auszuüben. Um solchen Vereinbarungen besonderen Bestand zu verleihen, können sie als Grundstücksbelastungen in Form einer Grunddienstbarkeit ausgestaltet werden. Grunddienstbarkeiten bedürfen zu ihrer Wirksamkeit der Eintragung im Grundbuch (über sog. altrechtliche Grunddienstbarkeiten vgl. unten **13** X).

2 Die Grunddienstbarkeit wirkt zugunsten des **jeweiligen** Eigentümers eines anderen Grundstücks. Dadurch unterscheidet sie sich u.a. von der bloß schuldrechtlichen Benutzungsvereinbarung, die nur Wirkung zwischen den Vertragsparteien und ihren Erben, nicht aber z.B. im Verhältnis zum Grundstückserwerber entfaltet. Die Grunddienstbarkeit setzt stets ein **dienendes** (also belastetes) und ein **herrschendes** Grundstück voraus, dessen Eigentümer aus dem Recht berechtigt ist. Sie ist eine dingliche Belastung des dienenden

1 Zur ausführlichen Information vgl. etwa die Darstellungen bei Dehner B § 31, und insbes. Meisner-Ring-Götz, §§ 27 bis 33.

und Bestandteil des herrschenden Grundstücks (§ 96 BGB). Herrschendes „Grundstück" kann auch ein Erbbaurecht oder ein Wohnungseigentum sein.

3 Die Grunddienstbarkeit kann nach § 1018 BGB folgenden Inhalt haben:

a) Der Berechtigte darf das dienende Grundstück in bestimmter Weise benutzen, sog. **Benutzungsdienstbarkeit**. Hierzu zählen etwa Wege- und Fahrtrechte (unterscheide davon den Notweg, der dem Berechtigten unmittelbar auf Grund der gesetzlichen Regelung zusteht; hierzu **7**), Leitungsrechte, Weiderechte, das Recht zum Halten eines Bauwerks, zum Betreten eines Grundstücks und zum Aufstellen von Leitern und Gerüsten zur Ausführung von Reparaturen. Diese zuletzt genannten „Hammerschlags- und Leiterrechte" wurden mittlerweile in Art. 46b AGBGB als gesetzliche Eigentumsbeschränkungen aufgenommen, können aber auch als Grunddienstbarkeiten begründet werden. Soweit vor In-Kraft-Treten des BGB Hammerschlags- und Leiterrechte als Grunddienstbarkeiten erworben wurden, blieben sie auch in der Folgezeit bestehen. Vgl. aber auch **8** B und zur Rechtslage in den vormals Coburgischen Gebieten **1** 3c. Besondere Bedeutung hat im Rahmen der sog. Energiewende und aufgrund der staatlichen Förderung von alternativen Energien auch die Begründung von Grunddienstbarkeiten zum Betrieb von Photovoltaik- und Windkraftanlagen auf fremdem Boden erlangt.[2] Die Benutzung des dienenden Grundstücks muss eine fortgesetzte oder doch zumindest wiederkehrende sein. Das Recht, das Grundstück nur zu einer einmaligen Handlung zu benützen, kann nicht Inhalt einer Grunddienstbarkeit sein.

b) Der Verpflichtete darf auf seinem Grundstück bestimmte Handlungen nicht vornehmen, sog. **Unterlassungsdienstbarkeit**. Hierunter fällt z.B. die Belastung, dass auf dem Nachbargrundstück kein Gebäude errichtet, kein oder kein bestimmtes Gewerbe betrieben oder dass eine schöne Aussicht nicht verbaut werden darf (s. auch d).

---

2 Vgl. hierzu Staudinger/Mayer, § 1018 Rn. 104 a.

c) Der Verpflichtete darf gegenüber dem Eigentümer des herrschenden Grundstücks bestimmte Rechte nicht ausüben, die ihm an sich nach §§ 903, 1004 BGB zustünden. Hierher zählt etwa die Verpflichtung zur Duldung von Immissionen über das nach § 906 BGB zulässige Maß hinaus, aber auch die Verpflichtung, in Baugenehmigungsverfahren gegen die Errichtung von Bauvorhaben auf dem herrschenden Grundstück keine Einwendungen zu erheben.

d) **Unzulässiger Inhalt** einer Dienstbarkeit ist eine Beschränkung der rechtlichen Verfügungsbefugnis (z.B. Verbot, das Grundstück zu veräußern oder zu belasten) oder die Verpflichtung zum positiven Tun (z.B. Verpflichtung des Eigentümers, auf seinem Grundstück eine bestimmte Anlage zu betreiben). Einer solchen unzulässigen Dienstbarkeit kommt es gleich, wenn eine Dienstbarkeit bestellt werden soll, durch die alle Handlungen bis auf eine verboten werden sollen, die also darauf hinausläuft, dass das Grundstück nur mehr für einen bestimmten Zweck genutzt werden darf.[3]

   Für alle drei Arten der Grunddienstbarkeit (a bis c) ist Voraussetzung, dass sie dem herrschenden Grundstück als solchem dienen muss, nicht nur dem persönlichem Vorteil des gegenwärtigen Eigentümers (§ 1019 BGB).

4 Maßgebend für den Umfang der Berechtigung aus der Grunddienstbarkeit ist die Vereinbarung, wie sie sich aus der Eintragung im Grundbuch und der Eintragungsbewilligung ergibt, sofern auf sie im Grundbucheintrag Bezug genommen wurde (vgl. hierzu unten **13** F). Allerdings kann durch eine nachträgliche Änderung der Verhältnisse auch der Umfang einer Grunddienstbarkeit eine Änderung erfahren. Wann dies der Fall ist, ist jeweils im Einzelfall durch eine an Treu und Glauben orientierte Betrachtung insbesondere unter Berücksichtigung des aus dem nachbarlichen Gemeinschaftsverhältnis (vgl. **1** 6) folgenden Gebots der gegenseitigen Rücksichtnahme festzustellen. Grundsätzlich wird bei einer der allgemeinen technischen

3 Z.B. BayObLGZ 1980, 232/235.

und wirtschaftlichen Entwicklung entsprechenden Steigerung der Bedürfnisse des herrschenden Grundstücks sich auch die Nutzung des dienenden Grundstücks hieran anpassen. Nicht vorhersehbare Entwicklungen oder gar die Änderung der Nutzungsart des herrschenden Grundstücks werden dagegen keine Benutzungsänderung des dienenden Grundstücks rechtfertigen.[4] Beispiel: Ein zu haus- und landwirtschaftlichen Zwecken eingetragenes Wegerecht berechtigt nicht zur gewerblichen Benutzung des Weges, wenn nachträglich der Landwirtschaft ein mit ihr nicht zusammenhängendes Gewerbe angegliedert wird.

B Ausübung der Grunddienstbarkeit

Das Benützungsrecht an dem dienenden Grundstück geht dem Benützungsrecht seines Eigentümers vor. Dies gilt freilich nur insoweit, als er durch seine Benützungshandlungen die Ausübung der Grunddienstbarkeit beeinträchtigen würde. Andererseits hat der aus der Grunddienstbarkeit Berechtigte auf die Interessen des Eigentümers Rücksicht zu nehmen. Er darf ihn in der Benützung seines Grundstücks nur insoweit einschränken, als dies zur sachgemäßen Ausübung der Grunddienstbarkeit erforderlich ist (Grundsatz der „schonenden Ausübung", § 1020 Satz 1 BGB). Gewisse Unannehmlichkeiten muss auch der Berechtigte in Kauf nehmen. Beispiel: Der Eigentümer kann verlangen, dass der Inhaber eines Fahrtrechts, das durch ein Hofgrundstück führt, nach jeder Durchfahrt das Hoftor wieder verschließt.

C Halten von Anlagen

Oft werden zur Ausübung der Grunddienstbarkeit auf dem dienenden Grundstück Anlagen gehalten, etwa eine Rohrleitung, ein gefestigter Weg oder auch ein Gebäude. Hält der Berechtigte eine solche

4 Z.B. BGH NJW 1960, 673 und 1965, 1229; BGH NJW-RR 2003, 1235.

Anlage, so hat er sie in ordnungsgemäßem Zustand zu erhalten, soweit dies das Interesse des Grundstückseigentümers erfordert (§ 1020 Satz 2 BGB). Die Beteiligten können aber auch eine hiervon abweichende Unterhaltspflicht vereinbaren (§ 1021 Satz 2 BGB). Da eine solche Vereinbarung zum Inhalt der Grunddienstbarkeit gehört, muss sie ebenfalls im Grundbuch eingetragen werden, wobei eine Bezugnahme auf die Eintragungsbewilligung ausreicht.

D Verlegung der Grunddienstbarkeit

Beschränkt sich die Ausübung der Grunddienstbarkeit nur auf einen Teil des dienenden Grundstücks, so kann der Eigentümer die Verlegung der Ausübung auf eine andere, für den Berechtigten ebenso geeignete Stelle verlangen, wenn die Ausübung an der bisherigen Stelle für den Eigentümer besonders beschwerlich ist (§ 1023 BGB). Der Verlegungsanspruch kann nur vom Eigentümer des dienenden Grundstücks geltend gemacht werden; der aus der Grunddienstbarkeit Berechtigte hat keinen Anspruch auf örtliche Verlegung.

In der Regel kommt nur eine Verlegung der Ausübung auf demselben Grundstück in Betracht, in Ausnahmefällen aber auch auf ein anderes Grundstück. Die Verlegungskosten hat der Eigentümer des dienenden Grundstücks zu tragen und auf Verlangen des Berechtigten auch vorzuschießen.

E Folgen der Grundstücksteilung

Vorschriften über die Folgen der Ausübung der Grunddienstbarkeit bei Teilung des herrschenden oder des dienenden Grundstücks enthalten die §§ 1025, 1026 BGB.

F Erwerb der Grunddienstbarkeit

Die Bestellung der Grunddienstbarkeit erfolgt durch „dinglichen Vertrag“, die sog. Einigung, und die Eintragung im Grundbuch[5] (§ 873 BGB). Von der Einigung zu unterscheiden ist der nur schuldrechtliche Vertrag, durch den sich der Eigentümer des künftig dienenden Grundstücks zur Einräumung einer Grunddienstbarkeit verpflichtet. Die Grunddienstbarkeit entsteht erst mit der Eintragung im Grundbuch. Dabei braucht der Grundbucheintrag nicht den gesamten Inhalt der Grunddienstbarkeit wiederzugeben; insoweit kann auf die Eintragungsbewilligung Bezug genommen werden (§ 874 BGB).

Die Einigung über die Bestellung der Grunddienstbarkeit ist formfrei. Wird sie notariell beurkundet, so ist sie unwiderruflich (das Gleiche gilt, wenn sie vor dem Grundbuchamt erklärt wurde, bei diesem eingereicht ist oder wenn der Berechtigte eine entsprechende Eintragungsbewilligung ausgehändigt hat, § 873 Abs. 2 BGB). Die Eintragungsbewilligung (das ist die Erklärung des Berechtigten, die auf die Herbeiführung und Rechtfertigung des Grundbucheintrags gerichtet ist) dagegen bedarf nach den grundbuchrechtlichen Vorschriften der öffentlichen Beurkundung oder Beglaubigung.

G Erlöschen der Grunddienstbarkeit

Die Grunddienstbarkeit erlischt durch Aufgabeerklärung des Dienstbarkeitsberechtigten und Eintragung im Grundbuch[6] (§ 875 BGB). Kraft Gesetzes erlischt sie, wenn seit 30 Jahren eine Anlage bestanden hat, die die Ausübung der Grunddienstbarkeit unmöglich macht, mit der Verjährung des Anspruchs auf Beseitigung der beeinträchtigenden Anlage (§ 1028 BGB).

---

5 Zur Begründung, Aufhebung und zum Erlöschen einer Dienstbarkeit an einem buchungsfreien Grundstück vgl. Art. 56 AGBGB.

6 Vgl. oben Fn. 5.

H Beeinträchtigung der Grunddienstbarkeit

Wird die Grunddienstbarkeit beeinträchtigt, so stehen dem Berechtigten gemäß § 1027 BGB die Abwehransprüche nach § 1004 BGB (vgl. 12 A) und bei schuldhafter Herbeiführung eines Schadens Ersatzansprüche nach § 823 ff. BGB zu. Wird die Grunddienstbarkeit nicht durch den Eigentümer des herrschenden Grundstücks ausgeübt, sondern durch einen Besitzer (vgl. zum Unterschied 2 A 6), so stehen diesem die Besitzansprüche nach 858 ff. BGB (vgl. 12 B) zu, wenn die Dienstbarkeit innerhalb eines Jahres vor der Störung mindestens einmal ausgeübt wurde (§ 1029 BGB).

I Beschränkte persönliche Dienstbarkeit

Von der Grunddienstbarkeit ist zu unterscheiden die sog. beschränkte persönliche Dienstbarkeit (§§ 1090 bis 1093 BGB). Sie entspricht zwar ihrem Inhalt nach der Grunddienstbarkeit, ist jedoch nicht mit dem Eigentum an einem Grundstück verbunden, sondern nur zugunsten einer bestimmten Person bestellt. Sie ist nicht übertragbar und nicht vererblich. Ein wichtiger Fall der beschränkten persönlichen Dienstbarkeit ist das Wohnungsrecht des § 1093 BGB.

J Altrechtliche Grunddienstbarkeiten

Insbesondere in ländlichen Gebieten spielen auch heute noch sog. altrechtliche Grunddienstbarkeiten (insbes. Wegegerechtigkeiten, Weiderechte, Kellerrechte, Fischereirechte, Wasserschöpfrechte u. a.) eine nicht unerhebliche Rolle; über sie soll deshalb ebenfalls ein kurzer Überblick gegeben werden:

a) Nach Art. 189 EGBGB richtete sich die Begründung von Grunddienstbarkeiten bis zu dem Zeitpunkt, in dem das Grundbuch als angelegt anzusehen ist, nach altem Recht (also nach dem vor In-Kraft-Treten des BGB geltenden Rechtszustand). Erst nach diesem Zeitpunkt ist eine Begründung nur durch Einigung und Eintragung möglich und auch erforderlich (vgl. oben **13** VI). Die altrechtlichen Grunddienstbarkeiten bedurften weder für ihre Entstehung noch für ihren Fortbestand (auch heute noch) der Eintragung ins Grundbuch (Art. 184 Satz 1, Art. 187 Abs. 1 Satz 1 EGBGB). Auf Verlangen des Berechtigten oder des Eigentümers des belasteten Grundstücks müssen diese Grunddienstbarkeiten jedoch in das Grundbuch eingetragen werden (Art. 187 Abs. 1 Satz 2 EGBGB). Solange eine Eintragung nicht erfolgt, kann auch ein gutgläubiger lastenfreier Erwerb des Grundstücks nicht stattfinden.[7] Ein allgemeiner Eintragungszwang für altrechtliche Grunddienstbarkeiten besteht nicht. An sich war durch Art. 10 ÜGBGB vom Jahre 1899 i. V. m. Art. 187 Abs. 2 EGBGB bestimmt worden, dass die altrechtlichen Grunddienstbarkeiten in das Grundbuch einzutragen sind. Die für diese Regelung noch erforderliche Rechtsverordnung, mit der Beginn und Ende der Eintragungsfrist hätte festgelegt werden sollen, ist jedoch nie erlassen worden, so dass faktisch in Bayern kein Eintragungszwang bestand. Art. 10 ÜGBGB wurde durch Art. 80 Abs. 2 Nr. 2 AGBGB 1982 aufgehoben, so dass endgültig davon ausgegangen werden kann, dass in Bayern ein Eintragungszwang für altrechtliche Grunddienstbarkeiten nicht mehr angeordnet werden wird.[8]

Eine Ausnahme gilt für alte Wassernutzungsrechte; soweit sie nicht bis zum 20. 12. 1966 zur Eintragung ins Wasserbuch angemeldet wurden, sind sie am 20. 12. 1973 erloschen (§ 20 WHG i. V. m. Art. 75 BayWG und der Bekanntmachung des Bayer. Staatsministerium des Innern vom 06. 12. 1963 – Staatsanzeiger Nr. 51/52 S. 1). Diese Regelung gilt allerdings nur für Rechte i. S. des § 20 WHG und des Art. 75 BayWG. Sie findet keine Anwendung auf Rechte, die im Grundbuch eingetragen sind.

Die Zeitpunkte, in denen das Grundbuch in Bayern als angelegt anzusehen ist, sind für die einzelnen Oberlandesgerichts- und Landgerichtsbezirke verschieden. Sie liegen zwischen dem

---

7 Anders wenn die altrechtliche Dienstbarkeit zunächst im Grundbuch eingetragen, dann aber zu Unrecht gelöscht wurde, BGH MDR 1988, 766.

8 Zu den Erwägungen für diese Regelung vgl. Amtl. Begr. S. 38 ff.

01. 10. 1905 und dem 01. 10. 1910.[9] In den ehemals coburgischen Landesteilen gilt das Grundbuch seit 01. 01. 1900 als angelegt.

b) Als Erwerbsgründe kommen für altrechtliche Grunddienstbarkeiten in Betracht:[10]

   - **Rechtsgeschäftlicher Erwerb:**
     Nach altem Recht wurde die Grunddienstbarkeit durch Errichtung einer notariellen Urkunde begründet. Die Eintragung in das Hypothekenbuch war nicht erforderlich, konnte von den Beteiligten aber verlangt werden. Unter bestimmten Voraussetzungen konnten bei der Veräußerung von Grundstücken auch stillschweigend Grunddienstbarkeiten begründet werden.
   - **Ersitzung:**
     Nach altem Recht war zur Ersitzung einer Grunddienstbarkeit ein ununterbrochener fehlerfreier Besitzstand während der Ersitzungszeit erforderlich. Fehlerfrei war der Besitzstand, wenn er weder gewaltsam noch heimlich erfolgte und nicht auf Grund einer Gefälligkeit durch den Eigentümer gewährt wurde. Die Ersitzungszeit betrug je nach dem in den einzelnen Landesteilen geltenden Recht zwischen 5 und 50 Jahren. Die Ersitzungszeit musste in dem Zeitpunkt, in dem das Grundbuch als angelegt anzusehen ist (s. oben), abgeschlossen sein.
   - **Unvordenkliche Verjährung:**
     Nach Bayer. Landrecht konnte eine Grunddienstbarkeit auch durch „unvordenkliche Verjährung“ erworben werden. Die Rechtsübung musste ununterbrochen solange bestanden haben, als das Gedenken der lebenden Generation reichte. Der Zustand musste als rechtens angesehen werden nach der eigenen Wahrnehmung der lebenden Generation; diese durfte auch durch Mitteilung ihrer Vorfahren weder von dem Nichtbestehen des Zustandes oder von einer anderen Rechtsansicht hierüber Kenntnis haben. Dieser Zustand musste

9 Mit Ausnahme von einem Grundstück, für das das Grundbuch erst am 16. 01. 1911 für angelegt erklärt wurde.
10 Vgl. hierzu insbes. BayObLGZ 1962, 70/74 ff.

sich auf mindestens 40 Jahre zurückerstrecken. Für den Nachweis ist heute die entsprechende Kenntnis der Generation erforderlich, die zu dem Zeitpunkt, in dem Grundbuch als angelegt anzusehen ist, gelebt hat. Dieser Nachweis kann jedoch mit allen Beweismitteln geführt werden (also z. B. auch durch Zeugen, die ihre Kenntnisse nicht aus eigener Anschauung, sondern nur auf Grund Überlieferung besitzen); frühere Beschränkungen des Zeugenbeweises im Bayer. Landrecht gelten heute nicht mehr.[11] Allerdings wird trotzdem ein Nachweis dieser Rechte immer schwieriger.

c) Die **Aufhebung** und das **Erlöschen** von altrechtlichen Grunddienstbarkeiten, die nicht im Grundbuch eingetragen sind, sowie der **Ausschluss des Berechtigten** bei diesen Rechten richten sich nach Art. 57 bis 60 i. V. m. Art. 56 Abs. 2 und 3 AGBGB 1982.

d) Grunddienstbarkeiten, insbesondere Geh- und Fahrtrechte, können in Ausnahmefällen **auch erst nach In-Kraft-Treten des BGB** durch langjährige einvernehmliche Übung als **Gewohnheitsrecht** entstehen. Die beteiligten Rechtskreise müssen hier insbesondere davon ausgehen, dass das besagte Recht nicht auf schuldrechtlichem Vertrag (z. B. Leihe) oder sonstigen gesetzlichen Rechten (z. B. Notwegerecht) beruht.[12]

K Coburger Recht

Art. 28 Coburg.AGBGB brachte in seinen §§ 1 bis 14 nähere Vorschriften über den Inhalt und den Umfang bestimmter Grunddienstbarkeiten. Diese Vorschriften stellten im Wesentlichen Auslegungsregeln dar. Art. 28 Coburg.AGBGB wurde durch Art. 80 Abs. 2 Nr. 14 a AGBGB 1982 aufgehoben (allgemein zur Aufhebung des Coburg. Nachbarrechts vgl. **1** 3). Im Hinblick auf Art. 78 AGBGB 1982 (Rechtswirkungsklausel, vgl. **1** 4) bleiben die bisherigen Vorschrif-

11 BayObLGZ 1962, 70/78, und 1966, 129/135.
12 OLG München, Urt. v. 17. 12. 2014 – 3 U 1362/14.

ten jedoch für die Dienstbarkeiten auch künftig von Bedeutung, die bis zum 01.01.1983 (In-Kraft-Treten des AGBGB 1982) begründet worden sind.

L Geh- und Fahrtrechte

Im Nachbarrechtsverhältnis sind von den Grunddienstbarkeiten die Geh- und Fahrtrechte, also allgemein die privaten Wegerechte, von besonderer Bedeutung. Aus diesem Grunde soll dazu noch auf einige in der Praxis besonders bedeutsame Fragen eingegangen werden.

1 Geh- und Fahrtrechte berechtigen den jeweiligen Eigentümer des herrschenden Grundstücks (oben I 1) zum Gehen und Fahren über das dienende Grundstück. Während das Gehen unproblematisch ist, muss die zulässige Verwendung der in Betracht kommenden Fahrzeuge ggf. durch Auslegung ermittelt werden. Hierfür ist in erster Linie die zur Zeit der Begründung des Rechts bezweckte Nutzungsart, wie sie sich aus der Bestellungsurkunde und allen Umständen des Einzelfalles ergibt, maßgebend.[13] So wird z.B. ein Weg, der zur Erschließung eines Einfamilienhauses dient, zwar mit Fahrrädern und Pkw (wo die Pkw-Benutzung zulässig ist, wird dies auch für die Benutzung von Krafträdern gelten), nicht aber regelmäßig – um ein Extrembeispiel zu bilden – mit Lkw oder Omnibussen befahren werden dürfen. Im landwirtschaftlichen Bereich gehört dazu das Reiten, das auch in anderen Fällen zulässig sein kann, das Viehtreiben und das Befahren mit landwirtschaftlichen Fahrzeugen, bei Gewerbebetrieben auch mit gewerblich genutzten Fahrzeugen.

Bei der Auslegung ist stets zu berücksichtigen, dass die Grunddienstbarkeit dem Interesse und dem Vorteil des herrschenden Grundstücks und nicht nur dem persönlichen Interesse oder gar der Bequemlichkeit des gegenwärtigen Eigentümers zu dienen bestimmt ist (vgl. § 1019 BGB). Das Recht ist insoweit wertbildender Faktor des Grundstücks.

---

13 MünchKomm/Joost, § 1018 Rn. 16 m.w.N.

2 Berechtigter ist der jeweilige Eigentümer des herrschenden Grundstücks; Ausgeübt werden können die Rechte jedoch auch von dritten Personen, die mit dem Eigentümer in einem besonderen Verhältnis stehen, wie z. B. Besucher, Kunden, Mieter, Pächter oder Hausgenossen.[14] Der zur Benützung berechtigte Personenkreis ist jedoch stets im Einzelfall – auch was den Umfang der Benutzung betrifft – durch Auslegung zu ermitteln.

Für einen auf dem herrschenden Grundstück vorhandenen Privathaushalt (z. B. Grunddienstbarkeit zur Erschließung eines Einfamilienhauses) sind dies vor allem alle Hausstandsangehörigen und diejenigen Personen, die das Grundstück zur Aufrechterhaltung des Hausstandes aufsuchen (z. B. Reinigungspersonal, Handwerker, Post, Anlieferverkehr, Arzt usw.).[15] Für diesen Personenbereich wird auch die Benützung durch entsprechende Kraftfahrzeuge zulässig sein. Bei Besuchen, die sich auf der rein sozialen Ebene abspielen (Freunde, Verwandte) wird man je nach Lage des Einzelfalles unter Berücksichtigung des Grundsatzes der schonenden Ausübung der Grunddienstbarkeit (§ 1020 BGB; vgl. oben II) festzustellen haben, ob dieser Personenkreis auch zur Kraftfahrzeugbenutzung berechtigt ist. Diese Differenzierung bedeutet keine Einschränkung des Inhalts des Geh- und Fahrtrechts, sondern bezieht sich nur auf die Befugnis des Berechtigten, die Ausübung des Rechts Dritten zu überlassen, betrifft also die Art und Weise der Rechtsausübung.[16] Dies kann im Einzelfall bedeuten, dass das Befahren durch Dritte unzulässig ist, insbesondere wenn in der Nähe Gelegenheit besteht, Kraftfahrzeuge zu parken; anderes wird dann gelten, wenn für das Befahren durch den Dritten ein besonderes Interesse besteht (z. B. Beförderung von Lasten).[17] Für einen Gewerbebetrieb erstreckt sich die Befugnis zur Ausübungsüberlassung auf den üblichen Liefer- und Kundenverkehr.

14 MünchKomm/Joost, § 1018 Rn. 22.

15 Zu eng insoweit LG Bremen, zitiert nach MünchKomm/Joost, § 1018 Rn. 22, Fn. 98: Nur Familienangehörige.

16 Allgemein dazu Staudinger/Mayer, § 1020 Rn. 4.

17 LG Memmingen MDR 2000, 329; a. A.: Staudinger/Mayer, § 1020 Rn. 4.

3 Das Geh- und Fahrtrecht berechtigt nicht zum Parken, zur Vornahme von Arbeiten (z. B. Kfz.-Reparatur), zum Abstellen von Gegenständen, zum Be- und Entladen usw.[18]

4 Durch die Bestellung eines Geh- und Fahrtrechts wird der Eigentümer grundsätzlich nicht von der Benutzung der jeweiligen Grundstücksfläche ausgeschlossen (oben II), soweit hierdurch die Ausübung der Grunddienstbarkeit nicht beeinträchtigt wird (§§ 1027, 1004 BGB). Die Mitbenützung durch den Eigentümer des dienenden Grundstücks kann natürlich völlig ausgeschlossen werden. Überschreitet andererseits der Inhaber der Grunddienstbarkeit seine Befugnisse und verletzt er damit die Rechte des Eigentümers des dienenden Grundstücks, so kann dieser ebenfalls nach § 1004 BGB (s. **12**) vorgehen.

5 Ist die Ausübungsfläche für den Weg in der Urkunde nicht oder nicht vollständig festgelegt, ist sie durch Auslegung zu ermitteln und notfalls durch das Gericht festzustellen. Bei einem Fahrtrecht richtet sich die Wegbreite nach den für die Benutzung zulässigerweise in Betracht kommenden Fahrzeugen.

6 Der Inhalt eines Geh- und Fahrtrechts kann sich unter bestimmten Voraussetzungen ändern. Hierbei muss es sich aber stets um Änderungen im Rahmen der bestehenden Nutzung handeln, die sich aus der normalen technischen und wirtschaftlichen Entwicklung heraus ergeben. Eine Änderung der Nutzungsart des herrschenden Grundstücks gibt dagegen kein Recht, das Geh- und Fahrtrecht in anderer Weise auszuüben. Ist z. B. ein Fahrtrecht für einen landwirtschaftlichen Betrieb ursprünglich nur für von Vieh gezogenen Fuhrwerken vorgesehen, so wird der Weg im Zweifel heute mit modernen landwirtschaftlichen Fahrzeugen befahren werden dürfen. Wird dagegen ein landwirtschaftlicher Betrieb oder ein bisher nur zum Wohnen dienendes Grundstück nunmehr gewerblich genutzt, so ist die Steigerung der Bedürfnisse nicht mehr durch das ursprüngliche Fahrtrecht gedeckt.[19]

---

18 MünchKomm/Joost, § 1018 Rn. 29; Meisner-Ring-Götz § 29 RdNr. 9.
19 Vgl. Staudinger/Mayer, § 1019 Rn. 9.

7 Im Rahmen der schonenden Ausübung (oben B) muss es der Grunddienstbarkeitsberechtigte bei einem entsprechenden schützenswerten Interesse des Eigentümers des dienenden Grundstücks hinnehmen, dass dieser ein verschließbares Tor an der Grundstückseinfahrt anbringt, das nach jeder Benutzung – oder je nach Sachlage z.B. nur nachts – wiederum abzuschließen ist. Dem Inhaber des Geh- und Fahrtrechts muss jedoch die nötige Anzahl von Schlüsseln zu Verfügung gestellt werden.[20] Betreffend den Umfang der erforderlichen Sicherungsmaßnahmen ist eine umfassende Abwägung zwischen den Interessen des Berechtigten an ungehindertem Zugang (z.B. jederzeitige Erreichbarkeit durch Feuerwehr oder Krankenwagen) sowie den Sicherungsinteressen des Eigentümers vorzunehmen.[21]

Unter den Voraussetzungen des § 1023 BGB (vgl. IV) kann der Eigentümer des dienenden Grundstücks eine Verlegung des Weges verlangen.

8 Zur Frage der Unterhaltung des Weges s. oben III.

---

20 BayObLGZ 23, 120; OLG Frankfurt NJW-RR 1986, 763; OLG Karlsruhe NJW-RR 1991, 785.

21 BGH, Urt. v. 23.01.2015 – V ZR 184/14; OLG Karlsruhe ZfIR 2014, 805.

KAPITEL 14
Außergerichtliche Streitschlichtung

A Bayerisches Schlichtungsgesetz[1]

Durch das Bayer. Schlichtungsgesetz (BaySchlG) vom 25.04.2000 (GVBl. S. 268 i.d.F. vom 20.12.2011 – GVBl. S. 713) wurde für bestimmte Fälle eine obligatorische außergerichtliche Streitschlichtung vor Klageerhebung zu den Amtsgerichten eingeführt, die auch bei verschiedenen nachbarrechtlichen Streitigkeiten erforderlich ist; sie gilt nicht, soweit für den Rechtsstreit die landgerichtliche Zuständigkeit gegeben ist, also insbesondere der Streitwert über 5000 Euro liegt (§ 23 Nr. 1 GVG). Das Gesetz beruht auf der Ermächtigung in § 15a des Einführungsgesetzes zur Zivilprozessordnung (EGZPO). Die Vorschriften des Gesetzes sollen hier erörtert werden, soweit sie für Nachbarrechtsstreitigkeiten von Bedeutung sind.

1 Nachbarstreitigkeiten werden vom **sachlichen Anwendungsbereich** zunächst in Art. 1 Nr. 2 BaySchlG[2] erfasst. Im Einzelnen handelt es sich um folgende Fälle:

- Streitigkeiten über Einwirkungen auf Nachbargrundstücke i. S. des § 906 BGB (vgl. **6**), sofern die Einwirkung nicht von einem gewerblichen Betrieb[3] ausgeht (Art. 1 Nr. 2 Buchst. a BaySchlG).

---

1 Ausführlich hierzu: Schwarzmann-Walz, Das Bayerische Schlichtungsgesetz.

2 Art. 1 Nr. 1 BaySchlG, wonach ein Schlichtungsverfahren in allen vermögensrechtlichen Streitigkeiten über Ansprüche bis 750 Euro durchzuführen war (z. B. Schadensersatz- oder Aufwendungsersatzansprüche zwischen Nachbarn), trat gemäß Art. 21 Abs. 2 BaySchlG außer Kraft.

3 Jede erkennbar planmäßige, auf Dauer angelegte, selbständige, auf Gewinnerzielung gerichtete berufsmäßige Tätigkeit (Schwarzmann-Walz, Art. 1 Rn. 9 b; bei hälftiger privater und gewerblicher Nutzung des Grundstücks kein Schlichtungsverfahren erforderlich: LG Itzehoe, Urt. v. 16.12.2008, 1 S 105/08 für SchlG SH; erfasst ist auch die Land- und Forstwirtschaft, sofern diese nicht ausschließlich der Eigenbedarfsdeckung dient, vgl. Grziwotz-Saller, 5. Teil A 2 a Rn. 17; Erdel, MDR 2005, 721.

- Ansprüche wegen Überwuchses nach § 910 BGB und Hinüberfalls nach § 911 BGB (Art. 1 Nr. 2 Buchst. b und c BaySchlG). Im Fall des § 910 BGB wird dabei der volle Regelungsbereich für Zweige und Wurzeln erfasst.
- Ansprüche wegen eines Grenzbaums nach § 923 BGB (vgl. **4** D). Hierunter fällt auch der Kostenerstattungsanspruch nach § 923 Abs. 2 Satz 2 und 3 BGB.
- Ansprüche wegen der in Art. 43 bis 54 AGBGB geregelten Nachbarrechte, sofern es sich nicht um Einwirkungen von einem gewerblichen Betrieb (s. o.) handelt (Art. 1 Nr. 2 Buchst. e BaySchlG). Hierunter fallen Streitigkeiten über Fensterrechte (Art. 43 bis 45 AGBGB, vgl. **9**), die Erhöhung einer Kommunmauer (Art. 46 AGBGB, vgl. **4** C V), den Grenzabstand von Pflanzen (Art. 47 bis 51 AGBGB; vgl. **10** D), das Erlöschen von Anwenderechten (Art. 53 AGBGB, vgl. **8** A). Soweit die Vorschrift auch den Ausschluss von privatrechtlichen Ansprüchen nach Art. 54 AGBGB (vgl. **6** B 8a) anführt, dürfte dies weitgehend ins Leere gehen; in der Regel wird es sich ohnehin nur um Einwirkungen aus einem gewerblichen Betrieb handeln, im Übrigen greift bereits Art. 1 Nr. 2 a BaySchlG i. V. mit § 906 BGB ein.

Soweit es sich in diesen Fällen nicht nur um Beseitigungs- oder Unterlassungsansprüche, sondern um Kostenerstattungs-, Ersatz- oder Ausgleichsansprüche, also um **Geldforderungen** handelt, gilt das Erfordernis der Streitschlichtung nach Art. 1 Nr. 2 BaySchlG nach dem insoweit eindeutigen Wortlaut der Vorschrift auch für die Fälle, in denen sich die Rechtsgrundlage für solche Ansprüche unmittelbar aus den im BaySchlG angeführten Vorschriften ergibt (vgl. insbes. § 906 Abs. 2 Satz 2 BGB; § 923 Abs. 2 Satz 2 und 3 BGB; Art. 46 Abs. 2 und 3 AGBGB). Hier ist die Schlichtung erforderlich, wenn der Streitwert innerhalb der amtsgerichtlichen Zuständigkeit liegt, also 5 000 Euro nicht übersteigt (vgl. oben).[4] Dagegen fallen sonstige Streitigkeiten über Geldforderungen, die zwar eine Nachbarstreitigkeit i. S. des Art. 1 Nr. 2 BaySchlG zum Ausgangspunkt haben, sich

---

4 Grziwotz-Saller, 5. Teil A III 2 a Rn. 18.

aber aus anderen Vorschriften ergeben (z. B. §§ 812 oder 823 BGB) nicht unter die Schlichtungspflicht.[5]

Im Rahmen nachbarrechtlicher Auseinandersetzungen kann ferner Art. 1 Nr. 3 BaySchlG Bedeutung erlangen, wonach Streitigkeiten über Ansprüche wegen Verletzung der persönlichen Ehre, die nicht in Presse oder Rundfunk begangen worden sind, schlichtungspflichtig sind (Beispiel: Aufstellen beleidigender Gegenstände, z. B. sog. Frustzwerge, vgl. **12** A 1). Wegen des klaren Gesetzeswortlauts (persönliche Ehre) werden andere Persönlichkeitsrechtsverletzungen (z. B. Videoüberwachung, **12** A 1) nicht von Art. 1 Nr. 3 BaySchlG umfasst.

2 Ein obligatorisches Schlichtungsverfahren ist nach Art. 1 BaySchlG nicht in den in **§ 15a Abs. 2 EGZPO** genannten Fällen durchzuführen. Hierunter fallen u. a. insbesondere Widerklagen, Klagen wegen vollstreckungsrechtlicher Maßnahmen sowie die Geltendmachung von Ansprüchen, die bereits im Mahnverfahren geltend gemacht worden sind. Außerdem kann die Durchführung eines Gütetermins (Mediation) vor dem Güterichter nach § 278 Abs. 5 ZPO das Schlichtungsverfahren überflüssig machen.[6]

Art. 2 BaySchlG enthält außerdem – enger als § 15 Abs. 2 Satz 2 EGZPO – die wesentliche **Einschränkung**, dass ein Schlichtungsverfahren nur dann durchzuführen ist, wenn die Parteien ihren Wohnsitz, Sitz oder ihre Niederlassung im selben Landgerichtsbezirk haben; hierbei gelten die Landgerichtsbezirke München I und München II als ein Bezirk. Dadurch sollen in erster Linie der Anfall hoher Reisekosten für die Parteien vermieden werden.[7] Demnach gilt die Einschränkung des Art. 2 BaySchlG auch dann, wenn sich die gerichtliche Zuständigkeit nicht nach dem Wohnsitz richtet, sondern eine ausschließliche Zuständigkeit z. B. nach § 24 ZPO für Grundstücke besteht (vgl. z. B. **10** D II 5, **12** A 8).

---

5 BGH NJW-RR 2009, 1238; Zöller/Heßler, § 15 a EGZPO Rn. 5: Aus nachbarlichen Ansprüchen abgeleitete Zahlungsansprüche nicht schlichtungspflichtig, soweit Schlichtung für nachbarrechtliche Ansprüche in betreffendem Land nicht eingeführt – dies ist in Bayern der Fall; a. A. Baumbach/Lauterbach/Albers/Hartmann, ZPO, 15 a EGZPO Rn. 5.

6 LG Nürnberg-Fürth, Urt. v. 02. 10. 2014 – 8 O 10468/10.

7 Landtagsdrucksache 14/2265 S. 10.

3 Das Schlichtungsverfahren ist **Prozessvoraussetzung**, muss also vor Erhebung einer Klage zum Amtsgericht durchgeführt werden, andernfalls ist die Klage als unzulässig abzuweisen. Hierfür ist nicht der Zeitpunkt der letzten mündlichen Verhandlung, sondern derjenige der Klageerhebung entscheidend, d.h. die Durchführung des Schlichtungsverfahrens ist **nicht nachholbar**.[8] Der Nachweis des durchgeführten Schlichtungsverfahrens geschieht durch die Bescheinigung nach Art. 4 BaySchlG (vgl. unten Anm. 5). An diese Bescheinigung ist das spätere Prozessgericht bei der Prüfung, ob ein Schlichtungsverfahren ordnungsgemäß (auch erfolglos) durchgeführt wurde, gebunden.[9]

Sofern der Kläger nach erfolglosem Schlichtungsverfahren im anschließenden Klageverfahren seine Klage nachträglich **erweitert** (§ 264 Nr. 2 ZPO) oder **ändert** (§ 263 ZPO), muss er für die weitergehenden Anträge kein Schlichtungsverfahren mehr durchführen.[10] Etwas anderes kann ausnahmsweise nur in Fällen gelten, in denen der Kläger durch die anfängliche Klageerhebung in einer schlichtungsfreien Angelegenheit das Schlichtungsverfahren in einem schlichtungspflichtigen Fall umgehen will.[11]

Werden im Klageweg im Rahmen einer sog. **objektiven Klagehäufung** (§ 260 ZPO) mehrere Ansprüche geltend gemacht, gilt folgendes: Wird durch die Klagehäufung die amtsgerichtliche Zuständigkeit überschritten (die Ansprüche werden zusammengerechnet, § 5 ZPO), so entfällt das Schlichtungsverfahren, selbst wenn einer der Ansprüche an sich unter Art. 1 BaySchlG fallen würde.[12]. Fraglich ist hingegen, ob ein Schlichtungsverfahren durchzuführen ist, wenn ein schlichtungsbedürftiger Antrag mit einem nicht schlichtungsbe-

8 H. M.: Die vom Gesetzgeber bezweckte Justizentlastung kann nur durch tatsächliche Durchführung des Schlichtungsverfahrens vor Klageerhebung erreicht werden, vgl. BGH NJW 2005, 437; Saarl. OLG, Urt. v. 30.08.2011, 4 U 424/10-127; Zöller-Heßler, § 15 a EGZPO Rn. 25.

9 BGH NJW-RR 2010, 357.

10 BGH NJW-RR 2005, 501.

11 LG Kassel NJW 2002, 2256; LG München I, MDR 2003, 1313.

12 A. A. Schwarzmann-Walz, Art. 1 Rn. 6 a.

dürftigem Antrag verbunden wird. Während dies die früher wohl überwiegende Meinung verneinte, verlangt der BGH[13] zu Recht die Durchführung eines Schlichtungsverfahrens, da die Prozessvoraussetzungen für jeden Antrag gesondert zu prüfen sind; außerdem ließe sich andernfalls das Schlichtungsverfahren leicht umgehen, was dem Gesetzeszweck (Entlastung der Gerichte) widerspräche.

4 Hinsichtlich der in Betracht kommenden **Schlichtungsstellen** ist zu unterscheiden:

Führen die Parteien die Schlichtung einvernehmlich durch, können sie sich nach Art. 3 Abs. 1 BaySchlG für einen Schlichtungsversuch an jeden Rechtsanwalt, der nicht Parteivertreter ist, jeden Notar oder an dauerhaft eingerichtete Schlichtungsstellen wenden.

Ist die einvernehmliche Anrufung einer Schlichtungsstelle nicht zu erreichen, muss derjenige, der den Klageweg beschreiten will, zunächst eine nach Art. 5 BaySchlG eingerichtete Gütestelle anrufen (Art. 3 Abs. 1 Satz 3 BaySchlG). Als solche kommen in Betracht: Zunächst kraft seines Amtes jeder Notar (Art. 5 Abs. 1 BaySchlG). Nach Zulassung durch die Rechtsanwaltskammer kann auch jeder Rechtsanwalt unter den Voraussetzungen des Art. 5 Abs. 2 BaySchlG eine Gütestelle einrichten. Auskunft über die bei Rechtsanwälten eingerichteten Gütestellen erteilen die Rechtsanwaltskammern.

Die Auswahl unter mehreren Gütestellen regelt Art. 6 BaySchlG: Sind in einem Landgerichtsbezirk mehrere Gütestellen eingerichtet, hat der Antragsteller zwischen ihnen die Auswahl. Bestehen allerdings in dem Amtsgerichtsbezirk, in dem der Antragsgegner Wohnsitz, Sitz oder Niederlassung hat, Gütestellen, so kann der Antragsteller nur unter diesen auswählen. Praktisch bedeutet dies, dass der Antragsteller stets eine Gütestelle in dem betreffenden Amtsgerichtsbezirk anrufen muss, da in diesen Bezirken jedenfalls die Gütestellen der Notare bestehen (Art. 5 Abs. 1 BaySchlG). Ein Gegenantrag der anderen Partei ist bei der bereits angerufenen Gütestelle anzubringen (Art. 6 BaySchlG).

---

13 BGH NJW-RR 2009, 1239 mit zahlreichen Nachweisen zum Meinungsstand.

5 Zum **Verfahren der Schlichtung** kann weitgehend auf das Gesetz verwiesen werden, insbesondere auf Art. 7 ff. BaySchlG.

Die Einreichung des Antrags (vgl. dazu Art. 7, 9 BaySchlG) bewirkt die Unterbrechung der Anspruchsverjährung gemäß § 209 Abs. 2 Nr. 1 a BGB zum Eingangszeitpunkt bei der Gütestelle, wenn der Antrag dem Gegner demnächst mitgeteilt wird.

Ist der Schlichtungsversuch gescheitert, ist dem Antragsteller nach Art. 4 Abs. 1 BaySchlG darüber ein Zeugnis zur Vorlage bei Gericht auszustellen. Die Ausstellung dieses Zeugnisses kann auch dann verlangt werden, wenn das beantragte Schlichtungsverfahren innerhalb einer Frist von 3 Monaten von der Schlichtungs- oder Gütestelle nicht durchgeführt wurde (Art. 4 Abs. 1 Satz 2 BaySchlG); hierdurch soll Verzögerungen durch die Schlichtungs- oder Gütestellen vorgebeugt werden. Die Frist beginnt nicht vor Einzahlung des Vorschusses nach Art. 14 BaySchlG zu laufen (Satz 3). Die Zeugnisausstellung erfolgt auch dann, wenn der Schlichter den Anwendungsbereich des Gesetzes nicht für gegeben oder die Angelegenheit für eine Schlichtung aus rechtlichen oder tatsächlichen Gründen nicht für geeignet hält (Art. 4 Abs. 2 BaySchlG); dies kann der Fall bei besonders schwieriger Rechtslage oder der Notwendigkeit einer größeren Beweisaufnahme sein.[9]

Die Parteien sind zum persönlichen Erscheinen im (nicht öffentlichen) Schlichtungstermin verpflichtet (Art. 11 Abs. 1 BaySchlG); Vertretung ist unter den Voraussetzungen des Art. 11 Abs. 2 BaySchlG zulässig. Möglich ist die Hinzuziehung eines Beistands oder Rechtsanwalts (Art. 11 Abs. 3 BaySchlG).

Erscheint der Antragsteller unentschuldigt zum Termin nicht, gilt der Schlichtungsantrag als zurückgenommen; bei hinreichender Entschuldigung innerhalb einer Frist von 14 Tagen nach dem ursprünglich angesetzten Termin, ist vom Schlichter ein neuer Termin zu bestimmen (Art. 11 Abs. 4 Satz 1 BaySchlG). Auch bei nicht fristgemäßer Einzahlung des Vorschusses (Art. 14 BaySchlG) wird die Antragsrücknahme fingiert (Art. 11 Abs. 4 Satz 2 BaySchlG). Fehlt die Gegenpartei unentschuldigt, ist nach frühestens 14 Tagen das Zeugnis nach Art. 4 BaySchlG auszustellen (Art. 11 Abs. 4 Satz 3 BaySchlG).

6 Wird vor einer Gütestelle nach Art. 5 BaySchlG ein Vergleich abgeschlossen, so kann nach Erteilung der Vollstreckungsklausel aus ihm **vollstreckt** werden (vgl. Art. 18, 19 BaySchlG).

7 Die **Kosten** des Verfahrens vor den **Gütestellen des Art. 5 BaySchlG** regeln Art. 13 ff. BaySchlG. Für die Vergütung ist nach Anforderung durch den Schlichter ein Vorschuss zu leisten (Art. 14 BaySchlG); wird dieser nicht bezahlt, gilt der Antrag als zurückgenommen (Art. 11 Abs. 4 Satz 2 BaySchlG).

Nach Art. 13 Abs. 2 BaySchlG beträgt die Gebühr für das Schlichtungsverfahren (die zunächst der Antragsteller zu entrichten hat, Art. 14 Abs. 2 BaySchlG) 50 Euro, wenn das Verfahren ohne Schlichtungsgespräch endet, bzw. 100 Euro bei Durchführung eines Schlichtungsgesprächs. Eine weitere Gebühr von 50 Euro entsteht, wenn der Schlichter im Auftrag beider Parteien tätig wird. Für Post- und Telekommunikationsdienstleistungen sowie Schreibauslagen kann ein Pauschsatz von 20 Euro gefordert werden (Art. 13 Abs. 3 und 4 BaySchlG).

Jede Partei trägt im Schlichtungsverfahren ihre Aufwendungen (z. B. Reisekosten, Kosten für Rechtsanwalt[14]) selbst; anderes kann aber vereinbart werden (Art. 17 BaySchlG). Kommt es zum gerichtlichen Verfahren, sind die Kosten des Schlichtungsverfahrens Kosten des Rechtsstreits, über die das Gericht zu entscheiden hat (§ 15 a Abs. 4 EGZPO). Sie sind letztlich von der im Rechtsstreit unterlegenen Partei zu tragen (§ 91 Abs. 1 und 2 ZPO).

Die Kosten der **Schlichtungsstellen nach Art. 3 BaySchlG** richten sich für Rechtsanwälte nach dem Rechtsanwaltsvergütungsgesetz (RVG) und für Notare nach der Kostenordnung (KostO) bzw. nach den Vereinbarungen mit den sonst in Betracht kommenden Schlichtungsstellen. Bei Rechtsanwälten und Notaren ist also hinsichtlich der Gebühren zu unterscheiden, ob sie einvernehmlich von den Parteien nach Art. 3 BaySchlG zur Schlichtung angerufen wurden oder ob sie auf Grund eines Antrags nach Art. 7, 9 BaySchlG als Schlichtungsstelle im Sinne des Art. 5 BaySchlG tätig geworden sind.[15]

---

14 Zur Höhe der Rechtsanwaltskosten vgl. Zöller/Heßler, 15 a EGZPO Rn. 26.

15 Schwarzmann-Walz, Art. 13 Rn. 1.

B Mediationsverfahren

1. Eine weitere Möglichkeit, nachbarrechtliche Konflikte außergerichtlich bzw. ohne förmliches Gerichtsverfahren zu lösen, bietet das sog. Mediationsverfahren. Dabei handelt es sich gemäß § 1 Abs. 1 MediationsG um ein vertrauliches und strukturiertes Verfahren, bei dem die Parteien mit Hilfe eines Mediators freiwillig und eigenverantwortlich eine einvernehmliche Beilegung ihres Konflikts anstreben. Der Mediator ist eine unabhängige und neutrale Person ohne Entscheidungsbefugnis, die die Parteien durch die Mediation führt (§ 1 Abs. 2 MediationsG).

Mit dem Gesetz zur Förderung der Mediation und anderer Verfahren der außergerichtlichen Konfliktbeilegung vom 21.07.2012[16], das zum 26.07.2012 in Kraft getreten ist, wurde das Instrument der Mediation nunmehr grundlegend gesetzlich geregelt. Neben der Schaffung des Mediationsgesetzes, welches die Grundsätze des Mediationsverfahrens näher bestimmt, wurde das Mediationsverfahren ferner in den einzelnen Verfahrensordnungen (für den Bereich des Nachbarrechts die Zivilprozessordnung [ZPO]) implementiert.

Ziel des Gesetzes ist es, die außergerichtliche Konfliktbeilegung und insbesondere die Mediation im Bewusstsein der Bevölkerung und der in der Rechtspflege tätigen Berufsgruppen, also vor allem der Rechtsanwälte, stärker zu verankern.[17]

2. Eine Mediation kann in folgenden Situationen durchgeführt werden, nämlich

- unabhängig von einem Gerichtsverfahren, also bereits im Vorfeld einer gerichtlichen Auseinandersetzung zur gütlichen Konfliktbeilegung. Ein geeigneter Mediator kann etwa über das Mediationsportal www.mediation.de gefunden werden;
- während eines Gerichtsverfahrens außerhalb des Gerichts mithilfe eines Mediators. Nach § 278 a Abs. 1 ZPO kann das Gericht den Parteien eine Mediation durch einen privaten Mediator zur außergerichtlichen Streitbeilegung vorschlagen. Führen die Par-

16 BGBl. I S. 1577.

17 Gesetzesentwurf S. 11, BT-Drucksache 17/5335.

teien eine solche Mediation durch, ordnet das Gericht das Ruhen des Verfahrens an (§ 278a Abs. 2 ZPO);

- das Gericht kann den Parteien während des Gerichtsverfahrens nach § 278 Abs. 5 ZPO auch den Versuch einer außergerichtlichen Streitbeilegung mithilfe eines nicht entscheidungsbefugten Richters, dem sog. Güterichter, vorschlagen. Der Güterichter kann hierbei alle Methoden der Konfliktbeilegung einschließlich der Mediation einsetzen. Dies bedeutet, dass der Güterichter – anders als der Mediator – im Rahmen des Streitbeilegungsverfahrens auch Rechtsauffassungen äußern darf, z.B. dass er einen bestimmten Anspruch grundsätzlich rechtlich für gegeben hält. Der Güterichter ist gemäß § 41 Nr. 7 ZPO sodann im späteren gerichtlichen Verfahren vom Richteramt ausgeschlossen, d.h. darf im Rechtsstreit selbst nicht als Richter tätig werden. Auch hier hat das Gericht das Ruhen des Verfahrens anzuordnen.

3. Wichtige **Verfahrensgrundsätze** sind:

Das Verfahren ist freiwillig, d.h. die Parteien entscheiden selbst, ob sie eine Mediation durchführen wollen, bzw. können diese jederzeit beenden (§ 2 Abs. 2 und 5 MediationsG). Ferner verpflichtet § 2 Abs. 3 MediationsG den Mediator zur Neutralität. Er hat – unter Einsatz von unterschiedlichen Kommunikationsmethoden und -techniken sowie der mit den Parteien vereinbarten Verfahrensregeln – die Kommunikation der Parteien zu fördern, dass diese in angemessener und fairer Weise in das Verfahren eingebunden sind; im allseitigen Einverständnis kann er auch getrennte Gespräche mit den Parteien führen. Mit Zustimmung aller Parteien können auch Dritte in das Verfahren miteinbezogen werden (§ 2 Abs. 4 MediationsG). Der Mediator ist gemäß § 4 MediationsG zur Verschwiegenheit verpflichtet (Ausnahmen: Offenlegung ist zur Umsetzung oder Vollstreckung der Vereinbarung erforderlich; vorrangige Gründe der öffentlichen Ordnung, insbesondere bei Gefährdung des Wohls eines Kindes; offenkundige oder nicht geheimhaltungsbedürftige Tatsachen). Gemäß § 383 Abs. 1 Nr. 6 ZPO i.V. mit § 4 MediationsG besteht ein entsprechendes Zeugnisverweigerungsrecht. In der Klageschrift soll nach § 253 Abs. 3 Nr. 1 ZPO angegeben werden, ob vor Klageerhebung der Versuch einer Mediation oder eines anderen außergerichtlichen

Streitbeilegungsverfahrens vorausgegangen ist, sowie, ob einem solchen Verfahren Gründe entgegenstehen.

4. Für nachbarrechtliche Streitigkeiten, die dem Anwendungsbereich des Bayerischen Schlichtungsgesetzes unterfallen (s.o. A), dürften die neugeschaffenen Regelungen zur Mediation nur wenig Relevanz besitzen. Denn haben sich die Parteien im Schlichtungsverfahren nicht geeinigt, wird die Motivation zu einem weiteren außergerichtlichen Streitbeilegungsverfahren nur gering sein. Für nicht dem Bayerischen Schlichtungsgesetz unterliegende Konflikte stellt die Neuregelung jedoch eine sinnvolle Möglichkeit dar, den Nachbarschaftsstreit einvernehmlich und kostengünstig zu lösen. Mit Heribert Prantl[18] bleibt zu wünschen: Im dornenreichen Paragrafenwald gibt es nur selten Blumen; das Mediationsgesetz ist eine Orchidee. Sie sollte bald heimisch werden in der Flora des deutschen Rechts.

18 Süddeutsche Zeitung vom 02.07.2012: Die Blumen des Guten.

KAPITEL 15
Öffentlich-rechtlicher Nachbarschutz[1]

I Allgemeines

1 Neben dem Schutz des Zivilrechts vor Einwirkungen und Beeinträchtigungen der Rechte des Nachbarn werden ihm auch im Bereich des öffentlichen Rechts in gewissem Umfang öffentlich-rechtliche Abwehransprüche gewährt. Dies ist insbesondere z.B. im Bereich des Baurechts und im zunehmenden Maße auch des Immissionsschutzrechts von erheblicher Bedeutung. Genehmigt etwa die Baubehörde die Errichtung eines Bauvorhabens unter Unterschreitung der an sich vorgeschriebenen Abstandsflächen nahe an der Grundstücksfläche oder entsprechen z.B. die genehmigten Lärmschutzvorrichtungen nicht den gesetzlichen Erfordernissen, so sind die Interessen des hierdurch künftig beeinträchtigten Nachbarn in erheblicher Weise berührt. Er muss deshalb die Möglichkeit haben, seine Rechte – notfalls auch im Klageweg – durchzusetzen.

2 Soweit dem Nachbarn solche öffentlich-rechtlichen Abwehrrechte (subjektiv öffentliche Rechte) gewährt werden, steht die Möglichkeit, diese Rechte geltend zu machen und durchzusetzen, grundsätzlich selbständig **neben** den zivilrechtlichen Befugnissen, Beeinträchtigungen abzuwehren. Der wesentliche Unterschied liegt jedoch in Folgendem: Die Rechte des Betroffenen, die ihm aus dem privaten Nachbarrecht erwachsen (also insbesondere die Nachbar-

---

1 Eine ausführliche Abhandlung dieses Themas würde den Rahmen dieser Darstellung des privaten Nachbarrechts sprengen. Es können deshalb nur die wichtigsten Grundsätze dieses Rechtsgebiets angedeutet werden. Im Hinblick auf die Fülle der verwaltungsgerichtlichen Rechtsprechung und des reichhaltigen Schrifttums wurde in diesem kurzen Abriss darauf verzichtet, Fundstellen anzuführen. Wer sich näher mit dem öffentlich-rechtlichen Nachbarschutz befassen will, sei auf die Spezialliteratur verwiesen, z.B. Dehner, A § 7ff. und B § 39ff.; Birkl, Nachbarschutz im Bau-, Umwelt- und Zivilrecht; Meisner-Ring-Götz, §§ 39 bis 44, und speziell für das Baurecht: z.B. Simon-Busse, Erläuterungen zu Art. 66 BayBO.

rechte des BGB und des AGBGB), sind gegen den Nachbarn, in der Regel den Störer oder denjenigen, gegen den sich sonst der privatrechtliche Anspruch richtet, geltend zu machen. Im Streitfall entscheiden die ordentlichen Gerichte (Zivilgerichte). Es ist allerdings zu beachten, dass die privaten Rechte durch das öffentliche Recht eingeschränkt werden können (vgl. insbes. § 14 BImSchG, dazu **6** B 8a).

Wird dagegen in die öffentlich-rechtlich geschützte Position des Nachbarn eingegriffen, so richtet sich dessen Abwehranspruch nicht gegen denjenigen, der die Maßnahme durchführen will (z. B. also nicht gegen den Bauherrn), sondern gegen die Behörde bzw. die juristische Person des öffentlichen Rechts, der sie angehört und die entweder durch Erteilung einer Genehmigung oder durch Unterlassen einer behördlichen Maßnahme (z. B. Nichterteilung von Auflagen, Nichteinschreiten gegen gesetzwidrige Zustände) pflichtwidrig nachbarschützende Belange nicht berücksichtigt. Der Nachbar muss hier seine Interessen mit öffentlich-rechtlichen Rechtsbehelfen, notfalls also durch Klage vor den Verwaltungsgerichten, der in der Regel ein behördliches Vorverfahren (Widerspruchsverfahren) vorgeschaltet ist, geltend machen (vgl. unten II).

3 Nicht alle öffentlich-rechtlichen Normen gewähren dem Nachbarn subjektiv-öffentliche Rechte.

Ein Abwehrrecht steht dem Nachbarn stets zu, wenn durch eine behördliche Maßnahme in seine **Grundrechte** eingegriffen wird. So kann sich z. B. der Nachbar auf die verfassungsrechtliche Garantie seines Eigentums (Art. 14 GG) berufen, wenn ein Bauvorhaben die vorhandene Grundstückssituation nachhaltig verändert und den Nachbarn schwer und unerträglich trifft. Unerträglich sind aber nur solche schweren Nachteile, die die Grenze der Zumutbarkeit überschreiten und deshalb durch die Sozialbindung des Eigentums (vgl. **2** A 1) nicht mehr gedeckt sind.

In anderen Fällen ist jedoch die Geltendmachung einer Beeinträchtigung nur möglich, wenn sich der Nachbar auf eine **nachbarschützende Norm des öffentlichen Rechts** berufen kann. Ob eine Norm diesen Inhalt hat, ist im Einzelfall oft schwierig festzustellen. Es ist erforderlich, dass sie gerade oder zumindest auch zum Schutz des

Nachbarn geschaffen wurde. Dies ist jeweils im Wege der Auslegung durch Untersuchung von Inhalt, Zweck und Wirkung der Vorschrift festzustellen. Nicht ausreichend ist, dass sich Vorschriften lediglich faktisch auch zu Gunsten des Nachbarn auswirken. So kann sich z.B. der Eigentümer eines in einem Naturschutzgebiet liegenden Grundstücks nicht mit Erfolg gegen die Genehmigung eines Bauvorhabens in diesem Gebiet wehren, da die Festsetzung eines Naturschutzgebietes ausschließlich im öffentlichen Interesse liegt, auch wenn dadurch dem Einzelnen die Möglichkeit ungestörten Naturgenusses eröffnet wird. Der Nachbar muss vielmehr nach dem Sinn der jeweils in Rede stehenden Vorschrift die Berechtigung erhalten, ihre Einhaltung gegenüber der öffentlichen Gewalt zu verlangen. Hierbei ist insbesondere von Bedeutung, ob durch die Vorschrift der Kreis der geschützten Personen hinreichend klargestellt und bestimmt ist. In diesem Zusammenhang ist auch bei Verletzung an sich nicht nachbarschützender Normen das Gebot der Rücksichtnahme entwickelt worden, das in besonders gelagerten Fällen einen Nachbarschutz gewähren kann.

Ist im Gesetz vorgesehen, dass von nachbarschützenden Normen Ausnahmen oder Befreiungen erteilt werden können, oder dass die Erteilung von Auflagen, die im Interesse des Nachbarn liegen, sowie das Einschreiten auf Grund nachbarschützender Normen gegen Störungen im Ermessen der zuständigen Behörde liegen, so hat der beeinträchtigte Nachbar lediglich einen Anspruch auf fehlerfreie Handhabung des Ermessens bei der Beurteilung der Nachbarbelange (insbesondere bei der Berücksichtigung des Gebots der Rücksichtnahme) durch die Behörde. Ein Ermessensfehler liegt vor, wenn die Behörde sachfremde Gesichtspunkte berücksichtigt oder eine Ermessenserwägung überhaupt nicht anstellt.

Beispiele für nachbarschützende Normen sind unter III. und IV. angeführt.

4 Wie im zivilrechtlichen liegt auch im öffentlich-rechtlichen Nachbarrecht der **Begriff des Nachbarn** nicht eindeutig fest.

Nach dem Sinn der in Betracht kommenden Vorschriften ist zu ermitteln, welche Grundstücke als benachbart anzusehen sind. Grundsätzlich ist es nicht erforderlich, dass das Grundstück des Betroffenen unmittelbar an das andere Grundstück grenzt, auf dem die störenden Maßnahmen vorgenommen werden oder in Aussicht stehen. Allerdings können im Einzelfall auch nur angrenzende Grundstücke vom öffentlich-rechtlichen Nachbarschutz erfasst werden, wie dies z. B. in der Regel bei baurechtlichen Abstandsflächen der Fall sein wird. Allgemein werden jedoch alle Grundstücke nachbarrechtlich geschützt, die im Einwirkungsbereich des in Frage stehenden Vorhabens liegen und auf deren Benutzung es sich voraussichtlich unmittelbar und tatsächlich auswirken wird.

Es kommt – soweit nicht gesetzlich hierüber besondere Vorschriften bestehen – darauf an, ob der Einzelne, der sich auf eine nachbarschützende Norm beruft, Eigentümer des Nachbargrundstücks, dinglich (z. B. der Nießbraucher) oder nur schuldrechtlich Berechtigter (Mieter, Pächter) ist. In der Regel ist der öffentlich-rechtliche Nachbarschutz grundstücksbezogen; dies gilt insbesondere für das öffentliche Baurecht. Er kommt deshalb grundsätzlich nur Eigentümern (Allein-, Mit-, Wohnungseigentümern), Erbbauberechtigten, Nießbrauchern und unter Umständen Grunddienstbarkeitsberechtigten zu. Die Einzelheiten sind sehr umstritten; z. T. wird im Schrifttum auch dem bloßen Besitzer eines Grundstücks (Mieter, Pächter) der öffentlich-rechtliche Nachbarschutz zugesprochen. Nachbar ist auch der Käufer eines Grundstücks, auf den der Besitz, die Nutzungen und Lasten übergegangen sind und zu dessen Gunsten eine Auflassungsvormerkung im Grundbuch eingetragen ist; seine Rechtsposition ist dem Eigentum bereits so angenähert, dass auch ihm der öffentlich-rechtliche Nachbarschutz zugebilligt wird.

II Geltendmachung des öffentlich-rechtlichen Nachbarschutzes

1 Die Berufung auf den öffentlich-rechtlichen Nachbarschutz kann verschiedene Zielrichtungen haben: Es kann vor allem darum gehen,

- eine behördliche Genehmigung, die sich für den Nachbarn nachteilig auswirkt (z. B. eine Baugenehmigung für die Bebauung des Nachbargrundstücks, die Eröffnung einer Gaststätte in der Nachbarschaft) zu verhindern;

- im Rahmen eines Genehmigungsverfahrens zum Nachbarschutz die Anordnung von Bedingungen oder Auflagen zu erreichen oder
- ein behördliches Einschreiten zu erreichen, wenn in der Nachbarschaft genehmigungspflichtige Tätigkeiten ohne Genehmigung betrieben, Bedingungen oder Auflagen nicht eingehalten werden, oder wenn gegen sonstige, den Nachbarschutz bezweckende Bestimmungen verstoßen wird.

2 Der Nachbar hat zunächst die Möglichkeit, in bestimmten Fällen die Nachbarbeteiligung in Genehmigungs- und Planfeststellungsverfahren zu nutzen, um bereits hier seine Bedenken und Einwendungen vorzubringen. Hinzuweisen ist insbesondere auf die Nachbarbeteiligung im Baugenehmigungsverfahren nach Art. 71 BayBO (dazu unten III.), im Genehmigungsverfahren nach § 10 BImSchG oder auf die gesetzlich vorgeschriebenen Planfeststellungsverfahren (Verfahrensvorschriften in §§ 72 ff. VerwaltungsverfahrensG und Art. 72 ff. Bayer. Verwaltungsverfahrensgesetz) z. B. bei der Errichtung von Abfallbeseitigungsanlagen.

3 Will der betroffene Nachbar die Beseitigung einer Genehmigung erwirken, hat er die Möglichkeit der verwaltungsgerichtlichen Anfechtungsklage, will er erreichen, dass Bedingungen oder Auflagen angeordnet werden oder dass ein untersagender Verwaltungsakt ergeht, steht ihm die Verpflichtungsklage zur Verfügung (§ 42 Abs. 1 VwGO). In jedem Fall hat die Geltendmachung öffentlich-rechtlichen Nachbarschutzes nur Erfolg, wenn sich der betroffene Nachbar auf eine nachbarschützende Norm berufen kann (s. oben I. 3).

Der verwaltungsgerichtlichen Klage muss nach Bundesrecht in der Regel ein behördliches Vorverfahren, das sog. Widerspruchsverfahren nach §§ 68 ff. VwGO vorausgehen. In Bayern ist dazu jedoch die besondere Regelung des Art. 15 AGVwGO getroffen, nach der ein Vorverfahren vor bayerischen Behörden nur mehr in besonderen Fällen und nur fakultativ vor Klageerhebung stattfinden kann. Grundsätzlich entfällt damit das Widerspruchsverfahren; gegen einen belastenden Verwaltungsakt kann nur mehr gerichtlich vorgegangen werden. Gegen den Bescheid ist innerhalb eines Monats nach Bekanntgabe des Verwaltungsakts, bei fehlender oder falscher

Rechtsmittelbelehrung innerhalb eines Jahres, Klage zum Verwaltungsgericht zu erheben (§§ 74, 58 VwGO). Ergeht der Verwaltungsakt nicht gegenüber dem Nachbarn, läuft für diesen keine Frist. Er ist jedoch gehalten, sobald die tatsächlichen Auswirkungen des Verwaltungsakts zu Tage treten, dagegen mit Klage vorzugehen, ansonsten kann Verwirkung drohen.

4 Die Anfechtungsklage hat grundsätzlich aufschiebende Wirkung, d.h. der erlassene Verwaltungsakt darf zunächst nicht vollzogen werden. Hierzu gibt es Ausnahmen (vgl. insbes. unter III), unter bestimmten Voraussetzungen kann dann im Rahmen des einstweiligen Rechtsschutzes die aufschiebende Wirkung wiederhergestellt werden; im Einzelnen muss hier auf §§ 80, 80a VwGO verwiesen werden. Vor Klageerhebung kann auch die Erwirkung einer einstweiligen Anordnung nach § 123 VwGO in Betracht kommen. Die Abgrenzung zwischen den beiden Möglichkeiten ist je nach Rechtsgebiet und erstrebter Anordnung zu treffen und im Einzelfall oft umstritten.

5 Nachbarschützende Normen des öffentlichen Rechts sind in der Regel auch Schutzgesetze i. S. des § 823 Abs. 2 BGB. Der Nachbar hat deshalb nach dieser Vorschrift auch einen Schadensersatzanspruch gegen denjenigen, der schuldhaft gegen ein solches öffentlich-rechtliches Schutzgesetz verstößt. Auf diesem Wege kann der Nachbar grundsätzlich auch die Beseitigung eines rechtswidrigen Zustands verlangen. Erforderlich ist aber auch hier – worauf nochmals besonders hinzuweisen ist – dass spezifisch nachbarschützende Normen verletzt wurden. Es genügt nicht, wenn für das Handeln des Störers nur eine behördliche Genehmigung fehlt oder diese überschritten wurde. Ein Anspruch ist natürlich ausgeschlossen, wenn die zuständige Behörde bestandskräftig eine Befreiung von nachbarschützenden Normen erteilt hat.

Werden Auflagen, die auch im Interesse des Nachbarn angeordnet wurden, nicht erfüllt, so kann der Nachbar im Weg der sog. quasinegatorischen Abwehrklage die Einhaltung der Auflage erzwingen (vgl. oben **6** B 10a). Diese Schadens- bzw. Abwehransprüche sind zivilrechtlicher Natur. Für ihre gerichtliche Durchsetzung sind die Zivilgerichte zuständig.

6 Ergreift ein Nachbar die ihm nach dem Gesetz zustehenden Rechtsbehelfe, so macht er sich dadurch nicht schadensersatzpflichtig (z. B. Schaden durch Verzögerung eines Bauvorhabens); etwas anderes gilt nur dann, wenn der Rechtsbehelf nur den Zweck hat, dem Nachbarn Schaden zuzufügen.

III Nachbarschutz im Baurecht

1 Bereits vor Beginn des behördlichen Baugenehmigungsverfahrens hat der Bauherr nach Art. 66 Abs. 1 BayBO den Eigentümern der benachbarten Grundstücke den Lageplan und die Bauzeichnungen zur Unterschrift vorzulegen (Zusendung auf dem Postweg reicht). Den Nachbarn muss dann ausreichend Zeit zur Prüfung und Unterrichtung über Einzelheiten zur Verfügung stehen. Der Nachbar ist zur Unterschrift nicht verpflichtet. Auch bei verweigerter Unterschrift kann aber die Baugenehmigung erteilt werden, wenn die Voraussetzungen dafür vorliegen. Die vorbehaltslose Unterschrift gilt als Zustimmung des Nachbarn zum Bauvorhaben (Art. 66 Abs. 1 Satz 2 BayBO). Mit seiner Unterschrift verzichtet der Nachbar auf seine in Betracht kommenden subjektiv-öffentlichen Rechte, d. h. er kann keine Einwendungen mehr erheben, die sich aus nachbarschützenden Vorschriften des öffentlichen Rechts ableiten. Eine trotzdem erhobene verwaltungsgerichtliche Klage wäre unzulässig. Hat der Nachbar nicht zugestimmt, ist ihm eine Ausfertigung der Baugenehmigung zuzustellen, ebenso, wenn seinen Einwendungen nicht entsprochen wurde (Art. 66 Abs. 1 Satz 6 BayBO).

Die erteilte Unterschrift hat keine privatrechtliche Wirkung; demgemäß wird eine Baugenehmigung unbeschadet der privaten Rechte Dritter erteilt (Art. 68 Abs. 4 BayBO). Seine etwaigen privatrechtlichen Ansprüche (z. B. aus Vereinbarungen mit dem Nachbarn über die zulässige Bebauung, aus Grunddienstbarkeiten) kann der Nachbar also nach wie vor zivilrechtlich geltend machen.

Art. 66 Abs. 4 BayBO sieht für bauliche Anlagen, die auf Grund ihrer Beschaffenheit oder ihres Betriebs geeignet sind, die Allgemeinheit oder die Nachbarschaft zu gefährden, zu benachteiligen oder zu belästigen, auf Antrag des Bauherrn die Möglichkeit der öffentlichen

Bekanntmachung vor. Nach Ablauf eines Monats sind dann öffentlich-rechtliche Einwendungen gegen das Vorhaben ausgeschlossen.

2 Der Nachbar ist Beteiligter am Baugenehmigungsverfahren (Art. 66 Abs. 2 BayBO) und hat einen Anspruch auf Akteneinsicht nach Art. 29 BayVwVfG. Nachbar ist der Grundstückseigentümer; ein Erbbauberechtigter tritt ggf. an seine Stelle (Art. 66 Abs. 3 BayBO). Zur Wohnungseigentümergemeinschaft s. Art. 66 Abs. 3 Satz 2 BayBO. Nicht beteiligt am Baugenehmigungsverfahren sind Mieter oder Pächter der Nachbargrundstücke (vgl. oben I 4).

3 Gegen eine Baugenehmigung, die den Nachbarn in seinen öffentlich-rechtlich geschützten Nachbarbelangen verletzt, kann dieser Anfechtungsklage erheben (s. oben II 3). Will der Nachbar Bedingungen oder Auflagen durchsetzen, so ist die Verpflichtungsklage die richtige Klageform. Dieser Grundsatz erhält jedoch durch die Besonderheiten des Baugenehmigungsverfahrens nach der BayBO wesentliche Modifizierungen und Einschränkungen des Nachbarschutzes:

Keine Baugenehmigung ist erforderlich, soweit in anderen Genehmigungsverfahren die Bauvorschriften mitgeprüft werden, vgl. Art. 56 BayBO. Art. 57 BayBO enthält einen umfangreichen Katalog von baulichen Maßnahmen, die keiner Genehmigung bedürfen. Eine baubehördliche Prüfung, ob Gesichtspunkte des Nachbarschutzes beachtet sind, entfällt hier.

Gleiches gilt für die Genehmigungsfreistellung des Art. 58 BayBO, wo unter den Voraussetzungen des Absatzes 2 ein Genehmigungsverfahren nicht durchgeführt zu werden braucht. Spätestens mit der Vorlage der Unterlagen an die Gemeinde hat der Bauherr auch die Nachbarn zu beteiligen (vgl. Art. 58 Abs. 3 BayBO und oben 1). Wird ein Genehmigungsverfahren nicht durchgeführt, so entfällt hier ebenfalls die behördliche Prüfung, ob dem Nachbarschutz Rechnung getragen ist.

Werden in diesen Fällen nachbarschützende Vorschriften verletzt, so hat der Nachbar zwei Möglichkeiten:

Er kann versuchen, ein bauaufsichtliches Einschreiten herbeizuführen mit dem Ziel, eine Baueinstellung oder Baubeseitigung zu erreichen (Art. 75, 76 BayBO). Weigert sich die Behörde einzuschreiten, kann der Nachbar mit Verpflichtungsklage (vgl. oben II 3) dagegen vorgehen. Zu beachten ist freilich, dass bauaufsichtliche Maßnahmen im Ermessen der Behörde liegen, so dass der Nachbar nur einen Anspruch darauf hat, dass die Behörde von ihrem Ermessen nicht fehlerhaft Gebrauch macht. Der Nachbar kann auch versuchen, eine einstweilige Anordnung nach § 123 VwGO durch das Verwaltungsgericht zu erreichen. Insgesamt erscheinen die Erfolgsaussichten gering. Ein Erfolg wird wohl nur in schwerwiegenden Fällen zu erreichen sein.

In den sonstigen Fällen findet – außer bei Sonderbauten – das vereinfachte Genehmigungsverfahren des Art. 59 BayBO statt, in dem nur ein Teilbereich des Nachbarschutzes geprüft wird (vgl. Art. 59 Abs. 1 BayBO: insbesondere Einhaltung der Abstandsvorschriften). Anfechtungsklagen haben nur dann Aussicht auf Erfolg, wenn Vorschriften verletzt werden, die zum behördlichen Prüfungsumfang gehören. Da andere nachbarschützende Vorschriften (z. B. über den Brandschutz Art. 12, 24 ff. BayBO) nicht Gegenstand der behördlichen Prüfung sind, kann insoweit die Baugenehmigung den Nachbarschutz nicht verletzen und deshalb insoweit nicht rechtswidrig sein. Dem Nachbarn bleiben dann nur die Möglichkeiten, die bereits oben aufgezeigt wurden. Liegt ein Verstoß auch im Bereich des nach Art. 59 Abs. 1 BayBO geprüften Nachbarschutzes, so kann der Nachbar zusätzlich Anfechtungsklage erheben.

Da nachbarschützende Vorschriften, wie z. B. die Vorschriften über die bauordnungsrechtlichen Abstandsflächen, in der Regel auch Schutzgesetze i. S. des § 823 Abs. 2 BGB sind (vgl. oben II 5) kann der Nachbar auch Klage vor den Zivilgerichten erheben. Insbesondere die Abstandsflächen nach der BayBO dienen auch dem Interesse des Nachbarn an ausreichender Belichtung und Belüftung seines Grundstücks, an einem freien Ausblick und an der Vermeidung von Lärmimissionen.[2] Insoweit kann sich aus einem entsprechenden Verstoß ein zivilrechtlicher Beseitigungsanspruch nach §§ 1004 Abs. 1, 823 Abs. 2 BGB ergeben.[3]

2 BayOBlG NJOZ 2001, 2125.

3 OLG Frankfurt NJW-RR 2013, 793: Hinsichtlich der begehrten Beseitigung einer lärmverursachenden Luftwärmepumpe kam es wegen des Verstoßes gegen die

4 Der Grundsatz, dass die Anfechtungsklage aufschiebende Wirkung hat (s. oben II 4), ist im Baurecht stark eingeschränkt. Nach § 212a BauGB hat eine Anfechtungsklage des Nachbarn gegen die Genehmigung eines Bauvorhabens keine aufschiebende Wirkung. Zu beachten ist ferner, dass es sich bei der Baugenehmigung um einen Verwaltungsakt mit Doppelwirkung dann handelt, wenn Nachbarrechte verletzt sind: Die Baugenehmigung begünstigt einerseits den Bauherrn und belastet andererseits den Nachbarn. Die Problematik der aufschiebenden Wirkung in diesem Fall wird durch § 80a VwGO geregelt, auf den hier nur verwiesen werden kann.

5 Eine verwaltungsgerichtliche Klage des Nachbarn gegen eine Baugenehmigung hat nur dann Aussicht auf Erfolg, wenn nachbargeschützte Belange verletzt sind (s. oben I 3); allein die Verletzung der baurechtlichen Beteiligungsvorschriften machen die Baugenehmigung grundsätzlich nicht rechtswidrig (vgl. auch Art. 46 BayVwVfG). Soweit die einschlägigen nachbarschützenden Vorschriften der Genehmigungsbehörde ein Ermessen einräumen, besteht nur ein Anspruch darauf, dass die Behörde davon fehlerfrei Gebrauch macht. Nur in besonderen Einzelfällen reduziert sich das Ermessen auf nur eine mögliche Entscheidung. Welche Vorschriften im Bereich des Baurechts nachbarschützenden Charakter haben, ist durch Auslegung nach Inhalt, Zweck und Wirkung der jeweiligen Vorschrift zu ermitteln. Nachbarschützend sind z.B.: Vorschriften über Abstandsflächen (Art. 6 BayBO), über die Einrichtung der Baustellen (Art. 9 BayBO), über den Schutz vor Einwirkungen (Art. 11 BayBO) usw. Im Bauplanungsrecht können Festsetzungen eines Bebauungsplanes nachbarschützende Wirkung haben, ferner die Festsetzungen von Baugebieten nach § 1 Abs. 3 BauNVO.

IV Nachbarschutz im Immissionsschutzrecht

Der Nachbarschutz richtet sich in diesem weiten Bereich nach den oben unter I. und II. dargestellten Grundsätzen. Zum **BImSchG** und einzelne Beeinträchtigungen sei auf die Darstellung bei Kapitel **6** B,

---

bauordnungsrechtlichen Abstandsvorschriften auf die Einhaltung der maßgeblichen TA Lärm-Normen für den Beseitigungsanspruch somit nicht mehr an.

insbesondere Anm. 9 und die Einzelfälle der Anm. 13 verwiesen. Nachbarschützend sind alle Vorschriften des BImSchG, die unmittelbar auf den Schutz des Nachbarn abstellen (z.B. § 5 Abs. 1 Nr. 1, § 22 Abs. 1, § 24 Satz 1, § 25 Abs. 2).

Ergänzend, da für den Nachbarschutz besonders bedeutsam, sei noch auf folgende Bereiche hingewiesen:

1 Gaststättenrecht

Für das Betreiben einer Gaststätte ist nach § 2 Gaststättengesetz i.d.F. vom 20.11.1998[4] eine Erlaubnis erforderlich. Bei einer wesentlichen Änderung des Betriebs (z.B. Umwandlung einer Speisewirtschaft in eine Diskothek = Vergnügungsstätte) bedarf es einer neuen Erlaubnis.

Unter dem Gesichtspunkt des Nachbarschutzes darf nach § 4 Abs. 1 Nr. 3 GaststättenG eine Erlaubnis nicht erteilt werden, wenn der Betrieb schädliche Umwelteinwirkungen i.S. des § 3 Abs. 1 BImSchG (s. oben **6** B 9) erwarten lässt. Die Vorschrift hat nachbarschützenden Charakter.

Zu unterscheiden ist die baurechtliche Genehmigung für den Neu- oder Umbau einer Gaststätte und die gaststättenrechtliche Erlaubnis, die beide bei Verletzung nachbarrechtlicher Normen jeweils angegriffen werden können (zur Baugenehmigung vgl. III).

Wie die Baugenehmigung lässt auch die gaststättenrechtliche Genehmigung das Bestehen privatrechtlicher Ansprüche unberührt.

Auflagen für den Gaststättenbetrieb zum Schutz der Nachbarschaft können nach § 5 Abs. 1 Nr. 3 GaststättenG angeordnet werden. Der Nachbar hat einen Rechtsanspruch gegen die Behörde auf ermessensfehlerfreie Prüfung, ob eine entsprechende Anordnung zu treffen ist.

Die Sperrstunde wird nach § 18 GaststättenG durch Rechtsverordnung der Bundesländer festgelegt. In Bayern ist diese Regelung in

4 BGBl. I S. 3418, zuletzt geändert durch Gesetz v. 07.09.2007 (BGBl. I. S. 2246).

§§ 8 bis 11 GaststättenVO[5] enthalten. Unter den Voraussetzungen der §§ 11, 12 VO kann die Sperrstunde abweichend vom Grundsatz des § 8 VO verlängert, verkürzt oder aufgehoben werden. Nach § 23 Abs. 2 GaststättenG gelten die Vorschriften über die Sperrstunde auch für Vereine und Gesellschaften bei Ausschank alkoholischer Getränke. § 18 GaststättenG hat nachbarschützenden Charakter.

Unter den Voraussetzungen des § 15 GaststättenG kann die Erlaubnis zurückgenommen oder widerrufen werden. Die Vorschrift hat nachbarschützenden Charakter, soweit sie sich auf Beschränkungen und Auflagen bezieht, die auch im Interesse des Nachbarn angeordnet wurden. Da ein Widerruf oder eine Rücknahme im Ermessen der Behörde steht, hat der Nachbar wiederum nur einen Anspruch auf fehlerfreie Ermessensbestätigung. Zur verfahrensrechtlichen Geltendmachung des Nachbarschutzes s. oben II., zu Lärmimmissionen von Gaststätten s. **6** B Anm. 13 Stichwort „Lärm/Gaststätten".

2 Anspruch auf Einschreiten der Straßenverkehrsbehörde

Nach § 45 Abs. 1 Satz 2 Nr. 3 Straßenverkehrsordnung (StVO) können die Straßenverkehrsbehörden die Benutzung bestimmter Straßen oder Straßenstrecken zum Schutz der Wohnbevölkerung vor Lärm und Abgasen beschränken oder verbieten und den Verkehr umleiten. Es stellt sich damit die Frage, unter welchen Voraussetzungen der einzelne Straßenanlieger einen Anspruch gegen die zuständige Behörde auf Erlass verkehrsbeschränkender Maßnahmen mit Erfolg geltend machen kann.

§ 45 Abs. 1 Satz 2 Nr. 3 StVO hat nachbarschützenden Charakter; der Erlass verkehrsbeschränkender Maßnahmen steht jedoch im Ermessen der Behörde. Der Einzelne hat deshalb nur einen Anspruch auf ermessensfehlerfreie Entscheidung über ein straßenverkehrsrechtliches Einschreiten, wenn Lärm oder Abgase Beeinträchtigungen mit sich bringen, die jenseits dessen liegen, was unter Berücksichtigung der Belange des Verkehrs als ortsüblich hingenommen und damit

---

5 Vom 22.07.1986 (GVBl. S. 295), zuletzt geändert durch VO v. 09.02.2010 (GVBl. S. 103).

zugemutet werden muss. Abzustellen ist dabei auf die gebietsbezogene Schutzwürdigkeit und Schutzbedürftigkeit des vom Verkehr Betroffenen, wobei auch eine entsprechende Vorbelastung des Gebiets zu berücksichtigen ist. Für die Entscheidung sind weiterhin von Bedeutung: Die Belange des Straßenverkehrs und der Verkehrsteilnehmer, die Interessen anderer Anlieger und die Auswirkung etwaiger verkehrsbeschränkender Maßnahmen auf sie.

Die Richtlinien für Verkehrslärm (vgl. insbesondere die 16. BImSchVO, VerkehrslärmschutzVO, s. **6** B 13 Stichwort, Lärm/Verkehrslärm) gelten für die Anwendung des § 45 Abs. 1 Satz 2 Nr. 3 StVO nicht unmittelbar, können aber im Rahmen der zu treffenden Abwägung als Orientierungspunkte herangezogen werden. Eine Überschreitung dieser Immissionsgrenzwerte spricht auch für eine Überschreitung der straßenverkehrsrechtlichen Zumutbarkeitsschwelle. Ob verkehrsbeschränkende Maßnahmen in einem solchen Fall jedoch angeordnet werden müssen, hängt von einer ermessenfehlerfreien Abwägung der gesamten Umstände ab.

3 Feiertagsgesetz

Im sog. Feiertagsgesetz (FTG)[6] sind Regelungen zum Zweck der Arbeitsruhe sowie auch zum religiösen Zweck der Feiertagsheiligung getroffen. So sind gemäß Art. 2 Abs. 1 FTG grundsätzlich an Sonn- und gesetzlichen Feiertagen alle öffentlich bemerkbaren Arbeiten, die geeignet sind, die Feiertagsruhe zu beeinträchtigen, verboten. Während der ortsüblichen Zeit des Hauptgottesdienstes (7.00 bis 11.00 Uhr) dürfen nach Art. 2 Abs. 2 FTG außerdem grundsätzlich keine vermeidbaren lärmerzeugenden Handlungen in der Nähe von Kirchen, Vergnügungsveranstaltungen oder Treibjagden durchgeführt werden. An sog. stillen Tagen (z.B. Aschermittwoch, Karfreitag, Buß- und Bettag) sind gemäß Art. 3 FTG öffentliche Unterhaltungsveranstaltungen nur erlaubt, wenn der entsprechende ernste Charakter gewahrt ist; am Karfreitag sind in Räumen mit Schankbe-

6 Gesetz über den Schutz der Sonn- und Feiertage v. 21.05.1980 (BayRS 1131-3-1 – FTG).

trieb musikalische Darbietungen jeder Art verboten (zu den Einzelheiten vgl. die entsprechenden Regelungen im FTG).

Die Regelungen haben jedoch wegen ihrer rein ordnungs- und sicherheitsrechtlichen Ausgestaltung keine nachbarschützende Wirkung. Dementsprechend kann der aufgrund der Nichteinhaltung der darin enthaltenen Vorschriften gestörte Nachbar hieraus keine Abwehransprüche herleiten. Er hat insoweit nur die Möglichkeit, die zuständige Ordnungsbehörde bzw. die Polizei zu verständigen, um zu versuchen, ein behördliches Einschreiten zu erreichen. Ein Anspruch hierauf besteht jedoch nicht.

Stichwortverzeichnis

Abfallbeseitigung 105, 156
Abfallcontainer 126 f
Abfallgesetz 105, 127
Abgase 92
Ablauf, natürlicher (Wasser) 164
Abmarkung 41 ff
Abmarkungsgesetz 41 ff
Abschneiden von Zweigen 202 ff
Abstand, s. Grenzabstand
Abwehranspruch
– Immissionen 106 f
– des Besitzers 257 f
– des Eigentümers 249 ff
Abwehransprüche 106 f, 249 ff
Alarmeinrichtungen, s. Lärm
Alleineigentum 24
Angriffsnotstand 38 f
Anlagen, gefahrdrohende 155 ff
Antennen, s. Mobilfunkbasisstationen
Anwenderecht 181 ff
Arbeitslärm 127
Aufforstung 227
Aufschiebende Wirkung 288, 292
Ausführungsgesetz zum BGB 18
Ausgleichsanspruch bei Immissionen 53, 96 ff
Außergerichtliche Streitschlichtung
s. Schlichtungsverfahren
Aussicht, hässliche 92, 250
Bälle auf Nachbargrundstück 109
Balkon 196 ff
s. a. Fensterrecht
Baugenehmigungsverfahren 289 ff
Baustelle
– Kran 31
– Lärm 127
– Staub 119
Bäume 35, 201 ff
– Beschädigung durch Bäume und Wurzeln 235 ff
– Beschädigung von Bäumen 232 ff
– Grenzabstand 214 ff
– Kontrolle 239
– Laubfall, Samenflug 211 ff
– Überhang 201 ff
– Überfall von Früchten 210 ff
Baumschutzverordnung 209 f, 214, 223, 240
Baurecht 289 ff
s. a. Grenzabstand; Nachbarschutz, öffentlich.-rechtl.
Bayer. Immissionsschutzgesetz 104
Bayerisches Schlichtungsgesetz 273 ff
Bebauungsplan 68, 230

Beeinträchtigung
– allgemein 92 ff, 249 ff
– Besitz 257 ff
– Eigentum 249 ff
– Grunddienstbarkeit 265
– immaterielle 250
– negative 92, 250 f
Bergwerkseigentum 36
Besitz 27, 257 f
Bestandteil, wesentlicher 26
Betreten fremder Grundstücke 138, 171 ff, 181 ff, 183 ff, 249
Beweisverfahren, selbständiges 105
Bienen 111 ff
Biergarten 128
Bodenkontamination 113
Bundesberggesetz 36
Bundes-Immissionsschutzgesetz 100, 104, 124
Coburger Nachbarrecht 19 f, 21, 268 f
Dachfenster 193
Dachterrasse 196
s. a. Fensterrecht
Dachtraufe 166 f
Dämpfe 92
Daseinsvorsorge 102
Dienstbarkeit, beschränkte persönliche 265
s. a. Grunddienstbarkeit
DNA, gentechnisch veränderte 116
Duldungspflicht, s. Immissionen
Einwirkungen auf Grundstücke 87 ff
– allgemein 87
– Immissionen 87 ff
s. a. Beeinträchtigung, Immissionen
Eigenmacht, verbotene 257
Eigentum
– Abwehransprüche 249 ff
– Arten 24 ff
– Befugnisse 27 ff
– Begrenzung 30 ff
– Sozialgebundenheit 23 f
– Wesen 23 f
Einfriedung von Grundstücken 67 ff
Einsturzgefahr, Gebäude 158 ff
Einstweilige Anordnung 288, 291
Einwirkungen auf Grundstücke 87 ff
Elektrizität 114
Elektrizitätsversorgung 32 f
Elektrosmog, s. Mobilfunkbasisstationen
Enteignung 24
Erbbaurecht 26
Erker 196
s. a. Fensterrecht
Erschütterungen 92, 114
Ersitzung 267
Fahrtrecht, Geh- und Fahrtrecht 269 ff
s. a. Grunddienstbarkeit, Notweg
Faschingsumzug (Lärm) 148 f
Feiern (Lärm) 129
Feiertage (Lärm) 129
Feiertagsgesetz 129, 295 f

Fensterrecht 191 ff
Fernsehempfang 92, 114 f
Fernwärme 33
Feuerwehrsirene (Lärm) 149
Feuerwerksrakete 99
Fliegen 116
Flug von Samen und Blütenteilen 211 ff
Fluglärm 129
Flugmodelle (Lärm) 141
Flurbereinigungsplan 30
Frösche (Lärm) 116 f, 142
Früchte, Überfall 210 ff
Fußball
s. a. Bälle
Fußballplatz (Lärm) 139
Gartenabfälle 105, 116
s. a. Abfallbeseitigung, Komposthaufen, Verbrennen
Gartenteich, Frösche 116, 142 f
s. a. Gewässer
Gas 33, 92
Gaststättenlärm 130
Gaststättenrecht 293 f
Gasversorgung 33
Gebäudeeinsturz, Gefahr 158 ff
Gebell, Hunde (Lärm) 144 f
Gefahrdrohende Anlagen 155 ff
Geflügel 119
Geh- und Fahrtrecht 269 ff
Gemeinschaftsverhältnis, nachbarliches 21 f, 31, 56, 159, 178, 201, 247
Gentechnisch veränderte DNA 116
Geruch 92, 116, 118, 153
Gerüst, Aufstellen auf Nachbargrundstück 183 ff
Gesamthandseigentum 25
Gewässer 163 ff
– Abfluss 164 ff
– Anliegergebrauch 168
– Benutzung 168 ff
– Eigentümergebrauch 168
– Gemeingebrauch 168
– Schadensersatz 167, 170
Giebelmauer, s. Kommunmauer
Gießwasser 167
giftige Pflanzen 205
Glockengeläut 119, 131
Grenzabstand
– bauliche Anlagen 157
– Fenster 157, 191 ff
– Pflanzen 214 ff
Grenzbaum 65 ff
Grenzeinrichtungen 49 ff
– Benutzung 52 ff
– gemeinschaftliche Benutzung 51 f
– Unterhaltung 52 ff
– Verwaltung 54 f
– Voraussetzungen 49 ff
s. a. Einfriedung
Grenzfeststellungsvertrag 45 f
s. a. Abmarkung, Grenzverhältnisse
Grenzmauer 49 ff
Grenzregelungsbeschluss 30
Grenzscheidungsklage 46
Grenzstrauch, s. Grenzbaum
Grenzverhältnisse 41 ff
Grenzverwirrung 45 ff
Grenzwand 64 f

Grenzzeichen 41 f
Grillen 117 f
Grunddienstbarkeit 259 ff
– altrechtliche G. 265 ff
– Anlagen 262 f
– Ausübung 262
– Beeinträchtigung 265
– beschränkt persönliche Dienstbarkeit 265
– Coburger Recht 268 f
– Erlöschen 264
– Erwerb 264
– Geh- und Fahrtrecht 269 ff
– Inhalt 259 ff
– Teilung der Grundstücke 263
– Verlegung 263
Grundeigentum
s. Eigentum
Grundstück
– Begriff 30
– Einfriedung 67 ff
– landwirtschaftliches 223 f
– Vertiefung 160 ff
Grundwasser 30, 161, 168 f
Gütestelle 277 ff
Hammerschlags- und Leiterrecht 183 ff
– Anzeige 187
– Nutzungsentschädigung 189
– Schadensersatz 189
– Umfang 186 f
– Voraussetzungen 185 f
Hanggrundstück
– Grenzabstand von Pflanzen 221, 225
– Wasserabfluss 164 ff
Hausarbeiten, ruhestörende 105
Hausgeflügel 119
Hausmusik 119 f, 132 f
Haustiere 105, 120
Hecke 49, 214 ff
s. a. Grenzabstand von Pflanzen
Hofraum 192, 227
hoheitliche Tätigkeit (bei Immissionen) 90, 102
Höhe von Bäumen und Sträuchern 221
Hunde 120, 144 f
Immaterielle (ideelle) Beeinträchtigungen 250
Immissionen 87 ff
– Abwehranspruch 106 f
– Ausgleichsanspruch, nachbarrechtlicher 96 ff
– Begriff 88 ff
– Duldungspflicht 91, 100 ff
– Einzelfälle (alphabetisch) 109 ff
– hoheitliche Tätigkeit 90, 102
– Klageantrag 107
– öffentl.-rechtl. Immissionsschutz 100, 104 f, 292 f
– Ölheizung 92, 153
– Ortsüblichkeit 92, 95
– Planfeststellungsbeschluss 103
– Schadensersatz 108 f, 110
– Schutzmaßnahmen 95
– Unwägbare Stoffe 89 f
– Verjährung 108
– Verzicht 108
– Wasser 33, 155, 163 ff

– Wesentlichkeit 92 f
– zumutbare Schutzmaßnahmen 95
s. a. Lärm
Immissionsschutzvorschriften 94, 100, 104 f, 292 f
Infraschall 89
Insekten 100, 122, 153, 250
Kabelanlagen und -schächte 34 f
Kamine, offene 118
Kataster 30, 46
Katzen 120 f
Kegelbahn (Lärm) 114
Kinderlärm 133 f
Kinderspielplatz (Lärm) 133 f
Kindertageseinrichtung 133 f
Kläranlage (Geruch) 102
Kommunmauer 55 f
– Abbruch 58
– Anbau 55 ff
– Eigentumsverhältnisse 55 ff
– Erhöhung 61 ff
– Kosten für Errichtung und Unterhaltung 60 ff
– Mitbenützung 59
Komposthaufen 105, 117
Kontamination des Bodens 113
Kran, überschwenken 31
Küchengeruch 118
Kuhglocken 145
Landwirtschaftliche Grundstücke, Grenzabstand von Pflanzen 223 f
Lärm 123 ff
– Abfallcontainer 126
– Arbeitslärm 127
– Alarmeinrichtungen 109, 126
– Allgemeines 123 f
– Baustelle 127
– Biergarten 128
– Bolzplatz 139
– Einzelfälle 126
– Faschingsumzug 148
– Feiern 129
– Feiertage 129
– Feuerwehrsirene 149
– Fluglärm 129, 141
– Flugmodelle 141
– Frösche 142 f
– Fußballplatz 139
– Gartenfeste 129
– Gaststätten 130
– Glockengeläute 131
– Gokart-Bahn 141
– Haus- u. Gartenarbeit 105
– Hausmusik 132 f
– Hunde 144 f
– Kegelbahn 114
– Kinderlärm 133
– Kuhglocken 145
– Laubbläser 138
– Militäreinrichtung 102, 135 f
– Motoren 136
– Motorsportanlage 141
– Müllbehälter 126 f
– Musikgeräte 136, 153
– Nachtruhe 123 f
– Ordnungswidrigkeiten 126
– Rasenmäher 137 f
– Richtwerte 124 ff
– Rockkonzert 148
– Sanitäranlagen 150

– Skateranlage 141
– Sonstiger Lärm 149
– Spielplatz 133 f
– Sportlärm 138 ff
– Straßenlärm 146 ff, 294 f
– Tennisplätze 140
– Tiere 142 ff
– Truppenübungsplatz 102
– Verkehrslärm 146 ff, 294 f
– Vögel 145
– Volksfeste 148
– Vorschriften 124 ff
– Windenergieanlage 149
– Zirkus 149
Laubbläser (Lärm) 138
Laubfall 151, 211 f
Leiterrecht, s. Hammerschlags- und Leiterrecht
Leitungen (Wasser-, Gas-, Elektro-) 32, 90, 176, 260
Lichteinwirkung 150 f, 153
Lichtentzug 92, 199, 251
Lichtrecht 199
Liegenschaftskataster 30, 46
Luftverkehrsgesetz 34
Mediationsverfahren 280 ff
Methode Koch (Bäume) 234
Militäreinrichtung (Lärm) 102, 135 f
Miteigentum 24
Mobilfunkbasisstation 114, 151 f
Motoren (Lärm) 136, 152
Müll 116, 126 f, 153
Musik s. a. Hausmusik
Musikgeräte (Lärm) 136
Nachbarliches Gemeinschaftsverhältnis
s. Gemeinschaftsverhältnis, nachbarliches Nachbarrecht, Begriff 17
Nachbarschutz, öffentlich-rechtlicher 283 ff
– Baurecht 289 ff
– Gaststättenrecht 293 f
– Geltendmachung 286 ff
– Immissionsschutzrecht 292 ff
– Nachbar, Begriff 285 f
– Nachbarschützende Norm 284 f
– Straßenverkehrsbehörde, Einschreiten 294 f
– Feiertagsgesetz 129, 295 f
Nachbarwand, s. Kommunmauer
Nachtruhe 123 f, 125, 144
Notstand 36 ff
– Angriffsnotstand 38
– Verteidigungsnotstand 37 f
Notweg 171 ff
– Ausschluss 178 ff
– Gewohnheitsrecht 177
– Notwegrente 177
– Umfang 176
– Unterhaltung 176
– Voraussetzungen 172 ff
Notwehr 38 f
Obst (Überfall von Früchten) 210 ff
Offener Kamin 118
Ölgeruch 116
Ölheizung 92, 153

Öltank 114
Ortssatzung 68
Ortsüblichkeit 92, 95
Partylärm 129
Pflanzanordnung in Bebauungsplan 230
Pflanzen
s. a. Grenzabstand, Bäume
– giftige 205
Pflanzenschutzmittel 90, 153
Photovoltaikanlage, s. Lichteinwirkung
Planfeststellungsverfahren 103, 147, 287
Plenterbetrieb 208, 232
Radiogeräte (Lärm) 136
Rasenmäher (Lärm) 137 f, 153
Rauch 92, 116, 153
Rechtswirkungsklausel 20 f
Regenwasser, s. Traufwasser
Rockkonzert (Lärm) 148 f
Rückschnitt von Pflanzen 202 ff, 218 ff
Ruß 92
Samenflug 211 ff
Sanitäranlagen (Lärm) 150
Schadensersatz
– Beschädigung durch Bäume und Wurzeln 235 ff
– Beschädigung von Bäumen 232 ff
– Bienen 112 f
– Hammerschlags- und Leiterrecht 189
– Immissionen 108 f
– Nachbarschützende Normen 288
– Tiere 121
– Vertiefung Grundstück 162 f
– Wasser 167, 170
Schädlingsbefall s. Insekten
Schikaneverbot 29
Schlichtungsverfahren 201, 211, 215, 273 ff
Schneewasser, s. Traufwasser
Selbsthilferecht
– Besitzer 257
– Hammerschlags- und Leiterrecht 188
– Überhang 202 ff
Skateranlage (Lärm) 141
Skybeamer 151
Sozialgebundenheit des Eigentums 23 f
Sperrstunde 293
Spielplatz (Lärm) 133 f
Sportlärm 138 ff
Stamm über Grenze (Überhang) 205
Staub 116, 118 f, 153
Stockwerkseigentum 25 f
Störer 95, 107, 254
Sträucher 201 ff
s. a. Bäume, Grenzabstand, Überhang
Straße, Grenzabstand Pflanzen 228 ff
Straßenbeleuchtung s. Lichteinwirkung
Straßenlärm 146 ff, 294 f
Straßenrecht, Einfriedungsverbot 69
Straßenverkehrsbehörde, Einschreiten 294 f

Streitschlichtung, außergerichtliche
s. Schlichtungsverfahren TA
Lärm 124 ff, 131, 134
Tauben 154
Teich, Frösche 116, 142 f
s. a. Gewässer Teileigentum 25
Telekommunikationsgesetz 34 f
Tennisplatz (Lärm) 140
Teppichklopfen (Lärm) 119
Terrasse 196
s. a. Fensterrecht
Tiere
– Bienen 111 ff
– Fliegen 122
– Frösche 142 f
– Hausgeflügel 119
– Haustiere 120
– Hunde 120 f, 144 f
– Insekten 100, 122, 153, 250
– Katzen 120 f
– Kühe 145
– Lärm 142 ff
– Tauben 154
– Vögel 145
Toilettengeruch 118
Traufwasser 166 f
Truppenübungsplatz (Lärm) 102
Überbau 51, 71 ff
– Abkauf 81 f
– entschuldigter Überbau 72, 73 f
– Erbbaurecht 77, 82
– Dienstbarkeit 77, 82
– Duldungspflicht 73, 76 f
– durch Wärmedämmung 75, 83 ff
– Eigengrenzüberbau 78 f
– Eigentumsverhältnisse 77 f
– rechtmäßiger Überbau 71 f
– Rente 78, 80 f, 85
– Schadensersatz 78, 86
– unentschuldigter Überbau 72 f
– unrechtmäßiger Überbau 72 f
– Verschulden 72, 75 f
– Widerspruch 76
Überfall von Früchten 210 f
Übergangsrecht 21
– für Coburg 19 f
– Fensterrecht 198 f
Überhang 202 ff
Überwachung durch Videokamera 251 f
Umlegungsplan 30
Umwelteinwirkungen, schädliche 104, 108
Umwelthaftungsgesetz 108
Unkraut, Samenflug 154, 211 ff
Unkrautvernichtungsmittel s. Pflanzenschutzmittel
Unterlassungsanspruch 106, 249 ff
Unterlassungsklage 253
unwägbare Stoffe, s. Immissionen
Verbrennen von Gartenabfällen 105
Verfolgungsrecht 110
Verjährung
– Abwehransprüche 241 ff
– Coburger Nachbarrecht 19 ff

- nachbarrechtliche Ansprüche 241 ff
- Immissionsschutz 108
- Telekommunikationsgesetz 35
- Überhang 207
- unvordenkliche Verjährung 267 f

Verkehrslärm 146 ff, 294 f
Verteidigungsnotstand 37 f
Vertiefung, Grundstück 160 ff
Verzicht auf
- Anwenderecht 183
- Immissionsschutz 108
- Nachbarrechtliche Befugnisse 247 f
- Notwegrecht 180
- Überbaurente 81

Videokamera, Überwachung 251 f
Vögel 145
Volksfest (Lärm) 148
Vorbelastung von Grundstücken 93
Wärme 92
Waldgrundstücke
- Grenzabstand von Pflanzen 222, 231 f
- Überhang 207 ff, 246

Wasser 33, 155, 163 ff
s. a. Gewässer
Wassergesetz, Bayerisches 164 ff
Wasserhaushaltsgesetz 164 ff
Wassernutzungsrecht 266
Wasserrohrbruch 99
Wegerecht 269 ff
s. a. Grunddienstbarkeit, Notweg
Wertstoffcontainer 126 f
Widerspruch
- gegen Überbau 76
- Verwaltungsverfahren 287

Windenergieanlage (Lärm) 149
Wohnungseigentum 25
Wurzeln 201 ff
Zirkus (Lärm) 149
Zweige 201 ff
s. a. Bäume, Überhang